Applied Statistics

应用统计学

主　编　蒙黄林

副主编　王春红　黄得建　张昕丽

编　委　蒙黄林　王春红　黄得建　张昕丽

中国海洋大学出版社

·青岛·

图书在版编目（CIP）数据

应用统计学／蒙黄林主编. —青岛：中国海洋大学
出版社, 2017.10

ISBN 978-7-5670-1581-4

Ⅰ.①应…　Ⅱ.①蒙…　Ⅲ.①应用统计学—高等学
校—教材　Ⅳ.①C8

中国版本图书馆CIP数据核字（2017）第234452号

应用统计学

出版发行	中国海洋大学出版社
社　　址	青岛市香港东路23号　　邮政编码　266071
网　　址	http://www.ouc-press.com
出 版 人	杨立敏
责任编辑	韩玉堂
电　　话	0532-85902349
电子信箱	cbsebs@ouc.edu.cn
订购电话	0532-82032573（传真）
印　　制	日照报业印刷有限公司
版　　次	2018年2月第1版
印　　次	2018年2月第1次印刷
成品尺寸	185 mm × 260 mm
印　　张	21.5
字　　数	496千
印　　数	1-1000
定　　价	55.00元

如发现印装质量问题，请致电0633-8221365，由印刷厂负责调换。

前 言

统计学是经济、管理科学、师范教育及工科专业学习训练的重要内容,现有的教材或是理论性较强,不利于应用性学科学生的学习和掌握,或是专业性较强,不利于其他学科用作教材。许多学生花费很多时间,却依然学不好统计学,对其有所畏惧。作为教授这门课程的老师,我们深感编写一本既易于学习又能解决实际问题的教材是非常必要的。恰好学校有出书计划和项目,编者提出了申报,便有了这本书的撰写和出版。

在本书编写中我们注意了以下几点。

1. 在体系安排上,力求从易到难,体现统计学科的系统性和科学性,力求统计知识的综合性和整合性,以便读者学习、理解、掌握和应用。

2. 在内容组合上,全书不仅涵盖了一般统计学中常见的概率论与统计推断基础知识、回归分析和时间序列分析等内容,还增加了一般统计学中不做介绍而实际中又需要应用的一些章节,如逻辑回归分析、统计指数和统计决策理论等章节。

3. 在教学编排上,增加"教学案例"——主要介绍该课程的由来、特色、重要性,与其他课程的关系等;同时介绍如何使用本教材教(学)好本课程等。在章节设计上,每章均编排本章教学目标、本章小结、复习思考题和案例讨论题等。

4. 强调统计学方法的应用性,不仅将课程团队在长期科研活动中完成的大量应用性研究成果整理成生动的案例编进教材,增强教学内容的实用性,而且介绍了两种统计分析软件:通用的工具软件EXCEL和国际上著名的专业统计分析软件SPSS;在涉及较大数据量计算的章节中提供了通用软件EXCEL的计算方法和过程,以实验的方式给出了常见统计分析方法在SPSS上的实现过程。

5. 建设好应用统计学网站，该网站会提供丰富的教学参考资料，如：课程简介——课程的基本内容、课程地位、教师的教学方法、学生的学习方法及不同专业学生的学习内容等；师资团队——主讲教师、教师队伍；教学天地——课程大纲、电子教案、复习思考题与解答、教学课件、参考文献；实践环节——案例分析与解答提示、SPSS实验指导、EXCEL实验指导；课程设计——节选部分同学的优秀课程设计；课程特色——课程体系、教研成果、教材系列；课程动态——课程建设、教学大纲、模拟试卷；师生互动——教师在线答疑、在线讨论、问题留言及教学录像等。形成了纸介质教材+多媒体课件+教学网站的新型立体化教材范式，为教师的教学准备和学生的学习、实践提供了方便。

本书不仅可作为大学本科应用型学科的通用教材，也可作为大专院校的教学参考书。全书共十二章，由蒙黄林任主编，王春红、黄得建、张昕丽任副主编。各章编写人员分工如下：蒙黄林（第一章、第八章、第九章和第十章），王春红（第二章、第三章和第十一章），张昕丽（第四章和第五章）；黄得建（第六章、第七章和第十二章）。

由于编者水平有限，书中不足之处在所难免，希望专家、学者和同学们多提宝贵意见，以便再版时改进完善，把教材编得更好。

蒙黄林
2017年8月于海南热带海洋学院落笔洞

目 录

第一章　绪　论

通过本章的学习,了解统计学的产生及发展过程,正确理解应用统计学的含义、性质和特点以及统计研究的基本过程,掌握统计学的基本研究方法。

统计应用于许多领域。在日常生活,我们会和各种统计数据和图表打交道,比如,新闻报道和网络传播中的一些统计数据、图表等。医学专家要想了解医学研究报告的内容,就需要具备统计知识;百姓要想弄清出生率、就业率和各种民意调查的满意率以及包括居民生活消费价格指数在内的形形色色的指数,也需要具备统计知识;股民要掌握上市公司的经营业绩,观察每日的股指及趋势,也需要具备统计知识。可以说,统计无处不在,在信息时代与现代化社会的今天,统计已经成为国家公民认识和了解经济与社会,参与公共服务与管理的基本素质之一。随着人类社会的进步。电子计算机和网络的普及发展,面对潮水般涌来的数据和信息,统计必将发挥出愈来愈大的作用。因此,了解统计的内涵,理解基本的统计思想,学习和掌握数据的处理和分析技术是十分重要的。

第一节　统计和应用统计学

一、统计与统计学的含义

统计作为一种社会实践活动已有悠久的历史。在外语中,"统计"一词与"国家"一词来自同一词源。因此,可以说自从有了国家就有了统计实践活动。最初,统计只是为统治者管理国家的需要而搜集资料,弄清国家的人力、物力和财力,作为国家管理的依据。

今天,"统计"一词已被人们赋予多种含义,因此很难给出一个简单的定义。在不同场合,统计一词可以具有不同的含义。它可以是指统计数据的搜集活动,即统计工作;也可以是指统计活动的结果,即统计数据资料;还可以是指分析统计数据的方法和技术,即统计学。

（一）统计工作

统计工作，是搜集、整理、分析和研究统计数据资料的工作过程。统计工作在人类历史上出现比较早。随着历史的发展，统计工作逐渐发展和完善起来，使统计成为国家、部门、事业和企业、公司和个人及科研单位认识与改造客观世界和主观世界的一种有力工具。统计工作，可以简称为统计。例如，某统计师在回答自己的工种时，会说"我是干统计的"。这里所说的统计指的就是统计工作。

（二）统计数据资料

统计数据资料，是统计工作活动进行搜集、整理、分析和研究的主体及最终成果。不管是个人、集体和社会，还是国家、部门和事业、企业、公司及科研机构，都离不开统计数据资料。个人要进行学习、工作和家政管理，需要对有关的统计数据资料进行搜集和分析，以指导自己的学习、工作和生活；公司和企业要管理好生产和销售，必须进行市场调研、生产控制、质量管理、人员培训、成本评估等，这就需要对有关的生产资料、市场资料、成本资料、人员资料、质量数据等进行搜集、整理、分析和研究；国家要进行经济建设和社会发展，更离不开有关国民经济和社会发展的统计资料，像我国的十年规划，2015 年的 GNP 比 2005 年是否翻一番，就需要我国有关 GNP 的历史数据资料和相关数据资料，需要有关各国的相关统计数据资料，以此为基础进行分析和决策。还有像国家统计局编辑、中国统计出版社出版的每年一册的《中国统计年鉴》以及国家统计局每年年初公布的《国民经济与社会发展统计公报》等即是统计数据资料，也可称为统计。例如，电视台、电台和报刊杂志所说的"据统计"的统计指的就是统计数据资料。

（三）统计学

一般来说，统计学是对研究对象的数据资料进行搜集、整理、分析和研究，以显示其总体的特征和规律性的学科。统计学的研究对象是客观事物的数量特征和数据资料。统计学是以搜集、整理、分析和研究等统计技术为手段，对所研究对象的总体数量关系和数据资料去伪存真、去粗取精，从而达到显示、描述和推断被研究对象的特征、趋势和规律性的目的。统计学，亦可简称为统计。例如，我们所学的课程——统计课，实际指的是统计学课程。

早期统计学的学派之一，"政治算术学派"的创始人威廉·配第和约翰·格朗特，首先在其著作中使用统计数字和图表等方法来分析研究社会、经济和人口现象，这不仅为人们进一步认识社会提供了一种新的方法和途径，也为统计学的发展奠定了基础。

目前，随着统计方法在各个领域的应用，统计学已发展成为具有多个分支学科的大家族。因此，要给统计学下一个普遍接受的定义是十分困难的。在本书中，我们对统计学做如下解释，统计学是一门收集、整理和分析统计数据的方法科学，其目的是探索数据的内在数量规律性，以达到对客观事物的科学认识。

统计数据的收集是取得统计数据的过程，它是进行统计分析的基础。离开了统计数据，统计方法就失去了用武之地。如何取得所需的统计数据是统计学研究的内容之一。

统计数据的整理是对统计数据的加工处理过程,目的是使统计数据系统化、条理化,符合统计分析的需要。数据整理是介于数据收集与数据分析之间的一个必要环节。

统计数据的分析是统计学的核心内容,它是通过统计描述和统计推断的方法探索数据内在规律的过程。

可见,统计学是一门有关统计数据的科学,统计学与统计数据有着密不可分的关系。在英文中,"statistics"一词有两个含义:当它以单数名词出现时,表示作为一门科学的统计学;当它以复数名词出现时,表示统计数据或统计资料。从中可以看出,统计学与统计数据之间有着密不可分的关系。统计学是由一套收集和处理统计数据的方法所组成的,这些方法来源于对统计数据的研究,目的也在于对统计数据的研究。统计数据不用统计方法去分析也仅仅是一堆数据而已,无法得出任何有益的结论。

其次,统计数据不是指单个的数字,而是由多个数据构成的数据集。单个的数据显然用不着统计方法进行分析,仅凭一个数据点,我们也不可能得出事物的规律,只有经过对同一事物进行多次观察或计量得到大量数据,才能利用统计方法探索出内在的规律性。

二、统计学的研究对象

一般来说,统计学的研究对象是自然、社会客观现象总体的数量关系。正是因为统计学的这一研究的特殊矛盾,使它成为了一门万能的科学。不论是自然领域,还是社会经济领域,客观现象总体的数量方面,都是统计学所要分析和研究的。

统计学研究对象的特点如下:

(1)数量性。统计学的研究对象是自然、社会经济领域中现象的数量方面,这一特点是统计学(定量分析学科)与其他定性分析学科的分界线。数量性是统计学研究对象的基本特点,因为,数字是统计的语言,数据资料是统计的原料。一切客观事物都有质和量两个方面,事物的质与量总是密切联系、共同规定着事物的性质。没有无量的质,也没有无质的量。一定的质规定着一定的量,一定的量也表现为一定的质。但在认识的角度上,质和量是可以区分的,可以在一定的质的情况下,单独地研究数量方面,通过认识事物的量进而认识事物的质。因此,事物的数量是我们认识客观现实的重要方面,通过分析研究统计数据资料,研究和掌握统计规律性,就可以达到我们统计分析研究的目的。例如,要分析和研究国民生产总值,就要对其数量、构成及数量变化趋势等进行认识,这样才能正确地分析和研究国民生产总值的规律性。

(2)总体性。统计学的研究对象是自然、社会经济领域中现象总体的数量方面,即统计的数量研究是对总体普遍存在着的事实进行大量观察和综合分析,得出反映现象总体的数量特征和资料规律性。自然、社会经济现象的数据资料和数量对比关系等一般是在一系列复杂因素的影响下形成的。在这些因素当中,有起着决定和普遍作用的主要因素,也有起着偶然和局部作用的次要因素。由于种种原因,在不同的个体中,它们相互结合的方式和实际发生的作用都不可能完全相同。所以,对于每个个体来说,就具有一定的随机性质,而对于有足够多数个体的总体来说又具有相对稳定的共同趋势,显示出一定的规律性。例如,对工资的统计分析,我们并不是要分析和研究个别人的工资,而是要反映、分析和研究一个地区、一个部门、一个企业事业单位的总体的工资情况和显示出来的规律性。统计研究对象的总体性,是从对个体的实际表现的研究过渡到对总体的数量表现的研究的。例如,工资统计分析,要反映、分析和研究一个地区的工资情况,先要从每个职工的工资开始统计,然后再综合汇总得到该地区的工资情况,只有从个体开始,才能对总体进行分析研究。研究总体的统计数据资料,不排除对个别事物的深入调查研究,但它是为了更好地分析研究现象总体的统计规律性。

(3)具体性。统计学研究对象是自然、社会经济领域中具体现象的数量方面。即它不是纯数量的研究,而是具有明确的现实含义的,这一特点是统计学与数学的分水岭。数学是研究事物的抽象空间和抽象数量的科学,而统计学研究的数量是客观存在的、具体实在的数量表现。统计学研究对象的这一特点,也正是统计工作必须遵循的基本原则。正因为统计的数量是客观存在的、具体实在的数量表现,它才能独立于客观世界,不以人们的主观意志为转移。统计资料作为主观对客观的反映,必然是存在第一性,意识第二性,存在决定意识,只有如实地反映具体的已经发生的客观事实,才能为我们进行统计分析研究提供可靠的基础,才能分析、探索和掌握事物的统计规律性。否则,虚假的统计数据资料是不能成为统计数据资料的,因为它违背了统计学研究对象的这一特点。

(4)变异性。统计学研究对象的变异性是指构成统计研究对象的总体各单位,除了在某一方面必须是同质的以外,在其他方面又要有差异,而且这些差异并不是由某种特定的原因事先给定的。就是说,总体各单位除了必须有某一共同标志表现作为它们形成统计总体的客观依据外,还必须在所要研究的标志上存在变异的表现。否则,就没有必要进行统计分析研究了。例如,高等院校这个统计对象,除了都是从事高等教育的教学活动这一共同性质之外,各高等院校在隶属主管部门、院校性质、招生规模、专业设置等方面又有差异。工人作为统计数据资料对象,每个工人在性别、年龄、工龄、工作性质、工资等方面是会有不同表现的。这样,统计分析研究才能对其表现出来的差异探索统计规律性。

三、统计学的分类

统计方法已被应用到自然科学和社会科学的众多领域,统计学也发展成为由若干分支学科组成的学科体系。从统计方法的构成来看,统计学可以分为描述统计学和推断统计学;从统计方法研究和统计方法的应用角度来看,统计学可以分为理论统计学和应用统计学。

(一)描述统计学和推断统计学

描述统计学(Descriptive Statistics)研究如何取得反映客观现象的数据,并通过图表形式对所收集的数据进行加工处理和显示,进而通过综合概括与分析得出反映客观现象的规律性数量特征。内容包括统计数据的收集方法、数据的加工处理方法、数据的显示方法、数据分布特征的概括与分析方法等。

推断统计学(Inferential Statistics)则是研究如何根据样本数据去推断总体数量特征的

方法,它是在对样本数据进行描述的基础上,对统计总体的未知数量特征做出以概率形式表述的推断。

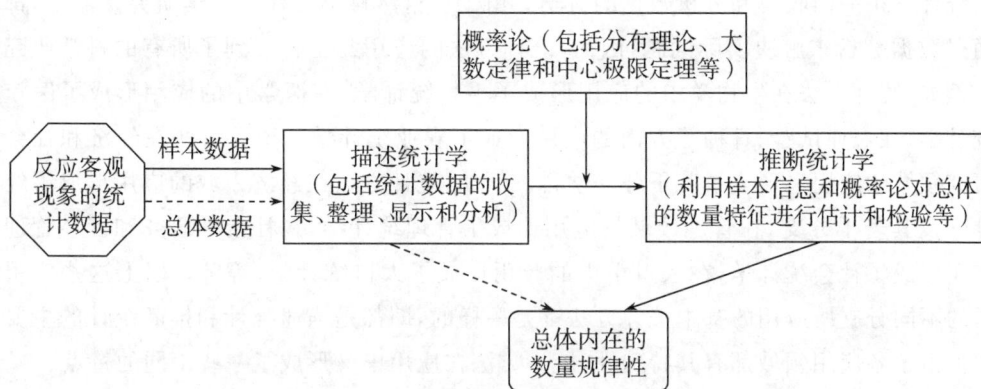

图 1.1　统计学探索客观现象数量规律性的过程

描述统计学和推断统计学的划分,一方面反映了统计方法发展的前后两个阶段,同时也反映了应用统计方法探索客观事物数量规律性的不同过程。从图 1.1 可以看出描述统计学和推断统计学在统计方法探索客观现象数量规律性中的地位。

从图 1.1 可以看到,统计研究过程的起点是统计数据,终点是探索出客观现象内在的数量规律性。在这一过程中,如果搜集到的是总体数据(如普查数据),则经过描述统计之后就可以达到认识总体数量规律性的目的了;如果所获得的只是研究总体的一部分数据(样本数据),要找到总体的数量规律性,则必须应用概率论的理论并根据样本信息对总体进行科学的推断。

显然,描述统计和推断统计是统计方法的两个组成部分。描述统计是整个统计学的基础,推断统计则是现代统计学的主要内容。由于在对现实问题的研究中,所获得的数据主要是样本数据,因此,推断统计在现代统计学中地位和作用越来越重要,已成为统计学的核心内容。当然,这并不等于说描述统计不重要,如果没有描述统计收集可靠的统计数据并提供有效的样本信息,即使再科学的统计推断方法也难以得出切合实际的结论。从描述统计学发展到推断统计学,既反映了统计学发展的巨大成就,也是统计学发展成熟的重要标志。

(二)理论统计学和应用统计学

理论统计学(Theoretical Statistics)是指统计学的数学原理,它主要研究统计学的一般理论和统计方法的数学理论。由于现代统计学用到了几乎所有方面的数学知识,从事统计理论和方法研究的人员需要有坚实的数学基础。此外,由于概率论是统计推断的数学和理论基础,因而广义地讲统计学也是应该包括概率论在内的。理论统计学是统计方法的理论基础,没有理论统计学的发展,统计学也不可能发展成为像今天这样一个完善的科学知识体系。

在统计研究领域,从事理论统计学研究的人相对是很少的一部分,大部分是从事应用统计学(Applied Statistics)研究的。应用统计学是研究如何应用统计方法去解决实际问题的。统计学是一门收集和分析数据的科学。由于在自然科学及社会科学研究领域中,都需要通过数据分析来解决实际问题,因而,统计方法的应用几乎扩展到了所有的科学研究领域。例如,统计方法在生物学中的应用形成了生物统计学,在医学中的应用形成了医疗卫生统计学,在农业试验、育种等方面的应用形成了农业统计学。统计方法在经济和社会科学研究领域的应用也形成了若干分支学科。例如,统计方法在经济领域的应用形成了经济统计学及其若干分支,在管理领域的应用形成了管理统计学,在社会学研究和社会管理中的应用形成了社会统计学,在人口学中的应用形成了人口统计学,等等。以上这些应用统计学的不同分支所应用的基本统计方法都是一样的,即都是描述统计和推断统计的主要方法。但由于各应用领域都有其特殊性,统计方法在应用中又形成了一些不同的特点。

本教材编写的目的,主要是为高等院校经济学、管理学门类和自然科学的学生和应用统计工作者提供一本统计学的实用教材,因而侧重于介绍统计方法的应用条件和统计思想,使读者通过本书的学习,能运用统计方法去解决实际中的一些基本问题。当然,要用好这些统计方法,不同领域的读者还必须具备不同学科领域的一些基础知识。

第二节　统计学的性质与基本用途

一、统计学的性质

统计学是一门什么性质的科学?统计方法有哪些特点?了解这些东西,有助于正确掌握统计学的基本原理,提高统计问题的认识能力,搞清统计学的学科地位以及与其他相关学科的关系。

统计学的性质,主要表现在以下几个方面:

第一,统计学是研究数量问题的学问。统计的语言是数字,没有数字,不是从数量方面入手进行认识,就谈不上统计。无论是社会科学还是自然科学,只要出现大量数据的地方,都可以用得着统计也需要统计。根据辩证唯物主义认识论,任何事物都是由数量和质量两方面组成的,是二者的统一体。统计研究客观事物数量,如果数字资料准确,统计方法运用得当,同样可以达到正确认识和反映的目的。统计研究客观事物的数量,主要包括数量状态、数量关系和数量变化规律。统计学的数量性质,能够把它与那些非数量性质的学科,如哲学、经济学、政治学、历史学等区分开来。

第二,统计学研究的是客观现象总体的数量。数量有个体数量与总体数量之别,统计学主要研究后者,它要对大量同类现象的数量方面进行综合反映。单个数字不能称为统计,也不可能指望从它身上发现什么有价值的东西,只有对大量的现象,或对某一现象进行多次重复的观察,才有可能找到统计关系和统计规律。统计虽然研究总体数量,但必须从个体数量的调查入手,遵循由个体数量到总体数量的认识逻辑。

第三,统计学主要研究不确定性现象。所谓不确定性是指,由于受到偶然的、随机因素的作用,使得客观事物的实际数量表现存在一定程度的"不可确知性"。比如测量某一物体的长度,如果没有误差,测量一次就能确切知道结果,那就不存在统计问题了。如果有测量误差,但误差的大小完全可以掌握,这时也无须用到统计。唯有存在误差,且误差又不可预测,这时候就需要统计。现代统计学中,处理不确定性问题是其主要课题和任务。

第四,统计方法带有归纳推断的特点。统计对总体的认识有两条途径:一是对构成总体的全部事物逐一进行调查,取得全面资料;二是从总体中抽取部分事物组成样本。然后依据样本观察结果,对总体进行推断。至于前者,运用算术方法和统计描述手段就可达到目的,而后者相对比较复杂,需要运用概率论知识和统计数学方法。实际中,全面调查与非全面的抽样调查都会用到,但由于全面调查受到诸多因素的约束,从经济性、时效性、实用性和可行性方面考虑,利用样本资料进行推断的优势比较明显。统计方法的归纳推断性质,主要是相对推断统计而言的,同逻辑学意义上的归纳推断有着明显的区别,统计推断不是从假设、命题出发,按严格的逻辑推理程序进行推断,而是基于观察到的样本资料,对总体的可能情况作出判断。

二、统计学与其他相关学科的关系

统计学与数学的关系。统计学研究客观现象的数量,需要用到很多的数学知识。学好统计学,尤其是理论统计学,必须要有坚实的数学基础。在统计学中,数学的一些定理、运算法则同样适用,必须要严格遵守。但是也需要注意到,统计学与数学其他分科相比又有其特殊性。首先,统计学有较强的应用背景,统计方法的正确使用,不仅要有数学基础,而且要懂得相关学科的知识,具备一定的实际经验和良好的判断能力。其次,统计学主要研究不确定性问题。再就是,现代统计学的本质是归纳推断,与数学演绎方式有较大的差别。

统计学与各专门学科的关系。统计学的应用相当广泛,它在各门学科、各个领域、社会生活的各个方面,几乎都有重要的应用。仅就这一点,统计学与各个专门学科必然存在着联系。这种联系体现在,统计学能为各个专门学科中带有普遍性质的数据搜集、整理、分析和解释提供方法和理论指导,帮助它们更准确更深入地进行认识。但是统计方法只是定量分析的工具而已,它不会涉及各专门学科中的具体问题。举个例子,经过长期的观察发现,吸烟人群当中,肺癌的发病率比较高,吸烟与肺癌之间是否存在关系,这可以通过统计进行论证,但为什么吸烟会导致肺癌,却是医学和病理学的课题,统计无法作出回答。以上所述只是一方面,对此不能作错误的理解,片面认为统计专业的人不需要了解各专门学科的知识。恰恰相反,统计专业的人如果具有专门学科的知识,就能与该学科的专家有更多的共同语言,能够更好地运用统计方法解决问题,更好地发挥统计学的作用。

三、统计学的应用

（一）有关学科中的统计研究课题

今天，人们无论从事生产活动、科研活动还是社会活动，大多已离不开数据资料的搜集、整理、分析和解释工作。在工农业生产和商业活动方面，在社会学和政治学方面，在史学和考古方面，在物理、化学和生物方面，在天文地理方面，在交通运输和能源供应方面，在医疗和保健方面，在教育和文化方面，在保险和社会福利方面，在纯科学研究和实验等方面，基本上都要用到统计工具。有的学科用到的统计可能多一些，有的学科用到的统计可能少一些，但不存在用不上统计的问题。因此，统计应用的领域是极其广泛的。

统计学的一般理论和方法与相关学科的结合，有的还形成了相关学科的统计学。例如，统计学与经济学的结合，产生了经济统计学；与生物学的结合，产生了生物统计学；与物理学的结合，有统计物理；与地理学的结合，形成了地理统计学等。对于有些现象，由于十分复杂，人们一时还难以掌握其变化的特征和规律，这时通过表面数量观察以探求内在本质的统计学就能派上用场，比如海洋数据处理、气象预报、水文预报、地震预报、大范围的经济波动监测等。虽然统计方法不是处理这些问题的唯一途径，但它确实能起到不小的作用。带有规律性的东西往往隐蔽在事物的深处和背后，不会轻易地被发现出来，如果有些统计意识，经过长期的统计观察，或许能找到一些线索，这时要是及时上升到命题或假说，就能帮助我们把科学研究活动引向深入。对于社会科学领域中的实证分析，统计的作用同样也是不可低估的。

（二）统计学在社会科学中的研究课题

下面，仅就统计学在社会科学中的应用粗略地介绍一些研究课题。

（1）经济统计学。经济管理是统计方法得到较早和较多应用的一个领域。经济统计学的传统内容主要是：国民收入估算，价格指数编制，时间序列的古典分析，经济前景预测等。20世纪30年代后，为适应宏观经济学实证研究需要带有普遍性质的数据搜集、整理、分析和解释提供方法和理论指导，帮助它们更准确更深入地进行认识。但是统计方法只是定量分析的工具而已，它不会涉及各专门学科中的具体问题。举个例子，经过长期的观察发现，吸烟人群当中，肺癌的发病率比较高，吸烟与肺癌之间是否存在关系，这可以通过统计进行论证，但为什么吸烟会导致肺癌，却是医学和病理学的课题，统计无法作出回答。以上所述只是一方面，对此不能作错误的理解，片面认为统计专业的人不需要了解各专门学科的知识。恰恰相反，统计专业的人如果具有专门学科的知识，就能与该学科的专家有更多的共同语言，能够更好地运用统计方法解决问题，更好地发挥统计学的作用。应用统计学发展起来的国民经济核算体系，现在是经济统计和政府统计研究的重要工作。此外，经济统计重要的研究课题还有经济结构、经济增长、经济效益、通货膨胀、政策效应等。

（2）管理统计学。运用统计方法，分析和解决企业经营和管理活动中遇到的各种需要作出决策的问题就是管理统计学。管理统计学研究的问题有市场调查、商情预测、产品试验设计、人员调度、成本预算、库存管理、工序控制、抽样检查、盈亏分析、投资效果、风险防范等。

（3）社会统计学。社会学家在研究社会问题时，少不了要作实地调查，统计学方法在确定样本规模和制订合适的调查方案时有很大的用途。统计分析和推断方法对搜集来的资料的正确使用也有一定的指导意义。社会分层和流动性、收入与财富分配、贫困化问题、地区差异比较、国家现代化、人文发展水平、社会犯罪现象、劳动与休闲、职业质量等，都是社会统计学的重要课题。

（4）人口统计学。原始的统计活动，就是对部落、氏族中的人口进行计数和清点，所以人口统计是最古老的一门统计。人口统计课题主要包括：人口调查系统、人口寿命表的编制、人口统计核算体系、人口增长与控制、人口与资源、环境、生活质量和社会发展的关系等。

（5）教育统计学。教育是提高居民素质和让社会成员获取一定谋生技能的手段，在不同时期或不同地区，人们关心教育的侧重点可能差别很大，但不管怎样，社会受教育的水平、教育资源的分配和教育效益、教育的内容和方法的合理性、继续教育和职业培训、影响学生学习成绩的因素分析等，都应该成为教育统计研究的课题。

要想把实际中的统计问题都列举出来，无论哪一个人也做不到，在此我们不怕挂一漏万，目的是希望大家在后面统计方法的学习过程中，能够尽量把所学到的方法应用到实际中去，从而激发对统计学学习的兴趣，更深入地体会统计科学的意义。

第三节　统计学的研究方法

统计学根据研究对象的性质和特点，形成了它自己专门的研究方法，这些基本方法是：实验设计法、大量观察法、统计描述法和统计推断法。

一、实验设计法

统计是要分析数据的，但首先需要考察的是，数据的来源是否合适，实验采集的数据是否符合分析的目的要求。由于安排不科学，使实验数据不能反映现象的真实情况，或不能用以估计总体的数量特征，那么接着一系列分析工作也就白费工夫了。例如要比较某农作物 A 品种和 B 品种的收获率高低，分别在两地段播种 A 品种和 B 品种，结果获得 A 品种单位面积产量高于 B 品种的数据。如果根据这个数据判断 A 品种优于 B 品种，这个结论就太不可靠了。原因是影响收获率高低的因素不但有种子品种的差异，还有土地区位、肥沃程度等差异，所以我们需要事先做出安排，使实验结果数据的差异中排除可控因素（土地）的差异，而显示不可控因素（品种）的差异。所谓实验的统计设计就是指设计实验的合理程序，使得收集得到的数据符合统计分析方法的要求，以便得出有效的客观的结论。它主要适用于自然科学研究和工程技术领域的统计数据搜集。

实验的统计设计要遵循以下三个基本原则：

（1）重复性原则。即允许在相同条件下重复多次实验。如果只能一次实验所得的数据作为总体的估计量精度就很差，这时实验的误差等于观察的误差，观察误差可能是实验误差的结果，很难用观察的数据来代表总体情况。多次重复实验的好处是显然的，其一可以获得更加精确的效应估计量，其二可以获得实验误差的估计量。这些都是提高估计精度或缩小误差范围所需要的。

（2）随机性原则。随机性是指在实验设计中，对实验对象的分配和实验次序都是按随机安排的。这种安排可以使可控的影响因素作用均匀化，突出不可控影响因素的作用。例如在种子品种的实验中如果不是将 A 品种固定在甲地段、B 品种固定在乙地段，而是两地段随机地选择不同品种多次重复实验，可以断定这种安排在不同品种收获率的差异中，由于土地因素的影响大大减少了，而品种因素的影响大大提高了。所以随机化原则是实验设计的重要原则。

（3）区组化原则。即利用类型分组技术，对实验对象按有关标志顺序排队，然后依次将各单位随机地分配到各处理组，使各处理组组内标志值的差异相对扩大，而处理组组间的差异相对缩小，这种实验设计安排称为随机区组设计。这样，就可以提高处理组的估计精度。

二、大量观察法

大量观察法是统计学所特有的方法。所谓大量观察法，是指对所研究的事物的全部或足够数量进行观察的方法。社会现象或自然现象都受各种社会规律或自然规律相互交错作用的影响。在现象总体中，个别单位往往受偶然因素的影响，如果任选其中之一进行观察，其结果不足以代表总体的一般特征；只有观察全部或足够的单位并加以综合，影响个别单位的偶然因素才会相互抵消，现象的一般特征才能显示出来。大量观察的意义在于可使个体与总体之间在数量上的偏误相互抵消。

大量观察法的数学依据是大数定律。大数定律是随机现象的基本规律。大数定律的一般概念是：在观察过程中，每次取得的结果不同，这是由偶然性所致的，但大量、重复观察结果的平均值却几乎接近确定的数值。狭义的大数定律就是指概率论中反映上述规律性的一些定理，表述平均数的规律性与随机现象的概率关系。

大数定律的本质意义在于经过大量观察，把个别的、偶然的差异性相互抵消，而必然的、集体的规律性便显示出来。例如，当我们观察个别家庭或少数家庭的婴儿出生时，生男生女的比例极为参差不齐，有的是生男不生女，有的是生女不生男，有的是女多男少，有的是男多女少，然而经过大量观察，男婴、女婴的出生数则趋向均衡。也就是说，观察的次数愈多，离差的差距就愈小，或者说频率出现了稳定性。这就表明，同质的大量现象是有规律的，尽管个别现象受偶然性因素的影响出现偏差，但观察数量达到一定程度就呈现出规律性，这就是大数定律的作用。

三、统计描述法

统计描述是指对由实验或调查得到的数据进行登记、审核、整理、归类,计算出各种能反映总体数量特征的综合指标,并加以分析从中抽出有用的信息,用表格或图像把它表示出来。统计描述是统计研究的基础,它为统计推断、统计咨询、统计决策提供必要的事实依据。统计描述也是对客观事物认识的不断深化过程。它通过对分散无序的原始资料的整理归纳,运用分组法、综合指标法和统计模型法得到现象总体的数量特征,揭露客观事物内在数量规律性,达到认识的目的。

分组法是研究总体内部差异的重要方法,通过分组可以研究总体中不同类型的性质以及它们的分布情况,如产业的经济类型及其行业分布情况。可以研究总体中的构成和比例关系,如三次产业的构成,生产要素的比例等。可以研究总体中现象之间的相关依存关系,如企业经营规模和利润率之间的关系等等。

综合指标法是指运用各种统计指标来反映和研究客观总体现象的一般数量特征和数量关系的方法。通过综合指标的计算可以显示出现象在具体时间、地点条件下的总量规模、相对水平、集中趋势、变异程度,并进一步从动态上研究现象的发展趋势和变化规律。

统计模型法则是综合指标法的扩展。它是根据一定的理论和假定条件,用数学方程去模拟客观现象相互关系的一种研究方法。利用这种方法,可以对客观现象和过程中存在的数量关系进行比较完整和全面的描述,凸显所研究的综合指标之间的关系,从而简化了客观存在的复杂的其他关系,以便利用模型对所关心的现象变化进行评估和预测。

四、统计推断法

统计在研究现象的总体数量关系时,需要了解的总体对象的范围往往是很大的,有时甚至是无限的,而由于经费、时间和精力等原因,以致有时在客观上只能从中观察部分单位或有限单位进行计算和分析,根据局部观察结果来推断总体。例如,要说明一批灯泡的平均使用寿命,只能从该批灯泡中抽取一小部分进行检验,推断这一批灯泡的平均使用寿命,并给出这种推断的置信程度。这种在一定置信程度下,根据样本资料的特征,对总体的特征做出估计和预测的方法称为统计推断法。统计推断是现代统计学的基本方法,在统计研究中得到了极为广泛的应用,它既可以用于对总体参数的估计,也可以用作对总体某些分布特征的假设检验。从这种意义上来说,统计学是在不确定条件下做出决策或推断的一种方法。

第四节　统计学的发展简史

人类的统计实践是随着记数活动而产生的。因此,对统计发展的历史可追溯到远古的原始社会。但是,使人类的统计实践上升到理论予以总结和概括成为一门系统的科学——统计学,却是近代的事情,距今只有 300 多年的历史。回顾一下统计科学的渊源及其发展过程,对于我们了解统计学的研究对象和性质,学习统计学的理论和方法,提高我们的统计实践和理论水平,都是十分必要的。

从统计学的产生和发展过程来看,大致可以划分为三个时期:统计学的萌芽期、统计学的近代期和统计学的现代期。

一、统计学的萌芽期

统计学初创于 17 世纪中叶至 18 世纪,当时主要有国势学派和政治算术学派。

(一)国势学派

国势学派产生于 17 世纪的德国,代表人物是康令(H. Conring)、阿坎瓦尔(G. Achenwall),代表作品是《近代欧洲各国国情学概论》,他们在大学中开设了一门新课程,最初叫作"国势学"。他们所做的工作主要是对国家重要事项的记录,因此又被称为记述学派。这些记录记载着关于国家、人口、军队、领土、居民职业以及资源财产等事项,偏重于事件的叙述,而忽视量的分析。严格地说,这一学派的研究对象和研究方法都不符合统计学的要求,只是登记了一些记述性材料,藉以说明管理国家的方法。

当然,国势学派对统计学的创立和发展还是作了不少贡献的:首先,国势学派为统计学这门新兴的学科起了一个至今仍为世界公认的名词"统计学"(statistics),并提出了至今仍为统计学者所采用的一些术语,如"统计数字资料""数字对比"等。国势学派建立的最重要的概念就是"显著事项",它事实上是建立统计指标和使统计对象数量化的重要前提。其次,国势学派在研究各国的显著事项时,主要是系统地运用对比的方法来研究各国实力的强弱,统计图表实际上也是"对比"思想的形象化的产物。

(二)政治算术学派

该学派起源于 17 世纪的英国,在英国,当时从事统计研究的人被称为政治算术学派。虽然政治算术学派与国势学派的研究,都与各国的国情、国力这一内容有关,但国势学派主要采用文字记述的方法,而政治算术学派则采用数量分析的方法。因此,从严格意义上来说,政治算术学派作为统计学的开端更为合适。主要代表人物是威廉·配第(W. Petty 1623—1687)和约翰·格朗特(J. Graunt 1620—1674)。17 世纪的英国学者威廉·配第(W. Petty)在他所著的《政治算术》(1676 年)一书中,对当时的英国、荷兰、法国之间的"国富和力量"进行数量上的计算和比较,做了前人没有做过的从数量方面来研究社会经济现象的工作。正是在这个意义上,马克思称配第是"政治经济学之父,在某种程度上也可以说是统计学的创始人"。

威廉·配第的朋友约翰·格朗特(J. Graunt),通过对伦敦市 50 多年的人口出生和死亡资料的计算,写出了第一本关于人口统计的著作《对死亡表的自然观察和政治观察》(1662 年)。从此,统计的含义从记述转变为专指在"量"的方面来说明国家的重要事项。这就为统计学作为一种从数量方面认识事物的科学方法,开辟了广阔的发展前景。

政治算术学派在统计发展史上有着重要的地位。首先,它并不仅满足于社会经济现象的数量登记、列表、汇总、记述等过程,还要求把这些统计经验加以全面系统地总结,并从中提炼出某些理论原则。这个学派在搜集资料方面,较明确地提出了大量观察法、典型调查、定期调查等思想;在处理资料方面,较为广泛地运用了分类、制表及各种指标来浓缩与显现数量资料的内含信息。其次,政治算术学派第一次运用可度量的方法,力求把自己的论证建立在具体的、有说服力的数字上面,依靠数字来解释与说明社会经济生活。然而,政治算术学派毕竟还处于统计发展的初创阶段,它只是用简单的、粗略的算术方法对社会经济现象进行计量和比较。

二、统计学的近代期

统计学的近代期是指 18 世纪末至 19 世纪末,这时期的统计学主要有数理统计学派和社会统计学派。

(一)数理统计学派

最初的统计方法是随着社会政治和经济的需要而初步得到发展的,直到概率论被引进之后,才逐渐形成为一门成熟的科学。在统计发展史上,最初把古典概率论引进统计学领域的是法国天文学家、数学家、统计学家拉普拉斯(P. S. Laplace)。他发展了对概率论的研究,阐明了统计学的大数法则,并进行了大样本推断的尝试。

随着资本主义经济的发展,统计被应用于社会经济的各个方面,统计学逐步走向昌盛。比利时统计学家、数学家、天文学家凯特勒(A. Quetelet)完成了统计学和概率论的结合。从此,统计学开始进入更为丰富发展的新阶段。国际统计学界有人称凯特勒为"统计学之父",就在于他发现了大量现象的统计规律性和开创性地应用了许多统计方法。凯特勒把统计学发展中的三个主要源泉,即德国的国势学派、英国的政治算术派和意大利、法国的古典概率派加以统一、改造并融合成具有近代意义的统计学,促使统计学向新的境界发展。可以说,凯特勒是古典统计学的完成者,又是近代统计学的先驱者,在统计发展史上具有承上启下、继往开来的地位。

同时,凯特勒也是数理统计学派的奠基人,因为数理统计就是在概率论的基础上发展起来的。随着统计学的发展,对概率论的运用逐步增加;同时,自然科学的迅速发展和技术的不断进步,对数理统计方法又提出了进一步的要求。这样,数理统计学就从统计学中分离出来自成一派。由于这一学派主要在英美等国发展起来,故又称英美数理统计学派。

（二）社会统计学派

自凯特勒后,统计学的发展开始变得丰富而复杂起来。由于在社会领域和自然领域统计学被运用的对象不同,统计学的发展呈现出不同的方向和特色。19 世纪后半叶,正当致力于自然领域研究的英美数理统计学派刚开始发展的时候,在德国竟异军突起,兴起了与之不同的社会统计学派。这个学派是近代各种统计学派中比较独特的一派。由于它在理论上比政治算术学派更加完善,在时间上比数理统计学派提前成熟,因此它很快占领了"市场",对国际统计学界影响较大,流传较广。

社会统计学派由德国大学教授尼斯(K. G. A. Knies)首创,主要代表人物为恩格尔(Engel)和梅尔(G. V. Mayr)。他们认为,统计学的研究对象是社会现象,目的在于明确社会现象内部的联系和相互关系;统计应当包括资料的搜集、整理,以及对其分析研究。他们认为,在社会统计中,全面调查,包括人口普查和工农业调查,居于重要地位;以概率论为理论基础的抽样调查,在一定的范围内具有实际意义和作用。

三、统计学的现代期

统计学的现代期是自 20 世纪初到现在的数理统计时期。20 世纪 20 年代以来,数理统计学发展的主流从描述统计学转向推断统计学。19 世纪末和 20 世纪初的统计学主要是关于描述统计学中的一些基本概念、资料的搜集、整理、图示和分析等,后来逐步增加概率论和推断统计的内容。直到 20 世纪 30 年代,R·费希尔的推断统计学才促使数理统计进入现代范畴。

现在,数理统计学的丰富程度完全可以独立成为一门学科,但它也不可能完全代替一般统计方法论。传统的统计方法虽然比较简单,但在实际统计工作中运用仍然极广,正如四则运算与高等数学的关系一样。不仅如此,数理统计学主要涉及资料的分析和推断方面,而统计学还包括各种统计调查、统计工作制度和核算体系的方法理论、统计学与各专业相结合的一般方法理论等。由于统计学比数理统计在内容上更为广泛,因此,数理统计学相对于统计学来说不是一门并列的学科,而是统计学的重要组成部分。

从世界范围看,自 20 世纪 60 年代后,统计学的发展有几个明显的趋势:第一,随着数学的发展,统计学依赖和吸收的数学方法越来越多;第二,向其他学科领域渗透,或者说,以统计学为基础的边缘学科不断形成;第三,随着统计学应用日益广泛和深入,特别是借助电子计算机后,统计学所发挥的功效日益增强;第四,统计学的作用与功能已从描述事物现状、反映事物规律,向抽样推断、预测未来变化方向发展。它已从一门实质性的社会性学科,发展成为方法论的综合性学科。

〔思考题〕

一、单项选择题

1. "统计"一词的基本含义是（　　）
  ① 统计调查、统计整理、统计分析　　② 统计设计、统计分组、统计计算
  ③ 统计方法、统计分析、统计预测　　④ 统计科学、统计工作、统计资料

2. 调查某大学 2 000 名学生学习情况，则总体单位是（　　）
  ① 2 000 名学生　　　　　　　　② 2 000 名学生的学习成绩
  ③ 每一名学生　　　　　　　　　④ 每一名学生的学习成绩

3. 统计指标按其说明的总体现象的内容不同，可以分为（　　）
  ① 基本指标和派生指标
  ② 数量指标和质量指标
  ③ 实物指标和价值指标
  ④ 绝对数指标，相对数指标和平均数指标

4. 统计学的基本方法包括（　　）
  ① 调查方法、整理方法、分析方法、预测方法
  ② 调查方法、汇总方法、预测方法、实验设计
  ③ 相对数法、平均数法、指数法、汇总法
  ④ 实验设计、大量观察、统计描述、统计推断

5. 要了解某市国有工业企业生产设备情况，则统计总体是（　　）
  ① 该市国有的全部工业企业　　　② 该市国有的每一个工业企业
  ③ 该市国有的某一台设备　　　　④ 该市国有制工业企业的全部生产设备

6. 变量是（　　）
  ① 可变的质量指标　　　　　　　② 可变的数量指标和标志
  ③ 可变的品质标志　　　　　　　④ 可变的数量标志

7. 构成统计总体的个别事物称为（　　）
  ① 调查单位　　　② 总体单位　　　③ 调查对象　　　④ 填报单位

8. 统计总体的基本特征是（　　）
  ① 同质性、大量性、差异性　　　② 数量性、大量性、差异性
  ③ 数量性、综合性、具体性　　　④ 同质性、大量性、可比性

9. 下列属于品质标志的是（　　）
  ① 工人年龄　　　　　　　　　　② 工人性别
  ③ 工人体重　　　　　　　　　　④ 工人工资

10. 标志是说明（　　）
  ① 总体单位的特征的名称　　　　② 总体单位量的特征的名称
  ③ 总体质的特征的名称　　　　　④ 总体量的特征的名称

二、多项选择题

1. 统计指标的特点有( )
   ① 数量性　　　　　② 社会性　　　　　③ 总体性　　　　　④ 综合性
   ⑤ 具体性

2. 变量按其是否连续可分为( )
   ① 确定性变量　　　② 随机性变量　　　③ 连续变量　　　　④ 离散变量
   ⑤ 常数

3. 品质标志表示事物的质的特征,数量标志表示事物的量的特征,所以( )
   ① 数量标志可以用数值表示　　　　　② 品质标志可以用数值表示
   ③ 数量标志不可以用数值表示　　　　④ 品质标志不可以用数值表示
   ⑤ 两者都可以用数值表示

4. 某企业是总体单位,数量标志有( )
   ① 所有制　　　　　② 职工人数　　　　③ 月平均工资　　　④ 年工资总额
   ⑤ 产品合格率

5. 统计指标的构成要素有( )
   ① 指标名称　　　　　　　　　　　② 计量单位
   ③ 计算方法　　　　　　　　　　　④ 时间限制和空间限制
   ⑤ 指标数值

三、简答题

1. 简述统计和应用统计学的含义。

2. 统计研究对象和特点如何?

3. 简述统计学的发展历程和发展趋势。

4. 简述统计学的研究方法。

四、综合题

要调查某商店销售的全部洗衣机情况,试指出总体、总体单位是什么？试举若干品质标志、数量标志、数量指标、质量指标。

参考答案

一、单项选择题

1. ④ 2. ③ 3. ② 4. ④ 5. ④   6. ④ 7. ② 8. ① 9. ② 10. ①

二、多项选择题

1. ①④⑤ 2. ③④ 3. ①④ 4. ②③④⑤ 5. ①②③④⑤

第二章　数据的收集与整理

学习目标

通过本章的学习，掌握统计学的一些基本概念，认识数据的不同来源和种类，理解什么是数据质量并会做数据质量检查，了解按照不同的分类标准数据的不同类型，会撰写统计调查问卷。

教学案例

数据的收集与整理应用在许多领域，比如，心理学、教育学、社会学、经济学和管理学等。数据的收集有时是通过调查方法获得的，比如人口普查、网络调查等，还有一些通过实验方法得到的，比如，某医院护士长对床旁凝血测定仪的研究就需要进行静脉采血。数据收集来之后需要整理，比如，某人要开一间鲜花店，她需要先针对一些可能的客户做一些问卷调查，看大家对鲜花的品种，服务的种类，服务的方式等有哪些要求，然后对问卷调查获取的数据进行整理分析，最后选择适合自己的经营策略。所以，学习数据的收集与整理，是很重要的。

第一节　统计学的基本概念

从当代大统计学（包括数理统计学与社会经济统计学）口径出发，其基本概念或范畴主要有总体、样本、参数、统计量和变量等。

一、总体和样本

（一）总体

统计总体是指根据统计研究目的，由客观存在的、在某一共同性质基础上结合起来的许多个别事物的集合。统计总体是根据一定的研究目的要求所确定的，准确界定总体范围是统计认识事物的前提。构成统计总体的每一个事物，简称单位。总体单位是各项调查项目的直接承担者，根据统计研究的目的不同，它可以是一个人、一个企业、一个地区、一台设备等。例如,在我国人口普查中,"具有中华人民共和国国籍并在中华人民共和国境内常住的人"的集合,就构成人口普查统计总体,其中每一个人就是一个总体单位。

统计总体按其范围和单位数是否可以计量,可分为无限总体与有限总体。当总体范围和总体单位暂时不能明确界定或因技术手段所限而难以准确计算单位数目总数时,此总体为无限总体。如果总体范围和总体单位都能明确界定,能够准确计算出总体单位的总数目,则此总体为有限总体。区分无限总体和有限总体,是为了根据不同类型的总体采用不同的调查研究方法。

统计总体具有客观性、同质性、大量性和差异性四个特征。

(1)客观性。构成总体的每一单位都是客观存在的事物,这一性质称为统计总体的客观性。总体是根据统计研究目的要求和调查对象本身特点确定的,例如,要调查某地农民家庭收支情况,所收集的任何一个数据,都是客观存在的农民家庭收支的数量反映。统计总体的客观性是统计研究的基础,只有保证统计总体的客观性,才能保证收集资料的真实性。

(2)同质性。构成总体的每一个单位至少在某一个方面应具有共同性质,这一性质称为统计总体的同质性。例如,要研究某学院在校本科生学习情况,则该院所有在校本科学生构成一个总体,其中每个学生必须具备"本科"这一性质。它是构成总体的前提条件,只有保证了总体的同质性,收集的数据资料才有价值,统计研究才有意义。

(3)大量性。构成总体的个别单位必须是大量的,这一性质称为统计总体的大量性。统计研究的目的在于说明现象总体的数量特征和事物发展变化的规律,而因为个别现象往往具有特殊性和偶然性,因此不足以代表和说明总体特征。只有对大量个别现象的数量表现进行综合分析研究,才能反映出总体的本质特征,大量性是构成总体的基本前提。例如,当我们要研究人口性别构成情况时,要想准确得出一个地区或一个国家的人口性别构成,只有对大量人口进行调查才行。

(4)差异性。总体的各单位除在某一方面必须具有相同性质之外,在其他许多方面是有差别的,这一性质称为统计总体的差异性。例如,在农民家计调查中,每个家庭的社会成分是相同的,但各农户的家庭人口、家庭总收入、家庭总支出等标志标线是各不相同的。差异性是统计研究的前提和主要内容,统计研究客观现象,就是通过研究总体单位的变异情况来反映总体的综合特征。

上述统计总体的四个特征是密切相连的,客观性是统计研究的基础,同质性是构成总体的前提条件,大量性是统计研究的基本前提,差异性是统计研究的前提和主要内容,四者缺一不可。

总体是界定总体单位的前提条件,总体单位是构成总体的基本元素。只有对总体性质进行准确界定,才能确定总体单位的范围,才有部分;整体是由部分组成的,没有总体单位,总体也就不存在。总体和总体单位的确定不是一成不变的,随着研究目的的不同,总体和总体单位是可以相互转化的。同一事物,在一种条件下可以是总体,而在另一种条件下可以是总体单位。例如,当我们要研究某市红酒生产经营情况时,该市所有红酒企业构成一个总体,市内每一个红酒企业就是一个总体单位。如果我们只是研究某一个红酒企业生产经营情况时,那么这个红酒企业就成为统计总体了。

(二) 样本

从统计总体中抽取出来作为代表这一总体的、由部分个体组成的集合体,称为样本(sample)。抽取样本的目的是用来推断总体的数量特征,这就必然要求样本能够代表总体。样本代表总体的程度越高,由样本计算的指标与总体指标的误差就越小,因此总希望样本具有较高的代表性。遵循抽样的随机原则,能够排除主观因素的影响,保证取样的客观性;若抽样采用非随机原则,有时也会更快捷、更经济,只是抽出的样本无法计算误差。

样本容量是指构成样本的个体数目。通常用小写英文字母 n 表示,相对于总体容量 N 而言,n 一般只是一个很小的数。例如想了解流水线上产品的次品率,我们随机抽选 100 个产品进行检验,这 100 个产品就构成了一个样本,样本容量是 100。我们会根据对这 100 个产品检验的结果,计算出样本对应的次品率,并用它来代表总体的次品率。

在实际工作中,总体又称为全及(涉及全部)总体,由于样本是从总体抽取出来并代表总体的,总体又称为母体,样本则称为子体。

二、参数和统计量

(一) 参数

根据总体个体值统计计算出来的描述总体的特征量,称为总体参数。总体参数一般用希腊字母表示,如总体均数 μ 等;统计总体是指根据统计研究目的,由客观存在的、在某一共同性质基础上结合起来的许多个别事物的集合。

(二) 统计量

和总体参数相对应,根据样本个体值统计计算出来的描述样本的特征量,称为样本统计量。样本统计量用拉丁字母表示,如样本均数 $\bar{x}$ 等。总体参数一般是不知道的,抽样研究的目的就是用样本统计量来推断总体参数,包括区间估计和假设检验。

例如研究某地成年女子的平均脉搏数(次/分),并从该地抽取 1 000 名成年女子进行测量,所得的样本平均数即称为统计量。总体(population)是包含所研究的全部个体(数据)的集合。例如我们欲了解某市的小学教育情况,那么该市的所有小学则构成一个总体,其中的每一所小学都是一个个体。我们若从全市小学中按某种抽样规则抽出了 10 所小学,则这 10 所小学就构成了一个样本。在这项调查中我们可能会对升学率感兴趣,那么升学率就是一个变量,我们通常关心的是全市的平均升学率,这里这个平均值就是一个参数。而此时我们只有样本的有关升学率的数据,用此样本计算的平均值就是统计量。

描述总体特征的数值为参数,通常是未知的,一般用希腊字母表示,如 μ,σ,π 等。描述样本特征的数值为统计量,是已知的或可计算获得的,用英文字母表示,如 S,P 等。从总体中随机抽样可获得样本,以样本为基础,通过统计推断(参数估计、假设检验)可获得对总体的认识。

统计学中把总体的指标统称为参数。统计量是由样本算得的相应的总体指标。参数一般是确定但未知的,统计量是变化但可知的。统计量是统计理论中用来对数据进行分析、检验的变量。宏观量是大量微观量的统计平均值,具有统计平均的意义,对于单个微观粒子,宏观量是没有意义的。相对于微观量的统计平均性质的宏观量也叫统计量。需要注意的是,描写宏观世界的物理量例如速度、动能等实际上也可以说是宏观量,但宏观量并不都具有统计平均的性质,因而宏观量并不都是统计量参数。我们在研究当前问题的时候,关心某几个变量的变化以及它们之间的相互关系,其中有一个或一些叫自变量,另一个或另一些叫因变量。如果我们引入一个或一些另外的变量来描述自变量与因变量的变化,引入的变量本来并不是当前问题必须研究的变量,我们把这样的变量叫做参变量或参数。

三、变量

研究者对每个观察单位的某项特征进行观察和测量,这种特征称为变量。变量的测得值叫变量值,也叫观察值。

只有认识了变量的类型,才能正确选用统计方法。按变量测量的精确程度,可将变量分为:名义变量(如性别,婚姻状况);有序变量(如疗效,类别间差别大小难以度量);区间变量(如摄氏体温,类别间差别有实际意义);比变量(如身高,除具有区间变量的特征外,还具有真实意义的零点,摄氏温度的零点为冰箱结冰时温度,并非绝对意义的零点,所以它不属于比变量)。其中前两种是定性变量,后两种是定量变量。变量按性质不同可分为确定性变量和随机变量。按其取值是否连续可分为离散型变量和连续型变量。离散型变量就是其取值可以用数一一列举的变量,如企业个数、学生人数等,这些变量的值只能用数表现;连续型变量,就是其取值可以无限分割而不能一一列举的变量,例如人的身高、体重等,这类变量的取值在两个整数之间可有无限个数值。在统计实践中,为了便于计算,也可将有的连续型变量按离散型变量处理,如企业的产值、人的年龄等。

第二节　数据的来源和种类

统计数据是反映客观事物数量特征的数字信息,是统计科学研究的基本原料。对统计数据来源和种类的探讨,是有效地测度客观现象、迅速获取有用信息以及提高统计认识水平的重要方面。

一、数据的来源

统计数据的来源包含亲自调查搜集和已发表的汇编材料两大渠道。就我国来说,目前主要来源为各类出版物、国家统计部门和地方各级统计部门的统计报告制度以及专门组织的调查(如全国人口普查、全国工业普查等)。

就世界各国和联合国经济统计工作的实际情况看,统计数据大致来源于四个方面:① 各国政府统计机构连续编制的反映其全国及各地区国民经济和社会发展全貌的统计月报和年鉴。② 各国社会经济科学研究者和政府社会经济研究工作者所编写的社会经济问题专著或政府专业报告。③ 各国大学和研究机构进行科学研究而专门调查取得的专题性研究报告。④ 联合国等国际统计机构(或社会经济机构)编制的各种统计月报和年鉴。

二、数据的种类

统计学家在其研究工作中通常利用三类数据:横截面数据、时间序列和纵列数据。

(1)横截面数据。横截面数据是指在同一时间(或时期)对不同单位(如个人、家庭、企业或国家)观测同一组变量的变化过程而得到的数据。例如 2007 年我国部分地区城镇居民家庭平均每人全年生活费支出数据。

(2)时间序列。时间序列是指在不同时间(往往是等间隔的时间)对同一单位观测同一组变量的变化过程而得到的数据。例如 2001 年 1 月 1 日至 2016 年 12 月 31 日三亚日平均降水量数据。

(3)纵列数据。纵列数据是指在不同时间对同一组单位进行调查所得到的结果,它是横截面数据和时间序列混合起来的数据。例如我国部分地区城乡居民人民币储蓄存款的数据。

第三节　数据的质量

一、数据质量及其研究意义

当我们面对一组统计数据资料时,可能首先会问的问题是这些资料准确不准确,可靠不可靠。准确性和可靠性,是统计工作的生命。

在我国,社会经济统计方面的数据质量多年来一直受到人们广泛的关注,反映出来的意见有:① 人为因素干扰比较大,报喜不报忧,虚报、瞒报的现象大量存在。② 由于工作上的疏忽,组织措施不得力,漏报或不报的情况也不在少数。③ 基层统计报告单位对统计数据的管理重视不够,资料的积累存在不少问题。④ 数出多门,不同统计部门提供的统计指标,往往差别很大。⑤ 系统性不强,资料不够全面等。所有这些情况,在一定程度上降低了统计信息的使用价值,影响了人们对社会经济运行状况及其未来前景的判断。

统计用数据表达思想和进行认识,它活动的全过程都在与数据打交道,从资料的搜集开始,直至后续的整理、描述、对比分析、估计、预测,每一个环节都离不开数据。统计数据质量控制,应该贯穿于统计活动的所有过程,但其中以调查阶段的数据质量最为重要,是重点需要关注的对象。所以,本节我们主要讨论调查数据的质量问题。

统计数据质量可以从误差的角度进行评价，为使数据质量的检查有一个定量描述的依据，我们把统计数据质量解释为，获得的观察值与客观现象实际数量水平之间的离差。离差小说明数据质量较好，离差大表明数据质量较差。

现象的实际数量水平，可分为两层意思：一是真值，即客观现象真正存在下来的统计方案，正确实施该方案的各项规定而应该取得的值。相对真值与真值之间会存在一定的差异，这种差异的大小应以不过多影响统计认识为前提。真值概念表明，在一次统计活动中，如果确实掌握了真值（主要是小规模的计数统计），那就把观察值与真值作比较以判断数据的质量，不然的话，就与相对真值作比较，从方案执行情况的检查入手，进行质量评估。

二、数据质量的定量描述

若用误差来衡量数据质量，则统计数据质量定量描述的基本公式为

$$误差＝观察值－相对真值 \tag{2.1}$$

令 x_i 表示第 i 个观察值，d_i 表示第 i 个观察值的误差，z_i 表示对应于 x_i 的相对真值，那么式（2.1）又可用符号表示成：

$$d_i = x_i - z_i \quad i = 1, 2, \cdots, n \tag{2.2}$$

d_i 可能取正号也可能取负号。$d_i = 0$，说明观察值 x_i 是准确的；若 $d_i \neq 0$，则说明 x_i 不准确。

对式（2.2）两边求和：

$$\sum_{i=1}^{n} d_i = \sum_{i=1}^{n} x_i - \sum_{i=1}^{n} z_i \tag{2.3}$$

令 $d_. = \sum_{i=1}^{n} d_i, x_. = \sum_{i=1}^{n} x_i, z_. = \sum_{i=1}^{n} z_i$，于是有：

$$d_. = x_. - z_. \tag{2.4}$$

$x_.$ 和 $z_.$ 分别是 n 个观察值、相对真值的综合，所以 $d_.$ 为总误差，可用来反映总值的准确程度。

当 $x_i = z_i (i = 1, 2, \cdots, n)$ 时，一定有 $d_. = 0$，即每个观察值都称得上准确时，总值必然随之准确。但 $d_. = 0$ 却不一定都有 $x_i = z_i$，这是因为在求和过程中，单个观察值的正负离差相抵消了。

对式（2.4）两边求均值，其结果分别用 $\overline{d}, \overline{x}$ 和 $\overline{z}$ 表示，则

$$\overline{d} = \overline{x} - \overline{z} \tag{2.5}$$

这可以用来反映观察值的均值偏离相对真值平均数的程度与方向。

总体总值和总体均值是最常用的两个统计指标，依次类推，还可以得到诸如比例，相关系数等其他统计指标的误差测定公式。

由式（2.2）、式（2.4）和式（2.5）计算出来的误差，是用统计绝对数表示的，除此之外，也可以用相对数来说明。

以上所述的数据质量的定量描述，多半带有原理性质，不足以说明一切问题。如果实际调查单位与调查方案规定的调查单位有出入，在抽样调查中，样本的代表性不强，整体上

发生偏移，那么即使每一个观察值都准确无误，也不能因此判定不存在数据质量问题。统计数据质量的复杂性就在这里，由此应认识到，对于统计数据质量，一方面应就数据本身进行核实和评价；另一方面还要注意对实际采用的工作方法进行细致的审查，看它是否严格地执行了方案的各项要求。

三、数据质量的相对性及影响因素

任何一项统计工作都难免会产生误差，误差与统计活动的关系，就像人和人的身影一样，形影不离。但是，我们也无须因此而感到悲观。统计数据质量的最大特征在于它的相对性。例如，一个地区有 5 000 万人口，对 5 000 万而言，少数几千、几万，甚至十几万，没有必要过多地计较；全世界陆地总面积 14 900 万平方千米，恐怕谁也不会要求精确到几位小数以后；一块田地实测到的面积是 5.8 亩①，假定它的准确面积应为 6 亩，但调查方案只要求四舍五入取整，那么就没有误差可言了。再比如，在一次人口调查中，某人的出生日期是 1957 年 8 月 23 日，但他填报的资料是 1959 年 9 月 27 日，从出生日期和实足年龄来看都是不准确的，可是考虑到以后资料整理时，可能要采用 5 岁一组的分组方法，若是这样就不会影响最终数据的质量。统计数据质量的相对性表明，为减少或降低数据误差，在不影响对现象数量反映的前提下，可以通过修改统计活动方案的某些要求达到目的。

统计数据质量误差按照产生原因可分为三大类：由于统计调查准备工作不充分而引起的误差；数据搜集阶段产生的误差；资料整理过程中产生的误差。

在进行统计调查时，通常事先要做的工作是：制订调查方案，确定将使用的基本概念和定义，拟定调查表，规定调查时间，明确采集资料的方式等。在这一阶段，容易产生的问题有：对正确了解调查对象有帮助的某些重要的特征被忽视掉了；概念的提法和定义不妥当，如总体规定模糊，结果把本应该包括在统计范围之列的调查单位排除在外，而把本不应该包括在统计范围之列的调查单位错误地纳入进来；调查项目和统计指标界定不清晰，容易造成误解；调查表的格式可能难以填写等。

数据搜集阶段可能产生误差的情况有：调查员不胜任工作，对调查意图理解得不透彻准确，从而造成登记的重复或遗漏；调查员在工作中融进个人的一些想法和意见，误导被调查人偏离方案要求作出回答；调查员交流方式如声音、人为制造紧张气氛等，使被调查人拒绝回答问题；调查员一味追求工作进度，发生登记性错误。从被调查者角度看，可能担心个人的材料被用于统计以外的目的，故意给出不实回答，不愿合作，敷衍应付，造成随意填报，此外还有被调查人员的知识背景、社会背景、情感背景等问题。在实际搜集资料阶段，如果使用的搜集资料的具体方式不同，也会产生差别很大的结果。如果使用的测量工具有问题，要想获得准确的数据也是不可能的。

数据处理阶段也还会发生许多新的差错，比如编码、打孔、录入、分类、汇总、计算等过程中出现的错误。

---

① 100 平方米＝0.15 市亩，因直观实用，本书未作换算。

四、数据质量检查

如何评估统计数据误差的大小，是什么原因引起了误差，有无修正的必要和可能，这一系列的活动，统称为数据质量检查。

统计数据质量检查主要有两类方法，即各种后验技术和抽样方法。

（一）数据质量检查的后验技术

在调查工作已经完成，进入数据编辑和整理时所用的评估数据质量的方法，称为后验技术方法。这种方法的特征是，不用亲临调查现场，而是仅通过逻辑关系分析、计算记忆将调查数据与独立来源的资料对比，确定调查数据的质量。

（1）逻辑关系分析法。逻辑关系分析法是指把调查数据与人们普遍接受的对现象某些特征或关系的看法进行比较，以判断有无矛盾的地方。例如年龄13周岁的少年，不应有婚姻的情况出现等。如果出现了，那就需要进行重点审核。

（2）计算比较法。如果我们掌握了有关问题大量的资料，则可以通过计算和利用平衡公式来检查数据的质量。比如在人口统计中，期末人数＝期初人数＋本期出生人数＋本期迁入人数－本期死亡人数－本期迁出人数，如果有出生死亡、迁入迁出资料，则可以推算出期末人口数，把它与实际调查的数字作对照，即可反映调查数字有无出入。

（3）设置疑问框法。一般而言，现象之间客观上存在着一定的量值范围和比例关系，根据这种量值范围和比例关系，可以规定出检查的参照标准，从而据之检查数据的误差。

（4）与独立来源数据对比法。这是检查数据质量一个相对简单的方法。具体做法是，把调查数据与该调查不同的调查数据进行比较，通过二者的差别验证调查数据的误差。例如，把棉花的亩产量调查数字，与根据皮棉调查数据计算出来的亩产量作对比等。

运用后验技术检查数据质量时需要注意：

第一，后验技术的使用范围相对有限，因为这种方法常常要求所研究的想象变化具有某种规律性，对那些调查特征变化无常的统计活动，后验技术因找不出合理的假设便不能使用了，即使勉强用了，效果也不会好，现在后验技术主要在人口统计、经济统计领域得到较多的应用。

第二，所有的后验技术都只适用于对最后调查结果的检查，不能用于单项数据误差的评估，因而对改进数据搜集办法的指导作用微乎其微。

第三，使用后验技术一般要有关于同一研究主题大量的统计资料，如果没有系统的资料积累，后验技术难以派上用场。

第四，作为推算基础和对比的资料必须准确，否则我们难以知道调查数据的误差。

第五，后验技术检查的结果只反映在质量上，难以提供新的统计数据，在那些对调查数据有更多要求的地方，这种方法帮助很小。

（二）数据质量检查的抽样方法

数据质量检查的抽样方法是指在一次调查之后，紧接着再从这些被调查单位中抽取一定数量的单位组成新的样本，经过重新登记，最后将两者的结果进行对比，以检查先前调查数据的质量,并进行适当的调整。

抽样方法有许多优点,主要表现在:

(1) 数据质量检查的结论,完全根据样本资料得出来,因此无论有没有相关的统计资料可依,不管过去是否做过类似的调查,都不会影响现在的数据质量评估。

(2) 抽样检查法运用起来十分灵活,不仅适用于各种场合的调查数据检查,而且还适用于调查数据各部分的检查,在帮助我们了解数据的质量水平的同时,还可以帮助我们寻找发生误差的原因。

(3) 抽样检查法有助于提高数据的质量,这是因为,每一个被调查单位都有可能被重新抽出来进行核实,因此它无形中就给调查人员施加了压力,使得每一个人都谨慎工作,以免被查出问题。另外,抽样检查法能查找数据误差出现的原因以及产生机制,这有助于有针对性地采取措施,从而在今后的调查工作中保证不发生类似的错误。

(4) 抽样检查法不受调查项目之间关系的任何假设限制。如果我们对它们的情况了解很少,甚至一点都不了解,那么抽样检查法就成为唯一的检查手段了。

(5) 运用抽样检查法,可以帮助统计人员获得更多的资料。

(6) 相对于只能说明数据有无质量问题的后验技术而言,抽样检查方法不仅能做到这一点,并且还可以估算数据误差的大小,对原调查资料进行修正和调整等。

尽管抽样检查法有如此众多的优点和长处,但在实际运用中,也需要注意:① 抽样需注重时效,必须在一次调查之后不久举行,以免时过境迁;② 样本数据是检查的标准,样本数据的搜集和核查,需要由专业统计人员安排进行;③ 样本单位的确定要考虑到随机性要求,数量上也不应太少;④ 切实兼顾调查费用预算约束。

第四节　数据的类型

对某个随机变量进行观测时,事先不能预料会取到什么值;一旦某个值被取定,就称这个值为随机变量的一个观测值及数据(也是一个随机事件)。

按照数据的不同种类,统计处理也会有不同的方法,根据不同的分类标准,数据可分为不同的类型。

一、点计数据与度量数据

根据数据的来源,数据可分为点计数据和度量数据,点计数据(Count Data)是指通过计算个数所得到的数据。如学校数、班级数、学生数、教师数、图书册数等。点计数据一般取整数形式。度量数据(Measurement Data)是指用一定的测量工具对事物进行测量,或者按照一定的测量标准给对象赋值而得到的数据,如身高、体重、学科成绩、智商、反应时间、记忆保持量等。

二、称名数据、顺序数据、等距数据和比率数据

根据数据的测量水平,可将数据分为称名数据、顺序数据、等距数据和比率数据。

1. 称名数据

称名数据(Nominal Data)只表示某一事物与其他事物在属性上的不同,它既不能排序,也没有相等单位,更没有绝对零点,如运动员的号码、学生的学号、性别、衣服的颜色、不同的教学方法等等,在这里,只给不同属性,不同类别的事物以不同的名称,这些名称的排列顺序无关紧要,在处理这类数据时,不能进行加减乘除运算。

2. 顺序数据

顺序数据(Ordinal Data)是指可以就事物的某一属性的多少或大小依次排序,但没有相等单位和绝对零点的数据资料。如,比赛中的第一、二、三名,学科成绩的优、良、中、合格、不合格,等等。对于这类数据,不仅可以从所赋予的名称来区别各事物之间的不同,而且可以排出它们在某一特质方面的多少或大小。相比于称名数据,顺序数据的主要优点在于它有"方向次序",但在处理这类数据时,也不能进行加减乘除运算。

3. 等距数据

等距数据(Interval Data)是指具有相等单位,但无绝对零点的数据资料。例如气温,假设周一的气温为 10 ℃,周二的气温为 15 ℃,周三的气温为 20 ℃,首先,周一、周二、周三的气温各不相同;其次,周三的气温高于周二的,周二的气温高于周一的;第三,周三与周二的气温之差,等于周二与周一的气温之差,但等距数据没有绝对零点,因此它只是一个相对的数值,而不能作比率性描述,在对这类数据进行统计处理时,只能进行加减运算,而不能进行乘除运算。

4. 比率数据

比率数据(Rate Data)是指具有相等单位和绝对零点的数据资料。这类数据可以作比率性描述,在统计处理时,既可进行加减运算,也可进行乘除运算,如身高、体重等。假如一名成年人的体重是 66 kg,一个儿童的体重是 33 kg,那么,该成年人比该儿童重 33 kg,同时也是该儿童体重的两倍。

不同测量水平的数据之间可以进行转换,但只有比率数据或等距数据可以转换为顺序数据,而且转换后数据所包含的信息量将会损耗。例如,百分制的学科成绩(等距数据)可以按照一定的规则转换为等级制的学科成绩(顺序数据),如:60 分以下为"不合格",60～69 分为"合格",70～79 分为"中",80～89 分为"良",90 分及以上为"优"。但应该注意到,转换后的数据只保留了彼此间大小的顺序关系,而相差的量已被丢弃。

三、离散数据与连续数据

根据数据的取值情况,可将数据分为离散数据和连续数据,取值个数有限的数据,称为离散数据(Discrete Data)。这种数据的单位是独立的,两个单位之间不能再划分为更小的单位,一般用整数表示,例如,学生人数、某门课程不及格的人数、等级制的学科成绩等。取

值个数无限的数据,称为连续数据(Continuous Data),它们可能的取值范围能连续充满某一个区间,数据的单位之间可以再划分成无限多个更小的单位,一般可以用小数表示。例如,学生的身高、体重、智商、百分制的学科成绩等。

各种不同类型的数据之间存在一定的关系。首先,点计数据必然属于离散数据,而连续数据由于无法计数,必然属于度量数据。例如,某院校专职老师的人数是点计数据,同时也是离散数据;而老师的身高是连续数据,同时也是无法计数的,必须用工具去度量,属于度量数据。但离散数据可能是点计数据,也可能是度量数据;度量数据可能是连续数据,也可能是离散数据。例如,等级制的学科成绩既是离散数据,同时又是度量数据。其次,比率数据和等距数据属于连续数据,顺序数据和称名数据属于离散数据。例如,老师的体重(比率数据)、百分制的学科成绩(等距数据)均属于连续数据,而等级制的学科成绩(顺序数据)均属于离散数据。

第五节　调查问卷设计

一、问卷的意义及内容

(一)问卷的意义

问卷又称调查表,是以书面的形式系统地记载调查内容,了解调查对象的反映和看法,以此获取资料和信息的一种工具。问卷不但有利于调查内容的标准化、系统化,便于对所取得的资料进行统计处理和定量分析,而且还可以节省调查时间和提高工作效率。问卷往往通俗易懂,实施起来较为方便。由于许多问题都已给出可供选择的被选答案,易于被调查者所接受,因而问卷调查已成为收集调查资料的重要手段。

(二)问卷的内容

一份完整的调查问卷,主要包括以下内容。

1. 问卷的标题

问卷的标题要概括性地表明调查研究的主题,使被调查者对所要回答的问题的范围有一个大致的了解。确定标题应简明扼要,既要明确调查对象,又要突出研究主题,并易于引起被调查者的兴趣。如"家电商品需求调查问卷",该标题既突出了主题,又简明、准确。

2. 问卷说明

问卷说明可以是导语,也可以是一封告知被调查者的信,说明调查的意义、目的、填写问卷的要求和注意事项,同时署上调查单位的名称和时间。问卷说明的作用,是使被调查者了解问卷调查的意图,引起他们的重视和兴趣,争取他们的支持和配合。它是调查者与被调查者沟通的中介。问卷说明应尽可能简明扼要,切忌华而不实之词。如某地区"公众医疗保险意识问卷"的说明:

×××女士/先生：

您好！我是××调查公司调查员,我们正在进行公众医疗保险意识调查,其目的是为了了解人们对医疗保险的意见和看法,以便研究制定更加科学的医疗保险政策、措施,促进医疗保险事业发展。只要您表达了您真实的意见和看法,您就对医疗保险这一惠及万众的事业做出了贡献。希望您能积极参与,我们将对您的回答完全保密。调查要占用您一些时间,请多多包涵。谢谢您的支持与合作。

×× 调查公司

3. 调查主题

调查主题是调查者所要了解的基本内容,也是调查问卷的核心部分,它由问题和答案两部分组成。

4. 编码

编码是将问卷中的调查项目变成数字的工作过程,以便于分类整理,易于进行计算机处理和统计分析。通常是在每一个调查项目的最左边按一定要求顺序编号。如某地关于学生情况调查问卷中,学生性别编码为:1—男,2—女。年级编码为:1—1年级,2—2年级,3—3年级,4—4年级,5—5年级,6—6年级,7—初一,8—初二,9—初三,10—高一,11—高二,12—高三。民族编码为:1—汉族,2—维吾尔族,3—哈萨克族,4—回族,5—壮族,6—苗族,7—侗族,8—其他民族。

5. 背景资料

例如在消费者调查中,在问卷的最后附上被调查者的年龄、性别、民族、家庭人数、文化程度、婚姻状况、职业、收入等。在企业调查问卷后附上企业名称、所有制性质、地址、主管部门等。

6. 结束语

结束语主要包括两部分内容:一是向被调查者表示感谢,如"访问到此结束,谢谢您的合作! 祝您身体健康!";二是注明调查人员姓名、调查时间、地点、被调查者的联系方式等。

二、问卷设计中的询问技术

问题是问卷的核心,设计问卷时必须仔细研究问题的类别和提问方法。

(一) 问题的主要类型及询问方式

1. 根据问题性质分为直接性问题、间接性问题和假设性问题

(1) 直接性问题。在调查中对被调查者没有困窘或敏感影响的问题,可采用直接提问方式。例如要了解被调查者的性别、职业等个人基本情况或一般性意见,可设计如下问题:

请指出您现在的职业(在下列各项中选择):

① 农民　② 工人　③ 教师　④ 公务员　⑤ 医生　⑥ 公司老板、厂长、总经理　⑦ 专业技术人员　⑧ 部门负责人、企业管理人员　⑨ 学生　⑩ 失业、待业　⑪ 个体户、自由职业者　⑫ 离退休人员　⑬ 其他(请注明)

请将您所选答案编号填入此处：（　　）

（2）间接性问题。对于设计被调查者的个人隐私或秘密等不愿直接回答的问题，询问时可采用间接提问方式。例如，调查某人的月收入，直接问"您每月的收入是多少？"答案：（　　）元。这种设计就不合适，可采用下列分组形式取得答案：

您每月收入属于下列哪一档？

① 1 000 元以下　② 1 000～1 500 元　③ 1 500～2 000 元　④ 2 000～3 000 元
⑤ 3 000～5 000 元　⑥ 5 000～8 000 元　⑦ 8 000 元以上

（3）假设性问题。对于涉及被调查者对某些问题的看法或未来想法的问题，询问时可采用假设性提问方式。

例如，如果您打算在未来一年投资，您会选择哪种投资方式？

2. 根据问题作答方式分为开放性问题和封闭性问题

（1）开放性问题。此种方式对所提问题不列出备选答案，答题类型也不做任何具体规定，而由被调查者根据自己的想法用文字表达出来。

例如，您认为我国当前新能源生产发展情况如何？

开放性问题的主要优点是可以使被调查者充分自由地按自己的想法与方式回答问题，不受限制和约束，有利于发挥被调查者的想象力和主动性，特别适合于询问那些潜在答案很多或者答案比较复杂或者尚未弄清各种可能答案的问题。开放式问题的主要缺点是被调查者答题的随意性大，调查者难以排除无用信息和不确切信息。由于答案不规范，数据的处理和分析比较困难。

（2）封闭性问题。封闭性问题是指问题和各种可能的答案都实现设计好，让被调查者通过选择答案来回答问题的一种问题形式。

例如，您家的居住面积是多少？（请在下列选项后的括号内画√）

50 m² 以下（　　）　50～80 m²（　　）　80～110 m²（　　）　110～140 m²（　　）
140～170 m²（　　）　170～200 m²（　　）

封闭性问题由于有标准答案，因此回答方便，易于进行各种统计处理和分析，有利于提高问卷的回收率和有效率。其主要缺点是回答者只能在规定的范围内被动回答，无法充分反映应答者的想法。

根据问题内容分为事实性问题、断定性问题、假设性问题和敏感性问题

（1）事实性问题。事实性问题要求被调查者回答有关事实情况，其主要目的是为了获取反映客观实际的资料。因此，问题的含义必须清楚，使被调查者容易理解并易于回答，如职业、出生年月、经济收入、家庭状况、教育程度、居住条件等。

（2）断定性问题。断定性问题是假定某个被调查者在某个问题上却有其行为或态度，继续进一步了解另外一些行为或态度。这种问题由两个或两个以上的问题相互衔接构成。前面一个问题是后面一个问题的前提。

例如，"您一直订阅《读者》吗？"如果回答"是"，就需要回答下一个问题："您喜欢本杂志

的什么栏目?"如果回答否,就不必回答下一个问题。

(3)敏感性问题。敏感性问题是指涉及个人社会地位、隐私等,不为一般社会道德和法纪所允许的行为以及私生活等方面的问题。对于这类问题,大多数被调查者总是试图回避,不愿意合作。因此,要了解这些敏感性问题,必须变换提问方式或采取一些特殊的调查技术。一是释疑法,即在问题前先给出消除疑虑的话,并承诺绝对保密。二是假定法,即用一个假定性条件句作为问题的前提。三是转移法,即把应当由被调查者根据实际情况回答的问题转移到根据他人的情况来回答问题。

例如,"对于银行提高业务手续费,有人赞同,有人反对,您同意哪种意见?"

以上是从不同角度对各种问题所做的分类,在实际调查中,几种类型的问题往往联合使用。

(二)设计问句时应注意的问题

为了使概念准确、简明、生动,设计问卷时应注意以下问题。

1. 避免提笼统、抽象或过于专业化的问题

这样的问题容易造成理解困难,不易回答,并且对实际调查工作无指导意义。

例如,您认为我校食堂饭菜价格、质量如何? 这样的问题过于笼统,很难达到预期结果,可具体提问:您认为我校食堂饭菜价格合适吗? 您认为我校食堂饭菜质量如何?

2. 避免多重性提问

即一个问题只要求被调查者说清楚一件事。

例如,您父母购买养老保险了吗? 该提问其实是询问了两个问题,若被调查者的双亲中只有一方购买了养老保险,问题就没办法回答。

3. 避免诱导性和倾向性

即所提问题对被调查者不能有倾向性表达或诱导作用,一定要恪守中立的态度。

例如,您喜欢律师这一受人尊敬的职业吗? 该提问中"受人尊敬"一词就带有倾向性。

诱导性提问可能导致三种不良后果:一是被调查者不假思索就认同所引导问题中暗示的结论:二是由于诱导性提问大多是引用权威或大多数人的态度,被调查者考虑到这个结论既然已经是普遍的结论,就会产生心理的顺向反应。第三,对于一些敏感性问题,在诱导性提问下,被调查者不敢表达其他想法等,常常会引出和事实相悖的结论,因此,这种诱导性提问在调查中应当避免。

4. 避免使用冗长复杂的语句和不易理解的词语,语言要规范

在语义能表达清楚的前提下,句子要尽量简洁。在大规模调查中,被调查者的受教育程度、文化背景等都会有很大差别。在考虑词语时,要注意被调查者的地区差别、文化差别等因素。

例如,您经常看课外读物吗? 这句问话中的"经常"不准确,间隔多长时间看一次算经常呢? 大家的理解可能不一样,易引发歧义。这个问题应改为"您一般多长时间看一次课外读物?"

5. 避免提令被调查者难堪、禁忌和敏感的问题

涉及各地风俗和民族习惯中的忌讳,关系个人隐私和个人利害等问题都是属于令被调查者难堪、禁忌、敏感的问题。例如,"您考试是否作过弊?"对于这类问题,被调查者往往处于本能的自卫心理,容易产生种种顾虑,不予真实回答或不愿意回答,而且还会引起被调查者的反感,因此,问卷中应尽量避免。如果有些问题非问不可,则应考虑回答者的自尊心,尽量注意提问的方式、方法和措辞。

6. 注意时间范围的表达

调查题目中常常有涉及时间的问题,而问卷设计时如果忽略了时间范围的准确表达,会造成调查结果不可靠。

例如,您过去的花销是多大?"过去"一词表述的时间范围不明确,被调查者遇到这种问题往往因时间范围不明确而无从回答。这个问题应改为"您去年的花销是多大?"或"您上月的花销是多大?"

三、问卷中的答案设计

设计问卷答案应把握以下基本方法和应注意的问题。

(一)答案设计的基本方法

1. 二项选择法

这种方法也成为真伪法或二分法。它是指提出的问题只有两种可供选择的答案:"是"或"否","有"或"无"等。这两种答案是排斥的、对立的,被调查者的回答非此即彼,不能有更多的选择。

例如,"您家里有洗衣机吗?"答案只能是"有"或"无"。

这种方法的优点是:被调查者易于理解,调查者可迅速得到明确的答案,便于统计处理,分析也比较容易。其缺点是:回答者没有进一步阐明理由的机会,因此难以反映被调查者意见与程度的差别,了解的情况也不够深入,这种方法适用于询问较为简单的事实性问题及互相排斥的两项择一式问题。

2. 多项选择法

这是指所提出的问题事先准备好两个以上的答案,回答者可选其中的一项或几项作答。

例如,您喜欢下列哪种职业?(在您认为合适的括号内画√)

教师(　　) 公务员(　　) 会计(　　) 工人(　　) 农民(　　) 海员(　　)
警察(　　) 律师(　　) 企业经理(　　) 金融职员(　　) 其他(　　)

这种方法的优点是:比二项选择法的强制选择有所缓和,答案有一定的范围,也便于统计处理。但采用多项选择法时,设计者要考虑以下两种情况:一是考虑到全部可能出现的结果及答案可能出现的重复和遗漏;二是注意备选答案的排列顺序,有些回答者常常喜欢选择第一个答案,从而使调查结果发生偏差。此外,答案不宜过多,否则,使回答者无从选择或产生厌烦。一般多项选择答案应控制在8个以内,当样本量有限时,多项选择使结果

分散,缺乏说服力。

3. 顺位法

它是指列出若干种答案,由回答者按重要性决定先后顺序的方法。顺位法主要有两种:一种是对全部答案排序;另一种是只对其中的某些答案排序。具体采用何种方法,应由调查者来决定。具体的排列顺序由被调查者根据自己所喜欢的事物和认识事物的程度等进行排序。

例如,您是从哪儿了解本公司及本公司产品情况的?(请按顺序排出前三位)

①　电视　②　报纸　③　互联网　④　广播　⑤　朋友介绍　⑥　促销人员的宣传　⑦　公司宣传资料　⑧　其他(请注明)_____

顺位法便于被调查者对其意见、感觉、动机等作衡量和比较性的表达,也便于对调查结果加以统计。但调查项目不宜太多,太多则容易分散,很难排位,同时所询问的排列顺序也可能对被调查者产生某种暗示影响。

4. 回忆法

回忆法是指通过回忆,了解被调查者对不同事物印象强弱的方法。例如,请您列出最近在电视广告中出现的洗发水品牌。调查时可根据被调查者所回忆的品牌的快慢和先后,以及各种品牌被回忆出的频率进行分析研究。

5. 程度评价法

该种方法对问题列出几个不同的答案,并对每个答案事先按顺序给分,相邻答案的分差相等,由被调查者从中选择一个答案来表达其对事物的感受程度。

例如,您对目前从事的职业满意度如何?

很满意	满意	一般	不满意	很不满意
5	4	3	2	1

(二) 答案设计时应注意的问题

1. 答案要穷尽

答案要穷尽是指每个问题中所列出的备选答案应包含所有可能的回答。

2. 答案须互斥

从逻辑上讲,互斥是指两个概念之间不能出现包容和交叉的现象。在设计答案时,一项问题所列出的不同答案必须互不相容,以避免回答者重复选择。

3. 标记要清楚

对于封闭式问题,每项答案都应有明显的填答注释或标记,且要留出足够填答标记的空格。

4. 要使用定距或定比尺度

对于敏感性的问题,为了尽可能消除被调查者的顾虑,应采用定距或定比答案设计。

四、问卷的编排设计与分类

(一) 问卷的顺序

在设计问卷时,要注意问题的排列顺序,使问卷条理清楚,顺理成章。

1. 题目的编排应有逻辑性

即根据一定科学理论原则和人们思考问题的一般程序去安排问题顺序。如先部分后整体,先一般后特殊,先表面后深入,先罗列问题后分析实质等。

2. 题目的顺序应先易后难

将被调查者容易回答的问题放在前面,将被调查者较难回答的问题放在后面;将比较熟悉的问题放在前面,将比较生疏的问题放在后面;将一般性问题放在前面,特殊性问题或敏感性问题放在后面。

3. 封闭性问题放在前面,开放性问题放在后面

由于开放性问题需要时间思考,时间长度不易掌握。所以,应先将规范性强,比较容易回答的问题放在前面,让被访问者先把大量的封闭性问题回答后,再认真去研究回答开放性问题。

4. 能引起被调查者兴趣的问题放在前面,易引起被调查者紧张的问题放在后面

这样安排有利于吸引被调查者阅读、研究和回答问卷,从而提高回答率,降低弃答率。同时,由于前面大量的问题能引起被调查者参与的积极性,放开思路,解除顾虑,敞开胸怀,从而提供的信息更加准确可靠。

(二) 问题的衔接

问卷中的各种问题应很好地衔接起来,使调查者能快捷方便地找到符合某种回答条件和不符合某种回答条件的答案。

例如,您有业余爱好吗?

没有(　　);

有(　　)。如果有,您的业余爱好是:球类运动(　　)　文艺活动(　　)　文学创作(　　)　其他(请注明)_____

有时,连续几个问题都只适合于具有某种条件的被调查者,设计可采用跳答指示的方法来解决。

例如,① 您喜欢吃方便面吗?

喜欢(　　)　不喜欢(　　)(请跳答第④题)

这个例子中,该问题后的②③两个问题都是询问被调查者喜欢吃方便面的种类和原因等问题。不适用于选择第二个答案者,通过跳答指示,使被调查者很快找到自己应该回答的问题。但应注意,这类跳答和接法不宜过多,否则会给人以版面混乱的感觉,同时容易漏答和错答。

〈思考题〉

一、单项选择题

1. 百分制的学科成绩属于(　　)
   ① 等距数据　　　　　　　　　② 称名数据
   ③ 顺序数据　　　　　　　　　④ 比率数据

2. 根据数据的来源,可将数据分为(　　)
   ① 连续数据和离散数据　　　　② 点计数据和度量数据
   ③ 顺序数据和比率数据　　　　④ 等距数据和称名数据

3. 统计总体按其范围和单位数是否可以计量,可分为(　　)
   ① 顺序总体与比率总体　　　　② 离散总体和连续总体
   ③ 点计总体和度量总体　　　　④ 有限总体与无限总体

4. 统计研究的基础是(　　)
   ① 客观性　　　　　　　　　　② 同质性
   ③ 大量性　　　　　　　　　　④ 差异性

二、多项选择题

1. 统计总体的特征有(　　)
   ① 客观性　　② 同质性　　③ 大量性　　④ 差异性
   ⑤ 具体性

2. 根据数据的测量水平,可将数据分为(　　)
   ① 称名数据　　② 顺序数据　　③ 等距数据　　④ 比率数据
   ⑤ 点计数据

3. 问卷调查中的问题根据其性质可划分为(　　)
   ① 直接性问题　　② 间接性问题　　③ 假设性问题　　④ 开放性问题
   ⑤ 封闭性问题

4. 问卷调查中的问题根据其作答方式可分为(　　)
   ① 开放性问题　　② 直接性问题　　③ 封闭性问题　　④ 间接性问题
   ⑤ 假设性问题

三、简答题

1. 简述可能产生统计数据质量误差的原因。

2. 统计数据质量检查的方法有哪些？

3. 问卷中答案设计应注意的问题有哪些？

4. 完整的调查问卷主要包括哪些内容？

参考答案

一、单项选择题

1. ①　2. ②　3. ④　4. ①

二、多项选择题

1. ①②③④　2. ①②③④　3. ①②③　4. ①③

第三章　描述统计分析

通过本章的学习,要求掌握绝对数、相对数、集中趋势、离中趋势、偏态、峰态的概念;掌握绝对数、相对数的计算和应用;掌握集中趋势、离中趋势的测度指标的计算及应用;掌握偏态、峰态的计算和应用;了解统计表的规范要求及统计图的绘制方法。

使用统计特征量可以观察观测数据之间的集中程度、分散程度,次数分布的非对称程度或曲线顶端的尖削程度。比如,某地区企业生产计划的平均完成程度,某工厂不同车间的平均车间产品合格率等。统计表和统计图是显示统计数据的两种基本方式。一般来说,当数据资料较少时,可以用罗列统计数据的简单办法来展示统计资料;但当数据资料较多时,仍用简单罗列的形式来表达,就会显得连篇累牍,不便阅读,且难以进行得直观而生动。在报纸杂志电视或计算机网络上,常能看到大量的统计数据用统计表和统计图形来显示。比如股票分析的 K 线图,某商场不同品牌洗发水的购买频数分布图、某地区人年均收入的洛伦兹曲线图等。一张好的统计图表,往往胜过冗长的文字表述。正确地使用统计表和统计图是做好统计分析的最基本的技能。

第一节　统计特征量

一、集中量

集中量是对频数分布资料的集中状况、集中程度和平均水平的综合测度,是进一步统计分析的重要依据。频数分布集中趋势的测度指标包括:算术平均数,几何平均数,调和平均数,中位数,众数,分位数等。根据数学上的特点,前三种称为数值平均数,即根据全部观察值计算出来的平均数,后三种称为位置平均数,它是按照观察值的大小顺序或出现频数的多少确定的代表性指标。各种平均数的含义、计算方法和应用条件各不相同。

1. 算术平均数

算术平均数也称均值,它是一组数据相加后除以数据的个数得出的结果。根据掌握的资料情况的不同,一般有两种计算形式:简单算术平均数和加权算术平均数。

若掌握的资料是总体单位数 n 与总体各单位的标志值 $X_1, X_2, X_3, \cdots, X_n$ 时,则可先将各单位的标志值相加得出标志总量,然后再除以总体单位数,求出的算术平均数称为简单算术平均数,即

$$\overline{X} = \frac{X_1 + X_2 + X_3 + \cdots + X_n}{n} = \frac{\sum X}{n} \tag{3.1}$$

简单算术平均数比较简单,一般在各个变量值出现次数相同的条件下采用。总体如经过分组,各个变量值出现的次数不同,这时就要用加权算术平均数的方法来计算。在总体经过分组并形成变量数列的情况下,若已知各组的标志值 $X_1, X_2, X_3, \cdots, X_n$ 及次数 $f_1, f_2, f_3, \cdots, f_n$,则可用各组标志值生意相应的次数求得各组的标志总量,然后把各组标志总量相加除以各组次数综合,即可得加权算术平均数,计算公式如下:

$$\overline{X} = \frac{X_1 f_1 + X_2 f_2 + X_3 f_3 + \cdots + X_n f_n}{n} = \frac{\sum Xf}{n} \tag{3.2}$$

从式(3.2)可以看出,加权算术平均数的大小,不仅受变量值大小的影响,而且受各组次数多少的影响。一般来说,次数多的变量值对平均数的影响大,而次数少的变量值对平均数的影响小。正因为各组次数的多少对于各组变量值在平均数中的影响有权衡轻重的作用,所以,统计中把次数称为权数。用权数乘以各个变量值,叫做加权。当各组变量值出现的次数相等时,权数将失去意义,这时仍可用简单算术平均数形式。因此,简单算术平均数是加权算术平均数的一种特殊形式。

在实际统计工作中,权数可以是绝对数,也可以是相对数(比重或频率)。因此,加权算术平均数也可采用以下形式:

$$\overline{X} = \frac{X_1 f_1 + X_2 f_2 + X_3 f_3 + \cdots + X_n f_n}{f_1 + f_2 + f_3 + \cdots + f_n} = \frac{\sum_{i=1}^{n} X_i f_i}{\sum_{i=1}^{n} f_i} = \sum_{i=1}^{n} X_i \cdot \frac{f_i}{\sum_{i=1}^{n} f_i} \tag{3.3}$$

2. 几何平均数

几何平均数是 n 个变量值连乘积的 n 次方根。它是一种特殊用途的平均数,适用于现象各变量值的连乘积等于总体标志总量的场合,是计算平均比率和平均速度最常用的一种方法。几何平均数也分简单几何平均数和加权几何平均数。

简单几何平均数适用于计算未分组资料的平均比率或平均速度,即:

$$\overline{X}_G = \sqrt[n]{X_1 X_2 X_3 \cdots X_n} = \sqrt[n]{\prod_{i=1}^{n} X_i} \tag{3.4}$$

式中:$\overline{X}_G$ 为几何平均数;$X_1, X_2, X_3, \cdots, X_n$ 为总体的各个变量值;n 为变量值个数,$\prod$ 为连乘符号。

在实际统计中,有时变量值较多,计算几何平均数需要多次方,为了计算方便,通常需

利用对数。将几何平均数公式的两边取对数，即：

$$\lg \overline{X}_G = \frac{1}{n}(\lg X_1 + \lg X_2 + \lg X_3 + \cdots + \lg X_n) = \frac{\sum \lg X}{n} \tag{3.5}$$

由此可见，几何平均数的对数等于各变量值对数的算术平均数。求出几何平均数的对数后，再由对数求出真数，就是几何平均数。

当计算几何平均数的每个变量值的次数不相同时，则要采用加权几何平均数，其计算公式为：

$$\overline{X}_G = \sqrt[f_1+f_2+\cdots+f_n]{X_1^{f_1} X_2^{f_2} \cdots X_n^{f_n}} = \sqrt[\sum\limits_{i=1}^{n} f_i]{\prod_{i=1}^{n} X_i^{f_i}} \tag{3.6}$$

式中：f_i 为每个变量值的次数（权数）；$\sum\limits_{i=1}^{n} f_i$ 为权数总和。

若将上式两边取对数，则有：

$$\lg \overline{X}_G = \frac{1}{f_1+f_2+\cdots+f_n}(f_1 \lg X_1 + f_2 \lg X_2 + \cdots + f_n \lg X_n) = \frac{\sum f \lg X}{\sum f} \tag{3.7}$$

3. 调和平均数

在统计分析中，有时会只有每组的变量值和相应的标志总量，而由于种种原因没有频数的资料。这种情况下就不能直接运用算术平均方法来计算了，而需要以迂回的形式，即用总体的标志总量除以该组的变量值推算出各组的单位数，才能计算出平均数，我们可以用调和平均的方法完成合格计算。

调和平均数（harmonic mean）是各变量值倒数的算术平均数的倒数。因为它是根据变量值倒数计算的，所以又称作倒数平均数，通常用 $\overline{X}_H$ 表示。调和平均数也有简单调和平均数和加权调和平均数两种。

简单调和平均数是在未分组条件下采用的。用符号表示简单调和平均数的计算公式为

$$\overline{X}_H = \frac{1}{\dfrac{1}{X_1} + \dfrac{1}{X_2} + \cdots + \dfrac{1}{X_n}} = \frac{n}{\sum \dfrac{1}{X}} \tag{3.8}$$

式中：$\overline{X}_H$ 为调和平均数；$X_1, X_2, X_3, \cdots, X_n$ 为总体的各个变量值；n 为变量值个数。

简单调和平均数是在各标志值对平均数起同等作用的条件下应用的，但在许多情况下，各变量值对于平均数的作用是不同的。假如各组标志值 $X_1, X_2, \cdots, X_n$ 的标志总量分别为 $M_1, M_2, \cdots, M_n$，这时就应当采用加权调和平均数，其计算公式为

$$\overline{X}_H = \frac{M_1 + M_2 + \cdots + M_n}{\dfrac{M_1}{X_1} + \dfrac{M_2}{X_2} + \cdots + \dfrac{M_n}{X_n}} = \frac{\sum M}{\sum \dfrac{M}{X}} \tag{3.9}$$

在实际统计工作中，经常会遇到只有各组标志值和标志总量，而缺少总体单位数的资料，这时就须采用调和平均数公式计算平均数。此外，调和平均数还可作为算术平均数的变形来使用，在这种情况下，调和平均数的实质仍然是总体标志总量除以总体单位总量，只是计算形式不同而已，其实质内容和计算结果与算术平均数完全一致。

4. 中位数

如果把总体各单位的标志值按从小到大顺序排列,则处于序列中间位置的标志值,就是中位数。中位数的概念表明,数列中有一半数目的数值小于中位数,一半数目的数值大于中位数。

对于未经分组的资料,中位数的计算方法是:先将各单位的标志值按从小到大顺序排列,而后用公式 $(n+1)/2$ 来确定中位数在数列中的位置(n 代表变量值项数)。当变量值的项数为奇数时,中位数等于序列中间一项的变量值;当变量值的项数为偶数时,中位数等于序列最中间两项变量值的算术平均数。即

$$M_e = \begin{cases} X_{(n+1)/2} & (n \text{ 为奇数}) \\ (X_{n/2} + X_{(n+1)/2})/2 & (n \text{ 为偶数}) \end{cases} \tag{3.10}$$

对于已经分组的资料,如何确定中位数呢?由单项数列确定中位数。在单项分配数列的情况下,先按 $(\sum f + 1)/2$ 确定中位数位置,再计算累计次数,进而确定中位数所在组,即累计次数较中位数位置略大的组,这一组的变量值就是中位数。

5. 众数

众数是一组数据中出现频数最多的数值。众数能标明数字资料的集中趋势,说明客观现象的一般水平。

在资料单项分组的情况下,众数的确定非常简单,只要找出次数最多的组,即众数组,则该组的变量值就是众数。对于组距分组资料,众数的确定比较复杂。首先要确定众数组,然后再求众数值。一般情况下,若数列的分布是对称的分布,则可用众数组的组中值作为众数。但在实际工作中,完全的均匀分布往往是不存在的。显然,如果众数组前一组次数比后一组次数多,则众数在众数组内靠近它的下限;如果众数组前一组次数比后一组少,则众数在众数组内靠近它的上限。因此,众数的数值取决于与众数组相邻两组次数的多少,利用补插法可以得到计算众数的下限公式和上限公式。

下限公式为:

$$M_0 = L + \frac{\Delta_1}{\Delta_1 + \Delta_2} i \tag{3.11}$$

上限公式为:

$$M_0 = U + \frac{\Delta_2}{\Delta_1 + \Delta_2} i \tag{3.12}$$

式中:M_0 为众数;L 为众数组的下限;U 为众数组的上限;Δ_1 为众数组次数与前一组次数之差;Δ_2 为众数组次数与后一组次数之差;i 为众数组的组距。

6. 分位数

分位数主要是针对四分位数而言的,将所有变量值按从小到大,用 3 个点将数据四等分,处于三个分位点上的数值就是四分位数。最小的处于第一个分位点上即处于 25% 位置上的数,称为下四分位数。所有数值中,有四分之一小于下四分位数,四分之三大于下四分位数。中间的四分位数即处于第二分位点亦即处于 50% 位置上的数,就是中位数。最

大的处于第三个分位点上即处于75%位置上的数,称为上四分位数。所有数值中,有四分之三小于上四分位数,四分之一大于上四分位数。四分位数也可称为第25、50、75百分位数。下四分位数和上四分位数也可以看作是小于中位数和大于中位数的观察值的中位数。

四分位数的计算方法与中位数类似。根据未分组数据计算四分位数时,首先对数据进行排序,然后确定四分位数所在的位置。

对于组距分组资料,首先确定四分位数所在的组,然后计算四分位数的值。下四分位数的近似计算公式为:

$$Q_L = L_{Q_L} + \frac{\frac{\sum f}{4} - S_{Q_L - 1}}{f_{Q_L}} \times i_{Q_L} \tag{3.13}$$

或

$$Q_L = U_{Q_L} + \frac{\frac{3\sum f}{4} - S_{Q_L + 1}}{f_{Q_L}} \times i_{Q_L} \tag{3.14}$$

上四分位数的近似计算公式为:

$$Q_U = U_{Q_L} + \frac{\frac{3\sum f}{4} - S_{Q_L + 1}}{f_{Q_L}} \times i_{Q_L} \tag{3.15}$$

或

$$Q_U = U_{Q_U} + \frac{\frac{3\sum f}{4} - S_{Q_U + 1}}{f_{Q_U}} \times i_{Q_U} \tag{3.16}$$

式中:Q_L,Q_U 分别表示下四分位数、上四分位数;L_{Q_L},U_{Q_L} 分别为下四分位数组的下、上限;L_{Q_U},U_{Q_U} 分别为上四分位数组的下、上限;f_{Q_L},f_{Q_U} 分别是下、上四分位数组的频数;i_{Q_L},i_{Q_U} 分别为下、上四分位数数组的组距;$S_{Q_L - 1}$,$S_{Q_L + 1}$ 分别为小于和大于下四分位数组下限和上限的累计频数;$S_{Q_U - 1}$,$S_{Q_U + 1}$ 分别为小于和大于上四分位数组下限和上限的累计频数。

7. 中位数、众数和算术平均数的关系

中位数、众数和算术平均数之间存在着一定的关系,这种关系取决于统计数据的次数分布情况。次数分布常见的形态有正态(对称)分布和偏态(不对称)分布两种类型。

(1) 当次数分布完全对称时,算术平均数、中位数和众数三者合而为一,即 $\overline{X} = M_e = M_0$。它们的关系如图3.1所示。

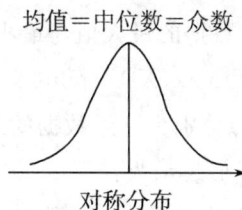

均值=中位数=众数

对称分布

图 3.1 对称分布

(2) 当次数分布呈现非对称的钟形分布时,算术平均数、中位数和众数之间存在一定的差别。这种差别和非对称程度有关。非对称的程度越大,它们之间的差距越大;非对称的程度越小,它们之间的差距就越小。如果存在非正常的极端值,次数分布就会发生偏斜。极端值对算术平均数、中位数和众数的影响是不同的:众数是出现次数最多的标志值,不受极端值的影响;中位数只受极端值位置的影响,不受极端值数值的影响;而算术平均数则受所有极端值的影响,极端值对它影响最大。当统计数据中出现极大值,次数分布向右偏时,算术平均数最大,众数最小,即$\overline{X} > M_e > M_0$,三者的关系如图 3.2 所示。当统计数据中出现极小值,次数分布向左偏时,算术平均数最小,众数最大,即$\overline{X} < M_e < M_0$,三者的关系如图 3.3 所示。

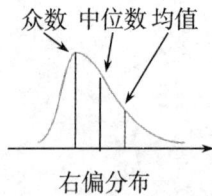

图 3.2　右偏分布　　　　图 3.3　左偏分布

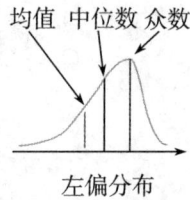

根据英国统计学家皮尔逊(Pearson)的经验,在偏态适度的情况下,无论是右偏还是左偏,中位数与算术平均数的距离约等于众数与算术平均数距离的 1/3;中位数与众数的距离约等于算术平均数与众数距离的 2/3。由此,可以得到以下三个关系式:

$$M_0 = 3M_e - 2\overline{X} \tag{3.17}$$

$$M_e = (M_0 + 2\overline{X})/3 \tag{3.18}$$

$$\overline{X} = (3M_e - M_0)/2 \tag{3.19}$$

利用上述关系式,可根据一致的两个平均数来推算另一个平均数。

二、差异量

差异量数是描述统计数据差异程度或离散程度的指标。它是衡量集中量代表性的尺度,是反映活动过程均衡性和稳定性的重要指标。还可以研究频数分布偏离正态的情况。

表示一组数据的离中趋势的指标,或表示一组数据的离散情况,主要分为以下几类:① 极差;② 四分位差;③ 平均差;④ 标准差;⑤ 方差;⑥ 离散系数。前五个都是反映差异量的绝对指标,最后一个是反映差异量的相对指标。

极差(range),也叫全距,是一组数据的最大值与最小值之差,即:

$$R = \max(X_i) - \min(X_i) \tag{3.20}$$

式中:R 为极差;$\max(X_i)$ 和 $\min(X_i)$ 分别为一组数据的最大值和最小值。

对于组距分组数据,极差也可近似表示为:

$$R \approx 最高组的上限值 - 最低组的上限值 \tag{3.21}$$

极差是描述数据离散程度的最简单测度值,它计算简单,易于理解。但它只是利用了一组数据两端的信息,因而易受极端值的影响,不能反映各单位变量值变异程度。

在企业的质量控制中,极差又称为"公差",它是对产品质量制定的一个容许变化的界限。

四分位差是指第三四分位数与第一四分位数之差,也成为内距或四分间距,用 Q_r 表示,四分位差的计算公式为: $Q_r = Q_3 - Q_1$。

四分位差反映了中间 50% 数据的离散程度。其数值越小,说明中间的数据越集中;数值越大,说明中间的数据越分散。四分位差不受极端值影响。此外,由于中位数处于数据的中间位置,因此四分位差的大小在某种程度上也说明了中位数对一组数据的代表程度。

平均差(mean deviation)也成平均离差,是各变量值与其平均数离差绝对值的平均数,通常用 M_D 表示。因为各变量值与其平均数离差之和等于零,所以,在计算平均差时,是取绝对值形式的。平均差的计算根据掌握资料不同而采取不同的形式。对未经分组的数据资料,采用简单式,公式如下:

$$M_D = \frac{\sum\limits_{i=1}^{n} |X_i - \hat{X}|}{n} \qquad (3.22)$$

根据分组整理的数据计算平均差,应采用加权式,公式如下:

$$M_D = \frac{\sum\limits_{i=1}^{n} |X_i - \hat{X}| f_i}{\sum\limits_{i=1}^{n} f_i} \qquad (3.23)$$

在可比的情况下,一般而言,平均差的数值越小,则其平均数的代表性越大,说明该组变量值分布越集中;反之,平均差的数值越大,则其平均数的代表性越小,说明该组变量值分布越分散。

平均差由于采用绝对值的离差形式加以数学计算,在应用上有较大的局限性。

标准差(standard deviation)又称均方差,它是各单位变量值与其平均数的离差的平方的平均数的方根,通常使用 σ 表示。它是描述数据离散程度的最主要方法。标准差有量纲,它与变量值的计量单位相同。

标准差的本质是求各变量值与其平均数的距离和,也就是先求出各变量值与其平均数离差的平方,然后再求其平均数,最后对其开方。之所以称其为标准差,是因为在正态分布条件下,它和平均数有明确的数量关系,是真正度量离中趋势的标准。

根据数据资料的不同,标准差的计算有简单式和加权式两种。

对未经分组的数据资料,采用简单式,公式如下

$$\sigma = \sqrt{\frac{\sum\limits_{i=1}^{n} (X_i - \overline{X})^2}{n}} \qquad (3.24)$$

根据分组整理的数据计算标准差,应采用加权式,公式如下:

$$\sigma = \sqrt{\frac{\sum\limits_{i=1}^{n} (X_i - \overline{X})^2 f_i}{\sum\limits_{i=1}^{n} f_i}} \qquad (3.25)$$

标准差是根据全部数据计算的,它反映了每个数据与其平均数相比平均相差的数值,因此,它能准确地反映出数据的离散程度。与平均差相比,标准差是通过平方而非取绝对

值的数学处理消去离差的正负号，更便于后续数学上的分析。因此，标准差是实际中应用最广泛的离散程度测量值。

标准差有总体标准差与样本标准差之分，上面我们说的都是总体的标准差，如果要计算样本标准差，只需在分母上减一。一般我们把样本标准差记为 s，所以对简单式而言，

$$s = \sqrt{\frac{\sum\limits_{i=1}^{n}(X_i - \overline{X})^2}{n-1}} \tag{3.26}$$

对加权式而言，

$$s = \sqrt{\frac{\sum\limits_{i=1}^{n}(X_i - \overline{X})^2 f_i}{\sum\limits_{i=1}^{n}f_i - 1}} \tag{3.27}$$

方差（variance）是各变量值与其算术平均数离差平方和的平均数，即是标准差的平方，用 σ^2 表示总体的方差；用 s^2 表示样本的方差。在今后的统计分析中，这些指标我们经常都会用到。

前面说的极差、平均差和标准差都是反映数据分散程度的绝对值，其数据的大小一方面取决于原变量值本身水平高低的影响，也就是与变量的平均数大小有关，变量值绝对水平高的，离散程度的测度值自然也就大，绝对水平低的，离散程度的测度值自然也就小；另一方面，它们与原变量值的计量单位相同，采用不同计量单位计量的变量值，其离散程度的测度值也就不同。

因此，对于平均数不等或计量单位不同的不同组别的变量值，是不能直接用离散程度的绝对指标比较其离散程度的。为了消除变量平均数不等和计量单位不同对离散程度测度值的影响，需要计算离散程度的相对指标，即离散系数，其一般公式是：

$$离散系数 = \frac{离散程度的绝对指标}{对应的平均指标}$$

离散系数（coefficient of variation）通常是就标准差来计算的，因此，也称为标准差系数，它是一组数据的标准差与其对应的平均数之比，是测度数据离散程度的相对指标，其计算公式如下：

$$V_\sigma = \frac{\sigma}{\overline{X}} \times 100\% \tag{3.28}$$

它消除数据取值大小和计量单位对标准差大小的影响，可用于比较不同样本数据的离散程度。离散系数小说明数据的相对离散程度小；离散系数大说明数据的相对离散程度大。

三、偏态和峰态的测度

相对于集中趋势和集散程度而言，偏态和峰态主要不是从数值水平的角度考察分布的代表值或变异程度，而是从正负分布图形的形状来考虑的，所刻画的是"分布的形态特征"。偏态系数和峰态系数反映了数据偏离正态分布的程度。

　　分布的"偏态"(skewness)是对分布偏斜方向和程度的测度。在根据未分组的原始数据计算偏态系数 α 时,公式如下:

$$\alpha = \frac{n\sum_{i=1}^{n}(X_i-\overline{X})^3}{(n-1)(n-2)\sigma^3} \tag{3.29}$$

　　根据分布资料计算偏态系数,可采用下列公式:

$$\alpha = \frac{\sum_{i=1}^{n}(X_i-\overline{X})^3 f_i}{n\sigma^3} \tag{3.30}$$

　　偏态系数反映了统计数据分布的非对称程度,当数据分布对称时,偏态系数 α 等于零;如果偏态系数 α 明显不等于零,表明数据分布不对称。若 $\alpha > 0$,则可以判断为正偏或右偏;反之,若 $\alpha < 0$,则可以判断为负偏或左偏。α 的数值越大,表示偏斜的程度就越大。如图3.4所示。

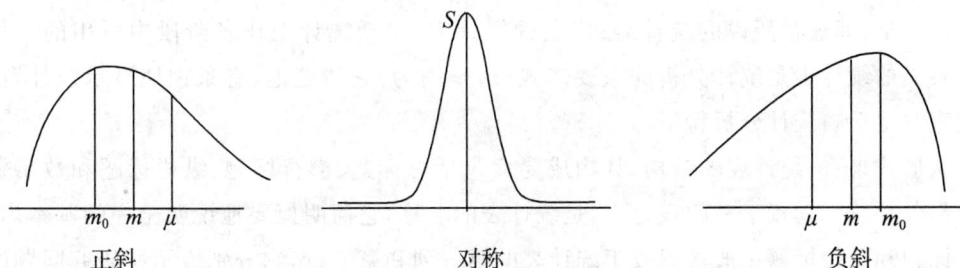

图 3.4　偏态系数与分布的对应关系

　　分布的峰态(kurtosis)是指分布曲线顶端的尖峰或扁平程度。如果一个总体在众数周围的集中程度很高,其分布图形就会比较陡峭,其分布称为尖峰分布;反之,如果总体在众数周围的集中程度较低,其分布图形就会比较平坦,其分布称为平峰分布。通常用峰态系数来衡量分布曲线顶端的尖削程度。

　　峰态系数 K 的计算方法很多,在根据未分组的原始数据计算峰态系数时,可以采用下列公式:

$$K = \frac{n(n+1)\sum_{i=1}^{n}(X_i-\overline{X})^4 - 3(n-1)\left[\sum_{i=1}^{n}(X_i-\overline{X})^2\right]^2}{n(n-1)(n-2)(n-3)\sigma^3} \tag{3.31}$$

　　根据分组资料计算峰态系数,可采用下列公式:

$$K = \frac{\sum_{i=1}^{n}(X_i-\overline{X})^4 f_i}{n\sigma^4} - 3 \tag{3.32}$$

　　峰态系数反映了统计数据分布曲线的尖峰或扁平程度。由于标准正态分布的峰态系数 K 为零,当 $K > 0$ 时,判断为尖峰分布,反之,当 $K < 0$ 时,判断为扁平分布。

第二节 统计表

经过整理的数据资料,需要展现出来,可以用统计表,也可以用统计图。用统计表不仅可以节省大量的文字叙述,而且更为条理分明、集中醒目,也便于数据的对比分析与积累;用统计图的特点是形象、直观、鲜明,能够清晰地显示现象之间的相互关系。下面先来看一下统计表。

一、统计表的结构

统计表是把由统计调查所得来的、经过整理的数据,按一定规则排列而形成的表格。统计表可分为狭义统计表和广义统计表两种。狭义的统计表专指分析表和容纳各种统计资料的表格,即通常所说的统计表;广义的统计表,包括统计工作各阶段中所用的一切表格。狭义的统计表是统计分析的重要形式,这是因为,它清楚地、有条理地显示统计资料,并能直观地反映统计分析特征。

从形式来看,统计表的结构,其构成要素包括总标题、横行标题、纵栏标题和数字资料四个部分。总标题置于表的正上方,是统计表的名称,它简明扼要地说明全表的基本内容。横行标题和纵栏标题一般被置放于统计表的第一列和第一行,它分别表示所研究问题的类别名称和指标名称。如果是时间序列数据,横行标题和纵栏标题也可以是时间,当数据较多时,一般会将时间放在横行标题的位置。表的其余部分是具体的统计数据。表外附加内容,主要包括资料来源、指标的注释和必要的说明等,一般放在统计表的下方。统计表的一般结构如表 3.1 所示。

表 3.1 2004～2006 年国有农场基本情况

项目	年份 单位	2004	2005	2006
农场数	个	1 928	1 923	1 896
职工人数	人	339.6	335.9	329.3
耕地面积	千公顷	4 820.1	5 038.1	5 187.0
农业机械总动力	亿瓦	136.4	146.3	153.9

资料来源:《中国统计年鉴(2007)》(电子版),本表为农垦系统数据。

二、统计表的分类

(一)简单表

简单表是指未经任何分组的统计表,也叫作一览表。简单表一般按照个体的名称排列或时间顺序排列。它是对原始资料进行初步整理所采用的形式,如表 3.1 所示。

(二) 简单分组表

简单分组表是指只用一个标志进行分组形成的统计表,也称为分组表。运用分组表可以说明不同类型现象的特征,以揭示现象内部的结构,以便分析现象的内部结构和现象之间的相互关系,如表 3.2 所示。

表 3.2　2007 年某地区工业企业按固定资产分组的企业与职工数统计

按固定资产分组(万元)	企业个数	职工人数
400 以下	5	2 250
400～600	10	6 029
600～800	12	9 280
800 以上	3	3 140
合 计	30	20 699

(三) 复合分组表

复合分组表是指按两个或两个以上标志进行分组的统计表,也称为复合表。复合表可以通过多个标志,对总体进行更为深入的分析与研究,如表 3.3 所示。

表 3.3　2007 年某大学师资状况

职务	年龄	性别	性别
高级职称(教授、副教授)	45 岁以上	男	50
		女	30
	45 岁以下	男	80
		女	40
非高级职称(讲师、助教)	45 岁以上	男	40
		女	10
	45 岁以下	男	110
		女	50

三、统计表设计规则

统计表的设计总的要求是简洁、清晰、明确、醒目,便于使用者进行比较、分析以及阅读。统计表的设计应注意以下规则。

（1）标题设计简明扼要。统计表的各类标题应十分简练，并确切地概括和反映资料的主要内容、资料所属的时间和空间。横行和纵栏，一般先列各个项目，后列总体。若无必要列出全部项目时，就应先列总体，后列其中一部分重要项目。内容不宜罗列太多和过于庞杂。

（2）表的格式为开口式。统计表的表式为开口式，即表的上下端线通常以粗线或双线绘制，表内如有两个或两个以上不同的内容，也要用粗线或双线隔开，表的左右两端一般不画线。

（3）要有计量单位。统计表必须要注明资料的计量单位。当统计表中只有一种计量单位时，可在表的右上端注明。若有多个计量单位时，横行的计量单位可专设"计量单位"一栏，纵栏的计量单位可与纵栏标题写在一起，用小括号标明。

（4）表中数字要填写整齐。统计表中数字填写要整齐，上下位数要对齐，同栏数字的单位，小数位要一致。如遇相同数字必须照填，不能用"同左"或"同上"代替。无数字的空格要用"—"表示。如遇缺乏资料的空格时，要用"……"表示，以免被认为是漏报。

（5）栏数较多要加编号。当统计表栏数较多时，通常要加编号，并说明其相互关系，横行各栏与计量单位各栏可用甲、乙、丙等文字标明；纵栏可用（1）、（2）、（3）等数码标明。

（6）注解或说清资料来源。借用他人数据资料时，统计表应加注解或说明，标明资料出处，一般在统计表的下端注明"资料来源"。

第三节　统计图

统计图是统计资料的一种表达方式，它可以简洁直观地显示统计表中枯燥的数据，可以帮助我们从众多的数据中发现规律，可以更有效、更迅速地传递信息，给人以深刻而明确的印象。

统计图一般包含以下几部分：标题，坐标轴，网格线，图表区，绘图区和图例等。

统计图的种类很多，常用的有用于辅助统计分析的直方图、趋势图、散点图；有擅长直观表现数据的柱形图、饼图、环形图等。EXCEL 提供了 11 种标准图标类型，见图 3.5；每种标准图表类型还可以包含几种不同的子类型，我们可以根据自己的要求决定采用哪种图形来表现数据。

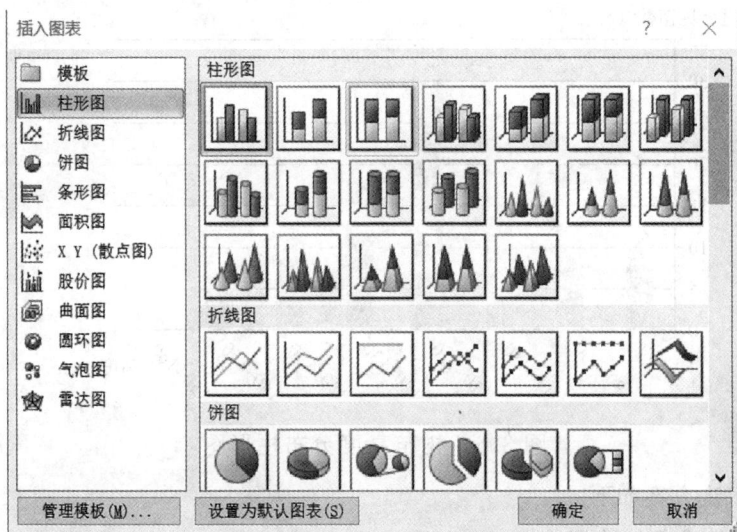

图 3.5　EXCEL 中标准图表类型

下面对常见的几种统计图加以简单介绍。

一、柱形图、折线图与曲线图及其绘制

已知某地区树苗高度的次数分布如表 3.4 所示。

表 3.4　某地区树苗高度的次数分布

树苗高度 x/cm	树苗数 f/棵
80～90	8
90～100	9
100～110	26
110～120	30
120～130	18
130～140	12
140～150	5
150～160	2
合计	110

柱形图(histogram)是在平面坐标上,以横轴根据各组的宽度标明各组组距,以纵轴根据次数的高度标示各组次数绘制成的统计图。纵轴的左侧注明次数,右侧标明频率,如果没有频率,直方图只在左侧标明次数,如图 3.6 所示。

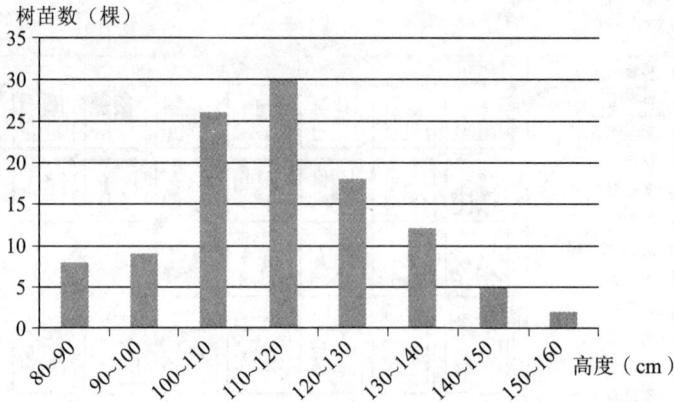

图 3.6　树苗高度分布柱形图

EXCEL 解决方案如下：

① 打开文件准备好数据。

② 调用工具栏"插入"—"柱形图"。

③ 选中第一个柱形图后按确定。

④ 对输出结果加上标题和横纵坐标标注，如图 3.6 所示。

折线图是在柱形图的基础上，用折线连接各个直方形顶边中点，并在直方图形两侧各延伸一组，使折线与横轴相连，也可根据各组组中值与次数求出各组的坐标点，并用折线连接各点而成。折线所覆盖的面积等于柱形图条形的面积，表示总次数。图 3.7 是在图 3.6 基础上绘制的折线图。

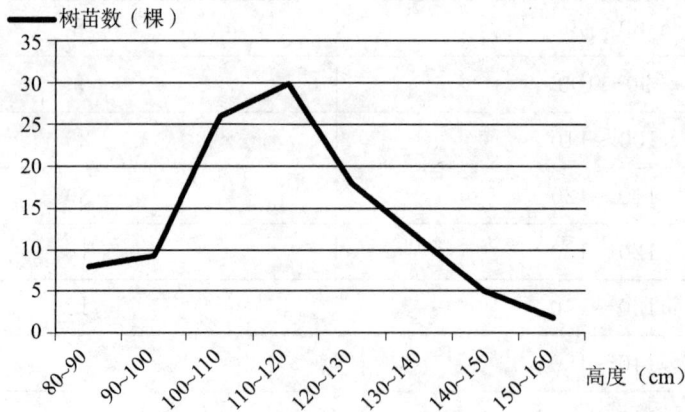

图 3.7　树苗高度分布折线图

当变量数列的组数非常多时，折线便趋于一条平滑的曲线，它是一种概括描述变量数列分布特征的理论曲线。曲线图是连续型随机变量频数分布常用的形式。曲线图绘制的方法是在折线图的基础上，将连接各组次数坐标点的折线加工修改为比较平滑的曲线。

从柱形图到折线图再到曲线图这样的作图路线，是我们获得现象分布状态的一般方法。有些现象的分布状态是相对固定的，比如人口的死亡率的曲线一般都是"U"字形的，又称为浴盆曲线;经济学中的供给曲线是正 J 字形曲线,表现随着价格的增加,供给量以更快的速度增加;需求曲线是倒 J 字形曲线,表现为随着价格横轴的增加,需求量以较快的速度减少。正态分布曲线是一个左右完全对称的倒 U 字形,即钟形曲线,大部分现象所呈现的状态还是像上例中的倒 U 字形,但往往会或左或右地有些偏斜。

我们还可以用折线图来反映累积频数或频率的状态,这类图形中最著名的是洛伦茨曲线(Lorentz curve),它反映了收入分配的公平与否。

二、条形图及其绘制

条形图(bar chart)是用宽度相同的条子的高低或长短表示数据变动特征的图形。条形图可以竖置也可以横置,有单式、复式和分段式等多种形式。

条形图和柱形图很相似,条形图的"条"和柱形图的"柱"都是可以分开的,但两者是有区别的,条形图用高度(或长度)表示次数,多用于反映类别数据,柱形图用面积表示次数,多用于反映定量数据。

【例 3.2】已知某企业 2007 年度考核的情况如表 3.5 所示,绘制条形图。

表 3.5　2007 年度职工考核情况

考核等级	人数
优	54
良	53
中	98
合格	5
不合格	4
合计	214

【解】图 3.8 是条形图的绘制结果截图。

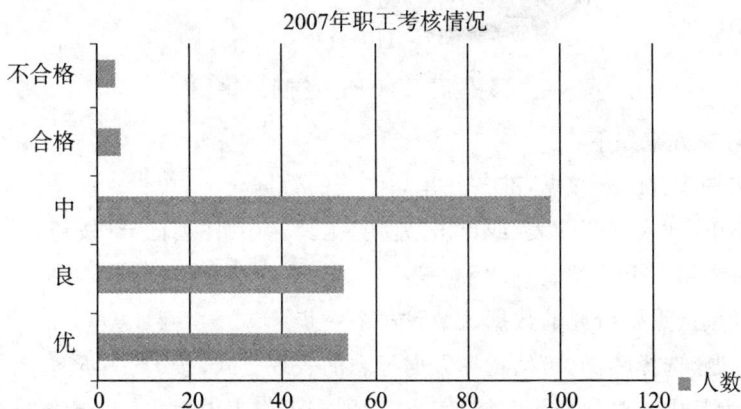

图 3.8　用 EXCEL 绘制的条形图

EXCEL 解决方案如下所示：

① 打开文件或者键入数据，准备好建立图表的数据。

② 调用菜单"插入"—"图表"或单击"常用"工具栏中"图表向导"按钮。

③ 选择"柱形图"的第一个子类型，按"下一步"。

④ 数据区域选点资料区域，按"下一步"。

⑤ 填写标题，选择图例和数据标志等，按"下一步"。

⑥ 选"作为其中的对象插入"，按"完成"后在工作表中生成一个粗糙的横着的条形图。

⑦ 双击感觉不满意的地方，进行修饰。

我们还可以在"图表向导"中选择"条形图"来绘制横着的条形图，方法类似。

三、饼图及其绘制

饼图(pie chart)是用圆形或圆内及扇形的面积来表示数值大小的图形。在饼图的绘制中，每个圆面积代表100%，如何分别绘制各部分所占的百分比并换算成圆的角度。

【例3.7】根据表3.4中的数据，绘制某地区树苗高度的次数分布的饼图，以反映树苗高度的结构比例。

【解】图3.9是EXCEL工作表与制图结果的部分截图。

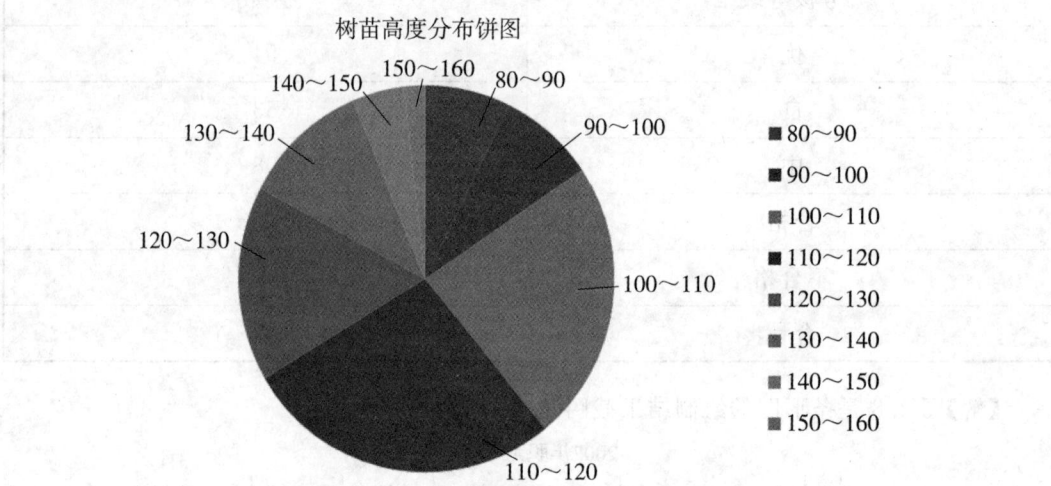

图 3.9 用 EXCEL 绘制的饼图

EXCEL 解决方案如下：

① 打开文件或者键入数据，准备好建立图表的数据。

② 调用菜单"插入"—"图表"或单击"常用"工具栏中"图表向导"按钮。

③ 选择饼图第一个子类型，按"下一步"。

④ 数据区域选点要研究的数据区域，按"下一步"。

⑤ 填写标题，选择图例位置、选择数据标志的表现方式，按"下一步"。

⑥ 选"作为其中的对象插入"，按"完成"后即在工作表中生成一个粗糙的立体饼图。

⑦ 双击感觉不满意的地方，进行修饰。

四、面积图及其绘制

面积图(pie chart)是用某些图形及图内扇形的面积来表示数据大小的图形,在面积图的绘制中,每个图面积代表100%。

【例3.8】根据表3.4中的数据,绘制某地区树苗高度分布的面积图,以反映其树苗高度的结构比例。

【解】图3.10是EXCEL工作表与制图结果的部分截图。

树苗高度分布面积图

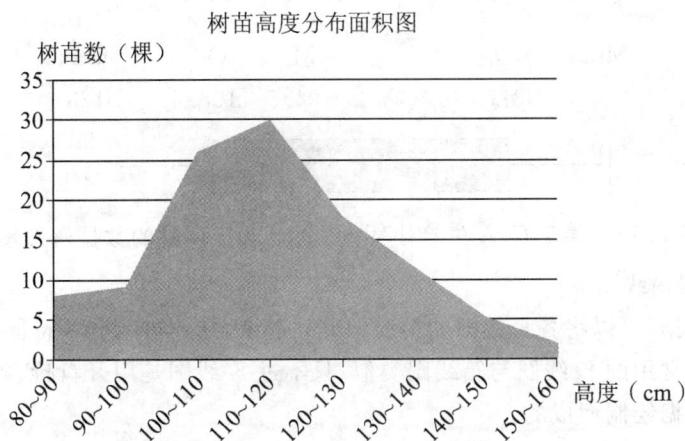

图3.10　用EXCEL绘制的面积图

EXCEL解决方案如下:

① 打开文件或者键入数据,准备好建立图表的数据。
② 调用菜单"插入"—"图表"或单击"常用"工具栏中"图表向导"按钮。
③ 选择面积图第一个子类型,按"下一步"。
④ 数据区域选点要研究的数据区域,按"下一步"。
⑤ 填写标题,选择图例位置、选择数据标志的表现方式,按"下一步"。
⑥ 选"作为其中的对象插入",按"完成"后即在工作表中生成一个粗糙的面积图。
⑦ 双击感觉不满意的地方,进行修饰。

五、箱图及其绘制

对于一组数据,统计上也称为一个数据"批"(batch),或单批数据,而对于多组数也称为多批数据。对于单批数据,可以绘制简单箱线图;对于多批数据,可以绘制多批箱线图。通过箱线图,不仅可以反映出一组数据分布的特征,还可以进行多组数据分布特征的比较。

1. 单批数据箱线图

箱线图是由一组数据的5个特征值绘制而成的,它由一个箱子和两条线段组成。其绘制方法是,首先找出一组数据的5个特征值,即最大值、最小值、中位数 M_e 和两个四分位数(中位数 M_e 是一组数据排序后处于中间位置上的变量值,四分位数是处在数据25%位置和75%位置上的两个值,分别称为下四分位数 Q_L 和上四分位数 Q_U);然后,连接两个四分位数画出箱子,再将两个极值点与箱子相连接。单批数据箱线图的一般形式如图3.11所示。

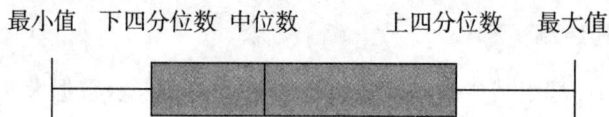

图 3.11　单批数据箱线图

仍以前例中假定某工厂 A 生产小组 30 个工人的日产量原始数据为例,其中,最大值＝123,最小值＝84,中位数＝104.5,下分位数＝93.75,上四分位数＝108.5。绘制的箱线图如图 3.12 所示。

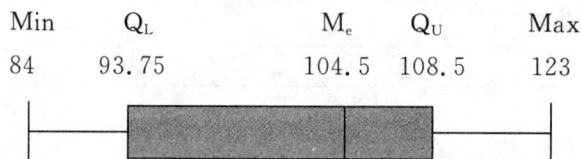

图 3.12　某工厂 A 生产小组 30 个工人日产量的数据箱线图

2. 多批数据箱线图

对于多批数据,可以将各批数据的箱线图并列起来,从而进行分布特征的比较。

股票分析中常用的 K 线图与箱线图类似,只不过 K 线图是用开盘价、收盘价、最高价、最低价这四个数据绘制而成的。

六、茎叶图及其绘制

1. 基本茎叶图

所谓茎叶图是指把每个观察数据划分为两个部分——主部和余部,并分别用植物的"茎"和"叶"形象地进行称呼,然后把数据的主部按从大到小的顺序纵向排列,再在每个数据主部的后面列出余部,由此所得到的统计数据显示图。

假定某工厂 A 生产小组 30 个工人的日产量原始数据如表 3.6 表示。作出的茎叶图如图 3.13 所示。

表 3.6　30 个工人的日产量

84	85	106	91	90	98	94	106	110	87	97	95	106	101	105
93	88	103	111	107	107	108	104	120	123	119	102	113	108	116

（茎）	（叶）	数据个数
8	4　5　7　8	4
9	1　0　8　4　7　5　3	7
10	6　6　1　5　6　3　7　7　8　4　2　8	12
11	0　1　9　3　6	5
12	0　3	2

图 3.13　茎叶图

绘制茎叶图的关键是设计好树茎,通常以该组数据的高位数值作为树茎,而且树叶上只保留该数值的最后一个数字。树茎一经确定,树叶就自然长在相应的树茎上了,一般要求,把树茎写在左边,树叶写在右边,茎和叶之间用竖线隔开。

茎叶图同时具有频数分布和直方图的功能,从图 3.13 可以看出,观察值在 80～90 之间共有 4 个,90～100 之间的频数位 7,等等。若用横条框围住每一个茎的叶部,就可得到横放的直方图。直方图可观察一组数据的分布状况,但没有给出具体的数值,茎叶图既能给出数据的分布状况,又能给出每一个原始数值,保留了原始数据的信息。一般而言,当观察值比较少时(比如少于 30 个),采用茎叶图比较方便,而当观察值比较多时,采用直方图比较方便。

2. 扩展与压缩茎叶图

对于基本茎叶图,如果觉得树叶部分过于拥密,可适当地把茎叶图拉长;相反,如果树叶部分显得很稀疏,也可以把茎叶图加以压缩,这就是扩展茎叶图和压缩茎叶图问题。

图 3.14 是图 3.13 的一种扩展形式。与图 3.13 相比,图 3.14 扩展了 5 段,由于图变长了,尽管数据没有变动,但叶的部分明显稀疏了。图 3.14 扩展了 5 段,由于图变长了,尽管数据没有变动,但叶的部分明显稀疏了。图 3.14 采用的扩展方式是,把每个树茎对应的树叶一分为二,茎部带“-”号,表明叶的取值和范围为 0,1,2,3,4,带“+”号的取值范围为 5,6,7,8,9。此外,还可以采用一分为五的扩展方式,茎部带字母“o”标记的,表示叶的取值范围为 0,1,带字母“t”的表示取值范围为 2,3,以此类推。

（茎）	（叶）	数据个数
8^-	4	1
8^+	5　7　8	3
9^-	1　0　4　3	4
9^+	8　7　5	3
10^-	1　3　4　2	4
10^+	6　5　6　7　7　8　8	8
11^-	0　1　3	3
11^+	9　6	2
12^-	0　3	2
12^+		0

图 3.14　图 3.13 的扩展茎叶图

扩展茎叶图能清晰地显示变化趋大或趋小的所谓奇异观察值,这在未扩展或压缩的茎叶图中难以直观地看出。但扩展茎叶图的不足之处在于,它可能造成茎叶图中出现多处空当,如图 3-14 中出现了 12^+ 段没有树叶的情况。

3. 混合茎叶图

若想同时显示两组或多组样本资料,也可以绘制混合茎叶图。

假定某工厂 A,B 两个生产小组,30 个工人的日产量原始数据如表 3.7 所示。

表 3.7　A,B 两个生产小组 30 个工人的日产量

A 组	84	85	106	91	90	98	94	106	110	87	97	95	106	101	105
	93	88	103	111	107	107	108	104	120	123	119	102	113	108	116
B 组	64	85	68	99	115	67	67	74	81	73	77	79	86	90	92
	101	71	100	83	62	92	69	70	102	93	65	78	88		

用茎叶图来表示,如图 3.15 所示

B 组(叶)	(茎)	A 组(叶)
5　9　2　7　7　8　4	6	
8　0　1　9　7　3　4	7	
8　3　6　1　5	8	4　5　7　8
3　2　2　0　9	9	1　0　8　4　7　5　3
2　0　1	10	6　6　1　5　6　3　7　7　8　4　2　8
5	11	0　1　9　3　6
	12	0　3

图 3.15　混合茎叶图

绘制混合茎叶图时,应把各组数据的茎合在一起,把叶部分分别放在茎的两边,图3.15 是混合茎叶图最简单的一种形式。

《 思考题 》

一、单项选择题

1. 计算平均指标最常用的方法和最基本形式是(　　　)

　　① 中位数　　　　　② 调和平均数　　　　③ 众数　　　　　④ 算术平均数

2. 分配数列中,当标志值较小的一组权数较大时,计算出来的算术平均值(　　　)

　　① 接近标志值大的一方　　　　　　② 接近标志值小的一方

　　③ 不受权数的影响　　　　　　　　④ 不能确定其移动方向

3. 假如各标志值都减去 20 个单位,那么算术平均数 (　　　)

　　① 减少 20　　　　② 减少到 1/20　　　③ 不变　　　　④ 不确定

4. 假如各标志值所对应的次数都缩小 1/2,那么算术平均数(　　)

① 缩小 1/2　　　　② 扩大 2 倍　　　　③ 不变　　　　④ 扩大 1/2

5. 下列哪个不是表征观测数据的离中趋势的指标(　　)

① 极差　　　　　② 众数　　　　③ 四分位差　　　　④ 标准差

6. 当一组统计数据的偏态系数大于零,表明该组数据的分布是(　　)

① 正态分布　　　② 右偏的　　　③ 左偏的　　　④ 扁平的

7. 当一组统计数据的峰态系数小于零,表明该组数据的分布是(　　)

① 正态分布　　　② 左偏的　　　③ 尖峰的　　　④ 扁平的

8. 若某总体次数分布呈适度左偏分布,则有(　　)式成立。

① $\overline{X} < M_e < M_0$　　② $\overline{X} > M_e > M_0$　　③ $\overline{X} = M_e = M_0$　　④ $M_e > \overline{X} > M_0$

二、计算题

1. 某厂三批产品的废品率分别为 1%,1.5%,2%。第一批产品数量占总数的 25%,第二批占 30%,求产品的平均废品率。

2. 今有某车间工人按工资分配的资料如下表所示,求中位数是多少。

工资(元)	1 500 以下	1 500~1 700	1 700~1 900	1 900~2 100	2 100 以上	合计
工人数	14	38	60	72	16	200

3. 两种水稻分别在 5 块田地上试种,其产量如下表所示。假定生产条件相同,试计算这两个品种的平均收货率,并确定哪一个品种具有较大的稳定性和推广价值。

甲、乙两种水稻的产量资料

地块编号	甲品种		乙品种	
	地块面积(亩)	产量(千克)	地块面积(亩)	产量(千克)
1	1.2	1 200	1.5	1 680
2	1.1	1 045	1.3	1 300
3	1.0	1 100	1.3	1 170

续表

地块编号	甲品种		乙品种	
	地块面积(亩)	产量(千克)	地块面积(亩)	产量(千克)
4	0.9	810	1.0	1 208
5	0.8	840	0.9	630
合计	5.0	4 995	6.0	5 988

4. 请针对表 3.5 的数据做出相应的柱形图、饼图和面积图。

三、简答题

1. 平均数的种类有哪些？如何计算各种平均数？各适用于什么场合？

2. 什么是算术平均数、调和平均数和几何平均数？

3. 中位数和众数分别代表什么意思？

4. 什么是极差、平均差、标准差、变异系数？各有何特点？

5. 统计表的结构主要包含哪些部分？设计时应注意的规则有哪些？

参考答案

一、单项选择题

1. ④   2. ②   3. ①   4. ③   5. ②   6. ②   7. ④   8. ①

第四章　概率基础

学习目标

通过本章的学习,了解概率论相关知识。了解概率的定义及性质;会利用古典概型求解相关问题的概率;熟练掌握条件概率和全概率公式;掌握随机变量的分类及应用;随机变量的数字特征;大数定律和中心极限定理。

教学案例

概率论是数学的一个重要的分支,广泛应用于日常生活中,它是一门研究随机现象的数学规律的学科。它起源于 17 世纪中叶,当时数学家们首先思考概率论的问题,是来自赌博的问题。德梅雷、帕斯卡、费尔马等人,首先对这个问题进行了研究与讨论,后来伯努利提出了大数定律,高斯和泊松进一步做了推理论证。由于社会的发展和工程技术问题的需要,促使概率论不断发展,许多科学家对其进行了研究。发展到今天,概率论和以它作为基础的数理统计学科一起,在自然科学、社会科学、工程技术、军事科学及生产生活实际等诸多领域中起着不可替代的作用。所以,概率论是一门很实用的科学,应该受到人们的重视。

第一节　概率论的基本概念

一、随机试验与随机事件

在自然界和日常生活中存在着许多不确定因素,如每天的天气都可能不同,抛硬币的结果也不可预测,工厂领导者所做出的决策是否可以给工厂带来利润等,即使在同样的条件下,也有可能出现不同的结果。就以抛硬币来说,在周围环境和条件不变的情况下,可能会得到两种截然不同的结果,要么正面,要么反面;用同一门炮向同一目标射击,各次弹着点不尽相同,在一次射击之前无法预测弹着点的确切位置。经过长期实践并深入研究后,人们发现这类现象在大量重复试验或观察下,它的结果会呈现出某种规律性。例如,多次重复抛一枚硬币得到正面朝上大致有一半,同一门炮射击同一目标的弹着点的分布呈现一定的规律性等等。将这种在大量重复试验或观察中所呈现出的固有规律性,称为统计规律性。将这种在个别试验中其结果呈现出不确定性,在大量重复试验中其结果又具有统计规律性的现象称为随机现象。

1. 样本空间

首先,我们先来看一些试验的例子:

E1:抛一枚硬币,观察正面 H、反面 T 的情况。

E2:抛一颗骰子,观察出现的点数。

E3:记录某城市 120 急救电话台一昼夜接到的呼唤次数。

E4:在一批灯泡中任意抽取一只,测试它的寿命。

上面举出了四个试验的例子,这些试验具有以下特点:

(1)可以在相同的条件下重复进行;

(2)每次试验的可能结果不止一个,并且能事先明确试验的所有可能结果;

(3)进行一次试验之前不能确定哪一个结果会出现。

在概率论中,将具有上述三个特点的试验称为随机试验。

将随机试验 E 的所有可能结果组成的集合称为 E 的样本空间,记为 Ω。样本空间的元素,即 E 的每个结果,称为样本点。举一个简单的例子,从 0~9 这 10 个数字中随机抽取出一个,并记录所抽到的数字,即完成一次试验。抽到的数字可能是:0,1,2,3,4,5,6,7,8,9 共 10 种情况,每种情况对应着一个样本点,总体中共有十个样本点。以全部样本点为元素的集合称为样本空间 Ω,记为:

$$\Omega = \{0,1,2,3,4,5,6,7,8,9\}$$

若样本空间 Ω 中样本点的数目是有限的,则称 Ω 是一个有限的样本空间。若 Ω 中可能包含无限个样本点,则 Ω 是一个无限的样本空间。如一批灯泡中任取一只,测试它的寿命,则样本空间为 $t \geqslant 0$(以小时计)。

从上面可以看出,不同的问题,其样本空间可能复杂,也可能简单。样本空间的界定会随着研究目的和样本设计的不同而有所差异。如上面数字抽取的例子,如果我们所关心的是数字的出现,则样本点有 10 种情况。如果关心的仅是"出现的数字是质数",则得到的样本点集合为 $\{2,3,5,7\}$。又如,要求的是"6 的倍数",则得到的是 $\{6\}$ 这样一个样本空间。而如果进行多次试验,则得到的结果会有不同的表示,可能要用多维的方式来表示。例如,抛一次硬币结果可能出现正面向上或反面向上两种结果,如果连续抛两次硬币,则两次试验的联合结果形成的样本空间为:

$$\Omega = \{(正,正),(正,反),(反,正),(反,反)\}$$

2. 随机事件

一般地,样本空间 Ω 的特定子集 A 称为随机事件,A 发生当且仅当 A 中的某个样本点 ω 出现(注意,在每次试验中,样本点出现一个并且只出现一个)。在一个试验中,我们首先关心的是它所有可能出现的基本结果,它们是试验中最简单的随机事件,称为基本事件。基本事件是指对应样本空间 Ω 中一个样本点的事件,它是不可再分的。例如,抽数字例子中的 $A=\{4\}$ 和连续两次抛硬币中的 $B=\{(正,正)\}$ 都是基本事件,因为它们都是所属样本空间的一个样本点,不可再分了。而复合事件是可以由若干个基本事件组合而成的。例如,若定义 C 为出现偶数的情况,即 $C=\{0,2,4,6,8\}$,则 C 是样本空间 $\Omega=\{0,1,2,3,4,5,6,7,8,9\}$ 的一个复合事件。因为 C 是由样本点 0、2、4、6、8 点的简单事件构成的,当出现这些点时,称事件 C 发生。

样本空间 Ω 包含所有的样本点,它是 Ω 自身的子集,在每次试验中它总是发生的,Ω 称为必然事件。空集 $\varnothing$ 不包含任何样本点,它也作为样本空间的子集,它在每次试验中都不发生,$\varnothing$ 称为不可能事件。

事件是一个集合,因而事件间的关系与事件的运算自然按照集合论中集合之间的关系和集合运算来处理。下面给出这些关系和运算在概率论中的提法。并根据"事件发生"的含义,给出它们在概率论中的含义。

设试验 E 的样本空间为 Ω,而 $A,B,A_k(k=1,2,\cdots)$ 是 Ω 的子集。

(1) 若 $A\subset B$,则称事件 B 包含事件 A,这指的是事件 A 发生必导致事件 B 发生。

若 $A\subset B$ 且 $B\subset A$,即 $A=B$,则称事件 A 与事件 B 相等。

(2) 事件 $A\bigcup B=\{x\mid x\in A \text{ 或 } x\in B\}$ 称为事件 A 与事件 B 的和事件。当且仅当 A,B 中至少有一个发生时,事件 $A\bigcup B$ 发生。

类似地,称 $\bigcup\limits_{k=1}^{n} A_k$ 为 n 个事件 $A_1,A_2,\cdots,A_n$ 的和事件;称 $\bigcup\limits_{k=1}^{\infty} A_k$ 为可列个事件 $A_1,A_2,\cdots$ 的和事件。

(3) 事件 $A\bigcap B=\{x\mid x\in A \text{ 或 } x\in B\}$ 称为事件 A 与事件 B 的和事件。当且仅当 A,B 中至少有一个发生时,事件 $A\bigcap B$ 发生。$A\bigcap B$ 也记作 AB。

类似地,称 $\bigcup\limits_{k=1}^{n} A_k$ 为 n 个事件 $A_1,A_2,\cdots,A_n$ 的和事件;称 $\bigcup\limits_{k=1}^{\infty} A_k$ 为可列个事件 $A_1,A_2,\cdots$ 的和事件。

(4) 事件 $A-B=\{x\mid x\in A \text{ 或 } x\in B\}$ 称为事件 A 与事件 B 的差事件。当且仅当 A 发生、B 不发生时事件 $A-B$ 发生。

(5) 若 $A\bigcap B=\varnothing$,则称事件 A 与 B 是互不相容的,或互斥的。这指的是事件 A 与事件 B 不能同时发生。基本事件是两两互不相容的。

(6) 若 $A\bigcup B=\Omega$ 且 $A\bigcap B=\varnothing$,则称事件 A 与事件 B 互为逆事件。又称事件 A 与事件 B 互为对立事件。这指的是对每次试验而言,事件 A、B 中必有一个发生,且仅有一个发生。A 的对立事件记为 $\overline{A}$。$\overline{A}=\Omega-A$。

例 4.1 仍以抽取数字为例,$\Omega=\{0,1,2,3,4,5,6,7,8,9\}$,记 $A=\{抽到的为偶数\}$,$B=\{抽到的是质数\}$,$C=\{抽到的是 3 的倍数\}$,试求:(1) $A\bigcap B$;(2) $A\bigcup B\bigcup C$;(3) $\overline{A}$;(4) $B-C$

解：

(1) 因为 $A=\{0,2,4,6,8\}$ $B=\{2,3,5,7\}$ $C=\{3,6,9\}$ 所以 $A\bigcap B=\{2\}$

(2) $A\bigcup B\bigcup C=\{0,2,3,4,5,6,7,8,9\}$

(3) $\overline{A}=\{1,3,5,7,9\}$

(4) $B-C=\{2,5,7\}$

二、概率

1. 概率的定义

前面已经提到，一切随机现象都有其内在的规律性，一切事件的发生都有其可能性，而我们就用概率这个概念来衡量一个事件发生的可能性的大小。在公理化结构中，概率是针对事件定义的，即对应于事件域 F 中的每一个元素 A 有一个实数 $P(A)$ 与之对应，一般把这种从集合到实数的映射称为集合函数。因此，概率是定义在事件域 F 上的一个集合函数。其定义为：

定义在事件域 F 上的一个集合函数 P 称为概率，如果它满足如下三个条件：

(i) $P(A)\geqslant 0$，对一切 $A\in F$；

(ii) $P(\Omega)=1$；

(iii) 若 $A_i\in F,i=1,2,\cdots$ 且两两不相容，则

$$P(\sum_{i=1}^{\infty}A_i)=\sum_{i=1}^{\infty}P(A_i)$$

这就是概率的可列可加性或完全可加性。

利用概率的基本性质可以推出概率的另外一些重要性质。

性质 1   不可能事件的概率为 0，即 $p(\varnothing)=0$

性质 2   必然事件的概率为 1，即 $P(\Omega)=1$

性质 3   概率具有有限可加性。即若 $A_iA_j=\varnothing(i\neq j)$

$$P(A_1+A_2+\cdots+A_n)=P(A_1)+P(A_2)+\cdots+P(A_n)$$

2. 概率的基本运算

(1) 概率具有有限可加性。即若 $A_iA_j=\varnothing(i\neq j)$

$$P(A_1+A_2+\cdots+A_n)=P(A_1)+P(A_2)+\cdots+P(A_n)$$

(2) 对任何事件 A 有 $P(\overline{A})=1-P(A)$

(3) 如果 $A\supset B$，则 $P(A-B)=P(A)-P(B)$

推论   如果 $A\supset B$，则 $P(A)\geqslant P(B)$

(4) (一般加法公式)若 $A_1,A_2,\cdots,A_n$ 为 n 个事件，则

$$P(A_1\bigcup A_2\bigcup\cdots\bigcup A_n)=\sum_{i=1}^{n}P(A_i)-\sum_{\substack{i,j=1\\i<j}}^{n}P(A_iA_j)+\sum_{\substack{i,j,k=1\\i<j<k}}^{n}P(A_iA_jA_k)+\cdots$$

$$+(-1)^{n-1}P(A_1A_2\cdots A_n)$$

特别地，当 $n=2$ 时，有

$$P(A \cup B) = P(A) + P(B) - P(AB)$$

例 4.2 A、B、C 为随机事件，$P(A)=0.15$，$P(B)=0.35$，$P(C)=0.3$，设 $A \cap B \cap C = \varnothing$ 且 $A \cap B = A$，$B \cap C = \varnothing$，求：(1) $P(\overline{A})$；(2) $P(A \cup B \cup C)$；(3) $P(B-A)$

解：

(1) $P(\overline{A}) = 1 - P(A) = 1 - 0.15 = 0.85$

(2) 因为 $A \cap B \cap C = \varnothing$，$A \cap B = A$，$B \cap C = \varnothing$

所以 $P(AB) = P(A) = 0.15$，$P(AC) = 0$，$P(BC) = 0$，$P(ABC) = 0$

$P(A \cup B \cup C) = P(A) + P(B) + P(C) - P(AB) - P(AC) - P(BC) + P(ABC)$

$= 0.15 + 0.35 + 0.3 - 0.15 = 0.65$

(3) 由于 $A \cap B = A$，即 $A \subset B$，则

$$P(B-A) = P(B) - P(A) = 0.35 - 0.15 = 0.2$$

3. 古典概型

在我们所研究的随机现象中有一类最简单的随机现象，这种随机现象的全部可能结果只有有限个，这些事件是两两互不相容的，而且它们发生的概率都相等，我们就把这类随机现象的数学模型称为古典概型。

记这些事件为 $X_1, X_2, \cdots, X_n$，若事件 A 包含的样本点的个数为 m 个，则其概率为：

$$P(A) = \frac{A \text{包含样本点的数目}}{\text{样本点总数}} = \frac{m}{n}$$

古典概型有着多方面的应用，而产品抽样检查就是其中之一。

例 4.3 将一枚硬币抛掷三次。(1) 设事件 A_1 为"恰有一次出现正面"，求 $P(A_1)$；(2) 设事件 A_2 为"至少有一次出现正面"，求 $P(A_2)$。

解：

(1) 考虑该试验的样本空间：

$$\Omega = \{HHH, HHT, HTH, THH, HTT, THT, TTH, TTT\}.$$

而 $A_1 = \{HTT, THT, TTH\}$。

Ω 中包含有限个元素，且由对称性知每个基本事件发生的可能性相同，故

$$P(A_1) = \frac{m}{n} = \frac{3}{8}$$

由于 $\overline{A_2} = \{TTT\}$，于是

$$P(A_2) = 1 - P(\overline{A_2}) = 1 - \frac{1}{8} = \frac{7}{8}$$

例 4.4 设袋中有 a 个白球和 b 个红球，现按无放回抽样，依次把球一个个取出来，求第 k 次取出的球是红球的概率（$1 \leqslant k \leqslant a+b$）。

解：

该试验是从 $a+b$ 个球中，无放回地把球一个个取出来，相当于排队，求第 k 个位置排的是红球的概率。因为 $a+b$ 个球共有 $(a+b)!$ 种排法，故样本点总数 $n=(a+b)!$。设 A

＝{第 k 次取出的球是红球}，则事件 A 包含的样本点的个数为：先从 b 个红球中任取一个放在第 k 个位置，然后把其余 $a+b-1$ 个球排在剩下的位置上，共有 $C_b^1(a+b-1)!$。所以

$$P(A)=\frac{m}{n}=\frac{C_b^1(a+b-1)!}{(a+b)!}=\frac{b}{a+b}$$

可以看到，最终得到的结果与 k 无关，这个实际上就是"抽签原理"，也就是抽签与顺序无关。

4. 条件概率

(1) 条件概率与乘法定理

定义 4.1 设 A、B 是两个事件，且 $P(A)>0$，称

$$P(B|A)=\frac{P(AB)}{P(A)}$$

为在事件 A 发生的条件下事件 B 发生的条件概率。

由条件概率的定义，立即可得下述定理。

乘法定理 设 $P(A)>0$，则有

$$P(AB)=P(B|A)P(A) \tag{4.1}$$

(4.1)式称为乘法公式。

(4.1)式容易推广到多个事件的积事件的情况。例如，设 A、B、C 为事件，且 $P(AB)>0$，则有

$$P(ABC)=P(C|AB)P(B|A)P(A)。$$

在这里，注意到由假设 $P(AB)>0$ 可推得 $P(A)\geqslant P(AB)>0$。

(2) 全概率公式和贝叶斯公式

下面建立两个用来计算概率的重要公式。先介绍样本空间的划分的定义。

定义 4.2 设 Ω 为试验 E 的样本空间，$B_1,B_2,\cdots,B_n$ 为 E 的一组事件，若

(i) $B_iB_j=\varnothing,i\neq j,i,j=1,2,\cdots,n;$

(ii) $B_1\cup B_2\cup\cdots\cup B_n=\Omega,$

则称 $B_1,B_2,\cdots,B_n$ 为样本空间 Ω 的一个划分。

若 $B_1,B_2,\cdots,B_n$ 是样本空间的一个划分，那么，对每次试验，事件 $B_1,B_2,\cdots,B_n$ 中必有一个且仅有一个发生。

定理 4.1 设试验 E 的样本空间为 Ω，A 为 E 的事件，$B_1,B_2,\cdots,B_n$ 为 Ω 的一个划分，且 $P(B_i)>0(i=1,2,\cdots,n)$，则

$$P(A)=P(A|B_1)P(B_1)+P(A|B_2)P(B_2)+\cdots+P(A|B_n)P(B_n) \tag{4.2}$$

(4.2)式称为全概率公式。

定理 4.2 设试验 E 的样本空间为 Ω，A 为 E 的事件，$B_1,B_2,\cdots,B_n$ 为 Ω 的一个划分，且 $P(A)>0,P(B_i)>0(i=1,2,\cdots,n)$，则

$$P(B_i|A)=\frac{P(A|B_i)P(B_i)}{\sum\limits_{j=1}^{n}P(A|B_j)P(B_j)},i=1,2,\cdots,n. \tag{4.3}$$

(4.3)式称为贝叶斯(Bayes)公式。

例 4.5　某电子设备制造厂所用的原件是由三家元件制造厂提供的。根据以往的记录有以下的数据：

元件制造厂	次品率	提供元件的份额
1	0.02	0.15
2	0.01	0.80
3	0.03	0.05

设这三家工厂的产品在仓库中是均匀混合的,且无区别的标志。① 在仓库中随机地取一只元件,求它是次品的概率;② 在仓库中随机地取一只元件,若已知取到的是次品,为分析此次品出自何厂,需求出此次品由三家工厂生产的概率分别是多少。试求这些概率。

解:设 A 表示"取到的是一只次品", $B_i(i=1,2,3)$ 表示"所取到的产品是由 i 家工厂提供的"。易知, B_1,B_2,B_3 是样本空间 Ω 的一个划分,且有

$$P(B_1)=0.15, P(B_2)=0.80, P(B_3)=0.05,$$

$$P(A|B_1)=0.02, P(A|B_2)=0.01, P(A|B_3)=0.03。$$

（1）由全概率公式

$$P(A)=P(A|B_1)P(B_1)+P(A|B_2)P(B_2)+P(A|B_3)P(B_3)=0.012\,5$$

（2）由贝叶斯公式

$$P(B_1|A)=\frac{P(A|B_1)P(B_1)}{P(A)}=\frac{0.02\times0.15}{0.012\,5}=0.24$$

$$P(B_2|A)=0.64, P(B_3|A)=0.12。$$

以上结果表明,这只次品来自第 2 家工厂的可能性最大。

5. 事件的独立性

设 A,B 是试验 E 的两事件,若 $P(A)>0$,可以定义 $P(B|A)$。一般, A 的发生对 B 发生的概率是有影响的,这时 $P(B|A)\neq P(B)$,只有在这种影响不存在时才会有 $P(B|A)=P(B)$,这时有

$$P(AB)=P(B|A)P(A)=P(A)P(B)。$$

定义 4.3　设 A,B 是两事件,如果满足等式

$$P(AB)=P(A)P(B) \tag{4.4}$$

则称事件 A,B 相互独立,简称 A,B 独立。

容易知道,若 $P(A)>0, P(B)>0$,则 A,B 相互独立与 A,B 互不相容不能同时成立。

定理 4.3　设 A,B 是两事件,且 $P(A)>0$。若 A,B 相互独立,则 $P(B|A)=P(B)$。反之亦然。

定理 4.4　若事件 A 与 B 相互独立,则下列各对事件也相互独立:
A 与 $\overline{B}$, $\overline{A}$ 与 B, $\overline{A}$ 与 $\overline{B}$。

定义 4.4　设 A,B,C 是三个事件,如果满足等式

$$P(AB) = P(A)P(B),$$
$$P(BC) = P(B)P(C),$$
$$P(AC) = P(A)P(C),$$
$$P(ABC) = P(A)P(B)P(C),$$

$$(4.5)$$

则称事件 A, B, C 相互独立。

例 4.6 甲、乙两人进行乒乓球比赛，每局甲胜的概率为 $p, p \geqslant 1/2$。问对甲而言，采用三局两胜制有利，还是采用五局三胜制有利。设各局胜负相互独立。

解 采用三局两胜制，甲最终获胜，其胜局的情况是："甲甲"或"乙甲甲"或"甲乙甲"。而这三种结局互不相容，于是由独立性得甲最终获胜的概率为

$$p_1 = p^2 + 2p^2(1-p)。$$

采用五局三胜制，甲最终获胜，至少需比赛 3 局（可能赛 3 局，也可能赛 4 局或 5 局），且最后一局必须是甲胜，而前面甲需胜两局。例如，共需 4 局，则甲的胜局情况是："甲乙甲甲"，"乙甲甲甲"，"甲甲乙甲"，且这三种结局互不相容。由独立性得在五局三胜制下甲最终获胜的概率为

$$p_2 = p^3 + c_3^2 p^3(1-p) + C_4^2 p^3(1-p)^2，$$

而
$$p_2 - p_1 = p^2(6p^3 - 15p^2 + 12p - 3) = 3p^2(p-1)^2(2p-1)。$$

当 $p > \dfrac{1}{2}$ 时，$p_2 > p_1$；当 $p = \dfrac{1}{2}$ 时，$p_2 = p_1 = \dfrac{1}{2}$。故当 $p > \dfrac{1}{2}$ 时，对甲来说采用五局三胜制为有利。

当 $p = \dfrac{1}{2}$ 时，两种赛制甲、乙最终获胜的概率是相同的，都是 50%。

第二节 随机变量及其分布

一、随机变量与随机分布的概念

随机现象中，有很大一部分问题与数值发生关系。例如，在产品检验问题中，我们关心的是抽样中出现的废品数；在车间生产问题中，我们关心的是某时刻正在工作的车床数；在电话问题中，我们关心的是某段事件中的话务量，它与呼叫的次数及每次呼叫占用交换设备的时间长短有关。此外，如测量时的误差，气体分子运动的速度，信号接收机所收到的信号（用电压表示或数字表示）的大小，也都与数值有关。在上一节中我们给出了随机试验与概率的概念，而试验的目的也是为了研究随机现象的规律，了解这一随机现象中所有可能出现的结果及每个结果的概率。为了更好地描述这一类问题，最直接明了的方法就是用数量来与结果对应。例如，买彩票时，用 0 表示"未中奖"，用 1 表示"中一等奖"，2 表示"中二

等奖",3 表示"中三等奖"。将每个结果对应于一个数,也就等价于在样本空间 Ω 上定义了一个"函数",对于试验的每一个结果 ω,都可以用一个实数 $X(\omega)$ 来表示。这个量就称为随机变量(random variable)。

本书中将用大写字母($X,Y,Z,\cdots$)来表示随机变量,用小写字母($x,y,z,\cdots$)来表示对应于随机变量($X,Y,Z,\cdots$)的取值。正如对随机事件一样,我们所关心的不仅是试验会出现什么结果,更重要的是要知道这些结果将以怎样的概率出现,也即对随机变量,不但要知道它取什么数值,而且要知道它取这些数值的概率。这样,了解随机现象的规律就变成了解随机变量的所有可能取值及随机变量取相应值的概率。而这两个特征就可以通过随机变量分布来表现出来。

二、概率分布的类型

1. 离散型随机变量分布

从随机变量可能出现的结果来看,随机变量至少有两种不同的类型。一种是试验结果 X 可能取的值为有限个或至多可列出的个数,能够一一列举出来,这种类型的随机变量称为离散型随机变量。另一种是连续型随机变量。在日常生活中经常碰到离散型随机变量,如废品数、电话呼叫数、人口数等。其随机变量分布就称为离散型随机变量分布。

如果随机变量 X 的取值可以一一列出,记为 $x_1,x_2,\cdots$,而相对于 x_i 所取的概率为 p_i,即 $p_i=P(X=x_i),i=1,2,3,\cdots$,称为随机变量 X 的概率分布,它应满足下面关系:

(1) $p_i\geqslant 0,i=1,2,3,\cdots$

(2) $\sum\limits_{i=1}^{\infty}p_i=1$。

则当 x_i 和 p_i 已知时,这两组值就完全描述了随机变量的规律,此时把如下的表示方法称为该随机变量的分布列。

$$\begin{bmatrix} x_1 & x_2 & \cdots \\ p_1 & p_2 & \cdots \end{bmatrix}$$

对于集合 $\{x_i,i=1,2,\cdots\}$ 中任何一个子集 A,事件"X 在 A 中取值"即"$X\in A$"的概率为:

$$P(X\in A)=\sum_{x_i\in A}p_i$$

就如前面提到的抽数字的例子,就是一个离散型随机变量的例子,其样本点的取值就是 $0\sim9$ 这 10 个数字,而取到每个数字的概率都相等,也就是 10%,它的概率分布可以表示为:

$$p_i=P(X=i)=\frac{1}{10},i=0,1,2,\cdots,9$$

或者用如下的分布列来表示:

$$\begin{bmatrix} 0 & 1 & 2 & 3 & 4 & 5 & 6 & 7 & 8 & 9 \\ 0.1 & 0.1 & 0.1 & 0.1 & 0.1 & 0.1 & 0.1 & 0.1 & 0.1 & 0.1 \end{bmatrix}$$

2. 连续型随机变量的概率密度

与离散型随机变量有所不同,一些随机现象所出现的试验结果 X 的取值不可列。例如,测量误差、分子运动速度、候车时的等待时间、降水量、风速、洪峰值等。考虑市场上对于某种商品的需求量就不可能具体地一一列出,只能列出其取值的范围,如[2 000,5 000]。这时用来描述实验结果的随机变量 $X(\omega)$ 是样本点 ω 的函数,其中 $\omega=\Omega$。但是这个随机变量能取某个区间$[c,d]$或$(-\infty,+\infty)$的一切值。假如想用描述离散型随机变量的方法(简单地罗列所取的值及相应的概率)来描述这后一类随机变量,则会碰到很大的困难。一是这类随机变量所取值不能一一列出;二是我们下面将会看到,取连续值的随机变量,它取某个特定值的概率是 0,因此用这种描述方法根本不行。

对于取连续值的随机变量我们所关心的也并不是它取某个特定值的概率。例如在测量误差中,我们感兴趣的是测量误差小于某个数的概率;在降雨问题中,我们重视的是雨量在某一个量级,例如在 $100\sim120$ mm 之间的概率。总之,对于取连续值的随机变量$X(\omega)$,我们感兴趣的是 $X(\omega)$ 取之于某个区间(a,b)的概率,或取值于若干个这种区间的概率。因此应当要求$\{a\leqslant X(\omega)<b\}$或$\{X(\omega)<b\}$或一般地$\{X(\omega)\in A\}$(其中 A 是由区间经并、交等运算而得到的直线上的某一个点集)有概率而言。既然只对概率空间(Ω,F,P)的事件域 F 中的集合才定义概率,因此我们自然要求上述集合属于 F,即都是事件。

为此引进如下概念及其定义。

(1) 随机变量及其分布。$X(\omega)$是定义于概率空间(Ω,F,P)上的单值实函数,如果对于直线上任一点集 B,有:
$$\{\omega:X(\omega)\in B\}\in F$$

则称 $X(\omega)$ 为随机变量,而 $P\{\omega:X(\omega)\in B\}$ 称为随机变量 $X(\omega)$ 的概率分布。

(2) 连续型随机变量及其密度函数。对于随机变量 X,如果存在一个非负可积函数 $f(x),-\infty<X<\infty$,使对于任意两个实数 $a,b(a<b)$都有 $P(a\leqslant X\leqslant B)=\int_a^b f(x)\mathrm{d}x$,则称 X 为连续型随机变量,$f(x)$就称为随机变量 X 的密度函数,满足性质:

① $\quad\quad\quad\quad f(x)\geqslant0\quad x\in(-\infty,+\infty)$

② $\quad\quad\quad\quad \int_{-\infty}^{\infty}f(x)\mathrm{d}x=1$

例 4.7 已知连续型随机变量 X 的密度函数为:
$$f(x)=\begin{cases}ax+b & 0<x<2\\0 & \text{其他}\end{cases}$$

且 $P\{1<X<3\}=0.25$。

(1) 确定常数 a 和 b;(2) 求 $P\{X>1.5\}$

解:

(1) 由概率密度的性质及其定义,有:
$$\int_{-\infty}^{\infty}f(x)\mathrm{d}x=\int_0^2(ax+b)\mathrm{d}x=2a+2b=1$$

又依题意:

$$P\{1<X<3\}=\int_1^3 f(x)\mathrm{d}x=\int_1^2 (ax+b)\mathrm{d}x=1.5a+b=0.25$$

即得到联立方程

$$\begin{cases} 2a+2b=1 \\ 1.5a+b=0.25 \end{cases}$$

解之得：$a=-0.5, b=1$

从而 $f(x)=\begin{cases} -0.5x+1 & 0<x<2 \\ 0 & \text{其他} \end{cases}$

(2) 由(1)得 $P\{X>1.5\}=\int_{1.5}^{+\infty} f(x)\mathrm{d}x=\int_{15}^2 (-0.5x+1)\mathrm{d}x=0.062\ 5$

3. 一般场合的分布函数

在上面的讨论中，我们根据描述随机变量的需要给出了随机变量的概念。按定义，随机变量是样本点的函数，因此在试验前我们只能知道它可能取哪些值，而不能确切知道它将取何值，这就是随机性。但是到了试验之后，它的取值也就明确了。为了计算概率，必须要求随机变量具有可测性，而分布函数则把对于随机变量的概率计算化为对分布函数的数值计算。下面给出分布函数的定义。

定义 4.5 设 X 是一个随机变量，$f(x)$ 是它的概率密度函数，则称函数

$$F(x)=P\{X\leqslant x\}=\int_{-\infty}^x f(t)\mathrm{d}t,\ -\infty<x<+\infty$$

为随机变量 X 的分布函数。

根据定义，$F(x)$ 具有如下性质：

(1) $P\{a<X\leqslant b\}=F(b)-F(a)$

$P\{X>a\}=1-P\{X\leqslant a\}=1-F(a)$

针对连续型的随机变量有：$P\{X=a\}=0$；

(2) $0\leqslant F(x)\leqslant 1,\ -\infty<x<+\infty$；

(3) $F(x)$ 是关于 x 的单调非减函数；

(4) $F(-\infty)=\lim\limits_{x\to-\infty}F(x)=0, F(+\infty)=\lim\limits_{x\to+\infty}F(x)=1$；

(5) 左连续性：$F(x-0)=F(x)$；

(6) $F'(x)=f(x)\quad -\infty<x<+\infty$。

例 4.8 已知随机变量 X 的密度函数为：

$$f(x)=\begin{cases} x & 0<x\leqslant 1 \\ 2-x & 1-x\leqslant 2 \\ 0 & \text{其他} \end{cases}$$

求相应的分布函数 $F(x)$。

解：

根据分布函数的定义知，$F(x)=P\{X\leqslant x\}=\int_{-\infty}^x f(t)\mathrm{d}t$

所以当 $x \leqslant 0$ 时, $F(x) = \int_{-\infty}^{x} 0 \mathrm{d}t = 0$

当 $0 < x \leqslant 1$ 时, $F(x) = \int_{-\infty}^{0} 0 \mathrm{d}t + \int_{0}^{x} t \mathrm{d}t = \dfrac{x^2}{2}$

当 $1 < x \leqslant 2$ 时, $F(x) = \int_{-\infty}^{0} 0 \mathrm{d}t + \int_{0}^{1} t \mathrm{d}t + \int_{1}^{x} (2-t) \mathrm{d}t = -\dfrac{x^2}{2} + 2x - 1$

当 $x > 2$ 时, $F(x) = \int_{-\infty}^{0} \mathrm{d}t + \int_{0}^{1} t \mathrm{d}t + \int_{1}^{2} (2-t) \mathrm{d}t + \int_{2}^{x} 0 \mathrm{d}t = 1$

综上可得随机变量 X 的分布函数为:

$$F(x) = \begin{cases} 0 & x \leqslant 0 \\ \dfrac{x^2}{2} & 0 < x \leqslant 1 \\ -\dfrac{x^2}{2} + 2x - 1 & 1 < x \leqslant 2 \\ 1 & x > 2 \end{cases}$$

三、随机变量的数字特征

一个随机变量的分布包括了关于这个随机变量的全部信息,是对此随机变量最完整的刻画。但它并没有使我们对随机变量有一种概括性的认识。在很多情况下,为了突出随机变量在某个侧面的重点,我们常用由这个随机变量的分布所决定的一些常数对此随机变量给出简单明了的特征刻画,这些常数被称为随机变量的"数字特征"。随机变量的数字特征是指能集中反映随机变量概率分布基本特点的数字。常用的随机变量数字特征有数学期望和方差两种。

1. 数学期望

(1) 离散型场合

现有 A、B 两个选手比赛投篮,他们的投球技术如下表所示:

A 选手

投中分数	1	2	3
概率	0.3	0.3	0.4

B 选手

投中分数	1	2	3
概率	0.2	0.5	0.3

试问:哪一个选手的投篮技术较好?

这个问题的答案不是一眼就能够看出来的。这说明分布列虽然完整地描述了随机变量,但是却不够"集中"地反映出它的变化情况。因此我们有必要找出一个新的指标来更集中、更概括地描述随机变量,这就是数学期望。

那么要如何来计算随机变量的数学期望呢?

求平均值是大家都很熟悉的一种运算。例如,一堆西瓜中有 4 个 2 kg 重,2 个 3kg 重,6 个 4 kg 重,那么这些西瓜的平均重量为:

$$\frac{2\times4+3\times2+4\times6}{4+2+6}=2\times\frac{4}{12}+3\times\frac{2}{12}+4\times\frac{6}{12}\approx3.2(\text{kg})$$

注意到上式的计算公式是:瓜的各种重量乘以其所占的百分比然后求和。

同样,以随机变量取每个值的概率为权数计算加权平均数作为该变量的数学期望。具体的,该离散型随机变量 X 的分布为:

$$\begin{bmatrix} x_1 & x_2 & \cdots & x_1 \\ p_1 & p_2 & \cdots & p_n \end{bmatrix}$$

并且记 X 的数学期望为 $E(X)$,则

$$E(X)=x_1p_1+x_2p_2+\cdots+x_np_n$$

就如在上面的问题中,若使两个选手各投 N 次,则他们投中分数的期望值大约是:

$$甲:1\times0.3N+2\times0.3N+3\times0.4N=2.1N$$

$$乙:1\times0.2N+2\times0.5N+3\times0.3N=2.1N$$

平均起来甲每球投中 2.1 分,乙投中 2.1 分,这就看出,虽然选手 A 和 B 投中各个分数的球的概率不相同,但最后两者的平均水平却是一样的。

当变量取值为可列个时,其数学期望定义如下。

定义 4.6　设离散型随机变量 X 的分布为:

$$\begin{bmatrix} x_1 & x_2 & \cdots & x_n & \cdots \\ p_1 & p_2 & \cdots & p_n & \cdots \end{bmatrix}$$

若级数 $\sum\limits_{i=1}^{\infty} x_ip_i$ 绝对收敛,则将其称为 X 的数学期望,简称为期望或均值,记为 $E(X)$。

例 4.9　(彩票问题)我们知道彩票的发行数额巨大,其实质如何呢?请看一则实例:发行彩票 10 万张,每张 1 元。设头奖 1 个,奖金 1 万元;二等奖 2 个,奖金各 5 000 元;三等奖 10 个,奖金各 1 000 元;四等奖 100 个,奖金各 100 元;五等奖 1 000 个,奖金各 10 元。

解:

这里的分布列为

$$\begin{bmatrix} 10\,000 & 5\,000 & 1\,000 & 100 & 10 & 0 \\ \dfrac{1}{10^5} & \dfrac{2}{10^5} & \dfrac{10}{10^5} & \dfrac{100}{10^5} & \dfrac{1\,000}{10^5} & 0.988\,7 \end{bmatrix}$$

由此可以算出其获奖金额的期望值为:

$$E(X)=10\,000\times\frac{1}{10^5}+5\,000\times\frac{2}{10^5}+1\,000\times\frac{10}{10^5}+100\times\frac{100}{10^5}+100\times\frac{1\,000}{10^5}+0\times0.988\,87$$

$$=0.5(\text{元})$$

即大约能收回一半。

例 4.10 （投资之决策）投资总具有一定风险，因此在选择投资方向时，计算其期望收益常是可以考虑的决策方法之一。现有人有 10 万元现金，想投资于某项目，预估成功的机会为 30％，可得利润 8 万元，失败的机会为 70％，将损失 2 万元。若存入银行，同期间的利率为 5％，问：是否应作此项投资？

解：

以 X 记投资利润，则 $E(X)=8\times0.3-2\times0.7=1$（万元）

而存入银行的利息为 $10\times5\%=0.5$（万元），因此从期望收益的角度看，应选择投资，当然投资是有一定风险的。

（2）连续型场合

定义 4.7 设连续型随机变量 X 的密度函数为 $f(x)$，当积分 $\int_{-\infty}^{\infty}xf(x)\mathrm{d}x$ 绝对收敛时，就称它为 X 的数学期望（或均值），记为 $E(X)$，即：

$$E(X)=\int_{-\infty}^{\infty}xf(x)\mathrm{d}x$$

例 4.11 已知连续型随机变量 X 的密度函数为 $f(x)=\dfrac{1}{\sqrt{2\pi}\sigma}\mathrm{e}^{\frac{(x-\mu)^2}{2\sigma^2}}$，$(-\infty<x<+\infty)$，求随机变量 X 的数学期望。

解：

根据数学期望的定义，可以得到

$$E(X)=\int_{-\infty}^{\infty}\frac{1}{\sqrt{2\pi}\sigma}\mathrm{e}^{-\frac{(x-\mu)^2}{2\sigma^2}}\mathrm{d}x$$

令 $y=\dfrac{x-\mu}{\sigma}$，则 $E(X)=\dfrac{1}{\sqrt{2\pi}}\displaystyle\int_{-\infty}^{\infty}(\mu+\sigma y)\mathrm{e}^{\frac{y^2}{2}}dy$

$$=\frac{\sigma}{\sqrt{2\pi}}\int_{-\infty}^{\infty}y\mathrm{e}-\frac{y^2}{2}dy+\frac{\mu}{\sqrt{2\pi}}\int_{-\infty}^{\infty}\mathrm{e}^{-\frac{y^2}{2}}dy$$

$$=0+\frac{\mu}{\sqrt{2\pi}}\sqrt{2\pi}=\mu$$

（3）数学期望的基本性质

设如下各变量的数学期望存在，k 为常数，可以得到关于数学期望的性质：

① $E(k)=k$；

② $E(kX)=kE(X)$；

③ $E(X+Y)=E(X)+E(Y)$；

④ 若 $X_1,X_2,\cdots,X_n$ 相互独立，则 $E(X_1,X_2,\cdots,X_n)=E(X_1)E(X_2)\cdots E(X_n)$。

2. 方差

前面我们所讨论的数学期望是随机变量的一个重要数字特征，它表示了随机变量取值的平均水平，但是有些情况下，两个变量虽然具有相同的期望值，但实际上却有着很大的差别。就以前面投球的例子来说，两个选手的技术从各个分数的投中率来说是不一样的，但是他们的平均分数是相同的,那要怎么样才能区分这两位选手的技术水平呢？这就用到了方差这个概念,它描述的是随机变量的取值相对于它的期望的平均偏离程度。下面给出其定义。

设随机变量 X 的数学期望为 $E(X)$,称 $E[X-E(X)]^2$ 为 X 的方差,记作 $D(X)$,即:

$$D(X)=E[X-E(X)]^2$$

称 $\sqrt{D(X)}$ 为 X 的标准差(或标准偏差)。

根据期望的性质,可以得到计算方差的另外一个公式。

$$\begin{aligned}
D(X)&=E[X-E(X)^2]\\
&=E\{X^2-2X \cdot E(X)+[E(X)]^2\}\\
&=E(X^2)-2E[X \cdot E(X)]+E[E(X)]^2\\
&=E(X^2)-2E(X) \cdot E(X)+[E(X)]^2\\
&=E(X^2)-[E(X)]^2
\end{aligned}$$

通过简单的推导,可以得到方差的几个基本性质:

(1) $D(k)=0$,其中 k 为常数;

(2) $D(kX)=k^2D(X)$,$D(X+k)=D(X)$;

(3) 设 X,Y 是两个随机变量,则有

$$D(X+Y)=D(X)+D(Y)+2E[(X-E(X))(Y-E(Y))]$$

特别,若 X,Y 相互独立,则有

$$D(X+Y)=D(X)+D(Y)$$

这一性质可以推广到任意有限多个相互独立的随机变量之和的情况;

(4) $D(X)=0$ 的充要条件是 X 以概率 1 取常数 $E(X)$,即

$$P\{X=E(X)\}=1。$$

例 4.12 设 10 只同一种电器元件中有 2 只废品,装配仪器时,从这批元件中任取 1 只,若是废品,则扔掉重新任取 1 只,直到取到正品为止。求已取出的废品数 X 的概率分布、数学期望及方差。

解:依题意,10 只元件中有两只废品,所以 X 的可能取值为 $0,1,2$。

$X=0$ 表示"第一次抽到的就是正品";

$X=1$ 表示"第一次取到的是废品,第二次取到的是正品";

$X=2$ 表示"第一次和第二次抽到的都是废品,而第三次取到的是正品"。

于是可以计算:

$$P\{X=0\}=\frac{C_8^1}{C_{10}^1}=\frac{8}{10}=\frac{4}{5}$$

$$P\{X=1\}=\frac{C_2^1}{C_{10}^1}=\frac{C_8^1}{C_9^1}=\frac{2}{10}\times\frac{8}{9}=\frac{8}{45}$$

$$P\{X=2\}=1-P\{X=1\}-P\{X=0\}=1-\frac{4}{5}-\frac{8}{45}=\frac{1}{45}$$

那么得到 X 的概率分布为:

$$\begin{pmatrix} 0 & 1 & 2 \\ \dfrac{4}{5} & \dfrac{8}{45} & \dfrac{1}{45} \end{pmatrix}$$

所以

$$E(X)=\sum_{i=0}^{n}x_ip_i=0\times\frac{4}{5}+1\times\frac{8}{45}+2\times\frac{1}{45}=\frac{10}{45}=\frac{2}{9}$$

$$E(X^2)=\sum_{i=0}^{n}x_i^2pi=0^2\times\frac{4}{5}+1^2\times\frac{8}{45}+2^2\times\frac{1}{45}=\frac{12}{45}=\frac{4}{15}$$

则

$$D(X)=E(X^2)-[E(X)]^2=\frac{4}{15}-\left(\frac{2}{9}\right)^2=\frac{88}{405}$$

3. 协方差与相关系数

前面我们所讨论的都是一个随机变量的数字特征,下面讨论多维随机变量之间的关系。两个随机变量的相关性是概率论和数理统计的重要概念,是统计相关性最简单的形式之一,在二维随机变量之间一个重要的特征就是相关系数。随机变量相关性的分析,也就是相关分析,在经济问题中有重要的作用。

(1)协方差。设两个随机变量 X 和 Y 的期望和方差都存在,则称

$$\text{cov}(X,Y)=E[X-E(X)][Y-E(Y)]=E(XY)-E(X)E(Y)$$

为 X 和 Y 的协方差。

下面是协方差的一些性质(假设下面各对随机变量的协方差存在,且为常数):

① $\text{cov}(X,Y)$ 与 X,Y 的顺序无关,即 $\text{cov}(X,Y)=\text{cov}(Y,X)$;

② 若 X 和 Y 独立,则 $\text{cov}(X,Y)=0$;

证明:由于 $\text{cov}(X,Y)=E(XY)-E(X)\cdot E(Y)$

如果 X 和 Y 独立,则 $E(XY)=E(X)E(Y)$,

于是有 $\text{cov}(X,Y)=0$

③ $\text{cov}(X,k)=0,k$ 为常数;

④ $\text{cov}(aX+b,cY+d)=ac\text{cov}(X,Y),a,b,c,d$ 为常数;

⑤ $\text{cov}(X_1+X_2,Y)=\text{cov}(X_1,Y)+\text{cov}(X_2,Y)$。

(2)相关系数。设随机变量 X 和 Y 的方差都存在,且都不为 0,则称:

$$\rho_{XY}=\frac{\text{cov}(X,Y)}{\sqrt{D(X)}\sqrt{D(Y)}}=\frac{E[X-E(X)][Y-E(Y)]}{\sqrt{D(X)}\sqrt{D(Y)}}$$

为 X 和 Y 的相关系数。

同样,我们可以列出相关系数的一些性质:

① $-1\leqslant\rho_{XY}\leqslant1$;

② $|\rho_{XY}|=\pm1$ 的充要条件是 $P(Y=aX+b)=1,a,b$ 为常数。

关于相关系数的内容,我们在后面的章节中还要详细介绍。

第三节　几种常见的概率分布

一、离散型分布

下面介绍几种常用的离散型随机变量及其概率分布。

1. 两点分布

在生活中有一些简单的试验,其结果只有两个。例如,掷一枚硬币(正面与反面)、检查一个产品(合格与不合格)、买一张彩票(中与不中)等。我们就把这样的试验称为伯努利试验。

在一次试验中,事件 A 出现的概率为 p,不出现的概率为 $q=1-p$,若以 X 记事件 A 出现的次数,则 X 仅取 $0,1$ 两个值,相应的概率分布为 $p_k=P\{X=k\}=p^k q^{1-k}(k=0,1)$,这个分布称为两点分布,也称为伯努利分布。

两点分布的数学期望为:

$$E(X)=0\times q+1\times p=q$$

由于

$$E(X^2)=0^2\times q+1^2\times p=q$$

则其方差为:

$$D(X)=E(X^2)-[E(X)]^2=p-p^2=p(1-p)$$

2. 二项分布

二项分布是离散型分布中较为重要的一种,是上述伯努利试验重复进行的结果。在 n 重独立的伯努利试验中,重复进行 n 次试验,若记事件 A 为"试验成功",其概率为 P。以 X 记事件 A 出现的次数,则它是一个随机变量,X 可能取的值为 $0,1,2,\cdots,n$,若

$$B(k;n,p)=P\{X=k\}=\binom{n}{k}p^k(1-p)^{n-k},k=0,1,2,\cdots,n$$

简记作 $X\sim B(n,p)$。

可以看出,前面所提出的伯努利分布就是 $n=1$ 情况下的二项分布,也就相当于一次试验的结果。

若随机变量 X 服从二项分布,则 $E(X)=np,D(X)=np(1-p)$。

例 4.13　一名射手打靶命中率为 0.9。在 6 次打靶中他命中靶的次数 X 是一个服从二项分布 $B(6,0.9)$ 的随机变量。求该射手至少命中 5 次的概率。

解:依题意得,X 的概率分布为:

$$P\{X=k\}=\binom{6}{k}0.9^k 0.1^{6-k}\quad(k=0,1,2,\cdots,6)$$

则该射手至少命中 5 次的概率为:

$$P\{X\geqslant 5\}=P\{X=5\}+P(X=6)$$
$$=\binom{6}{5}0.9^5 0.1+\binom{6}{6}0.9^6 0.10$$
$$=6\times 0.9^5\times 0.1+0.9^6$$
$$=0.8857$$

3. 超几何分布

在统计检验中常常用到的方法就是抽样,例如,产品的抽样检查就是经常遇到的一类实际问题,要对 N 件产品进行无放回抽样检查,若这批产品中有 M 件次品,现从整批产品中随机抽出 n 件产品,则在这 n 件产品中出现的次品数 X 是随机变量,它取值 $0,1,2,\cdots,n$,其概率分布为超几何分布。

$$p_k=P\{X=k\}=\frac{\binom{M}{k}\binom{N-M}{n-k}}{\binom{N}{n}}\quad 0\leqslant k\leqslant n\leqslant N,k\leqslant M$$

4. 泊松分布

实践证明,泊松分布对某一类随机现象有很贴切的描述,这类现象称为"泊松试验",它具有两个主要的特征:第一,所考察的事件在任意两个长度相等的区间里发生一次的机会均等;第二,所考察的事件在任何一个区间里发生与否和在其他区间里发生与否没有相互影响,即是独立的。

针对任何符合上述条件的泊松试验,人们可以定义一个只取非负整数的随机变量 X,它表示"一定时间段或一定空间区域或其他特定单位内某一事件出现的次数",这往往是人们希望估计的。例如,一定时间段内,某个航空公司接到的订票电话数;一匹布上发现的瑕疵点数;一定页数的书刊上出现的错别字个数等。诸如这样的只取非负整数的随机变量服从的概率分布为泊松分布。泊松分布定义如下:

若随机变量 X 可取一切非负整数值,且

$$P\{X=k\}=\frac{\lambda^k}{k!}e^{-\lambda},k=0,1,2,\cdots$$

其中 $\lambda>0$,则称 X 服从泊松分布。简记作 $X\sim p(\lambda)$。

可以证明,若随机变量 $X\sim p(\lambda)$,则 $E(X)=D(X)=\lambda$。

二、连续型分布

由于密度函数刻画了一个连续型随机变量取值的统计规律性,因此随机变量按其密度不同可以是多种多样的。下面举一些常见的连续型分布的例子。

1. 均匀分布

若随机变量 X 只在区间 $[a,b]$ 上取值,且其密度函数为

$$f(x)=\begin{cases}\dfrac{1}{b} & 0\leqslant x\leqslant b\\0 & 其他\end{cases}$$

则称 X 服从区间 $[a,b]$ 上的均匀分布,记为 $X\sim U[a,b]$。

例 4.14　已知随机变量 X 服从 $[0,b]$ 上的均匀分布,且 $P\{X\leqslant 2\}=0.5$,试确定常数 b 及求出概率 $P\{1\leqslant X\leqslant 3\}$。

解:依题意得,X 的密度函数为

$$f(x)=\begin{cases} \dfrac{1}{b} & 0\leqslant x\leqslant b \\ 0 & 其他 \end{cases}$$

根据密度函数的定义,可以得

$$P\{X\leqslant 2\}=\int_0^2 f(x)\mathrm{d}x=\int_0^2 \frac{1}{b}\mathrm{d}x=\frac{2}{b}=0.5$$

所以 $b=4$。

于是

$$P(1\leqslant X\leqslant 3)=\int_1^3 \frac{1}{4}\mathrm{d}x=0.5$$

若随机变量 $X\sim U[a,b]$,则 $E(X)=\dfrac{a+b}{2}$,$D(X)=\dfrac{(b-a)^2}{12}$。

证明:$E(X)=\displaystyle\int_a^b x\cdot\frac{1}{b-a}\mathrm{d}x=\frac{a+b}{2}$

$$E(X^2)=\int_a^b x^2\cdot\frac{1}{b-a}\mathrm{d}x=\frac{b^2+ab+a^2}{3}$$

$$D(X)=E(X^2)-E[(X)]^2=\frac{b^2+ab+a^2}{3}-\left(\frac{a+b}{2}\right)^2=\frac{(b-a)^2}{12}$$

2. 正态分布

正态分布是连续型分布中十分重要的一个。大量实践经验和理论分析表明,测量误差及很多产品的物理指标,如某种产品的长度、强度、强力等,都可以看作服从或近似服从正态分布,因此正态分布在概率论与数理统计乃至随机过程的理论及应用中,都占有特别重要的地位。

若随机变量 X 的密度函数为

$$f(x)=\frac{1}{\sqrt{2\pi}\sigma}\mathrm{e}^{-\frac{(x-\mu)^2}{2\sigma^2}}\quad -\infty<x<+\infty$$

其中 $\sigma>0$,μ 与 σ 均为常数,称随机变量 X 服从参数为 μ,σ^2 的正态分布(Normal Distribution),简记为 $N(\mu,\sigma^2)$。

我们在例 4.11 已给出关于正态分布的数学期望,即 $E(X)=\mu$。正态分布的方差为:

$$D(X)=\int_{-\infty}^{\infty}(x-\mu)^2\frac{1}{\sqrt{2\pi}\sigma}\mathrm{e}^{-\frac{(x-\mu)^2}{2\sigma^2}}\mathrm{d}x$$

令 $z=\dfrac{x-\mu}{\sigma}$,则:

$$D(X)=\frac{\sigma^2}{\sqrt{2\pi}}\int_{-\infty}^{\infty}z^2\mathrm{e}^{-\frac{z^2}{2}}dz=\frac{\sigma^2}{\sqrt{2\pi}}\left[(-z\mathrm{e}^{-\frac{z^2}{2}})\Big|_{-\infty}^{\infty}+\int_{-\infty}^{\infty}\mathrm{e}^{-\frac{z^2}{2}}dz\right]=\frac{\sigma^2}{\sqrt{2\pi}}\sqrt{2\pi}=\sigma^2$$

若随机变量 $X \sim N(\mu, \sigma^2)$，$E(X) = \mu$，$D(X) = \sigma^2$。

不同的 μ 值和不同的 σ 值，对应不同的正态分布，如图 4.1 所示。图中可以看出，σ 相同，但 μ 不同，其结果是正态分布密度函数分布的中心也不同，因此 μ 也被称作位置参数。μ 相同，但 σ 不同，其结果是正态分布密度函数分布的形状发生了变化，并且 σ 越小对应的概率密度曲线越尖峭，反之则越平坦，因此 σ 也被称作形状参数。

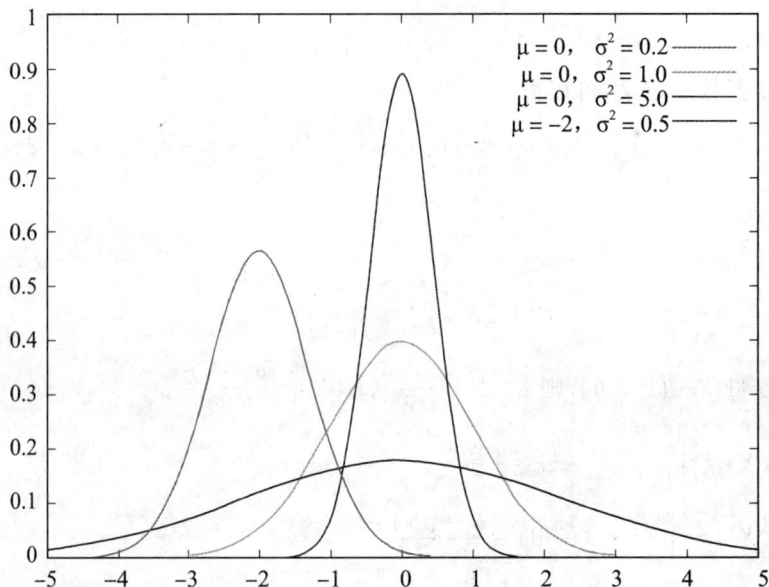

$$\mu = 0, \quad \sigma^2 = 0.2$$
$$\mu = 0, \quad \sigma^2 = 1.0$$
$$\mu = 0, \quad \sigma^2 = 5.0$$
$$\mu = -2, \quad \sigma^2 = 0.5$$

图 4.1　正态分布下位置参数 μ 和形状参数 σ 对正态分布密度函数形状的影响

通过图 4.1，还可归纳出正态曲线的以下几个特点：

（1）正态曲线的图形是关于 $x = \mu$ 对称的钟形曲线，且峰值在 $x = \mu$ 处；

（2）正态分布的两个参数 μ，σ^2 一旦确定，正态分布的具体形式也就唯一地被确定，不同参数取值的正态分布构成一个完整的正态分布族；

（3）正态分布的均值 μ 可以是实数轴上的任一数值，它决定正态曲线的具体位置，标准差 σ 相同而均值不同的正态曲线在坐标轴上体现为水平位置的不同，而形状相同；

（4）正态分布的标准差 σ 为大于零的实数，它决定正态曲线的"陡峭"或"扁平"程度，σ 越大，正态曲线越扁平；σ 越小，正态曲线越陡峭；

（5）当 x 的取值向横轴左右两边无限延伸时，正态曲线的左右两个尾端也无限渐进横轴，但理论上永远不会与之相交；

（6）与其他连续型随机变量相同，正态随机变量在特定区间上的取值概率由正态曲线下的面积给出，而且其曲线下的总面积等于 1。

特别地，当 $\mu = 0$，$\sigma = 1$，时，分布称为标准正态分布，记为 $N(0,1)$，相应的密度函数和分布函数分别记为 $\varphi(x)$ 和 $\Phi(x)$。

$$\varphi(x) = \frac{1}{\sqrt{2\pi}} e^{-\frac{x^2}{2}} \quad -\infty < x < +\infty$$

$$\Phi(x) = \frac{1}{\sqrt{2\pi}} \int_{-\infty}^{x} e^{-\frac{t^2}{2}} dt \quad -\infty < x < +\infty$$

服从标准正态分布的随机变量在某一区间上取值的概率可以通过书后所附的标准正态分布概率表查得。

若随机变量 $X \sim N(\mu, \sigma^2)$，则有 $Z = \dfrac{X-\mu}{\sigma} \sim N(0,1)$

一般地，对于服从标准正态分布的随机变量 Z，其变量在任何一个区间上的概率可以表示为：

$$P\{a \leqslant Z \leqslant b\} = \Phi(b) - \Phi(a)$$

$$P\{|Z| \leqslant a\} = 2\Phi(a) - 1$$

由标准正态分布的密度曲线可知：$\Phi(-z) = 1 - \Phi(z)$

同样，对于服从一般正态分布的随机变量 X，取值在某一区间上的概率都可以通过标准正态分布求得。

$$P\{X \leqslant b\} = \Phi\left(\frac{b-\mu}{\sigma}\right)$$

$$P\{a \leqslant X \leqslant b\} = \Phi\left(\frac{b-\mu}{\sigma}\right) - \Phi\left(\frac{a-\mu}{\sigma}\right)$$

例 4.15　设 $X \sim N(0,1)$，求以下概率：

(1) $P\{X < 1.5\}$；(2) $P\{X > 2\}$；(3) $P\{-1 < X \leqslant 3\}$；(4) $P\{|x| \leqslant 2\}$。

解：

(1) $P\{X < 1.5\} = \displaystyle\int_{-\infty}^{1.5} \varphi(x) dx = \Phi(1.5) = 0.933\,2$

(2) $P\{X > 2\} = 1 - P\{X \leqslant 2\} = 1 - \Phi(2) = 1 - 0.977\,3 = 0.022\,7$

(3) $P\{-1 < X \leqslant 3\} = P\{X \leqslant 3\} - P\{X \leqslant -1\}$

$\qquad\qquad\qquad = \Phi(3) - \Phi(-1)$

$\qquad\qquad\qquad = \Phi(3) - [1 - \Phi(1)]$

$\qquad\qquad\qquad = 0.998\,7 - (1 - 0.841\,3) = 0.84$

(4) $P\{|x| \leqslant 2\} = P\{-2 \leqslant X \leqslant 2\} = \Phi(2) - \Phi(-2)$

$\qquad\qquad\quad = \Phi(2) - [1 - \Phi(2)] = 2\Phi(2) - 1 = 0.954\,5$

例 4.16　设 $X \sim N(5, 3^2)$，求以下概率。

(1) $P\{X \leqslant 10\}$；(2) $P\{2 < X < 10\}$。

解：

由于 $X \sim N(5, 3^2)$，那么

(1) $P\{X \leqslant 10\} = \Phi\left(\dfrac{10-5}{3}\right) = \Phi(1.67) = 0.952\,5$

(2) $P\{2 < X < 10\} = \Phi\left(\dfrac{10-5}{3}\right) - \Phi\left(\dfrac{2-5}{3}\right)$

$$=\Phi(1.67)-\Phi(-1)$$
$$=0.952\ 5-(1-\Phi(-1))=0.793\ 8$$

例 4-17 某种零件的长度服从正态分布,平均长度为 10 mm,标准差为 0.2 mm,试问:

(1) 从该批零件中随机抽取一件,其长度不到 9.4 mm 的概率;

(2) 为了保证产品质量,要求以 95%的概率保证该零件的长度为 9.5~10.5 mm,这一要求能否得到保证?

解:

已知 $X \sim N(10, 0.2^2)$

(1) $P\{X<9.4\}=\Phi\left(\dfrac{9.4-10}{0.2}\right)=\Phi(-3)=1-\Phi(3)=0.001\ 3$

(2) $P\{9.5<X<10.5\}=\Phi\left(\dfrac{10.5-10}{0.2}\right)-\Phi\left(\dfrac{9.5-10}{0.2}\right)$

$$=\Phi(2.5)-\Phi(-2.5)$$
$$=2\Phi(2.5)-1=2\times0.993\ 8-1=0.987\ 6$$

即可以用 98.76%的概率保证该批零件的长度为 9.5~10.5 mm,也就是说该批零件的质量要求可以得到保证。

第四节 大数定律与中心极限定理

一、大数定律

人们在长期实践中发现,事件发生的频率具有稳定性,也就是说,随着试验次数的增多,事件发生的频率将稳定于一个确定的常数。另外,人们还从实践中认识到大量测量值的算术平均值也具有稳定性,即平均结果的稳定性。它表明无论随机现象的个别结果如何,或者它们在进行过程中的个别特征如何,大量随机现象的平均结果实际上不受随机现象个别结果的影响,并且几乎不再是随机的,大数定律以数学形式表达并证明了,在一定条件下的、大量重复出现的随机现象的统计规律性,即频率的稳定性与平均结果的稳定性,这就是大数定律的意义。

大数定律:设 $X_1, X_2, \cdots, X_n, \cdots$ 为独立同分布的随机变量,其期望为 μ,方差为 σ^2,即 $E(X_i)=\mu, D(X_i)=\sigma^2, i=1,2,\cdots$。则对任意的正数 $\varepsilon>0$,有

$$\lim_{n\to\infty}P\left\{\left|\frac{1}{n}\sum_{i=1}^{n}X_i-\mu\right|<\varepsilon\right\}=1$$

大数定律说明,当 n 充分大时,独立同分布的一系列随机变量,其平均数和它们共同的期望值之间的偏差,可以以几乎必然的把握被控制在任意给定的范围之内。这里需要特别

强调的是:由于从总体中抽出的样本是独立且与总体同分布的,因此,当样本容量 n 很大时,样本平均数与总体平均数之间的误差可以以几乎必然的把握被控制在任意给定的要求之内,这就是人们用样本平均估计总体平均的理论依据。

频率的稳定性也可以由大数定律来描述。设 m 是 n 次伯努利试验中事件 A 出现的次数,而 p 是事件 A 在每次试验中出现的概率,则对任意 $\varepsilon>0$,都有:

$$\lim_{n\to\infty}P\left\{\left|\frac{m}{n}-p\right|<\varepsilon\right\}=1$$

该结论称为伯努利大数定律,它提供了用频率代替概率的理论依据。

这里可以明确大数定律的重要意义。在随机试验中,观察现象是连同一切个别的特性来观察的,这些个别的特性往往蒙蔽了事物的规律性。但是大量的观察中个别因素的影响将相互抵消而使总体稳定。这种规律性正是通过大数定律表现出来的。

同时,在现实生活中,人们所累积的经验表明,概率很接近于 1 的事件在一次实验中几乎一定要发生,而概率接近于 0 的事件几乎不可能发生。因此这类事件具有很重要的意义。大数定律就是要建立关于这类事件,尤其是大量独立试验中的事件发生之概率的规律性。伯努利大数定律就建立了其概率的稳定性,从而使概率的概念有了客观的意义。而且可以通过这一定律做试验,确定某事件发生的频率并把它作为相应概率的估计。这类方法就是参数估计,它是统计中的重要方法之一。

二、中心极限定理

正态分布在概率论中处于中心位置,具有很重要的地位和作用,在自然现象和社会现象中有很多随机变量都服从或近似服从正态分布。那前面所研究的大量独立随机变量之和在什么条件下会服从或近似服从正态分布呢? 下面我们所要讨论的中心极限定理就是研究这一问题的。

独立同分布中心极限定理:设随机变量序列 $X_1,X_2,\cdots,X_n$ 相互独立且同分布,且具有数学期望和方差: $E(X_k)=\mu,D(X_k)=\sigma^2>0(k=1,2,\cdots)$,则随机变量之和 $\sum_{k=1}^{n}X_k$ 的标准化变量

$$Y_n=\frac{\sum_{k=1}^{n}X_k-E(\sum_{k=1}^{n}X_k)}{\sqrt{D(\sum_{k=1}^{n}X_k)}}=\frac{\sum_{k=1}^{n}X_k-n\mu}{\sqrt{n}\sigma}$$

的分布函数 $F_n(x)$ 对于任意 x 满足

$$\lim_{n\to\infty}F_n(x)=\lim_{n\to\infty}P\left(\frac{\sum_{k=1}^{n}X_k-n\mu}{\sqrt{n}\sigma}\leqslant x\right)$$

$$=\int_{-\infty}^{x}\frac{1}{\sqrt{2\pi}}e^{-\frac{t^2}{2}}dt=\Phi(x)$$

证明略。

这就是说,均值为 μ,方差为 $\sigma^2>0$ 的独立同分布的随机变量 $X_1,X_2,\cdots,X_n$ 之和 $\sum\limits_{k=1}^{n}X_k$ 的标准化变量,当 n 充分大时,有

$$\frac{\sum\limits_{k=1}^{n}X_k-n\mu}{\sqrt{n}\sigma}\sim N(0,1) \tag{4.6}$$

在一般情况下,很难求出 n 个随机变量之和 $\sum\limits_{k=1}^{n}X_k$ 的分布函数。(4.6)式表明,当 n 充分大时,可以通过 $\Phi(x)$ 给出其近似的分布。这样,就可以利用正态分布对 $\sum\limits_{k=1}^{n}X_k$ 作理论分析或作实际计算,其好处是明显的。

将(4.6)式左端改写成 $\dfrac{\frac{1}{n}\sum\limits_{k=1}^{n}X_k-\mu}{\sigma/\sqrt{n}}=\dfrac{\overline{X}-\mu}{\sigma/\sqrt{n}}$,这样,上述结果可写成:当 n 充分大时,

$$\frac{\overline{X}-\mu}{\sigma/\sqrt{n}}\sim N(0,1) \text{ 或 } \overline{X}\sim N(\mu,\sigma^2/n) \tag{4.7}$$

这是独立同分布中心极限定理结果的另一种形式。这就是说,均值为 μ,方差为 $\sigma^2>0$ 的独立同分布的随机变量 $X_1,X_2,\cdots,X_n$ 的算术平均 $\overline{X}=\dfrac{1}{n}\sum\limits_{k=1}^{n}X_k$,当 n 充分大时近似地服从均值为 μ,方差为 σ^2/n 的正态分布。这一结果是数理统计中大样本统计推断的基础。

〖 思考题 〗

一、选择题

1. 对于任意事件 A 和 B,与 $A\cup B=B$ 不等价的是(　　)。

　① $A\subset B$ 　　② $\overline{B}\subset\overline{A}$ 　　③ $A\overline{B}=\Phi$ 　　④ $\overline{A}B=\Phi$

2. 设 $P(A)=a,P(B)=b,P(A+B)=C$,则 $P(A\overline{B})$ 为(　　)。

　① $a-b$ 　　② $c-b$ 　　③ $a(1-b)$ 　　④ $a(1-c)$

3. 设 $0<P(A)<1,0<P(B)<1,P(A|B)+P(\overline{A}+\overline{B})=1$。则(　　)。

　① 事件 A 与 B 互不相容 　　② 事件 A 与 B 互相对立

　③ 事件 A 和 B 互不独立 　　④ 事件 A 和 B 互相独立

4. 设 A、B、C 三个事件两两独立,则 A、B、C 相互独立的充分必要条件是(　　)

　① A 与 BC 独立 　　② AB 与 $A\cup C$ 独立

　③ AB 与 AC 独立 　　④ $A\cup B$ 与 $A\cup C$ 独立

5. n 张奖券中含有 m 张有奖的,k 人购买,每人一张,其中恰好只有一个人中奖的概率(　　)。

　① $1-\dfrac{C_{n-m}^{k}}{C_n^k}$ 　　② $\dfrac{m}{C_n^k}$ 　　③ $\dfrac{C_m^1 C_{n-m}^{k-1}}{C_n^k}$ 　　④ $\sum\limits_{r=1}^{k}\dfrac{C_m^r}{C_n^r}$

6. 设 X 为连续型随机变量,$F(x)$ 为 X 的分布函数,则 $F(x)$ 在其定义域内一定为(　　)。

① 非阶梯间断函数　　　　　　　　② 可导含糊

③ 连续但不一定可导　　　　　　　④ 阶梯函数

7. X,Y 相互独立,且都服从区间 $[0,1]$ 上的均匀分布,则服从区间上的均匀分布的随机变量是(　　)。

　　① (X,Y)　　　　　② $X+Y$　　　　　③ X^2　　　　　④ $X-Y$

8. 设 X 的密度函数是 $\Phi(x)$,而 $\Phi(x)=\dfrac{1}{\pi(1+x^2)}$,则 $Y=2X$ 的概率密度是(　　)。

　　① $\dfrac{1}{\pi(1+4x^2)}$　　② $\dfrac{2}{\pi(4+x^2)}$　　③ $\dfrac{1}{\pi(1+x^2)}$　　④ $\dfrac{1}{\pi}\arctan x$

9. 设 $P(X=n)=\dfrac{1}{2n(n+1)},(n=1,2,\cdots)$,则 $E(X)$(　　)。

　　① 0　　　　　　② 1　　　　　　③ 0.5　　　　　④ 不存在

10. 设随机变量 X,Y 服从正态分布,$X\sim N(\mu,16),Y\sim N(\mu,25)$,记 $P_1=P\{X\leqslant\mu-4\}$,$P_2=P\{Y\geqslant\mu+5\}$,则(　　)。

　　① 对任何 μ 都有 $P_1=P_2$　　　　　② 对任何实数 μ 都有 $P_1<P_2$

　　③ 只有 μ 的个别值,才有 $P_1=P_2$　　④ 对任何实数 μ 都有 $P_1>P_2$

11. 设随机变量 X,Y,则下列等式中正确的是(　　)

　　① $E(X+Y)=E(X)+E(Y)$　　　　② $D(X+Y)=D(X)+D(Y)$

　　③ $E(XY)=E(X)+E(Y)$　　　　　　④ $D(XY)=D(X)+D(Y)$

12. 现在有 10 张奖券,其中 8 张为 2 元,2 张为 5 元,今某人从中随机的无放回抽取 3 张,则此人得奖金额的期望是(　　)。

　　① 6　　　　　② 12　　　　　③ 7.8　　　　　④ 9

二、计算题

1. $P(A)=0.18,P(B)=0.35,P(C)=0.3$,设 $A\cap B\cap C=\Phi$ 且 $A\cap B=A,B\cap C=\Phi$,求:
(1) $P(\overline{A})$;(2) $P(A+B+C)$;(3) $P(B-A)$。

2. 设袋中有 a 个白球和 b 个红球,现按无放回抽样,依次把球一个个取出来,求第 i 次取出的球是红球的概率 $(1\leqslant k\leqslant a+b)$。

3. 设有来自三个地区的各 10 名、15 名、25 名考生的报名表,其中女生的报名表分别为 3 份、7 份和 5 份。随机地取一个地区的报名表,从中先后抽出两份。若已知后抽到的一份是男生表,求先抽到的一份是女生表的概率。

4. 已知连续型随机变量 X 密度函数为 $f(x)=\begin{cases}ax+b & 0<x<2\\0 & \text{其他}\end{cases}$ 且 $P\{1<X<3\}=0.25$。

确定常数 a 和 b;求 $P\{X>1.5\}$。

已知随机变量 X 的密度函数为 $f(x)=\begin{cases}x & 0\leqslant x\leqslant 1\\2-x & 1<x\leqslant 2\\0 & \text{其他}\end{cases}$

求相应的分布函数 $F(x)$。

5. 设 10 只同一种电器元件中有两只废品,装配仪器时,从这批元件中任取一只,若是废品,则扔掉重新任取一只,直到取到正品为止。求已出的废品数 X 的概率分布、数学期望及方差。

参考答案

一、选择题

1. ④ 2. ② 3. ④ 4. ① 5. ③ 6. ③ 7. ③ 8. ② 9. ④ 10. ① 11. ① 12. ③

第五章　参数估计

📌 学习目标

通过本章的学习,我们需要掌握统计推断的基本问题、概念和原理;参数点估计的方法与评价;正态总体均值的区间估计;总体成数的区间估计;参数估计所需样本容量的确定。

📌 教学案例

随着数理统计的应用更加广泛,参数估计在医疗、交通、市场消费,甚至是自然灾害的预测等实际生活中都有着举足轻重的作用,它科学且精确地让我们预测一个参数的值,以达到避免灾害或是获取利益等作用。参数估计已不知不觉渗透到生活的各个方面,它对人们的生活带来了很大的方便。但是对于参数估计方法,好多人却不是很了解,所以,为了人们能更好地利用参数估计为生产生活服务,本章将对参数估计的具体方法做一个较为系统细致的讲解。参数估计方法在人们生活中的应用,便于人们能更了解参数估计,接触参数估计,很好地把它应用到生活之中。这样,就会避免不必要的盲目性,对事物的发展有相对明确的判断和把握,为生活带来方便和效益。

第一节　概率抽样

直接对总体进行统计分析在大多数情况下都是不可能也是没必要的。要想进行统计分析(推断)就得有样本。而要得到样本就得从总体那里进行抽样。可是,由于研究目的及选取样本的规则不同,抽样又分为概率抽样和非概率抽样。之前我们已经较为系统地介绍了非概率抽样,并指出非概率抽样具有不能清晰对总体做出推断的局限性,因此适合于探索性的研究,适合市场调查。然而,在实际问题的研究中,我们常常希望能对总体的数量特征做出清晰的推断,这就必须借助于概率抽样。在本节,我们将对概率抽样做一简单介绍。

概率抽样(probability sampling)是实际中应用最广泛的一种调查方法,它是从总体中随机抽取一部分单元作为样本进行调查,并根据样本调查结果来推断总体数量特征的一种非全面调查。它具有随机性、时效性强、适应面广、准确性高、误差得到控制并能计算、对总体做出推断等特点。目的在于对总体的有关参数进行估计,计算估计误差,得到参数的置信区间;或者对总体的某种假设进行检验。

概率抽样的方式主要有简单随机抽样、分层随机抽样、整群抽样、系统抽样和多阶段抽样。概率抽样的方式不同,导致了相应的推断方法的差异。因此,有必要对这些概率抽样方式进行系统介绍。

一、简单随机抽样

简单随机抽样也称纯随机抽样,是从抽样框(所有总体单元的名单)内的 N 个抽样单元中随机地、一个一个地抽取 n 个单元作为样本,在每次抽选中,所有未入样的待选单元入选样本的概率是相等的,这 n 个被抽中的单元就构成了简单随机样本。简单随机样本也可以一次同时从总体(抽样框)中抽出,这时全部可能样本中的每一个样本被抽中的概率也需要相等。这就是说,简单随机样本可通过两种不同方法获得:重置抽样与不重置抽样。

1. 重置抽样

重置抽样是指从总体中抽出一个样本单位,记录其标志值后,又将其放回总体中继续参加下一轮样本单位的选取。其特点是:第一,有 n 个样本单位的样本是由 n 次试验的结果构成的;第二,每次试验是独立的,即其试验结果与前次、后次的结果无关;第三,每次试验是在相同条件下进行的,每个单位在多次试验中选中的概率是相同的。在重复试验中,样本可能的个数是 N^n,N 为总体单位数,n 为样本容量。

2. 不重置抽样

不重置抽样是指从总体抽出一个单位,登记后不放回原总体,即不参加下一轮抽样,下一次继续从总体中余下的单位抽取样本。其特点是:第一,包含 n 个样本单位的样本是由 n 次试验的结果构成,但由于每次抽取后不放回,所以实质上相当于从总体中同时抽取 n 个样本单位;第二,每次试验结果不是独立的,上次中选情况影响下一次抽选结果;第三,每个单位在多次试验中选中的概率是不等的,但要求全部可能样本中的每一个样本被抽中的概率是相等的。

简单随机抽样是一种最基本的抽样方式,是其他抽样方法的基础。因此,我们在本章的第 2~4 节讨论的有关内容都是以这种简单随机抽样为前提的。

简单随机抽样的突出特点是简单直观,在抽样框完整时,可以直接从中抽选样本,由于抽选的概率相同,用样本统计量对目标量进行估计及计算抽样误差都比较方便。但简单随机抽样在实际应用中也有一些局限。首先,它要求包含所有总体单元的名单作为抽样框,当 N 很大时,构造这样的抽样框并不容易;其次,根据这种方法抽出的单元很分散,给实施调查增加了困难;最后,这种方法没有利用其他辅助信息以提高估计的效率。所以,在规模较大的调查中,很少直接采用简单随机抽样,一般是将这种方法同其他抽样方法结合在一起使用。

二、分层随机抽样

分层随机抽样是将抽样单元按某种特征或某种规则划分为不同的"层",然后在每一层内独立地进行随机抽样,并将各层所得到的样本结合起来对总体的目标量进行估计。这种抽样方法所得到的样本的结构与总体的结构比较相近,可以有效地提高估计的精度;如果各层的划分是按行业或行政区划进行的,可以为调查组织工作提供方便;既可以对总体参数进行估计,也可以对总体各层的指标进行估计。因此,这种抽样方法在实际调查工作中运用比较广泛。

三、整群抽样

将总体划分为若干个"群",每群包含若干个单位,然后以"群"为单位进行随机抽样,对抽中的群的所有单位都进行调查的一种抽样方法。与简单随机抽样相比,整群抽样的抽样框比较简单,只需要总体每个群的抽样框,而不需要总体所有基本单位的抽样框;同时,由于"群"通常是由地理上比较集中的单位所组成,调查地点比较集中,从而节约了调查费用,方便调查的实施。其主要缺点是在相同的样本容量的情况下,其抽样误差比较大。

四、系统抽样

将总体中的所有单位按一定顺序排列,在规定的范围内随机地抽取一个单位作为初始单位,然后按事先确定好的规则确定其他样本单位的一种抽样方法。比较常用的抽取其他样本单位的"规则"是每间隔相等的距离抽取一个单位,因此,系统抽样又称为等距抽样。系统抽样的主要优点是操作简单,如果有辅助信息,对总体内的单元进行有组织的排列,可以有效地提高估计的精度。系统抽样的缺点是对估计量方差的估计比较困难。系统抽样方法在抽样实践中有广泛的应用。

五、多阶段抽样

采用类似整群抽样的方法,首先从所有群中抽取一部分群,但并不对抽中群中的所有单位进行调查,而是进一步从中抽取若干基本单位进行调查。这样的样本是通过两个阶段抽出的,因此,称为二阶段抽样。以此类推,如果总体内的"群"可以划分为两个以上的级别,可以称为初级抽样单元、二级抽样单元、三级抽样单元等。这时抽样就要分为三个阶段或更多个阶段,对于二阶段以上的抽样统称为多阶段抽样。需要强调的是,即便是大规模的抽样调查,抽取样本的阶段也应当尽可能地减少。因为每增加一个抽样阶段,就会增加一份抽样误差,用样本对总体进行估计也更加复杂。

多阶段抽样具有整群抽样的优点,它保证了样本相对集中,从而节约了调查费用;不需要包含所有低阶段抽样单元的抽样框;由于实施了再抽样,使调查单元在更大的范围内展开。在较大规模的抽样调查中,多阶段抽样是经常被采用的抽样方式。

第二节 抽样分布

　　总体参数的值是一个常数。尽管这个常数对我们来说通常是未知的,但它并不会随着所抽取样本的不同而变化。与此相反,样本统计量的值高度依赖于所抽取的样本。正是由于样本统计量是依据样本而变化的,所以根据统计量来推断总体的参数必然具有某种不确定性。但是,样本统计量的分布具有某种确定的性质,这些性质反映在它的抽样分布之中,对我们来说是已知的。本节主要介绍样本统计量的分布,简称抽样分布。

一、常用的样本统计量及其计算公式

　　定义 设 $X_1, X_2, \cdots, X_n$ 是来自总体 X 的一个样本,$g(X_1, X_2, \cdots, X_n)$ 是 $X_1, X_2, \cdots, X_n$ 的函数,若 g 中不含未知参数,则称 $g(X_1, X_2, \cdots, X_n)$ 是一统计量。

　　下面列出几个常用的统计量。设 $X_1, X_2, \cdots, X_n$ 是来自总体 X 的一个样本,$x_1, x_2, \cdots, x_n$ 是这一样本的观察值。定义

　　(1) 样本均值　　$\overline{X} = \dfrac{1}{n} \sum\limits_{i=1}^{n} X_i$

　　(2) 样本方差　　$S^2 = \dfrac{1}{n-1} \sum\limits_{i=1}^{n} (X_i - \overline{X})^2$

　　(3) 样本标准差　　$S = \sqrt{S^2} = \sqrt{\dfrac{1}{n-1} \sum\limits_{i=1}^{n} (x_i - \overline{x})^2}$

　　它们的观察值分别为

$$\overline{x} = \frac{1}{n} \sum_{i=1}^{n} x_i;$$

$$s^2 = \frac{1}{n-1} \sum_{i=1}^{n} (x_i - \overline{x})^2;$$

$$s = \sqrt{\frac{1}{n-1} \sum_{i=1}^{n} (x_i - \overline{x})^2}。$$

　　式中:n 为样本容量。

二、常用的统计分布

(一) χ^2 分布

　　设 $X_1, X_2, \cdots, X_n$ 是来自总体 $N(0,1)$ 的样本,则称统计量

$$\chi^2 = X_1^2 + X_2^2 + \cdots + X_n^2 \tag{5.1}$$

服从自由度为 n 的 χ^2 分布,记为 $\chi^2 \sim \chi^2(n)$。

　　此处,自由度是指(5.1)式右端包含的独立变量的个数。

　　χ^2 分布的可加性。设 $\chi_1^2 \sim \chi^2(n_1)$,$\chi_2^2 \sim \chi^2(n_2)$,并且 χ_1^2,χ_2^2 相互独立,则有

$$\chi_1^2 + \chi_2^2 \sim \chi^2(n_1 + n_2)$$

χ^2 分布的数学期望和方差。若 $\chi^2 \sim \chi^2(n)$，则有

$$E(\chi^2) = n, D(\chi^2) = 2n.$$

χ^2 分布的上分位点。对于给定的正数 $\alpha, 0 < \alpha < 1$，满足条件

$$P\{\chi^2 > \chi_\alpha^2(n)\} = \int_{\chi_\alpha^2(n)}^{\infty} f(y)dy = \alpha \tag{5.2}$$

的点 $\chi_\alpha^2(n)$ 就是 $\chi^2(n)$ 分布的上 α 分位点。

（二）t 分布

设 $X \sim N(0,1), Y \sim \chi^2(n)$，且 X, Y 相互独立，则称随机变量

$$t = \frac{X}{\sqrt{Y/n}} \tag{5.3}$$

服从自由度为 n 的 t 分布，记为 $t \sim t(n)$。

t 分布的上分位点。对于给定的 $\alpha, 0 < \alpha < 1$，满足条件

$$P\{t > t_\alpha(n)\} = \int_{t_\alpha(n)}^{\infty} h(t)dt = \alpha \tag{5.2}$$

的点 $t_\alpha(n)$ 就是 $t(n)$ 分布的 α 分位点。

（三）F 分布

设 $U \sim \chi^2(n_1), V \sim \chi^2(n_2)$，且 U, V 相互独立，则称随机变量

$$F = \frac{U/n_1}{V/n_2} \tag{5.4}$$

服从自由度为 (n_1, n_2) 的 F 分布，记为 $F \sim F(n_1, n_2)$。

由定义可知，若 $F \sim F(n_1, n_2)$，则

$$\frac{1}{F} \sim F(n_2, n_1)$$

F 分布的上分位点。对于给定的 $\alpha, 0 < \alpha < 1$，满足条件

$$P\{F > F_\alpha(n_1, n_2)\} = \int_{F_\alpha(n_1, n_2)}^{\infty} \varphi(y)dy = \alpha$$

的点 $F_\alpha(n_1, n_2)$ 就是 $F(n_1, n_2)$ 分布的上 α 分位点。

F 分布的上 α 分位点有如下的重要性质：

$$F_{1-\alpha}(n_1, n_2) = \frac{1}{F_\alpha(n_2, n_1)}$$

三、正态总体的样本均值与样本方差的分布

设总体 X（不管服从什么分布，只要均值和方差存在）的均值为 μ，方差为 σ^2，$X_1, X_2, \cdots, X_n$ 是来自 X 的一个样本，$\overline{X}, S^2$ 分别是样本均值和样本方差，则有

$$E(\overline{X}) = \mu, D(\overline{X}) = \sigma^2/n, E(S^2) = \sigma^2 \tag{5.5}$$

进而，设 $X \sim N(\mu, \sigma^2)$，则 $\overline{X} = \frac{1}{n}\sum_{i=1}^{n} X_i$ 也服从正态分布，于是得到以下的定理。

定理 5.1 设 $X_1, X_2, \cdots, X_n$ 是来自正态总体 $N(\mu, \sigma^2)$ 的样本,$\overline{X}$ 是样本均值,则有

$$\overline{X} \sim N(\mu, \sigma^2/n)$$

定理 5.2 设 $X_1, X_2, \cdots, X_n$ 是来自总体 $N(\mu, \sigma^2)$ 的样本,$\overline{X}, S^2$ 分别是样本均值和样本方差,则有

1. $\dfrac{(n-1)S^2}{\sigma^2} \sim x^2(n-1)$;

2. $\overline{X}$ 与 S^2 相互独立。

定理 5.3 设 $X_1, X_2, \cdots, X_{n_1}$ 是来自总体 $N(\mu, \sigma^2)$ 的样本,$\overline{X}, S^2$ 分别是样本均值和样本方差,则有

$$\frac{\overline{X} - \mu}{S/\sqrt{n}} \sim t(n-1)$$

定理 5.4 设 $X_1, X_2, \cdots, X_{n_1}$ 与 $Y_1, Y_2, \cdots, Y_{n_2}$ 分别是来自正态总体 $N(\mu_1, \sigma_1^2)$ 和 $N(\mu_2, \sigma_2^2)$ 的样本,且这两个样本相互独立。设 $\overline{X} = \dfrac{1}{n_1} \sum\limits_{i=1}^{n_1} X_i$,$\overline{Y} = \dfrac{1}{n_2} \sum\limits_{i=1}^{n_2} Y_i$ 分别是这两个样本的样本均值;$S_1^2 = \dfrac{1}{n_1-1} \sum\limits_{i=1}^{n_1} (X_i - \overline{X})^2$,$S_2^2 = \dfrac{1}{n_2-1} \sum\limits_{i=1}^{n_2} (Y_i - \overline{Y})^2$ 分别是这两个样本的样本方差,则有

1. $\dfrac{S_1^2/S_2^2}{\sigma_1^2/\sigma_2^2} \sim F(n_1-1, n_2-1)$;

2. 当 $\sigma_1^2 = \sigma_2^2 = \sigma^2$ 时,

$$\frac{(\overline{X} - \overline{Y}) - (\mu_1 - \mu_2)}{S_w \sqrt{\dfrac{1}{n_1} + \dfrac{1}{n_2}}} \sim t(n_1 + n_2 - 2),$$

式中:$S_w^2 = \dfrac{(n_1-1)S_1^2 + (n_2-1)S_2^2}{n_1 + n_2 - 2}$,$S_w = \sqrt{S_w^2}$。

第三节 点估计与估计量的评价标准

一、点估计

点估计就是设总体随机变量 X 的分布函数形式为已知,但它的一个和多个参数未知,若从总体中抽取一个样本 $X_1, X_2, \cdots, X_n$。用该组数据来估计总体的参数,称参数的点估计。通俗地讲,点估计就是直接以样本统计量作为相应总体参数的估计量。

点估计的方法有矩估计法、顺序统计量法、最大似然法、最小二乘法等。这里主要介绍矩估计法和顺序统计量法,最小二乘法将在相关与回归章节中介绍。

1. 矩估计法

对总体参数进行估计,最容易想到的方法就是矩估计法,它是用样本的矩去估计总体的矩,从而获得有关参数的估计量。

在统计学中,矩是以期望为基础而定义的数字特征。例如,数学期望、方差、协方差等。矩可以分为原点矩和中心矩两种。

设 X 为随机变量,对任意正整数 K,称 $E(X^k)$ 为随机变量 X 的 k 阶原点矩,记为:

$$m_k = E(X^k)$$

当 $k=1$ 时

$$m_1 = E(X) = \mu$$

可见一阶原点矩为随机变量 X 的数学期望。我们把

$$v_k = E[X - E(X)]^k$$

称为以 $E(X)$ 为中心的 k 阶中心矩。

显然,当 $k=2$ 时,

$$v_2 = E[X - E(X)]^2 = \sigma^2$$

可见二阶中心矩为随机变量 X 的方差。

例5.1 已知某种灯泡的寿命 $X \sim N(\mu, \sigma^2)$,其中 μ, σ^2 都是未知的,今随机抽取 4 只灯泡,测得寿命为 1 502 h,1 453 h,1 367 h,1 650 h,试估计 μ 和 σ。

解:因为 μ 是全体灯泡的平均寿命,$\bar{x}$ 为样本的平均寿命,很自然地会想到用 $\bar{x}$ 去估计 μ;同理用 s 去估计 σ。

由于

$$\bar{x} = \frac{1}{4}(1\ 502 + 1\ 453 + 1\ 367 + 1\ 650) = 1\ 493(h)$$

$$s^2 = [(1\ 502 - 1\ 493)^2 + (1\ 453 - 1\ 493)^2 + (1\ 367 - 1\ 493)^3 + (1\ 650 - 1\ 493)^2]/(4-1) = 14\ 069$$

$$s = 118.61(h)$$

故 μ 及 σ 估计值分别为 1 493 h 和 118.61 h。

矩估计法简便、直观,比较常用,但是也有其局限性:首先,它要求总体的 k 阶原点矩存在,若不存在则无法估计;其次,矩估计法不能充分地利用估计时已掌握的有关总体分布形式的信息。

通常设 θ 为总体 X 的待估计参数,一般用样本 $X_1, X_2, \cdots, X_n$ 构成一个统计量 $\hat{\theta} = \hat{\theta}(X_1, X_2, \cdots, X_n)$ 来估计 θ,则 $\hat{\theta}$ 为 θ 的估计量。对应于样本的一组数值 $x_1, x_2, \cdots, x_n$,估计量 $\hat{\theta}$ 的值称为 θ 的估计值。点估计即为待估计参数 θ 寻找一个估计值 $\hat{\theta}(x_1, x_2, \cdots, x_n)$ 的问题。必须注意的是:对于不同的样本,估计值可能是不相同的。

2. 顺序统计量法

所谓顺序统计量法,即用样本中位数 Me,或样本极差 R 来估计总体的数学期望 μ 或总

体的标准差 σ 的方法。

样本中位数 Me：定义为样本 $X_1,X_2,\cdots,X_n$ 的函数。即对样本中各样本单位的取值按大小顺序排列，位于中间位置的那个数值（若 n 为偶数时，则取位于中间的两个数值的平均数）。记为：

$$Me=\begin{cases} X_{k+1} & \text{当 } n=2k+1 \\ \dfrac{X_k+X_{k+1}}{2} & \text{当 } n=2k \end{cases}$$

样本极差 R：定义为样本 $X_1,X_2,\cdots,X_n$ 的函数。即对样本中各样本单位的取值按大小顺序排列，取最大值与最小值之差。记为

$$R=\max(X_1,X_2,\cdots,X_n)-\min(X_1,X_2,\cdots,X_n)$$

由于 Me 与 R 都是将样本的一组数值按大小次序排列而确定的，所以都叫顺序统计量。

以例 5.1 为例，样本的一组数值为：1 367,1 453,1 502,1 650，利用上面给出的定义，可得：

$$Me=(1\ 453+1\ 502)/2=1\ 477.5$$
$$R=1\ 650-1\ 367=283$$

顺序统计量的共同特点是计算简单，其中，Me 的数值还不受样本中极端值的影响。例如，设总体 X 的一组样本观测值按大小排列为：20,70,88,88,88,88,88,88,95，则 $Me=88$。

当总体 X 为连续型随机变量，且概率密度函数对称时，为方便起见，常用样本中位数 Me 来估计总体数学期望 μ，即：

$$\hat{\mu}=Me$$

样本极差 R 本身就是衡量总体离散程度的一个尺度，由于其计算很简单，所以可以用来估计正态总体标准差 σ。可以证明，用样本极差 R 构造出的总体标准差的无偏估计量为：

$$\hat{\sigma}=\frac{1}{d_n}R \tag{5.6}$$

d_n 的部分数值见下表：

n	d_n	$1/d_n$	n	d_n	$1/d_n$
2	1.128	0.886	7	2.704	0.369
3	1.693	0.591	8	2.847	0.351
4	2.059	0.486	9	2.970	0.337
5	2.326	0.429	10	3.078	0.325
6	2.534	0.395			

用样本极差 R 来估计 σ，其缺点是不如用 s 精度高（当 $n>2$ 时），n 愈大，两者的精度差

别就愈大。当 $n>10$ 时,如果要用 R 来估计 σ,可将数据分成若干个数相等的组(比如 5 个组)求出各组数据的极差,然后用这些样本极差的平均值 $\overline{R}$ 作为(5.6)式中的 R(此时 d_n 为 d_5),即得 σ 的估计 $\hat{\sigma}$。

二、估计量的优良标准

前面,我们介绍了总体参数的两种常见的估计方法,即矩估计法和顺序统计量法。对于同一参数,用不同的方法来估计,可能得到不同的估计量。但究竟采用哪种方法为好呢?这就涉及用什么标准来评价估计量的问题。

判别点估计优良性包括三条标准:无偏性、有效性和一致性。

1. 无偏性

设 $X_1,X_2,\cdots,X_n$ 是总体 X 的一个样本,$\theta\in\Theta$ 是包含在总体 X 的分布中的待估参数,这里 Θ 是 θ 的取值范围。

无偏性。若估计量 $\hat{\theta}=\hat{\theta}(X_1,X_2,\cdots,X_n)$ 的数学期望 $E(\hat{\theta})$ 存在,且对于任意 $\theta\in\Theta$ 有

$$E(\hat{\theta})=\theta$$

则称 $\hat{\theta}$ 为 θ 的无偏估计量。

估计量的无偏性是说对于某些样本值,由这一估计量得到的估计值相对于真值来说偏大,有些则偏小。反复将这一估计量使用多次,就"平均"来说其偏差为零。在科学技术中,$E(\hat{\theta})-\theta$ 称为以 $\hat{\theta}$ 作为 θ 的估计的系统误差。无偏估计的实际意义就是无系统误差。

例如,设总体 X 的均值为 μ,方差 σ^2 均未知,由于

$$E(\overline{X})=\mu,E(S^2)=\sigma^2$$

这就是说不论总体服从什么分布,样本均值 $\overline{X}$ 是总体均值 μ 的无偏估计;样本方差 $S^2=\dfrac{1}{n-1}\sum_{i=1}^{n}(X_i-\overline{X})^2$ 是总体方差的无偏估计。而估计量 $\dfrac{1}{n}\sum_{i=1}^{n}(X_i-\overline{X})^2$ 却不是 σ^2 的无偏估计,因此我们一般取 S^2 作为 σ^2 的估计量。

例 5.2 设总体 X 的 k 阶矩 $\mu_k=E(X^k)(k\geqslant 1)$ 存在,又设 $X_1,X_2,\cdots,X_n$ 是 X 的一个样本。试证明不论总体服从什么分布,k 阶样本矩 $A_k=\dfrac{1}{n}\sum_{i=1}^{n}X_i^k$ 是 k 阶总体矩 μ_k 的无偏估计量。

证:

$X_1,X_2,\cdots,X_n$ 与 X 同分布,故有

$$E(X_i^k)=E(X^k)=\mu_k,i=1,2,\cdots,n.$$

即有

$$E(A_k)=\frac{1}{n}\sum_{i=1}^{n}E(X_i^k)=\mu_k$$

例 5.3 设总体 X 服从指数分布,其概率密度为

$$f(x;\theta)=\begin{cases}\dfrac{1}{\theta}e^{-x/\theta},x>0,\\0,其他,\end{cases}$$

其中参数 $\theta > 0$ 为未知，又设 $X_1, X_2, \cdots, X_n$ 是来自 X 的样本，试证 $\overline{X}$ 和 $nZ = n(\min\{X_1, X_2, \cdots, X_n\})$ 都是 θ 的无偏估计量。

证：因为 $E(\overline{X}) = E(X) = \theta$，所以 $\overline{X}$ 是 θ 的无偏估计量。而 $Z = \min\{X_1, X_2, \cdots, X_n\}$ 具有概率密度

$$f_{\min}(x; \theta) = \begin{cases} \dfrac{n}{\theta} \mathrm{e}^{-\frac{nx}{\theta}}, & x > 0 \\ 0, & \text{其他} \end{cases}$$

故知

$$E(Z) = \frac{\theta}{n}, E(nZ) = \theta.$$

即 nZ 也是参数 θ 的无偏估计量。

（二）有效性

现在来比较参数 θ 的两个无偏估计量 $\hat{\theta}_1$ 和 $\hat{\theta}_2$，如果在样本容量 n 相同的情况下，$\hat{\theta}_1$ 的观察值较 $\hat{\theta}_2$ 更密集在真值 θ 的附近，我们就认为 $\hat{\theta}_1$ 较 $\hat{\theta}_2$ 理想。由于方差是随机变量取值与其数学期望的偏离程度的度量，所以无偏估计以方差小者为好。这就引出了估计量的有效性这一概念。

有效性。设 $\hat{\theta}_1 = \hat{\theta}_1(X_1, X_2, \cdots, X_n)$ 与 $\hat{\theta}_2 = \hat{\theta}_2(X_1, X_2, \cdots, X_n)$ 都是 θ 的无偏估计量，若对于任意 $\theta \in \Theta$，有

$$D(\hat{\theta}_1) \leqslant D(\hat{\theta}_2)$$

且至少对于某一个 $\theta \in \Theta$ 上式中的不等号成立，则称 $\hat{\theta}_1$ 较 $\hat{\theta}_2$ 有效。

（三）相合性

前面讲的无偏性与有效性都是在样本容量 n 固定的前提下提出的。我们自然希望随着样本容量的增大，一个估计量的值稳定于待估参数的真值。这样，对估计量又有下述相合性的要求。

相合性。设 $\hat{\theta}(X_1, X_2, \cdots, X_n)$ 为参数 θ 的估计量，若对于任意 $\theta \in \Theta$，当 $n \to \infty$ 时 $\hat{\theta}(X_1, X_2, \cdots, X_n)$ 依概率收敛于 θ，则称 $\hat{\theta}$ 为 θ 的相合估计量。

即，若对于任意 $\theta \in \Theta$ 都满足：对于任意 $\varepsilon > 0$，有

$$\lim_{n \to \infty} P\{|\hat{\theta} - \theta| < \varepsilon\} = 1,$$

则称 $\hat{\theta}$ 是 θ 的相合估计量。

第四节　区间估计与样本容量的确定

一、区间估计

上一节讲的点估计,有优点但也有缺陷。点估计最大的优点就在于它能够提供总体参数的具体估计值,可以作为行动决策的数量依据,并且这种方法也很简单。但任何事情都有两面性,这种简单的参数估计方法存在三个方面的局限性:一是这种估计方法似乎与样本容量的大小没有关系;二是点估计得到的估计值不是对就是错,但由于总体参数的未知性,我们永远不知它到底是对还是错的,即我们不可能得到它的误差情况;三是由于第二方面的局限性,我们无从得到这种估计的可靠程度。

对于一个未知量,人们在测量或计算时,常不以得到近似值为满足,还需估计误差,即要求知道近似值的精确程度(亦即所求真值所在的范围)。类似地,对于未知参数 θ,除了求出它的点估计 $\hat{\theta}$ 外,我们还希望估计出一个范围,并希望知道这个范围包含参数 θ 真值的可信程度。这样的范围通常以区间的形式给出,同时还给出此区间包含参数 θ 真值的可信程度。这种形式的估计称为区间估计,这样的区间即所谓置信区间。现在我们引入置信区间的定义。

置信区间。设总体 X 的分布函数 $F(x;\theta)$ 含有一个未知参数 $\theta,\theta\in\Theta$(Θ 是 θ 可能取值的范围),对于给定值 $\alpha(0<\alpha<1)$,若由来自 X 的样本 $X_1,X_2,\cdots,X_n$ 确定的两个统计量 $\underline{\theta}=\underline{\theta}(X_1,X_2,\cdots,X_n)$ 和 $\overline{\theta}=\overline{\theta}(X_1,X_2,\cdots,X_n)(\underline{\theta}<\overline{\theta})$,对于任意 $\theta\in\Theta$ 满足

$$P\{\underline{\theta}(X_1,X_2,\cdots,X_n)<\theta<\overline{\theta}(X_1,X_2,\cdots,X_n)\}\geqslant 1-\alpha, \tag{5.7}$$

则称随机区间 $(\underline{\theta},\overline{\theta})$ 是 θ 的置信水平为 $1-\alpha$ 的置信区间,$\underline{\theta}$ 和 $\overline{\theta}$ 分别称为置信水平为 $1-\alpha$ 的双侧置信区间的置信下限和置信上限,$1-\alpha$ 称为置信水平。

当 X 是连续型随机变量时,对于给定的 α,我们总是按要求 $P\{\underline{\theta}<\theta<\overline{\theta}\}=1-\alpha$ 求出置信区间。而当 X 是离散型随机变量时,对于给定的 α,常常找不到区间 $(\underline{\theta},\overline{\theta})$ 使得 $P\{\underline{\theta}<\theta<\overline{\theta}\}$ 恰为 $1-\alpha$。此时我们去找区间 $(\underline{\theta},\overline{\theta})$ 使得 $P\{\underline{\theta}<\theta<\overline{\theta}\}$ 至少为 $1-\alpha$,且尽可能地接近 $1-\alpha$。

(5.7)式的含义如下:若反复抽样多次(各次得到的样本的容量相等,都是 n),每个样本值确定一个区间 $(\underline{\theta},\overline{\theta})$,每个这样的区间要么包含 θ 的真值,要么不包含 θ 的真值。按伯努利大数定理,在这么多的区间中,包含 θ 真值的约占 $100(1-\alpha)\%$,不包含 θ 真值的仅约占 $100\alpha\%$。例如,若 $\alpha=0.01$,反复抽样 1 000 次,则得到的 1 000 个区间中不包含 θ 真值的约仅为 10 个。

我们说区间估计可以克服点估计的三个局限性,即它可以提供样本容量、估计的精确性、估计的可靠程度三方面的信息,那么,它是如何做到的呢? 要理解这一点,先来讨论一

下这三者之间的关系。

样本容量、估计的精确性、估计的可靠程度三个方面的信息实质上反映的是调查的费用、调查的精度与调查的可靠程度之间的关系。在调查费用给定时，调查的精度与调查的可靠程度是相互矛盾的；当调查的精度给定时，即要控制调查误差，调查的费用与调查的可靠程度又互为矛盾；当对调查的可靠程度提出要求时，调查的费用与调查的精度同样互为矛盾。三者之间的这种互相矛盾的关系，决定了不可能用较少的调查费用，实现较小的调查误差和较高的把握程度。一个比较可行的做法是，给定调查费用，即在样本容量给定时，在调查的精度与调查的可靠程度之间进行权衡。

例 5.4 设总体 $X \sim N(\mu, \sigma^2)$，σ^2 为已知，μ 为未知，设 $X_1, X_2, \cdots, X_n$ 是来自 X 的样本，求 μ 的置信水平为 $1-\alpha$ 的置信区间。

解：我们知道 $\overline{X}$ 是 μ 的无偏估计。且有

$$\frac{\overline{X}-\mu}{\sigma/\sqrt{n}} \sim N(0,1) \tag{5.8}$$

$\frac{\overline{X}-\mu}{\sigma/\sqrt{n}} \sim N(0,1)$ 所服从的分布 $N(0,1)$ 不依赖于任何未知参数。按标准正态分布的上 α 分为点的定义，有

$$P\left\{\left|\frac{\overline{X}-\mu}{\sigma/\sqrt{n}}\right| < z_{\alpha/2}\right\} = 1-\alpha, \tag{5.9}$$

即

$$P\left\{\overline{X}-\frac{\sigma}{\sqrt{n}}z_{\alpha/2} < \mu < \overline{X}+\frac{\sigma}{\sqrt{n}}z_{\alpha/2}\right\} = 1-\alpha \tag{5.10}$$

这样，我们就得到了 μ 的一个置信水平为 $1-\alpha$ 的置信区间

$$\left(\overline{X}-\frac{\sigma}{\sqrt{n}}z_{\alpha/2}, \overline{X}+\frac{\sigma}{\sqrt{n}}z_{\alpha/2}\right). \tag{5.11}$$

这样的置信区间常写成

$$\left(\overline{X}\pm\frac{\sigma}{\sqrt{n}}z_{\alpha/2}\right) \tag{5.12}$$

如果取 $1-\alpha=0.95$，即 $\alpha=0.05$，又若 $\sigma=1$，$n=16$，查表得 $z_{\alpha/2}=z_{0.025}=1.96$。于是我们得到一个置信水平为 0.95 的置信区间

$$\left(\overline{X}\pm\frac{1}{\sqrt{16}}\times1.96\right)，即(\overline{X}\pm0.49) \tag{5.13}$$

参考例 5.4 可得寻求未知参数 θ 的置信区间的具体做法如下：

(1) 寻求一个样本 $X_1, X_2, \cdots, X_n$ 和 θ 的函数 $W=W(X_1, X_2, \cdots, X_n; \theta)$，使得 W 的分布不依赖于 θ 以及其他未知参数，称具有这种性质的函数 W 为枢轴量。

(2) 对于给定的置信水平 $1-\alpha$，定出两个常数 a, b，使得

$$P\{a < W(X_1, X_2, \cdots, X_n; \theta) < b\} = 1-\alpha。$$

若能从 $a < W(X_1, X_2, \cdots, X_n; \theta) < b$ 得到与之等价的 θ 的不等式 $\underline{\theta} < \theta < \overline{\theta}$，其中 $\underline{\theta}=\underline{\theta}$

$(X_1, X_2, \cdots, X_n)$, $\overline{\theta} = \overline{\theta}(X_1, X_2, \cdots, X_n)$ 都是统计量。那么 $(\overline{\theta}, <\overline{\theta})$ 就是 θ 的一个置信水平为 $1-\alpha$ 的置信区间。

枢轴量 $W(X_1, X_2, \cdots, X_n; \theta)$ 的构造,通常可以从 θ 的点估计着手考虑。常用的正态总体的参数的置信区间可以用上述步骤推得。

二、单个正态总体均值和方差的区间估计

设已给定置信水平为 $1-\alpha$,并设 $X_1, X_2, \cdots, X_n$ 为总体 $N(\mu, \sigma^2)$ 的样本。$\overline{X}, S^2$ 分别是样本均值和样本方差。

1. 均值 μ 的置信区间

(1) α^2 为已知,此时由例 5.4 可得 μ 的一个置信水平为 $1-\alpha$ 的置信区间为

$$\left(\overline{X} \pm \frac{\sigma}{\sqrt{n}} z_{\alpha/2} \right) \tag{5.14}$$

(2) α^2 为未知,此时不能用 (5.8) 给出的区间,因其中含未知参数 σ。考虑到 S^2 是 α^2 的无偏估计,将 (5.2) 中的 α 换成 $S = \sqrt{S^2}$,得

$$\frac{\overline{X} - \mu}{S/\sqrt{n}} \sim t(n-1) \tag{5.15}$$

并且右边的分布 $t(n-1)$ 不依赖于任何未知参数。使用 $\dfrac{\overline{X} - \mu}{S/\sqrt{n}}$ 作为枢轴量可得

$$P\left\{ -t_{\alpha/2}(n-1) < \frac{\overline{X} - \mu}{S/\sqrt{n}} < t_{\alpha/2}(n-1) \right\} = 1 - \alpha \tag{5.16}$$

即

$$P\left\{ \overline{X} - \frac{S}{\sqrt{n}} t_{\alpha/2}(n-1) < \mu < \overline{X} + \frac{S}{\sqrt{n}} t_{\alpha/2}(n-1) \right\} = 1 - \alpha$$

于是得 μ 的一个置信水平为 $1-\alpha$ 的置信区间

$$\left(\overline{X} \pm \frac{S}{\sqrt{n}} t_{\alpha/2}(n-1) \right) \tag{5.17}$$

例 5.5 有一大批糖果。现从中随机地取 16 袋,称得重量(以 g 计)如下:

| 506 | 508 | 499 | 503 | 504 | 510 | 497 | 512 |
| 514 | 505 | 493 | 496 | 506 | 502 | 509 | 496 |

设袋装糖果的重量近似地服从正态分布,试求总体均值 μ 的置信水平为 0.95 的置信区间。

解:这里 $1-\alpha = 0.95$, $\alpha/2 = 0.025$, $n-1 = 15$, $t_{0.025}(15) = 2.1315$,由给出的数据算得 $\overline{x} = 503.75$, $s = 6.2022$。由 (5.11) 式得均值 μ 的一个置信水平为 0.95 的置信区间为

$$\left(503.75 \pm \frac{6.2022}{\sqrt{16}} \times 2.1315 \right),$$

即 $(500.4, 507.1)$。

这就是说估计袋装糖果重量的均值在 500.4 g 与 507.1 g 之间,这个估计的可信程度为 95%。若以此区间内任一值作为 μ 的近似值,其误差不大于 $\dfrac{6.202\,2}{\sqrt{16}} \times 2.131\,5 \times 2 = 6.61(\text{g})$,这个误差估计的可信程度为 95%。

在实际问题中,总体方差 σ^2 未知的情况居多,故区间(5.11)较区间(5.8)有更大的实用价值。

2. 方差 σ^2 的置信区间

此处,根据实际问题的需要,只介绍 μ 未知的情况。

σ^2 的无偏估计为 S^2,则

$$\frac{(n-1)S^2}{\sigma^2} \sim \chi^2(n-1) \tag{5.18}$$

并且上式右端的分布不依赖于任何未知参数,取 $\dfrac{(n-1)S^2}{\sigma^2}$ 作为枢轴量,即得

$$P\left\{ \chi^2_{1-\alpha/2}(n-1) < \frac{(n-1)S^2}{\sigma^2} < \chi^2_{\alpha/2}(n-1) \right\} = 1-\alpha \tag{5.19}$$

即 $$P\left\{ \frac{(n-1)S^2}{x^2_{\alpha/2}(n-1)} < \sigma^2 < \frac{(n-1)S^2}{\chi^2_{1-\alpha/2}(n-1)} \right\} = 1-\alpha \tag{5.20}$$

这就得到方差 σ^2 的一个置信水平为 $1-\alpha$ 的置信区间

$$\left\{ \frac{(n-1)S^2}{\chi^2_{\alpha/2}(n-1)}, \frac{(n-1)S^2}{\chi^2_{1-\alpha/2}(n-1)} \right\} \tag{5.21}$$

由(5.21)式,还可得到标准差 σ 的一个置信水平为 $1-\alpha$ 的置信区间

$$\left\{ \frac{\sqrt{n-1}S}{\sqrt{\chi^2_{\alpha/2}(n-1)}}, \frac{\sqrt{n-1}S}{\sqrt{\chi^2_{1-\alpha/2}(n-1)}} \right\} \tag{5.22}$$

例 5.6 求例 5.2 中总体标准差 σ 的置信水平为 0.95 的置信区间。

解:现在 $\alpha/2 = 0.025$,$1-\alpha/2 = 0.975$,$n-1 = 15$,查表得 $\chi^2_{0.025}(15) = 27.488$,$\chi^2_{0.975}(15) = 6.262$,又 $s = 6.202\,2$,由(5.16)式得所求的标准差 σ 的一个置信水平为 0.95 的置信区间为

$$(4.58, 9.60).$$

三、两个正态总体 $N(\mu_1, \sigma_1^2)$,$N(\mu_2, \sigma_2^2)$ 的情况

在实际中常遇到下面的问题:已知产品的某一质量指标服从正态分布,但由于原料、设备条件、操作人员不同,或工艺过程的改变等因素,引起总体均值、总体方差有所改变。我们需要知道这些变化有多大,这就需要考虑两个正态总体均值差或方差比的估计问题。

设已给定置信水平为 $1-\alpha$,并设 $X_1, X_2, \cdots, X_n$ 是来自第一个总体的样本;$Y_1, Y_2, \cdots, Y_{n_2}$ 是来自第二个总体的样本,这两个样本相互独立。且设 $\overline{X}, \overline{Y}$ 分别为第一、第二个总体的样本均值,S_1^2, S_2^2 分别是第一、第二个总体的样本方差。

1. 两个总体均值差 $\mu_1-\mu_2$ 的置信区间

(1) σ_1^2,σ_2^2 均为已知。因 $\overline{X},\overline{Y}$ 分别为 μ_1,μ_2 的无偏估计，故 $\overline{X}-\overline{Y}$ 是 $\mu_1-\mu_2$ 的无偏估计，由 $\overline{X},\overline{Y}$ 的独立性以及 $\overline{X}\sim N(\mu_1,\sigma_1^2/n_1)$，$\overline{Y}\sim N(\mu_2,\sigma_2^2/n_2)$ 得

$$\overline{X}-\overline{Y}\sim N\left(\mu_1-\mu_2,\frac{\sigma_1^2}{n_1}+\frac{\sigma_2^2}{n_2}\right)$$

或

$$\frac{(\overline{X}-\overline{Y})-(\mu_1-\mu_2)}{\sqrt{\frac{\sigma_1^2}{n_1}+\frac{\sigma_2^2}{n_2}}}\sim N(0,1) \tag{5.23}$$

取(5.23)左边的函数为枢轴量，即得 $\mu_1-\mu_2$ 的一个置信水平为 $1-\alpha$ 的置信区间

$$\left(\overline{X}-\overline{Y}\pm z_{\alpha/2}\sqrt{\frac{\sigma_1^2}{n_1}+\frac{\sigma_2^2}{n_2}}\right) \tag{5.24}$$

(2) $\sigma_1^2=\sigma_2^2=\sigma^2$，但 σ^2 为未知。此时，

$$\frac{(\overline{X}-\overline{Y})-(\mu_1-\mu_2)}{S_w\sqrt{\frac{1}{n_1}+\frac{1}{n_2}}}\sim t(n_1+n_2-2) \tag{5.25}$$

取(5.25)左边的函数为枢轴量，可得 $\mu_1-\mu_2$ 的一个置信水平为 $1-\alpha$ 的置信区间为

$$\left(\overline{X}-\overline{Y}\pm t_{\alpha/2}(n_1+n_2-2)S_w\sqrt{\frac{1}{n_1}+\frac{1}{n_2}}\right) \tag{5.26}$$

此处

$$S_w^2=\frac{(n_1-1)S_1^2+(n_2-1)S_2^2}{n_1+n_2-2},S_w=\sqrt{S_w^2} \tag{5.27}$$

例 5.7 为比较甲、乙两种型号步枪子弹的枪口速度，随机地取甲型子弹10发，得到枪口速度的平均值为 $\overline{x}_1=500$ m/s，标准差 $s_1=1.10$ m/s。随机地取乙型子弹20发，得到枪口速度的平均值为 $\overline{x}_2=496$ m/s，标准差 $s_2=1.20$ m/s。假设两总体都可认为近似地服从正态分布，且由生产过程可认为方差相等。求两总体均值差 $\mu_1-\mu_2$ 的一个置信水平为0.95的置信区间。

解：按实际情况，可认为分别来自两个总体的样本是相互独立的。又因由假设两总体的方差相等，但数值未知，故可用(5.20)式求均值差的置信区间。由于 $1-\alpha=0.95,\alpha/2=0.025,n_1=10,n_2=20,n_1+n_2-2=28,t_{0.025}(28)=2.0484,s_w^2=(9\times1.10^2+19\times1.20^2)/28,s_w=\sqrt{s_w^2}=1.1688$，故所求的量总体均值差 $\mu_1-\mu_2$ 的一个置信水平为 0.95 的置信区间是

$$\left(\overline{x}_1-\overline{x}_2\pm s_w\times t_{0.025}(28)\sqrt{\frac{1}{10}+\frac{1}{20}}\right)=(4\pm0.93),$$

即 $$(3.07,4.93).$$

本题中得到的置信区间的下限大于零，在实际中我们就认为 μ_1 比 μ_2 大。

例 5.8 为提高某一化学生产过程的得率，试图采用一种新的催化剂。为慎重起见，

在实验工厂先进行试验。设采用原来的催化剂进行了 $n_1=8$ 次试验,得到得率的平均值 $\overline{x}_1$ $=91.73$,样本方差 $s_1^2=3.89$;又采用新的催化剂进行了 $n_2=8$ 次试验,得到得率的平均值 $\overline{x}_2=93.75$,样本方差 $s_2^2=4.02$。假设两总体都可认为服从正态分布,且方差相等,两样本独立。试求两总体均值差 $\mu_1-\mu_2$ 的置信水平为 0.95 的置信区间。

解:现在

$$s_W^2=\frac{(n_1-1)s_1^2+(n_1-1)s_2^2}{n_1+n_2-2}=3.96,s_W=\sqrt{3.93}.$$

由(5.26)式得所求的置信区间为

$$\left(\overline{x}_1-\overline{x}_2\pm t_{0.025}(14)s_W\sqrt{\frac{1}{8}+\frac{1}{8}}\right)=(-2.02\pm2.13),$$

即$(-4.15,0.11)$。

2. 两个总体方差比 σ_1^2/σ_2^2 的置信区间

我们仅讨论总体均值 μ_1,μ_2 均为未知,则

$$\frac{S_1^2/S_2^2}{\sigma_1^2/\sigma_2^2}\sim F(n_1-1,n_2-1) \tag{5.28}$$

并且分布 $F(n_1-1,n_2-1)$ 不依赖任何未知参数。取 $\dfrac{S_1^2/S_2^2}{\sigma_1^2/\sigma_2^2}$ 为枢轴量得

$$F\left\{F_{1-\alpha/2}(n_1-1,n_2-1)<\frac{S_1^2/S_2^2}{\sigma_1^2/\sigma_2^2}<F_{\alpha/2}(n_1-1,n_2-1)\right\}=1-\alpha \tag{5.29}$$

即

$$P\left\{\frac{S_1^2}{S_2^2}\frac{1}{F_{\alpha/2}(n_1-1,n_2-2)}<\frac{\sigma_1^2}{\sigma_2^2}<\frac{S_1^2}{S_2^2}\frac{1}{F_{1-\alpha/2}(n_1-1,n_2-2)}\right\}=1-\alpha \tag{5.30}$$

于是得 σ_1^2/σ_2^2 的一个置信水平为 $1-\alpha$ 的置信区间为

$$\left(\frac{S_1^2}{S_2^2}\frac{1}{F_{\alpha/2}(n_1-1,n_2-2)},\frac{S_1^2}{S_2^2}\frac{1}{F_{1-\alpha/2}(n_1-1,n_2-2)}\right) \tag{5.31}$$

例 5.9 研究由机器 A 和机器 B 生产的钢管的内径(单位:mm),随机抽取机器 A 生产的管子 18 只,测得样本方差 $s_1^2=0.34$;抽取机器 B 生产的管子 13 只,测得样本方差 $s_2^2=0.29$。设两样本相互独立,且设由机器 A、机器 B 生产的管子的内径分别服从正态分布 $N(\mu_1,\sigma_1^2),N(\mu_2,\sigma_2^2)$,这里 $\mu_i,\sigma_i^2(i=1,2)$ 均未知。试求方差比 σ_1^2/σ_2^2 的置信水平为 0.90 的置信区间。

解:现在 $n_1=18,s_1^2=0.34,n_2=13,s_2^2=0.29,\alpha=0.10,F_{\alpha/2}(n_1-1,n_2-1)=F_{0.05}(17,$ $12)=2.59,F_{1-\alpha/2}(17,12)=F_{0.95}(17,12)=\dfrac{1}{F_{0.05}(12,17)}=\dfrac{1}{2.38}$,于是由(4.24)式得 σ_1^2/σ_2^2 的一个置信水平为0.90的置信区间为

$$\left(\frac{0.34}{0.29}\times\frac{1}{2.59},\frac{0.34}{0.29}\times2.38\right),$$

即

$$(0.45,2.79).$$

由于 σ_1^2/σ_2^2 的置信区间包含 1,在实际中我们就认为 σ_1^2,σ_2^2 两者没有显著差别。

四、样本容量的确定

在前面的讨论中,我们都是假定样本容量 n 是已知的,但是在实际问题里,需要自己动手设计调查方案,这时,如何决定样本容量大有学问。如果 n 选得过大,会增加成本;如果 n 选得过小,会使抽样误差增大。样本容量的大小主要取决于两个考虑:第一,我们要求多高的精度,就是希望估计值与真值接近到什么程度,即想构造多宽的区间;第二,对于构造的置信区间,我们想要多大的置信度,即想要多大的可靠度。

在总体均值的区间估计里,对于正态总体和大样本时的非正态总体,其置信区间是由下式确定的:

$$\bar{x} \pm Z_{a/2} \frac{\sigma}{\sqrt{n}}$$

在一定的置信水平 $1-\alpha$ 下,用样本均值估计总体均值时所允许的最大绝对误差,称为允许误差,用 Δ 表示。显然,若以 $\bar{x}$ 的取值为原点,则允许误差 Δ 可以表示为:

$$\Delta = Z_{a/2} \frac{\sigma}{\sqrt{n}} \tag{5.31}$$

式(5.31)反映了允许误差 Δ、可靠性系数 $Z_{a/2}$、总体标准差 σ 与样本容量之间的相互制约关系。只要这四个因素中的任意三个因素确定后,另一个因素也就确定了。

那么,若已知可靠性系数 $Z_{a/2}$ 和总体标准差 σ,当给出了允许误差 Δ 后,必要样本容量可由下式给出:

$$n = Z_{a/2}^2 \frac{\sigma^2}{\Delta^2} \tag{5.32}$$

由式(5.32)可以看到必要样本容量 n 与允许误差、可靠性系数、总体标准差有以下关系:

(1)总体方差越大,必要的样本容量 n 越大。即必要样本容量 n 与总体方差成正比;

(2)必要的样本容量 n 反比例于允许误差 Δ^2。即在给定置信水平下,允许误差越大,样本容量就越小;允许误差越小,样本容量就必须加大;

(3)必要的样本容量 n 与可靠性系数成正比。也就是说,我们要求的可靠程度越高,样本容量就应该越大;我们要求的可靠程度越低,样本容量就可以越小。

例 5.10　某企业欲估计其职工上个月上下班花在路途上的平均时间。经验表明,总体标准为 4.3 min。要使估计的置信水平达到 95%,并使估计值处在真正平均值靠近 1 min 的误差范围之内。该企业应抽取多大的样本?

解:已知 $\sigma = 4.3,\alpha = 0.05,Z_{a/2} = 1.93,\Delta = 1$

$$n = Z_{a/2}^2 \frac{\sigma^2}{\Delta^2} = \frac{(1.96)^2 (4.3)^2}{1^2} = 71.03 \approx 72$$

该企业应抽取 72 名职工为样本。

思考题

一、单项选择题

1. 以下关于统计量的说法正确的是( )
   ① 统计量的分布含有未知参数
   ② 统计量中可以包含未知参数
   ③ 统计量是样本的函数,不能含有任何未知参数
   ④ 统计量是具体数据的函数

2. 计算总体均值或成数估计的必要样本容量时,若有多个样本标准差的资料,应选( )来计算
   ① 最小一个   ② 最大一个   ③ 中间一个   ④ 平均值

3. 抽样误差是指( )
   ① 计算过程中产生的误差   ② 调查中产生的登记性误差
   ③ 调查中产生的系统性误差   ④ 调查中产生的随机性误差

4. 比例(成数)和比例(成数)方差的关系是( )
   ① 比例越接近于 0,比例方差越大   ② 比例越接近于 1,比例方差越大
   ③ 比例越接近于 0.5,比例方差越大   ④ 比例越接近于 0.25,比例方差越大

5. 矩估计的基本原理是( )
   ① 用样本矩估计总体矩
   ② 使得似然函数达到最大
   ③ 使得似然函数达到最小
   ④ 小概率事件在一次试验中是不可能发生的

6. 研究甲乙两企业职工的工资,采用简单随机抽样,抽样结果表明,甲企业职工工资的方差为 25,乙企业职工工资的方差为 100,又知抽取的乙企业工人数比甲企业工人数多 3 倍,则由样本均值估计总体均值时随机抽样误差( )
   ① 乙企业较大   ② 甲企业较大   ③ 相同   ④ 不能做出结论

二、多项选择题

1. 抽样调查中的抽样误差( )。
   ① 是不可避免要产生的
   ② 是可以通过改进调查方法来避免的
   ③ 可以估计出来
   ④ 随着样本容量的增加而增加
   ⑤ 随着总体方差的增加而增加

2. 评价点估计量的基本标准常见的有( )。
   ① 无偏性   ② 一致性   ③ 可靠性   ④ 有效性
   ⑤ 经济性

3. 参数估计所需的样本容量取决于（　　　）。

　①　总体方差　　　　　②　容许误差　　　　　③　样本个数　　　　　④　置信水平

　⑤　抽样方法

4. 如果正态总体均值的置信水平为 95% 的置信区间为（960，1 040），则有（　　　）。

　①　样本容量为 16

　②　能给出置信下限的单侧置信区间为（966.33，$+\infty$）

　③　样本均值为 1 000

　④　样本方差是 81.63

　⑤　容许误差是 40

5. 以下说法正确的是（　　）

　①　样本均值 $\overline{X}$ 是总体均值 μ 的无偏估计

　②　样本方差 $S^2 = \dfrac{1}{n-1}\sum\limits_{i=1}^{n}(X_i - \overline{X})^2$ 是正态总体方差的无偏估计

　③　$S^2 = \dfrac{1}{n}\sum\limits_{i=1}^{n}(X_i - \overline{X})^2$ 是正态总体方差的无偏估计

　④　样本成数 p 是总体成数 π 的无偏估计

　⑤　在大量次抽样后，计算出的 $\overline{x}$ 的算术平均数应接近于总体均值

6. 关于必要样本容量，正确的是（　　）

　①　在对总体均值作估计时采用重复抽样，若其他条件不变，容许误差 Δ 缩小一半，则必要样本容量必须为原来的 1/4

　②　在对总体均值作估计时采用重复抽样，若其他条件不变，容许误差 Δ 缩小一半，则必要样本容量必须为原来的 4 倍

　③　在对总体均值作估计时采用重复抽样，若其他条件不变，容许误差扩大一倍，则必要样本容量必须为原来的 1/4

　④　在对总体均值作估计时，若其他条件不变，总体的方差越大，所需样本容量也越大

　⑤　在对总体均值作估计时，若其他条件不变，不重复抽样比重复抽样需要的样本容量要小

三、计算题

1. 某企业从长期实践得知，其产品直径 X 服从正态分布 $N(15, 0.2^2)$。从某日产品中随机抽取 10 个，测得其直径（单位：mm）分别为 14.8，15.3，15.1，15.0，14.7，15.1，15.6，15.3，15.5，15.1。在 95% 和 99% 的置信水平下，分别求：(1) 该产品直径平均数的置信区间；(2) 给出置信上限的单侧置信区间。

2. 现从某公司职工中随机抽取 60 人调查其工资收入情况,得到有关资料见下表,假定职工的月收入服从正态分布。

(1) 以 95% 的置信水平估计该公司工人的月平均工资所在范围;

(2) 以 95.45% 的置信水平估计月收入在 1 000 元及以上工人所占比例。

月收入(元)	800	900	950	1 000	1 050	1 100	1 200	1 500
工人数	6	7	9	10	9	8	7	4

3. 一农场种植葡萄以生产果冻,假设葡萄的甜度为 X,服从正态分布 $N(\mu, \sigma^2)$,从 27 卡车葡萄中,随机地抽取样本,每辆车取一个,然后测量其甜度,结果如下:

16.0 15.2 12.0 16.9 14.4 16.3 15.6 12.9 15.3 15.8 15.5 12.5 14.5 14.9

15.1 16.0 12.5 14.3 15.4 13.0 12.6 14.9 15.1 15.3 12.4 17.2 14.8

(1) 求葡萄平均甜度 μ 的置信水平为 95% 的置信区间;

(2) 求葡萄平均甜度 μ 的给出置信下限的置信水平为 95% 的单侧置信区间;

(3) 分别求葡萄甜度方差 σ^2 和标准差 σ 的置信水平为 95% 的置信区间。

参考答案

一、单项选择题

1. ③ 2. ② 3. ④ 4. ③ 5. ① 6. ①

二、多项选择题

1. ①③⑤ 2. ①②④ 3. ①②④⑤ 4. ②③⑤ 5. ①②④⑤ 6. ②③④⑤

第六章　假设检验和方差分析

通过学习本章,掌握假设检验的基本思想和基本步骤,熟练掌握 t 统计量和 F 统计量的计算方法并会简单应用;理解原假设、备择假设、显著性水平、P 值、临界值、拒绝域等基本概念以及两类错误的关系;熟练掌握方差分析的基本概念和单因素、双因素的方差分析方法;能通过相关软件对样本进行协方差分析。

教学案例

某公司近来产品产量出现了一些不稳定的情况,一般说来,既可能是受操作工人的技术熟练程度的影响,也可能是受生产同一产品的机器稳定性之间的差异的影响。为了找到原因,以便就存在的问题作出相应的对策,生产管理部门进行了下列试验,试验的结果是记录三位操作工人分别在四台不同的机器上操作三天的日产量。

机器	操作工								
	甲			乙			丙		
A1	15	15	17	19	19	16	16	18	21
A2	17	17	17	15	15	15	19	22	22
A3	15	17	17	18	17	16	18	18	18
A4	18	20	20	15	16	17	17	17	17

根据上表数据,能否判断:① 操作工人的技术程度之间有无显著差异? ② 机器稳定性之间的差异是否显著? ③ 操作工人的技术程度与机器稳定性的交互作用是否显著? ④ 对于存在的问题,该公司应采取什么措施?

假设检验是统计推断的一项重要内容,同样是根据样本信息来判断总体分布是否具有某种特征。但与参数估计推断的角度不同,它先假设总体具有某种特征,然后根据样本所提供的信息,用适当的统计方法对所提出的假设做出接受还是拒绝的判断,因此被称为假设检验或统计假设检验。对未知总体分布所做的假设称为统计假设。在许多实际问题中,总体分布的类型已知,仅其中一个或几个参数为未知,只要将一个或几个未知参数做出假设,就可以确定总体的分布,这种仅涉及总体分布的未知参数的统计假设称为参数假设,相应的检验方法称为参数检验。如果不知道被研究总体分布的具体类型,只能对未知分布函数的类型或它的某些特性提出某种假设,这种不同于参数假设的假设称为非参数假设,相应的检验方法称为非参数假设检验。本章中我们只讨论参数假设检验问题。

在科学试验、生产实践和社会生活中,影响一个事件的因素往往很多,在众多因素中,每一个因素的改变都可能影响最终的结果,但有些因素影响较大,有些因素影响较小。故在实际问题中,就有必要找出对事件最终结果有显著影响的那些因素。方差分析就是根据试验的结果进行分析,通过建立数学模型,鉴别各个因素影响效应的一种有效方法。方差分析首先是由英国的统计学家费希尔于 20 世纪 20 年代应用于农业试验过程中,他发现一种农作物的亩产量与种子品种、播种量、农药等多种因素有关,而各因素的影响程度是不同的,因此提出了方差分析的基本原理和方法。目前,方差分析被广泛应用于分析心理学、生物学、工程和医药的试验数据。

第一节　均值的比较检验

一、t 检验理论

(一) 假设检验

假设检验也叫显著性检验,是以小概率原理和反证法的逻辑推理,判断假设是否成立的统计方法,它首先假设样本对应的总体参数(或分布)与某个已知总体参数(或分布)相同,然后根据统计量的分布规律来分析样本数据,利用样本信息判断是否支持这种假设,并对检验假设做出取舍抉择,做出的结论是概率性的,不是绝对的肯定或否定。所谓反证法,是先将要证明的结论假设为不正确的,作为进一步推论的条件之一使用,最后推出矛盾的结果,以此否定事先所作的假设。反证法所认为矛盾的结论,也就是不可能发生的事件,这种事件发生的概率为零,该事件是不能接受的现实。其实,我们日常生活中,不仅不肯接受概率为 0 的事件,而且对小概率事件,也持否定态度。

所谓小概率原理,是指概率很小的事件在一次试验中实际上不可能出现,这种事件称为"实际不可能事件"。小概率的标准是多大?并没有绝对的标准,一般我们以一个所谓的显著性水平 $\alpha(0<\alpha<1)$ 作为小概率的界限,α 的取值与实际问题的性质有关。所以,统计假设检验又称为显著性检验。

(二) 假设检验的一般步骤

1. 提出原假设与备择假设

检验假设是针对总体特征而言,包括相互对立的两个方面,即两种假设:一种是无效假设或称原假设、零假设,用符号 H_0 表示,它是要否定的假设;另一种是备择假设,用符号 H_1 表示,它是 H_0 的对立面。

原假设与备择假设是相互独立的,检验结果两者必取其一。常常采用"不轻易拒绝原假设"的原则,即把没有充分理由不能轻易否定的命题作为原假设,把没有足够把握就不能轻易肯定的命题作为备择假设。

以均值为例,假设有两种形式:

(1) $H_0 : \mu = \mu_0$; $H_1 : \mu \neq \mu_0$,这种形式的假设检验称为双侧检验。备择假设没有特定的方向性,并含有符号"$\neq$"的假设检验,称为双侧检验或双尾检验。其目的在于检验两个总体均值是否相等,推断两个总体均数有无差别。例如检验某种新降压药与常用降压药效力是否相同? 就是说,新药效力可能比旧药好,也可能比旧药差,或者力相同,都有可能。

(2) $H_0 : \mu = \mu_0$; $H_1 : \mu > \mu_0$ 或 $H_0 : \mu = \mu_0$; $H_1 : \mu < \mu_0$,这种形式的假设统称为单侧检验。例如,根据专业知识,已知病人不会低于正常人,或是研究者只关心病人是否高于正常人,不关心病人是否低于正常人,应当用单侧检验。再例如,如果我们已知新药效力不可能低于旧药效力,如磺胺药+磺胺增效剂从理论上推知其效果不可能低于单用磺胺药,这时,无效假设为 $H_0 : \mu = \mu_0$,备择假设为 $H_1 : \mu > \mu_0$ 。

采用哪一种检验要视研究目的而定,尤其是在单侧检验时,H_0 和 H_1 位置不同往往会得出相反的结论。

样本均值(其总体均值为 μ)与已给的总体均值 μ_0 作比较

	目的	H_0	H_1
双侧检验	$\mu \neq \mu_0$	$\mu = \mu_0$	$\mu \neq \mu_0$
单侧检验	$\mu > \mu_0$	$\mu = \mu_0$	$\mu > \mu_0$
	$\mu < \mu_0$	$\mu = \mu_0$	$\mu < \mu_0$

定义 6.1　用来检验原假设 H_0 是否成立的统计量,称为检验统计量。

2. 选择适当的统计量,并确定其分布的形式

在建立好假设以后,要确定是接受原假设还是拒绝原假设都是根据检验统计量的具体结果是落入接受域还是拒绝域而定。这就要选择检验统计量并确定统计量服从什么分布。采用哪个统计量及其分布是由许多因素决定的。如检验的是什么参数,总体的分布形式是否已知,总体的方差是否知道,如果检验的参数是两个总体均值之差,则还需要知道两个总体的方差是否相等。具体情况不同,采用的统计量也不同,如 z 统计量、t 统计量和 F 统计量等。本章只介绍 t 统计量。

定义 6.2　当样本的观测值落在某个区域 W 中时,就拒绝原假设 H_0 ,则区域 W 称为 H_0 的拒绝域或否定域,$\overline{W}$ 就称为接受域,由检验统计量确定的拒绝域的边界点称为临界点

或临界值。

定义 6.3 当原假设 H_0 为真时,如果样本观测值 $(x_1, x_2, \cdots, x_n) \in W$,而做出拒绝 H_0 的判断,这样的判断决策是错误的,这种错误称为第一类错误。要求犯第一类错误的概率等于或小于 α,即

$$P\{拒绝\ H_0 \mid H_0\ 为真\} = P\{(x_1, x_2, \cdots, x_n) \in W \mid H_0\ 为真\} \leqslant \alpha$$

定义 6.4 用来控制犯第一类错误的概率 α,称为检验的显著性水平。

定义 6.5 当原假设 H_0 不真时,如果样本观测值 $(x_1, x_2, \cdots, x_n) \notin W$,而做出接受 H_0 的判断,这样的判断决策也是错误的,这种错误称为第二类错误,犯第二类错误的概率通常记为 β,即

$$P\{接受\ H_0 \mid H_1\ 为真\} = P\{(x_1, x_2, \cdots, x_n) \notin W \mid H_1\ 为真\} = \beta$$

一个好的检验方法,应使检验结果犯这两类错误的概率都尽量的小。但由进一步的讨论可知:当样本容量一定时,若减少犯某类错误的概率,则犯另一类错误的概率往往增大。若要使犯两类错误的概率都减少,只能增加样本容量。

定义 6.6 对给定的检验问题 H_0 和 H_1,在控制犯第一类错误的概率不超过指定值 α 的前提下,尽量使犯第二类错误的概率 β 值小,这样的检验即是前面所提到的显著性检验或显著性水平为 α 的检验。

3. 选择显著性水平 α,确定临界值

显著性水平 α 的大小应根据研究问题所需的精确度而定。对于接受备择假设而言,如果要求结论比较精确,显著性水平应该小一些;反之,要求不太精确,显著性水平可以大一些。确定了显著性水平 α 之后,拒绝域便会随之而定。显著性水平 α 的大小,有时会影响到假设检验的结果。如对于同一个总体,当显著性水平 α 为 0.1 时拒绝了原所设,而当显著性水平 α 为 0.01 时就可能接受原假设,这一点可以很容易看出来。确定了显著性水平 α 之后,就可以确定临界值。

4. 做出决策结论

双侧检验:|统计量|>临界值,拒绝 H_0;

单侧检验:统计量<−临界值或统计量>临界值,拒绝 H_0。

在给定显著性水平 α 的条件下,拒绝域和临界值如图 6.1 所示。

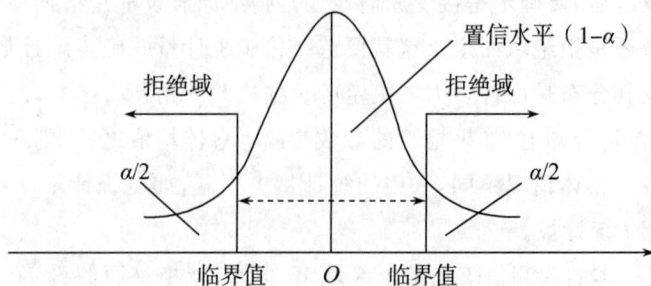

（a）双侧检验

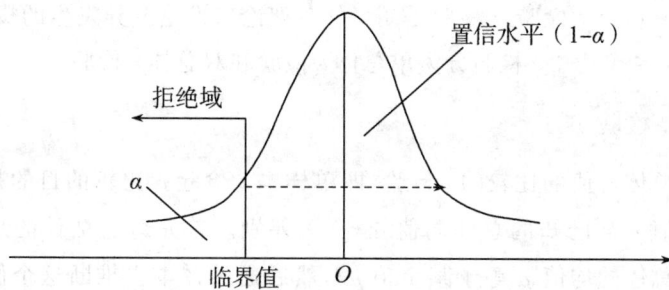

（b）左侧检验

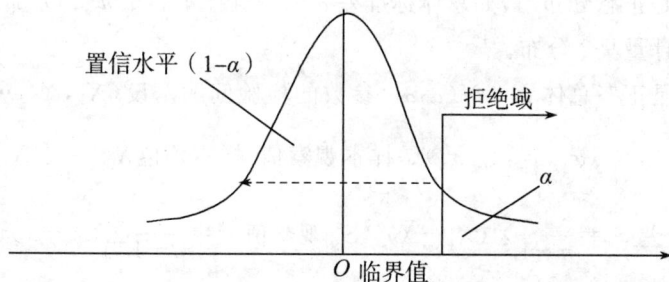

（c）右侧检验

图 6.1 显著性水平、拒绝域和临界值

（三）利用 p 值进行决策

显著性水平 α 是在检验之前确定的,这就意味着事先要确定拒绝域。这样无论检验统计量的值是大还是小,只要它的值落入拒绝域就拒绝原假设 H_0,否则就不拒绝 H_0。显著性水平 α 对检验结果的可靠性起一种度量作用,但它只能提供检验结论可靠性的一个大致范围,而对于一特定的假设检验问题,却无法给出观测数据与原假设之间不一致程度的精确度量。也就是说,仅从显著性水平来比较,如果选择的 α 值相同,所有检验结论的可靠性都一样。要精确度量观测数据与原假设值之间不一致的程度,需要计算 p 值。

p 值是反映实际观测到的数据与原假设 H_0 之间不一致程度的一个概率值。p 值越小,说明实际观测到的数据与 H_0 之间不一致越大,检验的结果就越显著。

利用 p 值进行决策规则非常简单。在已知 p 的条件下,将其与给定的 α 值进行比较,就可以确定是否拒绝原假设。利用 p 值进行决策的准则是:如果 $p < \alpha$,则拒绝 H_0;如果 $p > \alpha$,则不拒绝 H_0。

根据统计量的值与给定 α 值确定的临界值比较,如果拒绝原假设,只是说明犯错误的概率是 α,而 p 值则是犯错误的实际概率。

（四）t 检验

当总体呈正态分布,如果总体标准差未知,而且样本容量 $n < 30$,那么这时一切可能的样本平均数与总体平均数的离差统计量呈 t 分布。

定义 6.9 在假设检验中,如果由 t 分布来确定其临界值,这样的检验方法称为 t 检验法。

t 检验亦称 student t 检验, t 检验是用 t 分布理论来推论差异发生的概率,从而比较两个平均数的差异是否显著。t 检验分为单总体 t 检验和双总体 t 检验。

二、单样本 t 检验

样本均值与总体均值的比较的 t 检验,即单样本 t 检验。比较的目的是推断样本所代表的未知总体均值 μ 与已知的总体均值 μ_0 有无差别。首先对所估计的总体提出一个假设,如:假设这个总体的均值 μ 等于某个值 μ_0,然后通过样本去推断这个假设是否可以接受,如果可以接受,样本很可能来自这个总体;否则很可能不是来自这个总体。

当总体分布是正态分布时,如总体标准差 σ 未知且样本容量 $n<30$,那么样本均值与总体均值的离差统计量呈 t 分布。

设所讨论的是正态总体 $X \sim N(\mu,\sigma^2)$ 参数的检验问题。设 $(X_1,X_2,\cdots,X_n)$ 是来自总体 X 容量为 n 的样本,$(x_1,x_2,\cdots,x_n)$ 是样本观察值,样本均值 $\overline{X}=\frac{1}{n}\sum_{i=1}^{n}X_i$,$\overline{X}$ 的观察值为 $\overline{x}=\frac{1}{n}\sum_{i=1}^{n}x_i$,样本方差 $S^2=\frac{1}{n-1}\sum_{i=1}^{n}(X_i-\overline{X})^2$,$S^2$ 观察值 $s^2=\frac{1}{n-1}\sum_{i=1}^{n}(x_i-\overline{x})^2$。

关于单样本 t 检验,最常见的是方差 σ^2 未知时正态总体均值的 t 检验。

设总体 $X \sim N(\mu,\sigma^2)$,其中 σ^2 未知。检验统计假设

$$H_0:\mu=\mu_0;H_1:\mu\neq\mu_0$$

这里 μ_0 是已知常数。

由于 $\overline{X}$ 是 μ 的优良点估计,因此,H_0 的拒绝域的形式为 $|\overline{x}-\mu_0|>\lambda$。当 σ 未知而 H_0 成立时,$T=\dfrac{\overline{X}-\mu_0}{S/\sqrt{n}}\sim t(n-1)$,并且

$$P\{|T|>t_{\alpha/2}(n-1)\}=\alpha$$

由此可以取 $T=\dfrac{\overline{X}-\mu_0}{S/\sqrt{n}}$ 为检验量,H_0 的显著性水平为 α 的拒绝域为

$$|t|=\frac{\overline{x}-\mu_0}{s/\sqrt{n}}>t_{\alpha/2}(n-1)$$

例 6.1 设某次考试的考生成绩服从正态分布,从中随机地抽取 36 位考生的成绩,算得平均成绩为 66.5 分,样本标准差为 15 分。问在显著性水平 0.05 下,是否可以认为这次考试全体考生的平均成绩为 70 分?

解:

(1)提出假设

$H_0:\mu=\mu_0=70,H_1:\mu\neq\mu_0$

(2)构造统计量并计算统计量的值

$$P\left\{\left|\frac{\overline{X}-\mu_0}{S/\sqrt{n}}\right|>t_{\alpha/2}(n-1)\right\}=\alpha$$

$$t = \frac{\bar{x} - \mu_0}{s/\sqrt{s}} = \frac{66.5 - 70}{15/\sqrt{36}} = -1.4$$

（3）将统计量的值与临界值进行比较，做出决策。

经查 t 分布表得 $t_{0.025}(35) = 2.030\,1$，因而

$$|t| = 1.4 < 2.030\,1 = t_{0.025}(35)$$

即接受 H_0，可以认为这次考试全体考生的平均成绩为 70 分。

例 6.2　某种灯泡在原工艺生产条件下的平均寿命为 1 100 h，现在采用新工艺生产的一批灯泡中随机地抽取 16 只，测试其使用寿命，平均寿命为 1 150 h，样本标准差为 20 h。已知灯泡寿命服从正态分布，试在 $\alpha = 0.05$ 下，检验采用新工艺后生产的灯泡的使用寿命是否有增长？

分析　这是单侧检验问题。总体 $X \sim N(\mu, \sigma^2)$，其中 σ^2 未知。要检验统计假设

$$H_0: \mu \leq \mu_0 = 1\,100; \quad H_1: \mu > \mu_0$$

在 H_0 为真的情形下，统计量 $T = \dfrac{\bar{X} - 1\,100}{S/\sqrt{n}}$ 的分布不能确定。

样本函数 $T' = \dfrac{\bar{X} - \mu}{S/\sqrt{n}} \sim t(n-1)$，但含有未知参数 μ，无法直接计算 T' 的观测值。但当 H_0 成立时，$T \leq T'$，因而事件

$$\{T > t_\alpha(n-1)\} \subset \{T' > t_\alpha(n-1)\}$$

故

$$P\{T > t_\alpha(n-1)\} \leq P\{T' > t_\alpha(n-1)\}$$

在 H_0 为真的前提下，由

$$P\left\{ \frac{\bar{X} - \mu}{S/\sqrt{n}} > t_\alpha(n-1) \right\} = \alpha$$

可知

$$P\left\{ \frac{\bar{X} - 1\,100}{S/\sqrt{n}} > t_\alpha(n-1) \right\} \leq \alpha$$

因当 α 很小时，$\left\{ T = \dfrac{\bar{X} - 1\,100}{S/\sqrt{n}} > t_\alpha(n-1) \right\}$ 是一个小概率事件。

现取检验统计量

$$T = \frac{\bar{X} - \mu_0}{S/\sqrt{n}}$$

在显著性水平 α 下，H_0 的拒绝域为

$$t = \frac{\bar{X} - \mu_0}{s/\sqrt{n}} > t_\alpha(n-1)$$

解：

（1）提出假设

$$H_0: \mu \leq \mu_0 = 1\,100; \quad H_1: \mu > \mu_0$$

（2）构造统计量并计算统计量的值。

$$P\left\{\frac{\overline{X}-1\,100}{S/\sqrt{n}}>t_\alpha(n-1)\right\}\leqslant\alpha$$

（3）将统计量的值与临界值进行比较，做出决策。

$$t=\frac{\overline{X}-\mu_0}{s/\sqrt{n}}=\frac{1\,150-1\,100}{20/\sqrt{16}}=10>1.753\,1=t_{0.05}(15)$$

拒绝 H_0，即认为采用新工艺生产的灯光的平均寿命显著地大于 1 100 h。

例 6.3　某市工商部门对当前市场上鸡蛋的价格情况进行调查，随机抽查了全市 20 个市场，其零售价格分别为（单位：元/500 克）

| 3.88 | 3.31 | 3.34 | 3.82 | 3.30 | 3.16 | 3.84 | 3.10 | 3.90 | 3.18 |
| 3.05 | 3.22 | 3.28 | 3.34 | 3.62 | 3.28 | 3.30 | 3.22 | 3.54 | 3.30 |

已知去年的平均售价一直稳定在 3.25 元/500 克左右，能否认为全市当前的鸡蛋售价明显高于去年？（给定显著水平 $\alpha=0.05$）

解：

（1）提出假设。

$$H_0:\mu_0=3.25,H_1:\mu>3.25$$

（2）构造统计量并计算统计量的值。

在这里，我们一般认为全市的鸡蛋价格服从正态分布 $X\sim N(\mu,\sigma^2)$，但是由于总体的方差未知，必须用样本的方差 s^2 来代替。

$$P\left\{\frac{\overline{X}-3.25}{S/\sqrt{n}}>t_\alpha(n-1)\right\}\leqslant\alpha$$

$$n=20,\overline{x}=3.399,s=0.269\,09,t=\frac{\overline{X}-\mu_0}{s/\sqrt{n}}=\frac{3.399-3.25}{0.269\,09\ \sqrt{20}}=2.476$$

（3）将统计量的值与临界值进行比较，做出决策。

$$t=\frac{\overline{X}-\mu_0}{s/\sqrt{n}}=\frac{3.399-3.25}{0.269\,09\ \sqrt{20}}=2.476>1.729=t_{0.05}(19)$$

拒绝 H_0，结论是鸡蛋的价格明显高于去年。

三、两个正态总体参数的 t 检验：独立样本

讨论两个正态总体参数的检验问题。设 $(X_1,X_2,\cdots,X_{n_1})$ 是来自总体 $X\sim N(\mu_1,\sigma_1^2)$ 的样本，$(Y_1,Y_2,\cdots,Y_{n_2})$ 是来自总体 $Y\sim N(\mu_2,\sigma_2^2)$ 的样本，两个样本相互独立，总体 X 的样本均值和样本方差分别记为

$$\overline{X}=\frac{1}{n_1}\sum_{i=1}^{n_1}X_i \text{ 和 } S_1^2=\frac{1}{n_1-1}\sum_{i=1}^{n_1}(X_i-\overline{X})^2$$

它们的观测值分别是 $\overline{x}$ 和 $s_1^2=\frac{1}{n_1-1}\sum_{i=1}^{n_1}(x_i-\overline{x})^2$；总体 Y 的样本均值和样本方差分别记为

$$\overline{Y} = \frac{1}{n_2} \sum_{i=1}^{n_2} Y_i \ \text{和} \ S_2^2 = \frac{1}{n_2 - 1} \sum_{i=1}^{n_2} (Y_i - \overline{Y})^2$$

它们的观测值分别是 $\overline{y}$ 和 $s_2^2 = \frac{1}{n_2 - 1} \sum_{i=1}^{n_2} (y_i - \overline{y})^2$。

(一) 方差未知但相等时均值的 t 检验

方差 σ_1^2 和 σ_2^2 未知，但相等 $\sigma_1^2 = \sigma_2^2 = \sigma^2$ 的情形下，检验统计假设

$$H_0 : \mu_1 = \mu_2 ; H_1 : \mu_1 \neq \mu_2$$

H_0 的拒绝域应有形式 $|\overline{x} - \overline{y}| > \lambda$。在 H_0 成立时

$$T = \frac{\overline{X} - \overline{Y}}{S_W \sqrt{\frac{1}{n_1} + \frac{1}{n_2}}} \sim t(n_1 + n_2 - 2)$$

式中, $S_W^2 = \frac{(n_1 - 1)S_1^2 + (n_2 - 1)S_2^2}{n_1 + n_2 - 2}$。

$$P\{|T| > t_{\alpha/2}(n_1 + n_2 - 2)\} = \alpha$$

因此，对给定的显著性水平 α，H_0 的拒绝域为

$$|t| = \frac{|\overline{x} - \overline{y}|}{s_w \sqrt{\frac{1}{n_1} + \frac{1}{n_2}}} > t_{\alpha/2}(n_1 + n_2 - 2)$$

例 6.4 试验磷肥对玉米产量的影响，将玉米随机地种植 20 个小区，其中 10 个小区增施磷肥，另 10 个小区作为对照，试验结果玉米产量如下：

增施磷肥组：65　60　62　57　58　63　60　57　60　58

对　照　组：59　56　56　58　57　57　55　60　57　55

已知玉米产量服从正态分布且方差相同，试在显著性水平 $\alpha = 0.05$ 下，检验磷肥对玉米产量有无显著影响。

解：设增施磷肥组产量 $X \sim N(\mu_1, \sigma^2)$，对照组产量 $Y \sim N(\mu_2, \sigma^2)$，要检验统计假设

$$H_0 : \mu_1 = \mu_2 ; H_1 : \mu_1 \neq \mu_2$$

$$P\left\{ \left| \frac{\overline{X} - \overline{Y}}{S_W \sqrt{\frac{1}{n_1} + \frac{1}{n_2}}} \right| > t_{\alpha/2}(n_1 + n_2 - 2) \right\} = \alpha$$

由样本的观察值得

$$\overline{x} = 60, \sum_{i=1}^{10} (x_i - \overline{x})^2 = 64, s_1^2 = \frac{64}{9}$$

$$\overline{y} = 57, \sum_{i=1}^{10} (y_i - \overline{y})^2 = 24, s_2^2 = \frac{24}{9}$$

$$s_w^2 = \frac{64 + 24}{10 + 10 - 2} = 4.889$$

故 　　 $t = \dfrac{|\overline{x} - \overline{y}|}{s_w \sqrt{\frac{1}{n_1} + \frac{1}{n_2}}} = \dfrac{60 - 57}{\sqrt{4.889}\sqrt{\frac{1}{10} + \frac{1}{10}}} = 3.03 > 2.1009 = t_{0.025}(18)$

故拒绝 H_0,即认为施磷肥对玉米产量有显著影响。

对于单侧检验问题:

$$H_0:\mu_1\leqslant\mu_2, H_1:\mu_1>\mu_2 \text{ 或 } H_0:\mu_1=\mu_2, H_1:\mu_1>\mu_2,$$

其拒绝域的形式为 $\overline{x}-\overline{y}>\lambda$,仍取检验统计量

$$T=\frac{\overline{X}-\overline{Y}}{S_w\sqrt{\frac{1}{n_1}+\frac{1}{n_2}}}$$

容易得到 H_0 的显著性水平为 α 的拒绝域是

$$t=\frac{\overline{x}-\overline{y}}{s_w\sqrt{\frac{1}{n_1}+\frac{1}{n_2}}}>t_\alpha(n_1+n_2-2)$$

(二) 方差未知且不等时的 t 检验

设总体 $X\sim N(\mu_1,\sigma_1^2)$,总体 $Y\sim N(\mu_2,\sigma_2^2)$,在方差 σ_1^2,σ_2^2 未知,且 $\sigma_1^2\neq\sigma_2^2$ 的情形下:

1. 如果两个样本的容量相等,即 $n_1=n_2=n$,两个样本均值之差服从自由度为 n_1+n_2-2 的 t 分布。

$$t=\frac{(\overline{x}-\overline{y})-(\mu_1-\mu_2)}{\sqrt{\frac{s_1^2}{n_1}+\frac{s_2^2}{n_2}}}\sim t(n_1+n_2-2)$$

2. 如果两个样本的容量也不相等,即 $n_1\neq n_2$ 时,两个样本均值之差不再服从自由度为 n_1+n_2-2 的 t 分布,而是近似服从自由度为 v 的 t 分布。

$$t=\frac{(\overline{x}-\overline{y})-(\mu_1-\mu_2)}{\sqrt{\frac{s_1^2}{n_1}+\frac{s_2^2}{n_2}}}\sim t(v)$$

式中,$v=\dfrac{(s_1^2/n_1+s_2^2/n_2)^2}{\dfrac{(s_1^2/n_1)^2}{n_1-1}+\dfrac{(s_2^2/n_2)^2}{n_2-1}}$。$v$ 的计算结果一般为非整数,需四舍五入后再查 t 分布表。

四、配对样本的 t 检验

设一种处理方式指标 X 的均值为 $E(X)=\mu_1$,另一种处理方式指标 Y 的均值为 $E(Y)=\mu_2$,为了考察两种处理方式的效果是否有差异,常将受试对象按情况相近者配对(或者自身进行配对),分别给予两种处理,观察两种处理情况的指标值。在如此情况下,来自一种处理方式的容量为 n 的样本记为 $(X_{11},X_{12},\cdots,X_{1n})$,来自另一种处理方式的容量为 n 的样本记为 $(X_{21},X_{22},\cdots,X_{2n})$,则其差 $D_i=X_{1i}-X_{2i}$ 可看成一个容量为 n 的样本记为 $(D_1,D_2,\cdots,D_n)$。一般情况下,可以认为 $(D_1,D_2,\cdots,D_n)$ 来自正态总体 $D\sim N(\mu,\sigma^2)$,式中 $\mu=\mu_1-\mu_2$。若记 $\overline{D}=\dfrac{1}{n}\sum\limits_{i=1}^{n}D_i$,$S_D^2=\dfrac{1}{n-1}\sum\limits_{i=1}^{n}(D_i-\overline{D})^2$,则

$$T=\frac{\overline{D}-\mu}{S_D/\sqrt{n}}\sim t(n-1)。$$

配对样本数据表见表 6.1。

表 6.1　配对样本数据

序号	样本 1	样本 2	差值
1	x_{11}	x_{21}	$d_1 = x_{11} - x_{21}$
2	x_{12}	x_{22}	$d_2 = x_{12} - x_{22}$
$\vdots$	$\vdots$	$\vdots$	$\vdots$
i	x_{1i}	x_{2i}	$d_i = x_{1i} - x_{2i}$
$\vdots$	$\vdots$	$\vdots$	$\vdots$
n	x_{1n}	x_{2n}	$d_n = x_{1n} - x_{2n}$

例 6.5　一个以减肥为主要目标的健美俱乐部声称,参加其训练班至少可以使减肥者平均体重减轻 8.5 千克以上。为了验证该声称是否可信,调查人员随机抽取了 10 名参加者,得到他们的体重记录(表 6.2)。

表 6.2　体重记录　　　　　　　　　　　　　　　(单位:kg)

训练前	94.5	101	110	103.5	97	88.5	96.5	101	104	116.5
训练后	85	89.5	101.5	96	86	80.5	87	93.5	93	102
差值	9.5	11.5	8.5	7.5	11	8	9.5	7.5	11	14.5

在 $\alpha = 0.05$ 的显著性水平下,调查结果是否支持该俱乐部的声称。

解:设训练前体重为 X,训练后体重为 Y,则训练前与训练后的体重之差 $D = X - Y$,假设 $D \sim N(\mu, \sigma^2)$,则问题归结为检验假设检验问题:

$$H_0: \mu > D_0 = 8.5, \quad H_1: \mu < 8.5$$

当 $H_0: \mu > D_0 = 8.5$ 成立时

$$P\left\{ T = \frac{\overline{D} - D_0}{s_D / \sqrt{n}} < -t_a(n-1) \right\} \leqslant \alpha$$

由表 6.2 算得样本均值和样本标准差分别为

$$\overline{d} = \frac{\sum\limits_{i=1}^{n} d_i}{n} = \frac{98.5}{10} = 9.85, \quad s_D = \sqrt{\frac{\sum\limits_{i=1}^{n} (d_i - \overline{d})^2}{n-1}} = \sqrt{\frac{43.525}{10-1}} = 2.199$$

由于

$$t = \frac{\overline{d} - D_0}{s_D / \sqrt{n}} = \frac{9.85 - 8.5}{2.199 / \sqrt{10}} = 1.94 > -t_{0.05}(9) = -1.8331$$

所以接受原假设 H_0,即认为该俱乐部的声称是可信的。

第二节   方差分析

一、方差分析的基本思想和原理

（一）基本定义

定义 6.10   在统计分析中，试验条件称为因素，而因素所处的状态称为水平，鉴别因素对考察指标是否有影响的统计方法，称为方差分析。为使问题的表述更加方便，一般把在不同条件下所做的试验的结果，称为试验指标，用 X 来表示；影响试验结果的各种条件，称为试验因素，习惯用 A、B、C 等字母表示；每一试验条件在试验中所处的状态，或者对试验条件所给定的值，称为试验水平，用 $A_1,A_2,\cdots,A_r;B_1,B_2,\cdots,B_s$ 表示。

定义 6.11   为了考察某个因素 A 对试验指标（即随机变量）的影响，在试验时让其他因素保持不变，而仅让因素 A 取不同的水平，这种试验称为单因素试验。对应的方差分析，称为单因素方差分析。若考察两个因素 A 与 B 对试验指标（即随机变量）的影响，在试验时让这两个因素取不同的水平，而让其他因素保持不变，这种试验称为双因素试验，对应的方差分析，称为双因素方差分析。

例 6.6   国民计算机公司在国内 3 个不同的地区生产打印机，为了解每个地区生产厂员工的质量意识，从各个生产厂中分别抽取 6 名员工进行质量考核，得到如表 6.3 所示的一组数据资料。

表 6.3   三个生产厂 18 名员工的质量考核分数

观察	工厂		
	工厂 1	工厂 2	工厂 3
1	85	71	59
2	75	75	64
3	82	73	62
4	76	74	69
5	71	69	75
6	85	82	67

就这个问题而言，生产厂属于试验条件或试验因素，分别对三个生产厂的员工质量意识进行比较，因此该试验的试验水平是 3，在每个试验水平下，各做了 6 次观察，员工的质量考核得分是试验指标。

例 6.7 一企业为推销某种产品在 5 个地区建立了销售点,记录的 4 个时期的销售量资料如表 6.4 所示。

表 6.4 销售量资料

		地点				
		B_1	B_2	B_3	B_4	B_5
时期	A_1	6	2	4	4	8
	A_2	10	7	11	9	12
	A_3	13	9	7	8	7
	A_4	2	1	2	2	3

本例中的地区和时期可看做是试验因素,地区取了 5 个水平,时期取了 4 个水平,销售量是试验指标,因此,这是一个双因素 4×5 水平的方差分析问题。

(二)假定条件

设单因素 A 具有 r 个水平,分别记为 $A_1,A_2,\cdots,A_r$,在每个水平 $A_i(i=1,2,\cdots,r)$ 下,要考察的指标可以看成一个总体,故有 r 个总体,并假设:

(1) 每个总体均服从正态分布;

(2) 每个总体的方差相同;

(3) 从每个总体中抽取的样本相互独立。

那么,要比较各个总体的均值是否一致,就是要检验各个总体的均值是否相等,设第 i 个总体的均值为 μ_i,则

原假设为　$H_0:\mu_1=\mu_2=\cdots=\mu_r$;

备择假设为　$H_1:\mu_1,\mu_2,\cdots,\mu_r$ 不全相等;

通常备择假设可以不写。

在水平 $A_i(i=1,2,\cdots,r)$ 下,进行 n_i 次独立试验,得到试验数据为 $x_{i1},x_{i2},\cdots,x_{in}$,即数据的总个数为 $n=\sum\limits_{i=1}^{r}n_i$。

由假设有 $x_{ij}\sim N(\mu_i,\sigma^2)(\mu_i$ 和 σ^2 未知),即有 $x_{ij}-\mu_i\sim N(0,\sigma^2)$,故 $x_{ij}-\mu_i$ 可视为随机误差。即 $x_{ij}-\mu_i=\varepsilon_{ij}$,从而得到如下数学模型:

$$\begin{cases} x_{ij}=\mu_i+\varepsilon_{ij}, i=1,2,\cdots,r;j=1,2,\cdots,n_i \\ \varepsilon_{ij}\sim N(0,\sigma^2),各个 \varepsilon_{ij} 相互独立,\mu_i 和 \sigma^2 \end{cases} \tag{6.1}$$

二、单因素方差分析

在介绍单因素方差分析的步骤之前,先构造统计量,进行统计检验。如表 6.5 所示。

表 6.5　单因素方差分析的数据结构

观测值 j / 水平 i		1	2	$\cdots$	k
因素	水平 1	x_{11}	x_{12}	$\cdots$	x_{1k}
	水平 2	x_{21}	x_{22}	$\cdots$	x_{2k}
	$\vdots$	$\vdots$	$\vdots$	$\vdots$	$\vdots$
	水平 r	x_{r1}	x_{r2}	$\cdots$	x_{rk}

单因素方差分析的步骤。

(一) 提出假设

在方差分析中,原假设所描述的是在按照自变量的取舍分成的类别中,因变量的均值相等,因此,如果是检验某因素的 r 个水平的均值是否相等,需要提出的假设如下:

$H_0: \mu_1 = \mu_2 = \cdots = \mu_r$(因素有 r 个水平),自变量对因变量没有显著影响;

$H_1: \mu_1, \mu_2, \cdots, \mu_r$ 不全相等,自变量对因变量有显著影响;

其中,$\mu_i (i=1,2,\cdots,r)$ 表示第 i 个总体的均值。

(二) 构造检验 F 统计量

1. 水平的均值

我们令 $\overline{x}_i$ 为第 i(或 A_i)水平的样本均值,则

$$\overline{x}_i. = \frac{1}{n_i} \sum_{j=1}^{n_i} x_{ij} \tag{6.2}$$

当各水平的观察值个数均相等的时候,式(6.2)变为

$$\overline{x}_i. = \frac{1}{k} \sum_{j=1}^{k} x_{ij} \tag{6.3}$$

2. 全部观察值的总均值

我们令 $\overline{\overline{x}}$ 为全部观察值的总均值,则

$$\overline{\overline{x}} = \frac{\sum_{i=1}^{r} \sum_{j=1}^{n_i} x_{ij}}{\sum_{j=1}^{r} n_i} \tag{6.4}$$

当各水平的观察值个数均相等的时候,式(6.4)变为

$$\overline{\overline{x}} = \frac{\sum_{i=1}^{r} \sum_{j=1}^{k} x_{ij}}{rk} = \frac{\sum_{i=1}^{r} \overline{x}_i.}{r} \tag{6.5}$$

3. 离差平方和

在方差分析中,数据的误差通常用平方和来表示,离差平方和有 3 个。

(1) 总离差平方和(sum of squares for total, SST),也称为总平方和。计算公式为

$$SST = \sum_{i=1}^{r} \sum_{j=1}^{n_i} (x_{ij} - \overline{\overline{x}})^2 \tag{6.6}$$

总离差平方和反映全部观察值的离散状况,是全部观察值与总平均值的离差平方和。

(2) 误差项离差平方和(sum of squares for error,SSE),计算公式为

$$SSE = \sum_{i=1}^{r} \sum_{j=1}^{n_i} (x_{ij} - \bar{x}_i)^2 \qquad (6.7)$$

误差项离差平方和又称为组内离差平方和,也称为残差平方和,它反映了水平内部观察值的离散情况,即随机因素产生的影响。

(3) 水平项离差平方和(sum of squares for factor A,SSA),计算公式为

$$SSA = \sum_{i=1}^{r} n_i (\bar{x}_i. - \bar{\bar{x}})^2 \qquad (6.8)$$

水平项离差平方和又称组间离差平方和,是各组平均值与总平均值的离差平方和。它既包括随机误差,也包括系统误差。

由于知样本的独立性,使得变差具有可分解性,即总离差平方和等于误差项离差平方和加上水平项离差平方和,用公式表示为

$$SST = SSE + SSA \qquad (6.9)$$

(4) 均方和。各离差平方和的大小与观察值的多少有关,为了消除观察值多少对离差平方和大小的影响,需要将其平均,这就是均方和(mean square)。计算方法是用离差平方和除以相应的自由度 df。

SST 的自由度为 $n-1$,其中,n 为全部观测值的个数。

SSA 的自由度为 $r-1$,其中,r 为因素水平的个数。

SSE 的自由度为 $n-r$。

通常,SSA 的均方记为 MSA,SSE 的均方记为 MSE,所以

$$MSA = \frac{SSA}{r-1} \qquad (6.10)$$

$$MSE = \frac{SSE}{n-r} \qquad (6.11)$$

根据统计学理论,如果组间误差 SSA 比组内误差 SSE 大很多,则说明不同水平间有明显的差异,应该拒绝 H_0,即各水平间不仅存在随机误差,还存在系统误差,因素对因变量的影响显著;反之,如果组间误差与组内误差相差不是很大,则说明各水平的效应不明显,可以接受 H_0,即各水平间仅存在随机误差。可见,判断水平是否对其观测值有显著影响,实际上也就是比较组内方差与组间方差之间差异的大小。为此,构造统计量:

$$F = \frac{MSA}{MSE} \sim F(r-1, n-r) \qquad (6.12)$$

即上述 F 统计量服从第一个自由度为 $r-1$,第二个自由度为 $n-r$ 的 F 分布。

(三) 判断与结论

在假设条件成立时,F 统计量服从第一自由度 df_1 为 $r-1$,第二个自由度 df_2 为 $n-r$ 的 F 分布。将统计量 F 与给定的显著性水平 α 的临界值 $F_\alpha(r-1, n-r)$ 比较,可以做出拒绝或不能拒绝原假设的判断:若 $F \geqslant F_\alpha$,则拒绝原假设 H_0,表明均值之间的差异显著,因素

A 对观察值有显著影响;若 $F<F_\alpha$,则不能拒绝原假设 H_0,表明均值之间的差异不显著,因素 A 对观察值没有显著影响。

例 6.8 为了对几个行业的服务质量进行评价,消费者协会在零售业、旅游业、航空公司、家电制造业分别抽取了不同的样本,其中零售业抽取 7 家,旅游业抽取 6 家,航空公司抽取 5 家,家电制造业抽取 5 家,然后记录一年中消费者对总共 23 家服务企业投诉的次数,结果如表 6.6 所示。试分析这四个行业的服务质量是否有显著差异。($\alpha=0.05$)

表 6.6 不同行业投诉次数分布

消费者对四个行业的投诉次数				
观察值(j)	行业(A)			
	零售业	旅游业	航空公司	家电制造业
1	57			
2	55	62		
			51	70
3	46	49	49	68
4	45	60	48	63
5	54	54	55	69
6	53	56	47	60
7	47	55		

解:利用上面的分析过程,可得到如表 6.7 所示的计算结果。

表 6.7 计算结果

方差来源	离差平方和 SS	df	均方和 MS	F	P 值	临界值
组 间	845	3	282	14.787 41	3.31E−05	3.127 354
组 内	362	9	19			
总方差	1 207	22				

由表 6.7 可知,拒绝原假设 H_0,即四个行业的服务质量有显著差异,可以认为行业对投诉次数有显著影响。

三、双因素方差分析

单因素方差分析只是考虑了一个因素对因变量的影响,但是在对实际问题的研究中,常常会遇到多个因素同时影响结果的情况。例如分析产品的销售量时,需要考虑产品的销售方式、销售地点、价格等因素。在方差分析中,当研究两个因素对因变量的影响时,就是双因素分析。按照这两个因素是否相互独立,双因素方差分析又可分为无交互作用的双因素方差分析和有交互作用的双因素方差分析。

（一）无交互作用的双因素方差分析

在双因素方差分析中,假定因素 A 和因素 B 的效应之间是相互独立,不存在相互关系,这样的双因素方差分析称为无交互作用的双因素方差分析,也称为无重复双因素方差分析。

设两个因素分别是 A 和 B,因素 A 共有 r 个水平,因素 B 共有 s 个水平,无交互作用的双因素方差分析的数据结构如表 6.8 所示。

表 6.8　无交互作用双因素方差分析的数据结构

i ＼ j	因素 B					
	B_1	B_2	$\cdots$	B_s	均值
因素 A　A_1	x_{11}	x_{12}	$\cdots$	x_{1s}	$\overline{x}_1.$
A_2	x_{21}	x_{22}	$\cdots$	x_{2s}	$\overline{x}_2.$
$\vdots$	$\vdots$	$\vdots$	$\vdots$	$\vdots$	$\vdots$
A_r	x_{r1}	x_{r2}	$\cdots$	x_{rs}	$\overline{x}_r.$
均值	$\overline{x}._1$	$\overline{x}._2$		$\overline{x}._s$	

分析步骤:

1. 模型与假设

在水平 (A_i,B_j) 下的试验结果 x_{ij} 服从 $N(\mu_{ij},\sigma^2)$,$i=1,2,\cdots,r$,$j=1,2,\cdots,s$,这些试验结果相互独立。与单因素方差分析模型相类似,令 $\mu=\dfrac{1}{rs}\sum\limits_{i=1}^{r}\sum\limits_{j=1}^{s}\mu_{ij}$ 称为一般水平或平均水平,$\mu_i.=\dfrac{1}{s}\sum\limits_{j=1}^{s}\mu_{ij}$,$i=1,2,\cdots,r$;$\mu._j=\dfrac{1}{r}\sum\limits_{i=1}^{r}\mu_{ij}$,$j=1,2,\cdots,s$。$\alpha_i=\mu_i.-\mu$ 称为因素 A 在第 i 个水平下的效应,$\beta_j=\mu._j-\mu$ 称为因素 B 在第 j 个水平下的效应,显然有 $\sum\limits_{i=1}^{r}\alpha_i=0$,$\sum\limits_{j=1}^{s}\beta_j=0$。若 $\mu_{ij}=\mu+\alpha_i+\beta_j$,则称这种方差分析模型为无交互作用的双因素方差分析模型,此时只需对 (A_i,B_j) 的每种组合各做一次试验,观测值记为 x_{ij}。把原参数 μ_{ij} 变换成新参数 α_i 和 β_j 后,无交互作用的双因素方差分析模型变为

$$\begin{cases} x_{ij}=\mu+\alpha_i+\beta_j+\varepsilon_{ij},i=1,2,\cdots,r,j=1,2,\cdots,s \\ \sum\limits_{i=1}^{r}\alpha_i=0,\sum\limits_{j=1}^{s}\beta_j=0 \end{cases} \tag{6.13}$$

其中,随机误差 ε_{ij} 相互独立,都服从 $N(0,\sigma^2)$ 分布。对这个模型要检验的假设有两个:

对因素 A:$H_{01}:\mu_1.=\mu_2.=\cdots=\mu_r.$;$H_{11}:\mu_1.=\mu_2.=\cdots=\mu_r.$　不全相等;

对因素 B:$H_{02}:\mu._1=\mu._2=\cdots=\mu._s$;$H_{12}:\mu._1=\mu._2=\cdots=\mu._s$　不全相等。

我们检验 A 是否起作用实际上就是检验各个 α_i 是否均为 0,若都为 0,则因素 A 所对应的各组总体均数都相等,即因素 A 的作用不显著;对因素 B,也是这样。因此上述假设等价于

对因素 A:$H_{01}:\alpha_1=\alpha_2=\cdots=\alpha_r=0$;$H_{11}:\alpha_1,\alpha_2,\cdots,\alpha_r$　不全为 0;

对因素 B：$H_{02}:\beta_1=\beta_2=\cdots=\beta_s=0$；$H_{12}:\beta_1,\beta_2,\cdots,\beta_s$　不全为 0。

2. 构造检验统计量

（1）水平的均值

$$\bar{x}_{i\cdot}=\frac{1}{s}\sum_{j=1}^{s}x_{ij} \tag{6.14}$$

$$\bar{x}_{\cdot j}=\frac{1}{r}\sum_{i=1}^{r}x_{ij} \tag{6.15}$$

（2）总均值

$$\bar{\bar{x}}=\frac{1}{rs}\sum_{i=1}^{r}\sum_{j=1}^{s}x_{ij}=\frac{1}{r}\sum_{i=1}^{r}\bar{x}_{i\cdot}=\frac{1}{s}\sum_{j=1}^{s}\bar{x}_{\cdot j} \tag{6.16}$$

（3）离差平方和的分解。双因素方差分析同样要对总离差平方和 SST 进行分解，SST 分解为三部分：SSA、SSB 和 SSE，以分别反映因素 A 的组间差异、因素 B 的组间差异和随机误差（即组内差异）的离散状况。

它们的计算公式分别为：

① 总误差平方和 SST，即全部样本观察值于总的样本均值的误差平方和，即

$$SST=\sum_{i=1}^{r}\sum_{j=1}^{s}(x_{ij}-\bar{\bar{x}})^2 \tag{6.17}$$

② 因素 A 所产生的误差平方和，记为 SSR，即

$$SSR=\sum_{i=1}^{r}\sum_{j=1}^{s}(\bar{x}_i-\bar{\bar{x}})^2 \tag{6.18}$$

③ 因素 B 所产生的误差平方和，记为 SSC，即

$$SSC=\sum_{i=1}^{r}\sum_{j=1}^{s}(\bar{x}_j-\bar{\bar{x}})^2 \tag{6.19}$$

④ 除了因素 A 和因素 B 外剩余因素影响所产生的误差平方和，即随机误差项平方和，记为 SSE，即

$$SSE=\sum_{i=1}^{r}\sum_{j=1}^{s}(x_{ij}-\bar{x}_i-\bar{x}_j+\bar{\bar{x}})^2 \tag{6.20}$$

上述各误差平方和的关系是 $SST=SSR+SSC+SSE$。

（4）构造检验统计量。由离差平方和与自由度可以计算出均方误差，从而计算出 F 检验值，如表 6.9 所示。

表 6.9　无交互作用的双因素方差分析

方差来源	离差平方和 SS	df	均方和 MS	F
因素 A	SSR	$r-1$	$MSR=SSR/(r-1)$	MSR/MSE
因素 B	SSC	$s-1$	$MSC=SSC/(s-1)$	MSC/MSE
误差	SSE	$(r-1)(s-1)$	$MSE=SSE/(r-1)(s-1)$	
总方差	SST	$rs-1$		

为检验因素 A 的影响是否显著,采用下面的统计量:

$$F_A = \frac{MSR}{MSE} \sim F(r-1, (r-1)(s-1)) \tag{6.21}$$

为检验因素 B 的影响是否显著,采用下面的统计量:

$$F_B = \frac{MSC}{MSE} \sim F(s-1, (r-1)(s-1)) \tag{6.22}$$

3. 判断与结论

根据给定的显著性水平 α,在 F 分布表中查找相应的临界值 F_α,将统计量 F 与 F_α 进行比较,做出拒绝或不能拒绝原假设 H_0 的决策。

若 $F_A \geqslant F_\alpha(r-1, (r-1)(s-1))$,则拒绝原假设 H_{01},表明均值之间有显著差异,即因素 A 对观察值有显著影响。

若 $F_A < F_\alpha(r-1, (r-1)(s-1))$,则不能拒绝原假设 H_{01},表明均值之间的差异不显著,即因素 A 对观察值没有显著影响。

若 $F_B \geqslant F_\alpha(s-1, (r-1)(s-1))$,则拒绝原假设 H_{02},表明均值之间有显著差异,即因素 B 对观察值有显著影响。

若 $F_B \geqslant F_\alpha(s-1, (r-1)(s-1))$,则不能拒绝原假设 H_{02},表明均值之间的差异不显著,即因素 B 对观察值没有显著影响。

例 6.9　分析某公司某品牌电视机销售量与销售方式及销售地点是否有关,随机抽样得表 6.10 资料,以 0.05 的显著性水平进行检验。

表 6.10　某公司某品牌电视机销售方式及销售地点所对应的销售量

	地点一	地点二	地点三	地点四	地点五
方式一	79	88	83	90	85
方式二	96	93	80	96	89
方式三	73	77	69	81	76
方式四	82	85	79	70	83

解:通过上面的分析,可得到如表 6.11 所示的计算结果。

表 6.11　计算结果

方差来源	离差平方和 SS	df	均方和 MS	F	P 值	临界值 F_α
行	677.8	3	225.933 3	8.311 465	0.002 929	3.490 295
列	146.2	4	36.55	1.344 574	0.309 699	3.259 167
误差	326.6	12	27.183 33			
总计	1 150.2	19				

结论：因为 $F_A > F_\alpha$，所以拒绝原假设 H_{01}，即销售方式对销售量有影响；

因为 $F_B < F_\alpha$，所以不能拒绝原假设 H_{02}，即销售地点对销售量的影响不显著。

（二）有交互作用的双因素方差分析

假定 A、B 两个因素不是独立的，而是相互起作用的，两个因素同时起作用的结果是两个因素分别作用的简单相加，两者的结合会产生一个新的效应，就需要考虑两个自变量的交互作用对因变量的影响，对其进行显著性检验，称为有交互作用的双因素方差分析。

设两个因素分别是 A 和 B，因素 A 共有 r 个水平，因素 B 共有 s 个水平，在水平组合 (A_i, B_j) 下的试验结果 x_{ij} 服从 $N(\mu_{ij}, \sigma^2)$，$i=1,2,\cdots,r$，$j=1,2,\cdots,s$，假设这些试验结果相互独立。为对两个因素的交互作用进行分析，每个水平组合下至少要进行两次试验，不妨假设在每个水平组合 (A_i, B_j) 下重复 t 次试验，每次试验的观测值用 x_{ijk}，$k=1,2,\cdots,t$，表示，那么有交互作用的双因素方差分析的数据结构如表 6.12 所示。

表 6.12　有交互作用的双因素方差分析的数据结构

j ＼ i		因素 B				
		B_1			B_s	均值
因素 A	A_1	$x_{111},x_{112},\cdots,x_{11t}$	$\cdots$		$x_{1s1},x_{1s2},\cdots,x_{1st}$	$\bar{x}_1.$
	A_2	$x_{211},x_{212},\cdots,x_{21t}$	$\cdots$		$x_{2s1},x_{2s2},\cdots,x_{2st}$	$\bar{x}_2.$
	$\vdots$	$\vdots$	$\vdots$		$\vdots$	$\vdots$
	A_r	$x_{r11},x_{r12},\cdots,x_{r1t}$	$\cdots$		$x_{rs1},x_{rs2},\cdots,x_{rst}$	$\bar{x}_r.$
	均值	$\bar{x}._1$	$\cdots$		$\bar{x}._s$	

分析步骤：

1. 模型与假设

与无交互作用的双因素方差分析模型一样，令 $\mu = \frac{1}{rs}\sum_{i=1}^{r}\sum_{j=1}^{s}\mu_{ij}$ 称为一般水平或平均水平，$\mu_i. = \frac{1}{s}\sum_{j=1}^{s}\mu_{ij}$，$i=1,2,\cdots,r$；$\mu._j = \frac{1}{r}\sum_{i=1}^{r}\mu_{ij}$，$j=1,2,\cdots,s$。$\alpha_i = \mu_i. - \mu$ 称为因素 A 在第 i 个水平下的效应，$\beta_j = \mu._j - \mu$ 称为因素 B 在第 j 个水平下的效应，显然有 $\sum_{i=1}^{r}\alpha_i = 0$，$\sum_{j=1}^{s}\beta_j = 0$。若 $\mu_{ij} \neq \mu + \alpha_i + \beta_j$，则称这种方差分析模型为有交互作用的双因素方差分析模型，再令 $\gamma_{ij} = \mu_{ij} - \alpha_i + \beta_j$，称之为因素 A 的第 i 水平与因素 B 的第 j 水平的交互效应，满足

$$\begin{cases} \sum_{i=1}^{r}\gamma_{ij}=0, j=1,2,\cdots,s \\ \sum_{j=1}^{s}\gamma_{ij}=0, i=1,2,\cdots,r \end{cases} \tag{6.23}$$

把原参数 μ_{ij} 变换成新参数 α_i、β_j 和 γ_{ij} 后,有交互作用的双因素方差分析模型为

$$
\begin{cases}
x_{ijk} = \mu + \alpha_i + \beta_j + \gamma_{ij} + \varepsilon_{ijk} \\
\sum\limits_{i=1}^{r} \alpha_i = 0, \sum\limits_{j=1}^{s} \beta_j = 0 \\
\sum\limits_{i=1}^{r} \gamma_{ij} = 0, \sum\limits_{j=1}^{s} \gamma_{ij} = 0
\end{cases}
\tag{6.24}
$$

这里 $i = 1,2,\cdots,r, j = 1,2,\cdots,s, k = 1,2,\cdots,t$,随机误差 ε_{ijk} 相互独立,都服从 $N(0,\sigma^2)$ 分布。与前面的分析思路相同,我们检验因素 A、因素 B 以及两者的交互效应是否起作用实际上就是检验各个 α_i、β_j 以及 γ_{ij} 是否都为 0,故对此模型要检验的假设有三个:

对因素 A:$H_{01}:\alpha_1 = \alpha_2 = \cdots = \alpha_r = 0$;$H_{11}:\alpha_1,\alpha_2,\cdots,\alpha_r$ 不全为 0;

对因素 B:$H_{02}:\beta_1 = \beta_2 = \cdots = \beta_s = 0$;$H_{12}:\beta_1,\beta_2,\cdots,\beta_s$ 不全为 0;

对因素 A 和 B 的交互效应:H_{03}:对一切 i,j 有 $\gamma_{ij} = 0$;H_{13}:对一切 i,j,γ_{ij} 不全为零。

2. 构造检验统计量

(1) 水平的均值

$$
\overline{x}_{ij}. = \frac{1}{t} \sum_{k=1}^{t} x_{ijk}
\tag{6.25}
$$

$$
\overline{x}_{i}.. = \frac{1}{st} \sum_{j=1}^{s} \sum_{k=1}^{t} x_{ijk}
\tag{6.26}
$$

$$
\overline{x}._{j}. = \frac{1}{rt} \sum_{i=1}^{r} \sum_{k=1}^{t} x_{ijk}
\tag{6.27}
$$

(2) 总均值

$$
\overline{\overline{x}} = \frac{1}{rst} \sum_{i=1}^{r} \sum_{j=1}^{s} \sum_{k=1}^{t} x_{ijk} = \frac{1}{r} \sum_{i=1}^{r} \overline{x}_{i}.. = \frac{1}{s} \sum_{j=1}^{s} \overline{x}._{j}.
\tag{6.28}
$$

(3) 离差平方和的分解

与无交互作用的双因素方差分析不同,总离差平方和 SST 将被分解为四个部分:SSA、SSB、$SSAB$ 和 SSE,以分别反映因素 A 的组间差异、因素 B 的组间差异、因素 A 和 B 的交互效应和随机误差的离散状况。

它们的计算公式分别为

总误差平方和:$SST = \sum\limits_{i=1}^{r} \sum\limits_{j=1}^{s} \sum\limits_{k=1}^{t} (x_{ijk} - \overline{\overline{x}})^2$ 　(6.29)

因素 A 所产生的误差平方和:$SSA = \sum\limits_{i=1}^{r} st(\overline{x}_{i}.. - \overline{\overline{x}})^2$ 　(6.30)

因素 B 所产生的误差平方和:$SSB = \sum\limits_{j=1}^{s} rt(\overline{x}._{j}. - \overline{\overline{x}})^2$ 　(6.31)

交互作用的误差平方和:$SSAB = \sum\limits_{i=1}^{r} \sum\limits_{j=1}^{s} t(\overline{x}_{ij}. - \overline{x}_{i}.. - \overline{x}._{j}. + \overline{\overline{x}})^2$ 　(6.32)

误差平方和:$SSE = \sum\limits_{i=1}^{r} \sum\limits_{j=1}^{s} \sum\limits_{k=1}^{t} (x_{ijk} - \overline{x}_{ij}.)^2$ 　(6.33)

(4) 构造检验统计量

由离差平方和与自由度可以计算出均方误差,从而计算出 F 检验值,如表 6.13 所示。

表 6.13　有交互作用的双因素方差分析

方差来源	离差平方和 SS	df	均方和 MS	F
因素 A	SSA	$r-1$	$MSA=SSA/(r-1)$	MSA/MSE
因素 B	SSB	$s-1$	$MSB=SSB/(s-1)$	MSB/MSE
因素 $A\times B$	$SSAB$	$(r-1)(s-1)$	$MSAB=SSAB/[(r-1)(s-1)]$	$MSAB/MSE$
误差	SSE	$rs(t-1)$	$MSE=SSE/[(r-1)(s-1)]$	
总方差	SST	$rst-1$		

为检验因素 A 的影响是否显著，采用下面的统计量：

$$F_A=\frac{MSA}{MSE}\sim F(r-1,rs(t-1)) \tag{6.34}$$

为检验因素 B 的影响是否显著，采用下面的统计量：

$$F_B=\frac{MSB}{MSE}\sim F(s-1,rs(t-1)) \tag{6.35}$$

为检验因素 A、B 交互效应的影响是否显著，采用下面的统计量：

$$F_{AB}=\frac{MSAB}{MSE}\sim F((r-1)(s-1),rs(t-1)) \tag{6.36}$$

3. 判断与结论

根据给定的显著性水平 α 在 F 分布表中查找相应的临界值 F_α，将统计量 F 与 F_α 进行比较，做出拒绝或不能拒绝原假设 H_0 的决策。

若 $F_A\geqslant F_\alpha(r-1,rs(t-1))$，则拒绝原假设 H_{01}，表明因素 A 对观察值有显著影响；否则，不能拒绝原假设 H_{01}。

若 $F_B\geqslant F_\alpha(s-1,rs(t-1))$，则拒绝原假设 H_{02}，表明因素 B 对观察值有显著影响；否则，不能拒绝原假设 H_{02}。

若 $F_{AB}\geqslant F_\alpha((r-1)(s-1),rs(t-1))$，则拒绝原假设 H_{03}，表明因素 A、B 的交互效应对观察值有显著影响；否则，不能拒绝原假设 H_{03}。

例 6.10　电池的板极材料与使用的环境温度对电池的输出电压均有影响。今材料类型与环境温度都取了三个水平，测得输出电压数据如表 6.14 所示，问不同材料、不同温度及它们的交互作用对输出电压有无显著影响？（$\alpha=0.05$）

表 6.14　材料与环境温度的输出电压影响的测试

材料类型	环境温度		
	15℃	25℃	35℃
1	135　160 175　180	37　42 80　77	25　73 56　47

续表

材料类型	环境温度		
	15℃	25℃	35℃
2	152　190 160　130	136　122 108　117	25　70 56　47
3	138　110 169　162	175　122 160　149	99　106 82　60

解:通过上面的分析,可得到如下表 6.15 所示的计算结果。

表 6.15　计算结果

差异源	离差平方和 SS	df	均方和 MS	F	P 值	临界值 F_α
样本	7 082.056	2	3 541.028	7.475 049	0.002 609	3.354 131
列	48 781.56	2	24 390.78	51.488 52	6.11E—10	3.354 131
交互	14 374.44	4	3 593.611	7.586 052	0.000 312	2.727 765
内部	12 790.25	27	473.713			
总计	83 028.31	35				

结论:因为 $F_A = 7.48$, $F_\alpha = 3.35$, $F_A > F_\alpha$ 或 P 值 $= 0.002\ 6 < 0.05$, 所以拒绝原假设 H_{01}, 即材料对输出电压的影响显著;

因为 $F_B = 51.49$, $F_\alpha = 3.35$, $F_B > F_\alpha$ 或 P 值 $= 0.000\ 0 < 0.05$, 所以拒绝原假设 H_{02}, 即环境温度对输出电压的影响显著;

因为 $F_{AB} = 7.58$, $F_\alpha = 2.72$, $F_{AB} > F_\alpha$ 或 P 值 $= 0.000\ 3 < 0.05$, 所以拒绝原假设 H_{03}, 即材料与环境温度的交互对输出电压的影响显著。

四、协方差分析

协方差分析是消除混杂因素的影响后实行的方差分析。比如,考虑药物对患者某个生化指标变化的影响,要比较实验组与对照组该指标的变化均值是否有显著性差异以确定药物的有效性,可能要考虑患者病程的长短、年龄以及原指标水平对疗效的影响。要消除这些因素的影响,考虑药物疗效,即比较实验组与对照组之间该生化指标变化量均值的差异显著性,才是科学的分析方法。只有在考虑了这些影响,在观测对象的选择上,使这些条件都一致时,才可以使用一般的方差分析方法。被消除的因素称为协变量,协变量是指一些与因变量、自变量可能都有关系的连续性变量,它们的存在可能会影响分析结果的正确性,从而不得不在分析中加以控制,这种控制了协变量的分析就是协方差分析。

例 6.11　镉作业工人按暴露于镉烟尘的年数分为大于等于 10 年和不足 10 年两组,两组工人的年龄未经控制(人随着年龄的增长,肺活量也会有所下降)测量了每个工人的肺活量,研究暴露于镉粉尘中的年龄与肺活量的关系,数据如表 6.16(组别 1 代表大于等于 10 年,组别 2 代表不足 10 年)所示,试进行协方差分析。

表 6.16　暴露于镉粉尘中的年龄与肺活量的关系

组别	年龄	肺活量	组别	年龄	肺活量
1	39	4.62	2	38	4.58
1	40	5.92	2	42	5.12
1	41	5.52	2	43	3.89
1	41	3.71	2	43	4.62
1	45	4.02	2	37	4.30
1	49	5.09	2	50	2.70
1	52	2.07	2	50	3.50
1	47	4.31	2	45	3.06
1	61	2.70	2	48	4.06
1	65	3.03	2	51	4.51
1	58	2.73	2	46	4.66
1	59	3.67	2	58	2.88
2	43	4.61	2	38	3.64
2	39	4.73	2	38	5.09

解:利用 SPSS 软件(欲详细了解 SPSS 软件,可参看有关此软件的文献),选择 Analyze,General Linear Model,Univariatel…,在激活的对话框中,把肺活量放入 Dependent 栏,把分组放入 Fixed Factor(s)栏,把年龄放入 Covariate(s)栏,单击"Option"按钮后,选择 Parameter estimates 和 Homogeneity tests,将分组放入 Display Means for 栏,单击"Continue"按钮,再单击"OK",即得到如下结果(表 6.17 至表 6.21)。

表 6.17　描述性统计因变量:肺活量

分组	Mean	Std. Deviation	N
1	3.949 2	1.198 4	12
2	4.121 9	0.767 7	16
Total	4.047 9	0.959 2	28

表 6.18　影响因变量肺活量的组间效应检验

Source	Type III Sum of Squares	df	Mean Square	F	Sig.
Corrected Model	11.085	2	5.543	10.073	0.001
Intercept	41.936	1	41.936	76.216	0.000
年龄	10.881	1	10.881	19.775	0.000
分组	0.542	1	0.542	0.985	0.330
Error	13.755	25	0.550		
Total	483.625	28			
Corrected Total	24.841	27			

表 6.19　对因变量肺活量的方差齐性检验

F	df_1	df_2	Sig.
1.273	1	26	0.270

检验的原假设是因变量的误差方差组间相等;设计:截距＋年龄＋分组。

表 6.20　因变量肺活量的参数估计

Parameter	B	Std. Error	t	Sig.	95% Confidence Interval	
					Lower Bound	Upper Bound
Intercept	7.977	0.886	8.998	0.000	6.151	9.803
年龄	$-8.700E-02$	0.020	-4.447	0.000	-0.127	$-4.670E-02$
[分组＝1]	0.300	0.303	0.993	0.330	-0.323	0.924
[分组＝2]	0					

参数因为多余被设为 0。

表 6.21　因变量肺活量的估计

分组	Mean	Std. Error	95%Confidence Interval	
			Lower Bound	Upper Bound
1	4.219	0.223	3.761	4.678
2	3.919	0.191	3.526	4.312

模型中出现的协变量的估计年龄＝46.64。

由此可知,因变量为肺活量,因素变量为组别,协变量为年龄,进行接触镉粉尘时间对肺活量影响的方差分析时消除受试者年龄引起的肺活量变化的影响。由方差分析的结果可以得出结论:肺活量的差异主要受试者年龄差异所致,与受试者接触镉粉尘的时间是否大于 10 年无关。

〈 思考题 〉

1. 某厂采用自动包装机分装产品,假定每包产品的重量服从正态分布,每包标准重量为 1 000 克,某日随机抽查 9 包,测得样本平均重量为 986 克,样本标准差是 24 克。试问在 $\alpha = 0.05$ 的显著性水平上,能否认为这天自动包装机工作正常?

2. 某工厂为了比较两种装配方法的效率,分别组织了两组员工,每组 9 人,一组采用新的装配方法,另外一组采用旧的装配方法。假设两组员工设备的装配时间均服从正态分布,两总体的方差相等但未知。现在 18 个员工的设备装配时间如下表所示,根据这些数据,是否有理由认为新的装配方法更节约时间?(显著性水平为 0.05)

两组员工设备的装配时间 （单位:小时）

新方法	35	31	29	25	34	40	27	32	31
旧方法	32	37	35	38	41	44	35	31	34

3. 某元件的寿命 X(单位:小时)服从正态分布 $N(\mu, \sigma^2)$,μ, σ^2 均未知,现测得 16 只元件的寿命如下表所示。试问在 $\alpha = 0.05$ 的前提下,认为元件的平均寿命大于 225 小时是否有足够依据?

159	280	101	212	24	379	179	264
222	362	168	250	149	260	485	170

4. 用两套问卷测量 20 个管理人员的素质,两套问卷的满分都是 200 分。两套问卷的测量结果见下表。试问两套问卷所得结果的平均值有无显著差异?（显著性水平为 0.05）

| 卷 A | 147 | 150 | 152 | 148 | 155 | 146 | 149 | 148 | 151 | 150 |
| 卷 B | 146 | 151 | 154 | 147 | 152 | 147 | 148 | 146 | 152 | 150 |

| 卷 A | 147 | 148 | 147 | 150 | 149 | 149 | 152 | 147 | 154 | 153 |
| 卷 B | 146 | 146 | 148 | 153 | 147 | 146 | 148 | 149 | 152 | 150 |

5. 已知在一组给定的条件下饲养小鸡所增加的体重服从正态分布。某养鸡场欲检验四种饲料配方对小鸡增重的影响是否不相同（假定已经经过表明不同饲料配方下的小鸡增重方差相等）。为此,他们对四组初始条件完全相同的小鸡,在完全相同的其他饲养条件下,分别使用四种不同的饲料配方实行喂养,所得到的增重数据如下表所示。

四种不同饲料配方下小鸡增重情况

饲料配方 i	小鸡序号 j					
	38 周后小鸡个体增重（克）					
	1	2	3	4	5	6
配方 1	370	420	450	490		
配方 2	490	380	400	390	500	410
配方 3	330	340	400	380	470	
配方 4	410	480	400	420	380	410

6. 为了分析光照因素 A 与噪音因素 B 对工人生产有无影响,光照效应与噪音效应有交互作用,在两因素不同的水平组合下做试验,结果如下表所示(表中数据为产量,单位:件)

光照因素 A 与噪音因素 B 对工人生产的影响情况

		因素 B								
		B_1			B_2			B_3		
因素 A	A_1	15	15	17	19	19	16	16	18	21
	A_2	17	17	17	15	15	15	19	22	22
	A_3	15	17	16	18	17	16	18	18	18
	A_4	18	20	20	15	16	17	17	17	17

参考答案

1. 提示 确定原假设与备择假设。

$H_0: \mu = 1\,000, H_1 \mu \neq 1\,000$

使用双侧检验。

构造出检验统计量,计算检验统计量的观测值。由于总体标准差未知,用样本标准差代替,样本平均数为 $\overline{X} = 986, n = 9, S = 24$,代入 t-检验统计量得 $t = \dfrac{\overline{X} - \mu_0}{S/\sqrt{n}} = \dfrac{986 - 1\,000}{24/\sqrt{9}} = -1.75$。

确定显著性水平,确定拒绝域。

$\alpha = 0.05$,查 t-分布表(自由度为 $n - 1 = 8$),得临界值 $t_{\alpha/2}(n-1) = t_{0.025}(8) = 2.306$,拒绝域是 $|t| \geqslant 2.306$。

由于 $|t| = 1.75 < 2.306$,检验统计量的样本观测值落入接受域,所以不能拒绝 H_0。样本数据没有充分证据说明这天的自动包装机工作不正常;自动包装机工作正常。

2. 提示 原假设与备择假设:$H_0: \mu_旧 - \mu_新 \leqslant 0, H_1: \mu_旧 - \mu_新 > 0$。

计算检验统计量 $t = 2.339\,7$,查表可知,显著性水平为 0.05、自由度为 16 的单侧临界值为 1.745\,9。而所计算出的样本观测值 $2.339\,7 > 1.745\,9$,拒绝原假设,即认为新的装配方法更节约时间。

3. 元件的寿命不大于 225 小时。

4. 有显著差异。

5. 四种配方的饲料下小鸡增重水平没有差异。

6. 光照与噪音存在交互作用并由此对产量产生显著影响。

第七章　非参数检验

　　通过本章的学习,掌握非参数检验的基本思想,了解其特点;理解符号检验、符号秩检验、列联表与卡方的独立性检验,并能运用这些方法解决一些实际问题;掌握斯皮尔曼等级相关系数的统计检验量 Z 的计算方法,并能进行简单的运用。

　　某果汁饮料生产商称,其生产的饮料纯果汁含量不低于 90%,现在超市随机抽取了该厂生产的 25 瓶饮料,测量每瓶饮料中纯果汁含量,结果见下表:

某厂家生产的 25 瓶饮料的纯果汁含量

0.80	0.82	0.83	0.85	0.86	0.81	0.84
0.86	0.87	0.88	0.91	0.91	0.89	0.92
0.95	1.00	0.93	0.93	0.86	0.80	0.85
0.93	0.94	0.85	0.87			

如果你是消费者,根据这些样本数据,你是否会相信这个生产商的申明呢?

　　前面我们所接触到的各种统计检验方法大都与总体的分布形态有关,要么要求总体分布是给定的,要么需要进行某种假设。这些都属于典型的参数统计方法。然而,如果不知道样本所属的总体到底服从什么;或者知道了总体的分布形态却恰好与检验所要求的条件不符;某些变量无法精确测量,均值、方差的计算没有意义等。当遇到上面所提到的各种情况时,如果刻意忽略参数检验方法的前提,仍然牵强附会地使用参数方法,很可能产生错误的、甚至灾难性的结果。而非参数方法主要处理那些总体分布不能或不依赖于总体分布的统计问题。与参数方法相比,非参数方法对条件要求不那么严格,因而具有较强的适应性,本章着重介绍一些比较常用的非参数方法及其应用。

第一节　非参数检验概述

一、什么是非参数检验

第六章中所介绍的统计检验都是先对样本所属总体的分布形状加以限定,在这些基础上,再对总体的有关参数情况进行统计假设检验。因此,这类检验属于参数检验,又被称为限定分布检验。但是,在现实中,我们通常无法事先了解客观现象的总体分布,或者无法对总体分布作出适当假定,这就使参数检验的应用受到不少限制。为此,人们开发了非参数检验的统计方法。

所谓非参数检验,又被称为自由分布检验,它是一种不需要事先对总体分布的形状加以限制而进行的假设检验。但是,应当指出,这里所谓的"非参数",是指在检验的过程中,未对检验统计量服从的分布及参数作出限制,并不意味着在检验中"不涉及参数"或"不对参数进行检验"。

实际上,无论是传统的参数统计方法还是非参数统计方法,我们始终强调在进行任何统计分析之前对数据的预处理工作。当手上拿到数据后,首先应该考虑数据的类型,适合采用什么样的方法,是否应该进行一些数据置换,其次要充分利用图表等工具对数据的分布形态进行探索性分析。尽管绝大部分非参数检验不需要假定总体的具体分布形式,但在不同的方法中,可能对总体分布的形状有所要求,如是否对称等。直方图、茎叶图、箱线图等工具可以帮助我们直观地把握数据的基本特征。在可以对总体分布作出合理假定的情况下,不要浪费总体信息,而在适合采用非参数方法的情况下,进一步考虑是否应该对数据进行变换以满足某些特定方法的要求。总之,应从一开始分析问题的时候就尽量避免盲目使用方法而最终导致结果的错误甚至荒谬。

二、非参数检验的优缺点

与参数检验相比,非参数检验具有以下优点。首先,检验条件比较宽松,适应性强。非参数检验对资料的要求不像参数检验那么严格,它适合于处理诸如非正态的、方差不等的或分布形状未知的资料。其次,自由分布检验的方法比较,用途广泛,它不但可以应用于处理测量层次较高的定距、定比数据,也适用于处理层次较低的定类、定序数据。对于那些不能进行加、减、乘、除运算的定类数据与定序数据,也可进行检验。最后,自由分布检验的计算相对简单。由于自由分布的检验方法不用复杂计算,一般使用计数方法就可以了,它的计数过程与结果比较简单、直观与明显。

非参数检验也有一些明显的缺点。它对原始数据中包含的信息利用得不够充分,检验的功效相对较弱。当总体分布形式已知时,使用参数检验方法更好。例如,对于一批资料,可同时适用于参数检验的 t-检验、非参数检验的符号秩检验和符号检验。其检验功效是 t-

检验最好,符号秩检验次之,符号检验最差。这主要是由于符号检验对信息的利用不充分。所以,参数检验与非参数检验是针对不同情况提出的两种统计方法,它们各有优缺点,可互为补充。

非参数检验在实践中有着广泛的应用,一些提倡非参数检验的统计学家认为,尽管非参数检验降低了有效性,但是这样检验的结果,比那些常常要求限制性的、颇不现实的标准检验更值得人们依赖。下面将扼要介绍几种最常用的非参数检验方法。

第二节 单样本非参数检验

一、秩的概念

与假设检验一样,不同的非参数检验方法构造检验统计量的具体技巧不同,利用的数据信息也各有偏重,但"秩"是大部分非参数方法都要使用的概念。那么,什么是一个数据的秩呢? 简单地说,秩是一组数据按照从小到大的顺序排列之后,每一个观测值所在的位置。例如我们有下面的数据(有 10 个观测值):

| 13 | 7 | 16 | 3 | 15 | 6 | 4 | 11 | 5 | 17 |

这个数据按照从小到大的顺序排列之后为:

| 3 | 4 | 5 | 6 | 7 | 11 | 13 | 15 | 16 | 17 |

那么这 10 个观测值对应的大小次序号就是它们的秩:

观测值	3	4	5	6	7	11	13	15	16	17
秩	1	2	3	4	5	6	7	8	9	10

按照原来的顺序,每个观测值对应的秩为:

观测值	13	7	16	3	15	6	4	11	5	17
秩	7	5	9	1	8	4	2	6	3	10

用一般的符号来表示,假定一组数据 $X_1, X_2, \cdots, X_n$,按照从小到大的顺序排列,X_i 在所有观测值中排第 R_i 位,那么 X_i 的秩即为 R_i。显然,R_i 也是一个统计量,它测试的是数据观测值的相对大小,大多数非参数检验方法正是利用秩的这一性质来排除总体分布未知的障碍的。

二、符号检验

除了第六章学过的均值外,在第三章中,还有一个用于描述总体"中心"位置的参数,即中位数。而符号检验就可以在不依赖总体分布的情况下检验总体中位数是否在某一指定位置。

将总体中位数记作 m,另给一指定数值 m_0,原假设是 $H_0: m = m_0$。若原假设 $m = m_0$ 为真,则总体中任一观察值大于(或小于)m_0 的概率是 $\rho = 0.5$。将 m_0 从总体的每个观察值中减去,并记录这个差数的符号(差数为 0 时略去不计),可建立一个由正号和负号组成的总体。对这样的总体进行独立重复贝努里试验,每次试验出现正号和负号的概率是 $\rho = 0.5$。容量为 n 的样本中(n 是指正差数的个数与负差数的个数之和,不含 0 差数),正号个数 v 服从参数为 (n, ρ) 的二项分布,其期望值为 $E(v) = n\rho = 0.5n$,方差为 $V(v) = n\rho(1 - \rho) = 0.25n$。当二项分布的参数 $\rho = 0.5$ 时,其概率分布图形呈单峰对称特征,只要 n 达到一定数量,这个图形就能很好地被一个正态曲线所逼近。

检验时,可根据样本中正号的数目来决定是否拒绝原假设:假若样本中正号与负号的数目大体相等,这时没有理由拒绝原假设,也就是说,总体中位数等于 m_0 的假设有可能是对的;如果出现了太少的正号,认为样本可能来自中位数小于 m_0 的总体;如果出现了太多的正号,认为样本可能来自中位数大于 m_0 的总体。

因为 v 近似服从正态分布,所以通常可以将其标准化为标准正态变量,作为检验统计量。即

$$Z = \frac{v - 0.5n}{\sqrt{0.25n}} \sim N(0, 1) \tag{7.1}$$

事实上,$H_0: m = m_0$ 与 $H_0: \rho = 0.5$ 这两个原假设是等价的。对于后者,可以用检验统计量

$$Z = \frac{P - 0.5}{\sqrt{\dfrac{0.25}{n}}} \sim N(0, 1) \tag{7.2}$$

式中:$P = \dfrac{v}{n}$ 是样本中正号的个数占正负号总数的比例。

三、Wilcoxon(威尔科克森)符号秩检验

符号检验是最简单的非检验方法,但它体现了非参数统计的一些基本思路。尤其重要的是,即使是没有精确数值的分类数据,同样适用符号检验,而这是绝大多数参数检验方法所无法实现的。不过,我们也注意到,符号检验仅仅利用了观测值与假定的中位数的差值符号来进行检验,也就是说,它利用了相对位置的信息(这恰好又是它同样适用于分类数据的原因)。正负符号只代表了每个观测值位于中位数的哪一边,而这一距离有多远却需要通过观测值与中位数差值的绝对值大小来衡量。Wilcoxon(威尔科克森)符号秩检验就结合了这两方面的信息,通过巧妙的构思达到了比符号检验更有效的目的。

　　Wilcoxon(威尔科克森)符号秩检验的基本步骤是:首先,对每个观测值计算$|x_i-m_0|$,它们代表了每个观测值与假定中位数的距离;然后把这些绝对值排序,找出每个$|x_i-m_0|$对应的秩;把x_i-m_0符号为正的那些$|x_i-m_0|$的秩加总起来,记作W^+,而把x_i-m_0符号为负的那些$|x_i-m_0|$的秩加总,记作W^-。显然,如果中位数的假定$m=m_0$成立,W^+和W^-应该相差不大,如果W^+或W^-过大或过小,都应该怀疑$m=m_0$的假定。所以,对双侧检验$H_0:m=m_0$;$H_1:m\neq m_0$,取检验统计量$W=\min(W^+,W^-)$,当W太小时,拒绝原假设;对左侧检验$H_0:m\geq m_0$;$H_1:m<m_0$,就取$W=W^+$,当W太小时,拒绝原假设;对右侧检验$H_0:m\leq m_0$;$H_1:m>m_0$,就取$W=W^-$,当W太小时,拒绝原假设。这个统计量W被称为Wilcoxon符号秩检验统计量,如果要手工计算,一般的非参数统计书籍上都有其分布表,可以查表得到检验的P值,但实际上计算机上的软件SPSS可以快速地完成所有工作。具体可参阅相关书籍。

第三节　列联表与卡方的独立性检验

　　两个或两个以上变量之间是否相互关联,这就是独立性检验所要解决的问题。就统计含义而言,相关与关联是有一定差别的。相关分析主要运用方程说明或直接测算变量之间相互联系的程度,而关联分析则主要反映变量与变量之间的独立性。如收入高低与教育程度存在着联系,用接受教育的年数描述教育程度,如果有与之对应的收入资料,就可以计算相关系数,以反映它们之间的联系。现在只把收入划分为高、中、低,把教育程度划分为不识字、初等、中等和高等,这时要反映收入与教育的关系就是关联分析。

一、分布拟合检验

　　分布拟合检验有时也称为分布吻合检验,是指用样本资料对总体分布作出推断,检验样本所来自的总体的分布与指定的总体分布之间是否充分吻合。

　　分布拟合检验的基本思想:把样本观察结果S划分成k个互不相容的事件$A_1,A_2,\cdots,A_k$,其中,$A_1\cup A_2\cup\cdots\cup A_k=S$,且$A_i\cap A_j=\varnothing$,$i\neq j$,$i,j=1,2,\cdots,k$,$\varnothing$表示空集。计算每个事件实际发生的频数$f_i$,在假设样本来自总体为某一指定分布的情况下,估计每个事件应该出现的频数,即理论频数或估计频数,用$\hat{f}_i$表示,$\hat{f}_i=n\hat{p}_i$,n为样本容量,$\hat{p}_i$为第i个事件A_i发生的概率。如果实际频数f_i与理论频数$\hat{f}_i$相差不大,则不应拒绝假设;反之就可以认为样本所属总体的分布与指定的分布存在显著差异。

二、列联表与卡方的独立性检验

　　$K.$皮尔逊定理:当样本容量n充分大,此时不论样本所属总体呈现何种分布,统计量

$$\chi^2 = \sum_{i=1}^{k} \frac{(f_i - \hat{f}_i)^2}{\hat{f}_i} \sim x^2(k-\gamma-1) \tag{7.3}$$

这里 γ 为指定分布中需要估计的参数的个数，k 为对样本资料所作划分的组数。

χ^2 检验统计量是在此定理下推导出来的，因此必须要使用大容量样本，另外 $\hat{f}_i$ 不应太小，通常要求 $n \geqslant 50$，$np_i \geqslant 5$。理论频数 $\hat{f}_i$ 小于 5 时，需要对分组作适当的合并和调整。

χ^2 独立性检验的出发点是：如果变量 A 与变量 B 相互独立，那么根据独立性的含义，就应有 A 与 B 同时发生的概率应等于 A 与 B 各自发生概率的乘积，反之便说明它们并不相互独立。依此，在独立性假设条件下，分别计算出 A 与 B 各类别发生的理论概率，并估计相应的频数，最后反把实际观察到的频数与理论频数相比较，作出假设能否成立的判断。

列联表是将观测数据按两个或更多属性（定性变量）分类时所列出的频数表。例如，对随机抽取的 1 000 人按性别（男或女）及色觉（正常或色盲）两个属性分类，得到表 7.1 的二维列联表，又称 2×2 表或四格表。

表 7.1　四格表　　　　　　　　　　　　　　（单位：人）

性别	视觉	
	正常	色盲
男	535	65
女	382	18

一般地，若总体中的个体可按两个属性 A 与 B 分类，A 有 r 个类 $A_1, A_2, \cdots, A_r$，B 有 s 个类 $B_1, B_2, \cdots, B_s$，从总体中抽取大小为 n 的样本，设其中有 n_{ij} 个个体既属于 A_i 类又属于 B_j 类，n_{ij} 称为频数，将 $r \times s$ 个 n_{ij} 排列为一个 r 行 s 列的二维列联表，简称 $r \times s$ 表（表 7.2）。

表 7.2　$r \times s$ 二维列联表

A＼B	1	⋯	j	⋯	s	行和
1	n_{11}	⋯	n_{1j}	⋯	n_{1s}	$n_1.$
⋮	⋮		⋮		⋮	⋮
i	n_{i1}	⋯	n_{ij}	⋯	n_{is}	$n_i.$
⋮	⋮		⋮		⋮	⋮
r	n_{r1}	⋯	n_{rj}	⋯	n_{rs}	$n_r.$
列和	$n._1$	⋯	$n._j$	⋯	$n._s$	n

列联表分析的基本问题是：考察各属性之间有无关联，即判别两属性是否独立。如在前例中，问题是：一个人是否色盲与性别是否有关？在 $r \times s$ 表中，若以 $p_i.$ 表示总体中的个

体仅属于 A_i 的概率，以 $p._j$ 表示总体中的个体仅属于 B_j 的概率，p_{ij} 表示总体中的个体同时属于 A_i 与 B_j 的概率，可得一个二维离散分布表（表7.3）。

表7.3　二维离散分布

A＼B	1	⋯	j	⋯	s	行和
1	p_{11}	⋯	p_{1j}	⋯	p_{1s}	$p_1.$
⋮	⋮		⋮		⋮	⋮
i	p_{i1}	⋯	p_{ij}	⋯	p_{is}	$p_i.$
⋮	⋮		⋮		⋮	⋮
r	p_{r1}	⋯	p_{rj}	⋯	p_{rs}	$p_r.$
列和	$p._1$	⋯	$p._j$	⋯	$p._s$	1

则"A、B 两属性独立"的假设可以表述为

$$H_0: p_{ij}=p_i. \cdot p._j, i=1,2,\cdots,r; j=1,2,\cdots,s.$$

在原假设 H_0 成立时，这里的 rs 个参数 p_{ij} 由 $(r+s)$ 个参数 $p_1., p_2., \cdots, p_r.$ 和 $p._1, p._2, \cdots, p._s$ 决定。这里 $(r+s)$ 个参数中存在两个约束条件：

$$\sum_{i=1}^{r} p_i. =1, \sum_{j=1}^{s} p._j =1$$

所以此时 p_{ij} 实际上是由 $(r+s-2)$ 个独立参数所确定。据此，检验统计量为

$$\chi^2=\sum_{i=1}^{r}\sum_{j=1}^{s}\frac{(n_{ij}-n\hat{p}_{ij})^2}{n\hat{p}_{ij}}$$

在 H_0 成立时，上式近似服从自由度为

$$rs-(r+s-2)-1=(r-1)(s-1)$$

的 χ^2 分布，即

$$\chi^2=\sum_{i=1}^{r}\sum_{j=1}^{s}\frac{(n_{ij}-n\hat{p}_{ij})^2}{n\hat{p}_{ij}}\sim\chi^2[(r-1)(s-1)]$$

$p_i.$ 的极大似然估计为 $\hat{p}_1.=\frac{n_i.}{n}$，$p._j$ 的极大似然估计为 $\hat{p}._j=\frac{n._j}{n}$，因此，在 H_0 成立时，p_{ij} 的极大似然估计为

$$\hat{p}_{ij}=\hat{p}_i.\hat{p}._j=\frac{n_i.}{n}\cdot\frac{n._j}{n}$$

对给定的显著性水平 α，$P\{\chi^2>\chi_\alpha^2((r-1)(s-1))\}\leqslant\alpha$，检验的拒绝域为

$$W=\{\chi^2>\chi_\alpha^2((r-1)(s-1))\}$$

例 7.1 为研究儿童智力发展与营养的关系,某研究机构调查了 1 436 名儿童,得到表 7.4 的数据,试在显著性水平 0.05 下判断其智力发展与营养有无关系。

表 7.4　儿童智力与营养的调查数据　　　　　　　　（单位:人）

	智商				合计
	$\leqslant 80$	$(80,90]$	$(90,99]$	$\geqslant 100$	
营养良好	367	342	266	329	1 304
营养不良	56	40	20	16	132
合计	423	382	286	345	1 436

解:用 A 表示营养状况,它有两个水平:A_1 表示营养良好,A_2 表示营养不良;B 表示儿童智商,它有四个水平,B_1,B_2,B_3,B_4 分别表示表中的四种情况。沿用前面的记号,首先建立假设 H_0:营养状况与智商无关联,即 A 与 B 独立,可表达为

$$H_0:p_{ij}=p_i. \cdot p_{\cdot j},i=1,2;j=1,2,3,4$$

计算参数的极大似然估计值:

$$\hat{p}_1. =\frac{1\ 304}{1\ 436}=0.908\ 1,\hat{p}_2. =\frac{132}{1\ 436}=0.091\ 9$$

$$\hat{p}_{\cdot 1}=\frac{423}{1\ 436}=0.294\ 6,\hat{p}_{\cdot 2}=\frac{382}{1\ 436}=0.266\ 0$$

$$\hat{p}_{\cdot 3}=\frac{286}{1\ 436}=0.199\ 2,\hat{p}_{\cdot 4}=\frac{345}{1\ 436}=0.240\ 2$$

在原假设 H_0 成立的情况下,计算诸参数的极大似然估计值:$n\hat{p}_{ij}=n\hat{p}_i. \hat{p}_{\cdot j}$,其结果见表 7.5。

表 7.5　$n\hat{p}_{ij}=n\hat{p}_i. \hat{p}_{\cdot j}$ 的计算结果

	智商				$\hat{p}_i.$
	$\leqslant 80$	$(80,90]$	$(90,99]$	$\geqslant 100$	
营养良好	384.167 7	346.872 4	259.763 1	313.358 8	0.908 1
营养不良	38.877 9	35.103 6	26.288 1	31.712 0	0.091 9
$\hat{p}_{\cdot j}$	0.294 6	0.266 0	0.199 2	0.240 3	

由表可以计算检验统计量的值

$$\chi^2=\frac{(367-384.167\ 7)^2}{384.167\ 7}+\frac{(342-346.872\ 4)^2}{346.872\ 4}+\cdots+\frac{(16-31.712\ 0)^2}{31.712\ 0}=19.278\ 5$$

查表有 $\chi^2_{0.05}(3)=7.815$,由于 $\chi^2=19.278\ 5>\chi^2_{0.05}(3)=7.815$,故拒绝原假设,即认为营养状况对智商有影响。

第四节 等级相关分析

一、斯皮尔曼等级相关系数

第四章所讨论的两个变量之间相关系数的前提是:两随机变量的联合分布是二维正态分布。当随机变量的分布不能满足正态性要求时,或者所要研究的变量不是数量型变量时,通常的相关分析方法不宜使用,而需要利用斯皮尔曼等级相关系数进行考察。

设对简单随机样本的 n 个单位,就变量 X、Y 进行观察。这里,要求 X、Y 的取值分别都是 $1,2,\cdots,n$ 这样 n 个等级;样本的 n 个单位分别不重复地属于 X 的各个等级,也分别不重复地属于 Y 的各个等级,没有两个单位取相同等级的情形。记 d_i 为第 i 个样本单位属于 X 的等级与属于 Y 的等级的级差。斯皮尔曼等级相关系数 r_S 为

$$r_S = 1 - \frac{6\sum d_i^2}{n(n^2-1)} \tag{7.4}$$

样本等级相关系数的取值范围是 $-1 \leqslant r_S \leqslant 1$。当 $r_S = 1$ 时,说明样本等级资料完全正相关;当 $r_S = -1$ 时,说明样本等级资料完全负相关;当 $r_S = 0$ 时,说明样本等级资料不相关;当 $0 < r_S < 1$ 时,r_S 越接近 1,正相关程度越高;当 $-1 < r_S < 0$ 时,r_S 越接近 -1,负相关程度越高。

二、斯皮尔曼等级相关系数的统计检验

根据斯皮尔曼等级相关系数对 X、Y 的总体等级相关关系进行检验。检验的原假设是 $H_0: \rho_S = 0$(或 $\rho_S \leqslant 0$,或 $\rho_S \geqslant 0$),备择假设是 $H_1: \rho_S \neq 0$(或 $\rho_S > 0$,或 $\rho_S < 0$)。基本原假设 $H_0: \rho_S = 0$ 的含义是按两种统计标志 X、Y 划分的两种等级不相关。

在样本量 n 较小时(如 $n \leqslant 30$),$H_0: \rho_S = 0$ 成立的前提下,检验统计量 r_S 的 α 水平单侧临界值 r 满足下列条件

$$P\{|r_S| \geqslant |r|\} \leqslant \alpha$$

在样本量 n 较大时(如 $n > 30$),$H_0: \rho_S = 0$ 成立的前提下,检验统计量 r_S 近似服从正态分布 $N(0, \frac{1}{n-1})$。因此,可以建立下面的检验统计量

$$Z = \frac{r_S}{\sqrt{\frac{1}{n-1}}} \sim N(0,1) \tag{7.5}$$

三、两点说明

(1) 等级相关检验适用于变量值表现为等级的变量。不过,对于变量值表现为数值而不是等级的变量,有时也可以把它划分为若干等级,用等级相关的方法来研究。这样做是

出于下面的一些理由：① 无法假定总体的分布；② 其中有一个变量是只能用等级来反映的；③ 把测量值划分为等级更能反映事物的本质（例如，把年龄按生命过程阶段划分比用实际年龄更便于研究生命过程的统计规律）。把测量值转换为等级的方法是：首先，按实际观察值大小排序，并赋予每个面容值秩次；其次，把测量值的取值范围划分为若干等级区间。

（2）斯皮尔曼等级相关系数是以变量没有相同等级为前提的。但有时，观察结果出现了相同的等级，这时，须计算这几个面容结果所在位置秩次的简单算术平均数作为它们相应的等级。在这种情形下，应用斯皮尔曼等级相关系数计算公式所得之结果显然只是近似的。若相同等级不是太多，可以近似应用上述公式，否则应加以修正。

例 7.2　从一群棋手中随机抽选 9 人，分别对他们下围棋的能力与下象棋的能力排序，能力最高为 1 级，能力次之为 2 级，等等。结果如表 7.6 所示。试检验棋手总体中下围棋的能力与下象棋的能力是否统计相关（显著水平为 0.10）。

表 7.6　下围棋与下象棋的能力排序

人　员	A	B	C	D	E	F	G	H	I
下围棋能力排序	1	3	5	4	2	7	6	8	9
下围棋能力排序	4	2	1	3	7	6	5	9	8

解：

人　员	A	B	C	D	E	F	G	H	I
下围棋能力排序 x	1	3	5	4	2	7	6	8	9
下围棋能力排序 y	4	2	1	3	7	6	5	9	8
$d=x-y$	-3	1	4	1	-5	1	1	-1	1
d^2	9	1	16	1	25	1	1	1	1

$$r_S=1-\frac{6\sum d_i^2}{n(n^2-1)}=1-\frac{6\times56}{9\times(9^2-1)}=0.533\ 3$$

$H_0:\rho_S=0,H_1:\rho_S\neq0$

$$Z=\frac{r_S}{\sqrt{\frac{1}{n-1}}}=\frac{0.533\ 3}{\sqrt{\frac{1}{9-1}}}=1.508\ 4$$

$Z_{0.05}=1.645$

$\because Z=1.508\ 4<Z_{0.05}=1.645$

$\therefore$拒绝 H_0，接受 H_1，可以认为棋手总体中下围棋的能力与下象棋的能力是有关的。

﹛思考题﹜

1. 对某总体随机观测得到下列数据

6	7	9	17	18	18	22
28	32	35	36	42	42	42
48	48	51	52	53	55	56
57	58	63	72	83	91	97

试检验该总体中位数是否为 90？（显著性水平为 0.05）

2. 从某专业学生中简单随机抽取 20 人，先后两次组织某种测验。两次测验结果如下：

第一次	32	71	35	31	42	101	76	44	102	64
第二次	68	57	17	52	47	81	62	43	118	70

第一次	21	48	45	57	72	35	87	50	72	38
第二次	40	30	39	80	79	64	77	36	89	38

试用威尔科克森配对符号秩检验法检验，该专业学生在两次测验的时间上，该项成绩水平有无改变。（显著性水平为 0.05）

3. 一种原料来自三个不同的地区，原料质量被分为三个不同等级。从这批原料中随机抽取 500 件进行检验，结果如下表所示。

原料抽样的结果

	一级	二级	三级	合计
甲地区	52	64	24	140
乙地区	60	59	52	171

续表

	一级	二级	三级	合计
丙地区	50	65	74	189
合计	162	188	150	500

要求检验各个地区和原料质量之间是否存在依赖关系。

4. 某集团公司欲进行一项改革,分别从所属的 4 个分公司中随机抽取了 420 名职工,了解他们对改革方案的态度,见下表,并对职工态度是否与所在单位有关这个问题在显著性为 0.1 的水平上进行检验。

关于改革方案的调查结果

	一分公司	二分公司	三分公司	四分公司	合计
赞成该方案	68	75	57	79	279
反对该方案	32	45	33	31	141
合计	100	120	90	110	420

5. 下面给出了 1 031 名献血者的血液按血型(A、B、AB、O)和按 Rh 因子(Rh^+ 或 Rh^-)分类,得到如下的列联表。试取显著性水平为 0.05 检验假设 H_0:血型和 Rh 因子是相互独立的。

血型 Rh 因子	A	B	AB	O	和
Rh^+	320	96	40	412	868
Rh^-	66	23	9	65	163
和	386	119	49	477	1 031

6. 为了研究青少年犯法与否与出生次序是否有关联,在某国一所大学抽查了 1 154 名女生,得到以下的列联表:

出生次序 犯法与否	排行最长	排行居中	排行最小	独生	和
犯法	24 (45.59)	29 (32.80)	35 (23.66)	23 (8.95)	111
未犯法	450 (428.41)	312 (308.20)	211 (222.34)	70 (84.05)	1 043
和	474	341	246	93	1 154

试检验假设 H_0:青少年犯法与出生次序是相互独立的。(显著性水平为 0.05)

7. 为了解居民文化水平和年收入之间是否存在关系,随机访问了 2 764 人,要求他们回答收入状况与文化程度两项指标,具体结果如下表所示。

2 764 人的收入与文化背景资料

文化程度 人数 收入/元	大学/人	中等/人	初等/人
1 500 以下	186	38	35
1 500~2 000	227	54	45
2 000~2 500	219	78	78
2 500~3 000	355	112	140
3 000 以上	653	285	259

试在显著性水平为 0.01 时,判断收入与文化程度是否存在关联关系。

8. 某零售品的小包装,根据要求其中位数重量应为 10 克,现在从已包装好的 1 000 袋中随机抽取 10 袋重新进行检测,得到如下数据

7.8 10.1 7.7 7.9 10.0 10.0 7.8 7.7 7.8 7.9

试在 $\alpha = 0.05$ 的显著性水平下,判断这批包装是否符合要求。

参考答案

1. 总体中位数不是 90。
2. 该专业学生在两次测验的时间上,该项成绩水平有改变。
3. 地区和原料等级之间存在依赖关系,原料的质量受地区的影响。
4. 4 个分公司对改革方案的赞成比例是一致的。
5. 血型与 Rh 因子是相互独立的。
6. 犯法与否与出生顺序不是相互独立的,是有关联的。
7. 收入与文化程度是相互关联的。
8. 这批小商品包装符合要求。

第八章　相关与回归分析

　　通过本章的学习,要求掌握相关系数的概念、类型以及相关系数计算的方法;掌握线性回归模型的基本概念以及线性回归模型估计的基本原理,能够对具有线性相关性的变量建立一元或者多元线性回归模型,对线性回归模型进行统计检验,并且能够利用线性回归模型进行预测;掌握将常用的非线性回归模型转换为线性回归模型的方法。学习本章的最终目标是能够熟练地使用相关和回归分析方法来分析与解决实际问题。

　　在科学研究、生产和经营活动中,我们经常要对客观现象之间的相关关系进行分析和研究。例如在制定企业生产计划时,通常要分析产品投入成本与产量之间的关系,以达到控制产品成本的目的;在种植水果时,需要研究水果产量与灌溉量、施肥量之间的关系,以便分析灌溉量、施肥量对产量的影响,进而确定合理的灌溉量、施肥量;在商业活动中,需要分析广告费用支出与销售量之间的关系,从而可以通过广告费用支出来预测销售量等等。

　　相关与回归(Correlation and Regression)是应用统计学中非常重要的内容,相关与回归分析是处理变量数据之间相关关系的一种统计方法。通过相关分析,可以判断两个或两个以上的变量之间是否存在相关关系、相关关系的方向、形态及相关关系的密切程度;回归分析是对具有相关关系现象间数量变化的规律性进行测定,确立一个回归方程式,即经验公式,并对所建立的回归方程的有效性进行分析、判断,以便进一步进行估计和预测。现在,相关与回归分析已经广泛应用到企业管理、商业决策、金融分析以及自然科学和社会科学等许多研究领域。

第一节　相关分析

一、相关分析的概念、种类

(一)相关分析的概念

现实世界中的各种现象之间相互联系、相互制约、相互依存,某些现象发生变化时,另一现象也随之发生变化。如销售规模扩大,相应地会降低产品的销售成本;商品价格的变化会刺激或抑制商品销售量的变化;一个人接受教育的程度与其劳动效率有着千丝万缕的联系;职员素质的高低会影响企业的效益;直接材料、直接人工的价格变化对产品销售成本有直接的影响;居民收入的高低会影响对该企业产品的需求量;适当地增加土地耕作精度、施肥量,有利于农作物产量的提高等等。通过对这些现象之间的依存关系的研究,可以帮助我们找出现象变化内在与外在的影响因素及其发生机制,进而达到认识它们规律的目的。如果能够准确地把握这些规律,借以进行估计、预测的控制,就可以对决策活动和科学研究给予帮助和指导。

现象间的依存关系大致可以分成两种类型:一类是函数关系,另一类是相关关系。

(1)函数关系。函数是指现象之间是一种严格的确定性的依存关系。表现为某一现象发生变化另一现象也随之发生变化,而且有确定的值与之相对应。例如,圆的周长 C 与半径 r 之间就是一种函数关系:$C=2\pi r$,半径的值 r 一旦确定了,圆的周长 C 也就唯一得到了确定;银行的 1 年期存款利率为年息 1.98%,存入的本金用 x 表示,到期本息用 y 表示,则 $y=x+1.98\% x$(不考虑利息税);再如,某种股票的成交额 Y 与该股票的成交量 X、成交价格 P 之间的关系可以用 $Y=PX$ 来表示,这都是函数关系。

(2)相关关系。相关关系是指客观现象之间确实存在的,但数量上不是严格对应的依存关系。在这种关系中,对于某一现象的每一数值,可以有另一现象的若干数值与之相对应。例如,成本的高低与利润的多少有密切关系,但某一确定的成本与相对应的利润却是不确定的,这是因为影响利润的因素除了成本外,还有价格、供求平衡、消费嗜好等因素以及其他偶然因素的影响。再如,生育率与人均 GDP 的关系也属于典型的相关关系:人均 GDP 高的国家,生育率往往较低,但二者没有唯一确定的关系,这是因为除了经济因素外,生育水平还受教育水平、城市化水平以及不易测量的民族风俗、宗教和其他随机因素的共同影响。

具有相关关系的某些现象可表现为因果关系,即某一或若干现象的变化是引起另一现象变化的原因,它是可以控制、给定的值,将其称为自变量;另一个现象的变化是自变量变化的结果,它是不确定的值,将其称为因变量。如资金投入与产值之间,前者为自变量,后者为因变量。但具有相关关系的现象并不都表现为因果关系,如生产费用和生产量、商品的供求与价格等。这是由于相关关系比因果关系包括的范围更广泛。

相关关系和函数关系既有区别,又有联系。有些函数关系往往因为有观察或测量误差以及各种随机因素的干扰等原因,在实际中常常通过相关关系表现出来;而在研究相关关系时,其数量间的规律性了解得越深刻的时候,则相关关系越有可能转化为函数关系或借助函数关系来表现。

(二) 相关关系类型

现象之间的相关关系从不同的角度可以区分为不同类型。

1. 按相关关系涉及变量(或因素)的多少分为单相关、复相关和偏相关

单相关——又称一元相关,是指两个变量之间的相关关系,如学生的统计学考试成绩与入学高考成绩之间的相关关系;再如广告费支出与产品销售量之间的相关关系。

复相关——又称多元相关,是指三个或三个以上变量之间的相关关系,如学生的统计学考试成绩、入学高考成绩与高等数学之间的相关关系;再如商品销售额与居民收入、商品价格之间的相关关系。

偏相关——在一个变量与两个或两个以上的变量相关的条件下,当假定其他变量不变时,其中两个变量的相关关系称为偏相关。例如,在假定身高可控的条件下,某人的肺活量与体重的相关关系即为偏相关。又如,在假定商品价格不变的条件下,该商品的需求量与消费者收入水平的相关关系即为偏相关。

2. 按相关形式不同分为线性相关和非线性相关

线性相关——又称直线相关,是指当一个变量变动时,另一变量随之发生大致均等的变动,从图形上看,其观察点的分布近似地表现为一条直线,如图 8.1 所示。例如,人均消费水平与人均收入水平通常呈线性关系。

非线性相关——一个变量变动时,另一变量也随之发生变动,但这种变动不是均等的,从图形上看,其观察点的分布近似地表现为一条曲线,如抛物线、指数曲线等,因此也称曲线相关,如图 8.2 所示。例如,工人加班加点在一定数量界限内,产量增加,但一旦超过一定限度,产量反而可能下降,这就是一种非线性关系。

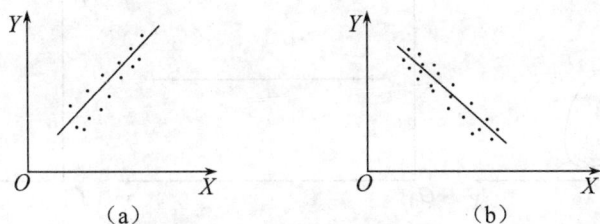

(a)　　　　　　　(b)

图 8.1　线性相关关系散点图

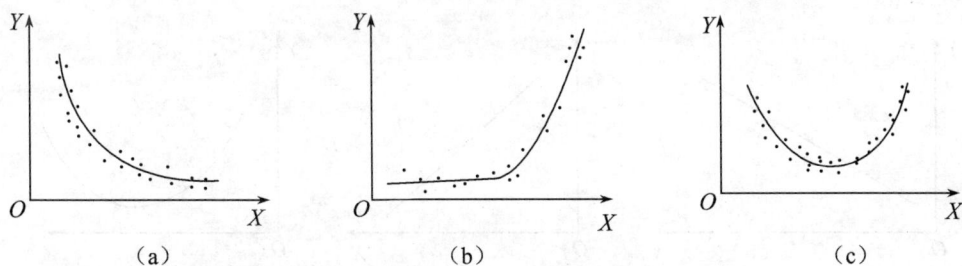

(a)　　　　　　　(b)　　　　　　　(c)

图 8.2　曲线相关关系散点图

3. 按相关现象变化的方向不同分为正相关和负相关

正相关——当一个变量的值增加或减少,另一个变量的值也随之增加或减少,如图8.1(a)所示。例如:工人劳动生产率提高,产品产量也随之增加;居民的消费水平随个人所支配收入的增加而增加。

负相关——当一个变量的值增加或减少时,另一变量的值反而减少或增加,如图 8.1(b)所示。例如:商品流转额越大,商品流通费用越低;利润随单位成本的降低而增加。

4. 按相关程度分为完全相关、不相关和不完全相关

完全相关——当一个变量的数量完全由另一个变量的数量变化所确定时,二者之间即为完全相关,如图 8.3 所示。例如,在价格不变的条件下,销售额与销售量之间的正比例函数关系即为完全相关,此时相关关系便成为函数关系,因此也可以说函数关系是相关关系的一个特例。

不相关——又称零相关,当变量之间彼此互不影响,其数量变化各自独立时,则变量之间为不相关,如图 8.4 所示。例如,股票价格的高低与气温的高低一般情况下是不相关的。

不完全相关——如果两个变量的关系介于完全相关和不相关之间,称为不完全相关。由于完全相关和不相关的数量关系是确定的或相互独立的,因此统计学中相关分析的主要研究对象是不完全相关,如图 8.5 所示。

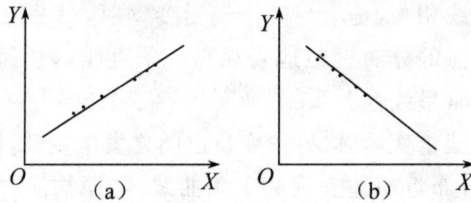

图 8.3　完全相关关系散点图

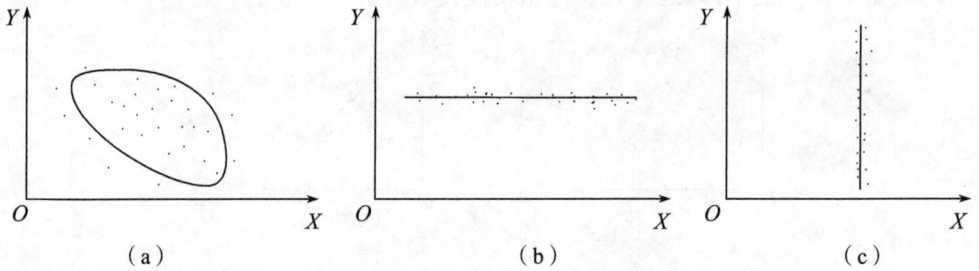

图 8.4　完全不相关关系散点图

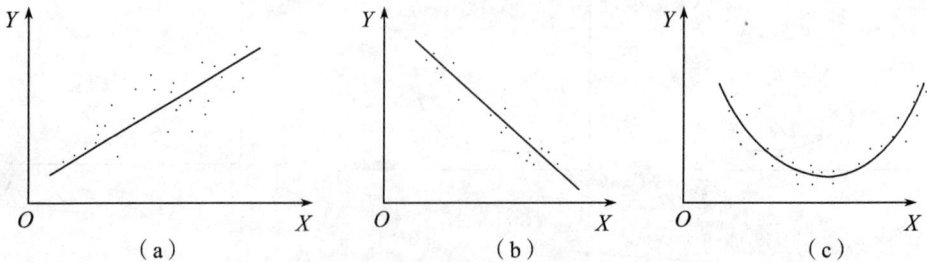

图 8.5　不完全相关关系散点图

二、相关关系的测定

要判别现象之间有无相关关系，一是定性分析，二是定量分析。

（一）定性分析

定性分析是依据研究者的理论知识、专业知识和实践经验，对客观现象之间是否存在相关关系，以及有何种相关关系做出判断。并可在定性认识的基础上，编制相关表、绘制相关图，以便直观地判断现象之间相关的方向、形态及大致的密切程度。

1. 相关表

相关表是一种统计表。它是直接根据现象之间的原始资料，将一变量的若干变量值按从小到大的顺序排列，并将另一变量的值与之对应排列形成的统计表。

例 8.1　海辉渔业公司在近海有许多养殖基地，为研究海鲳品种的养殖投入与产量的关系，统计人员随机选择 10 个养殖基地进行观察，搜集到年养殖投入费和月平均产量的数据，并编制成相关表，见表 8.1。

表 8.1　海鲳品种的养殖投入费与月平均产量相关

年养殖投入费/万元	月均产量/吨
12.5	21.2
15.3	23.9
23.2	32.9
26.4	34.1
33.5	42.5
34.4	43.2
39.4	49.0
45.2	52.8
55.4	59.4
60.9	63.5

从表中可以直观地看出，随着养殖投入费的增加，产量也就随之增加，两者之间存在一定的正相关关系。

2. 相关图

相关图又称散点图，它是用直角坐标系的 x 轴代表自变量，y 轴代表因变量，将两个变量间相对应的变量值用坐标点的形式描绘出来，用以表明相关点分布状况的图形。根据表 8.1 的资料可以绘制相关图如图 8.6 所示。

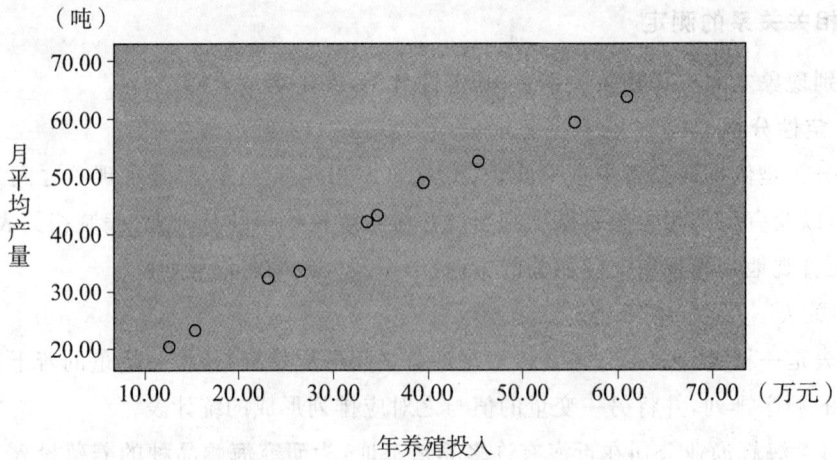

图 8.6　养殖投入与产量的相关

从上图可以直观地看出,养殖投入与产量之间相关密切且有线性正相关关系。

(二) 定量分析——相关系数

相关表和相关图可反映两个变量之间的相互关系及其相关方向,但无法确切地表明两个变量之间相关的程度。著名统计学家卡尔·皮尔逊设计了统计指标——相关系数。相关系数是用以反映变量之间相关关系密切程度的统计指标。依据相关现象之间的不同特征,其统计指标的名称有所不同。如将反映两个变量间线性相关关系的统计指标称为相关系数(相关系数的平方称为判定系数);将反映两个变量间曲线相关关系的统计指标称为非线性相关系数、非线性判定系数;将反映多元线性相关关系的统计指标称为复相关系数、复判定系数等。这里只介绍相关系数。

相关系数用 r 表示,它的基本公式为:

$$r = \frac{n\sum xy - \sum x \sum y}{\sqrt{n\sum x^2 - (\sum x)^2}\sqrt{n\sum y^2 - (\sum y^2)}} \tag{8.1}$$

相关系数的值介于 -1 与 $+1$ 之间,即 $-1 \leqslant r \leqslant +1$。其性质如下:

(1) 当 $r > 0$ 时,表示两个变量正相关,$r < 0$ 时,两个变量为负相关。

(2) 当 $|r| = 1$ 时,表示两个变量为完全线性相关,即为函数关系。

(3) 当 $r = 0$ 时,表示两个变量间无线性相关关系。

(4) 当 $0 < |r| < 1$ 时,表示两个变量存在一定程度的线性相关。且 $|r|$ 越接近 1,两个变量间线性关系越密切;$|r|$ 越接近于 0,表示两个变量的线性相关越弱。

(5) 对于相关关系的强弱程度,通常有个经验标准可供参考:$|r| \leqslant 0.3$,可认为基本上不存在相关关系,$0.3 < |r| \leqslant 0.5$ 为低度相关,$0.5 < |r| \leqslant 0.8$ 为显著相关,$0.8 < |r| \leqslant 1$ 为高度相关。

根据表 8.1 的资料,可计算相关系数如表 8.2 所示。

表 8.2　相关系数计算

序号	所养殖投入(万元)x	月均产量(吨)y	x^2	y^2	xy
1	12.5	21.2	156.25	449.44	265.00
2	15.3	23.9	234.09	571.21	365.67
3	23.2	32.9	538.24	1 082.41	763.28
4	26.4	34.1	696.96	1 162.81	900.24
5	33.5	42.5	1 122.25	1 806.25	1 423.75
6	34.4	43.2	1 183.36	1 866.24	1 486.08
7	39.4	49.0	1 552.36	2 401.00	1 930.60
8	45.2	52.8	2 043.04	2 787.84	2 386.56
9	55.4	59.4	3 069.16	3 528.36	3 290.76
10	60.9	63.5	3 708.81	4 032.25	3 867.15
合计	346.2	422.5	14 304.52	19 687.81	16 679.09

$$r = \frac{n\sum xy - \sum x\sum y}{\sqrt{n\sum x^2 - (\sum x)^2}\sqrt{n\sum y^2 - (\sum y^2)}}$$

$$= \frac{10 \times 16\ 679.09 - 346.2 \times 422.5}{\sqrt{10 \times 14\ 304.52 - 346.2^2}\sqrt{10 \times 19\ 687.81 - 422.5^2}}$$

$$= 0.994\ 2$$

相关系数为 0.994 2,说明养殖投入费与月平均产量之间有高度的线性正相关关系。

这里需要指出的是,相关系数有一个明显的缺点,即它接近于 1 的程度与数据组数 n 相关,这容易给人一种假象。因为,当 n 较小时,相关系数的波动较大,对有些样本相关系数的绝对值易接近于 1;当 n 较大时,相关系数的绝对值容易偏小。特别是当 $n=2$ 时,相关系数的绝对值总为 1。因此在样本容量 n 较小时,我们仅凭相关系数较大就判定变量 x 与 y 之间有密切的线性关系是不妥当的。例如,笔者曾就我国深沪两股市资产负债率与每股收益之间的相关关系做过研究,发现 2015 年资产负债率前 40 名的上市公司,二者的相关系数为 $r=-0.613\ 9$;资产负债率后 20 名的上市公司,二者的相关系数 $r=0.107\ 2$;而对于沪、深全部上市公司(基金除外)结果却是,$r_沪=-0.550\ 9$,$r_深=-0.436\ 1$,根据三级划分方法,两个变量为显著性相关。这也说明仅凭 r 的计算值大小判断相关程度有一定的缺陷。

本书附表中有相关系数检验表,表中是相关系数绝对值的临界值。当计算出的变量 x 与 y 的相关系数绝对值大于表中临界值时,才可以判定 x 与 y 有线性关系。通常,当 $|r|$ 大于表中 $\alpha=5\%$ 相应的值,但小于表中 $\alpha=1\%$ 相应的值时,称 x 与 y 有显著的线性关系;当 $|r|$ 大于表中 $\alpha=1\%$ 相应的值时,称 x 与 y 有高度的线性关系;如果 $|r|$ 小于表中 $\alpha=5\%$ 相

应的值时,就判定 x 与 y 没有明显的线性关系。这种检验方法通常称临界值法,即比较$|r|$ 与 $r(\alpha,n-2)$ 的关系。

在此例中 $n=10$,表 8.1 中 $\alpha=5\%(n-2=8)$ 相应的值为 0.632,$\alpha=1\%$ 相应的值为 0.765,$r=0.9947>0.765$。因此,年养殖投入与月平均产量之间有高度的线性相关。

三、相关分析中应注意的问题

(一)相关系数不能解释两个变量间的因果关系

相关系数只是表明两个变量间互相影响的程度和方向,它并不能说明两个变量间是否有因果关系,以及何为因,何为果,即使是在相关系数非常大时,也并不意味着两个变量间具有显著的因果关系。例如,根据一些人的研究,发现抽烟与学习成绩有负相关关系,但不能由此推断是抽烟导致了成绩差。

因与果在很多情况下是可以互换的。如研究发现收入水平与股票的持有额正相关,并且可以用收入水平作为解释股票持有额的因素,但是否存在这样的情况,你赚的钱越多,买的股票也越多,而买的股票越多,赚的钱也就越多,何为因?何为果?众所周知,经济增长与人口增长相关,可是究竟是经济增长引起人口增长,还是人口增长引起经济增长呢?不能从相关系数中得出结论。

(二)警惕虚假相关导致的错误结论

有时两个变量之间并不存在相关关系,但却可能出现较高的相关系数。

如存在另一个共同影响两个变量的因素。在时间序列资料中往往就会出现这种情况,有人曾对教师薪金的提高和酒价的上涨作了相关分析,计算得到一个较大的相关系数,这是否表明教师薪金提高导致酒的消费量增加,从而导致酒价上涨呢?经分析,事实是由于经济繁荣导致教师薪金和酒价的上涨,而教师薪金增长和酒价之间并没有什么直接关系。

原因的混杂也可能导致错误的结论。如有人做过计算发现,在美国经济学学位越高的人,收入越低,笼统地计算学位与收入之间的相关系数会得到负值。但分别对大学、政府机构、企业各类别计算学位与收入之间的相关系数得到的则是正值,即对同一行业而言,学位高,收入也高。

另外,注意不要在相关关系据以成立的数据范围外,推论这种相关关系仍然保持。雨下得多,农作物长得好,在缺水地区,干旱季节雨是一种福音,但雨量太大,却可能损坏庄稼。又如,广告投入多,销售额上涨,利润增加,但盲目加大广告投入,却未必使销售额再增长,利润还可能减少。正相关达到某个极限,就可能变成负相关。这个道理似乎人人都明白,但在分析问题时却容易忽视。

四、相关分析的上机实现

(一)相关图的绘制

将本章表 8.1 中的资料建立 EXCEL 工作表,如图 8.7 所示。

图 8.7　表 8.1 的 EXCEL 工作表

制作相关图的步骤如下：

选择区域 A1:B11,如图 8.7 所示。

◆点击 EXCEL 图表向导。

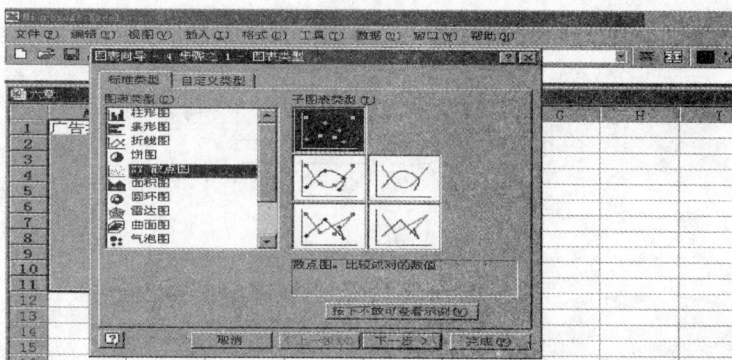

图 8.8　散点图的制作

◆在"图表类型"中选择"XY 散点图",如图 8.8 所示。

◆在"子图表类型"中选择第一种散点图,并点击"下一步",即可得到图 8.9 和图 8.10。

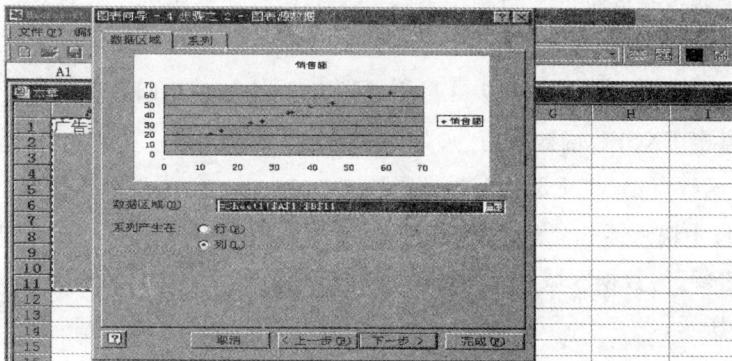

图 8.9　散点图的制作

图 8.10　散点图的制作

◆点击"完成",并对图形进行修饰编辑,最后得到如图 8.11 所示广告投入与月平均销售额之间的散点图。

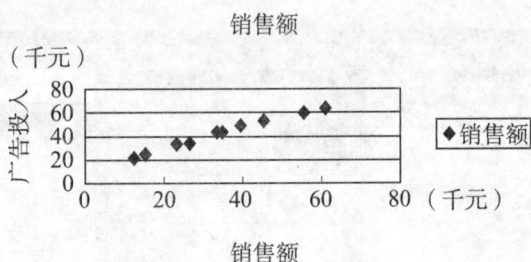

图 8.11　广告投入与月平均销售额的散点图

(二)相关系数

在 EXCEL 中,相关系数函数和相关系数宏提供了两种计算相关系数的方法。

1. 相关系数函数

在 EXCEL 中,CORREL 函数和 PERSON 函数提供了计算两个变量之间的相关系数的方法,这两个函数是等价的。与相关系数有关的函数还有 RSQ(相关系数的平方,即判定系数 r^2)和 COVAR(协方差函数)。

这里我们以 CORREL 函数和表 8.1 中资料为例,介绍利用函数计算相关系数的方法。

◆首先,点击 EXCEL 函数图钮"f_x",选择"统计"函数。

◆在统计函数点击"CORREL",进入函数向导。

在"array1"中输入第一个变量"广告投入"的数据区域 A2：A11"array2"中输入第二个变量"月均销售额"的数据区域 B2：B11 样,即可在当前光标所在单元格显示函数的计算结果,如图 8.12 所示。

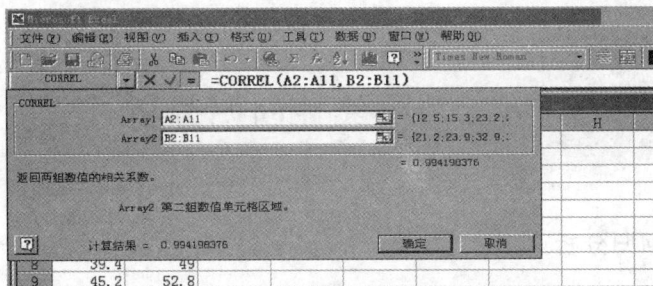

图 8.12　CORREL 函数计算相关系数

2. 相关系数宏

在 EXCEL 数据分析宏中, EXCEL 专门提供了计算相关系数宏过程。利用此宏过程, 可以计算多个变量之间的相关矩阵。

仍以表 8.1 中资料为例, 利用相关系数宏计算相关系数矩阵的过程如下:

◆点击 EXCEL "工具"菜单, 选择"数据分析"过程。

◆在"数据分析"宏过程中, 选择"相关系数"过程, 如图 8.13 所示。

◆在"输入区域"中输入两个变量所在区域 A2:B11, 数据以列排列, 输出区域选择在同一工作表中的以 D1:E5 区域里。计算结果如图 8.14 所示。

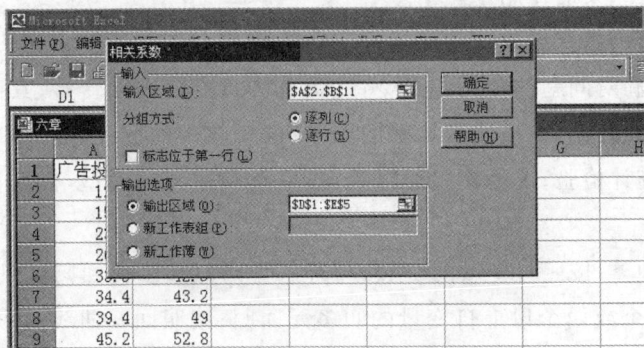

图 8.13　相关系数宏

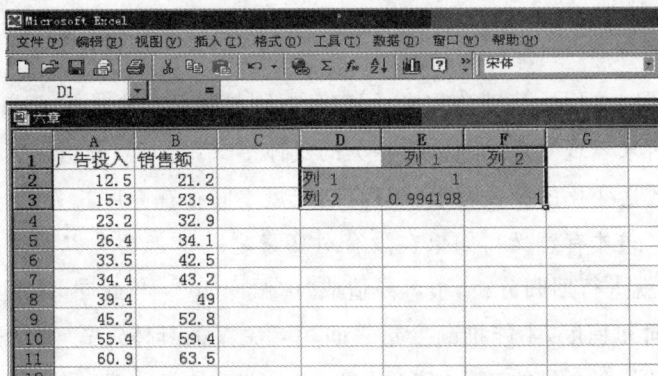

图 8.14　利用相关系数宏计算的相关系数矩阵

第二节　线性回归分析

一、什么是回归分析

"回归"一词是由英国生物学家 F. Galton 在研究人体身高的遗传问题时首先提出的。根据遗传学的观点,子辈的身高受父辈影响,以 X 记父辈身高,Y 记子辈身高。虽然子辈身高一般受父辈影响,但同样身高的父亲,其子身高并不一致,因此,X 和 Y 之间存在一种相关关系。一般而言,父辈身高者,其子辈身高也高,依此推论,祖祖辈辈遗传下来,身高必然向两极分化,而事实上并非如此,显然有一种力量将身高拉向中心,即子辈的身高有向中心回归的特点。"回归"一词即源于此。虽然这种向中心回归的现象只是特定领域里的结论,并不具有普遍性,但从它所描述的关于 X 为自变量,Y 为不确定的因变量这种变量间的关系看,和我们现在的回归含义是相同的。不过,现代回归分析虽然沿用了"回归"一词,但内容已有很大变化,它是一种应用于许多领域的广泛的分析研究方法,在经济理论研究和实证研究中也发挥着重要的作用。

回归分析通过一个变量或一些变量的变化解释另一变量的变化。其主要内容和步骤是,首先根据理论和对问题的分析判断,将变量分为自变量和因变量;其次,设法找出合适的数学方程式(即回归模型)描述变量间的关系;由于涉及的变量具有不确定性,接着还要对回归模型进行统计检验;统计检验通过后,最后是利用回归模型,根据自变量去估计、预测因变量。

回归有不同种类,按照自变量的个数分,有一元回归和多元回归。只有一个自变量的叫一元回归,有两个或两个以上自变量的叫多元回归;按照回归曲线的形态分,有线性(直线)回归和非线性(曲线)回归。实际分析时应根据客观现象的性质、特点、研究目的和任务选取回归分析的方法。

二、相关与回归分析的关系

相关分析是回归分析的基础和前提,回归分析则是相关分析的深入和继续。相关分析需要依靠回归分析来表现变量之间数量相关的具体形式,而回归分析则需要依靠相关分析来表现变量之间数量变化的相关程度。只有当变量之间存在高度相关时,进行回归分析寻求其相关的具体形式才有意义。如果在没有对变量之间是否相关以及相关方向和程度做出正确判断之前,就进行回归分析,很容易造成"虚假回归"。与此同时,相关分析只研究变量之间相关的方向和程度,不能推断变量之间相互关系的具体形式,也无法从一个变量的变化情况来推测另一个变量的变化情况,因此,在具体应用过程中,只有把相关分析和回归分析结合起来,才能达到研究和分析的目的。

二者的区别主要体现在以下三个方面：

（1）在相关分析中涉及的变量不存在自变量和因变量的划分问题，变量之间的关系是对等的；而在回归分析中，则必须根据研究对象的性质和研究分析的目的，对变量进行自变量和因变量的划分。因此，在回归分析中，变量之间的关系是不对等的。

（2）在相关分析中所有的变量都必须是随机变量；而在回归分析中，自变量是给定的，因变量才是随机的，即将自变量的给定值代入回归方程后，所得到的因变量的估计值不是唯一确定的，而会表现出一定的随机波动性。

（3）相关分析主要是通过一个指标即相关系数来反映变量之间相关程度的大小，由于变量之间是对等的，因此相关系数是唯一确定的。而在回归分析中，对于互为因果的两个变量（如人的身高与体重，商品的价格与需求量），则有可能存在多个回归方程。

需要指出的是，变量之间是否存在"真实相关"，是由变量之间的内在联系所决定的。相关分析和回归分析只是定量分析的手段，通过相关分析和回归分析，虽然可以从数量上反映变量之间的联系形式及其密切程度，但是无法准确判断变量之间内在联系的存在与否，也无法判断变量之间的因果关系。因此，在具体应用过程中，一定要始终注意把定性分析和定量分析结合起来，在准确的定性分析的基础上展开定量分析。

三、一元线性回归（Simple Linear Regression）模型

对于具有线性相关关系的两个变量，由于有随机因素的干扰，两个变量的线性关系中应包括随机误差项 ε，即有：

$$y = a + bx + \varepsilon$$

对于 x 某一确定的值，其对应的 y 值虽有波动，但随机误差的期望值为零，即 $E(\varepsilon) = 0$，因而从平均意义上说（记 $E(y)$ 为 y），总体线性回归方程为：

$$y = E(y) = a + bx$$

我们可通过样本观察值计算 a、b，用它对（8.2）式中的参数 a、b 作出估计，即求样本回归方程，用它对总体线性回归方程进行估计。样本回归直线方程又称一元线性回归方程，其表达式为：

$$y_c = a + bx \tag{8.2}$$

式中：y_c 表示因变量的估计值（回归理论值）；a，b 是待定参数，其中 a 是回归直线的起始值（截距），即 x 为 0 时 y_c 的值，从数学意义上理解，它表示在没有自变量 x 的影响时，其他各种因素对因变量 y 的平均影响；b 是回归系数（直线的斜率），表示自变量 x 每变动一个单位时，因变量 y 平均变动 b 个单位。

一元线性回归方程中的待定参数是根据数据资料求出的。其计算公式为（由于本书旨在介绍该种方法在统计中的应用，故数学推导过程略）：

$$\begin{cases} a = \bar{y} - b\bar{x}, \\ b = \dfrac{n\sum xy - \sum x \sum y}{n\sum x^2 - (\sum x)^2} \end{cases} \tag{8.3}$$

当 a、b 求出后，一元线性回归方程 $y_c = a + bx$ 便可确定了。

例 8.2　天涯工艺品公司 2015 年 1~10 月份产量与制造费用资料见表 8.3，试分析制造费用与产量之间的数量关系。

解：分析制造费用对产量之间的数量关系。设回归方程为 $y = a + bx$，x 为产量，y 为制造费用，计算如表 8.3 所示。

表 8.3　成本回归分析计算

月份	产量(件)x	制造费用(元)y	$x^2(10^4)$	$y^2(10^4)$	$xy(10^4)$
1	36 000	52 500	129 600	275 625	189 000
2	40 500	54 300	164 025	294 849	219 915
3	42 700	56 400	182 329	318 096	240 828
4	45 800	61 500	209 764	378 225	281 670
5	46 000	58 500	211 600	342 225	269 100
6	48 500	61 300	235 225	375 769	297 305
7	52 300	63 800	273 529	407 044	333 674
8	54 000	66 000	291 600	435 600	356 400
9	55 800	67 050	311 364	449 570.3	374 139
10	59 000	68 900	348 100	474 721	406 510
合计	480 600	610 250	2 357 136	3 751 724	2 968 541

利用表 8.3 中数据和公式(8.3)，$a = 24\,821.62$，$b = 0.753\,171$，故有制造费用对产量的回归方程 $y = 24\,827.62 + 0.753\,171x$。

如果我们相信，应用最小二乘法估计的回归方程能满意地描述 x、y 之间的关系，那么对于一个已知的 x 值，去统计预测 y 的值将是合理的。

四、回归估计标准误差

回归方程的一个重要作用在于根据自变量的已知值估计因变量的理论值（估计值）。而理论值 y_c 与实际值 y 存在着差距，这就产生了推算结果的准确性问题。如果差距小，说明推算结果的准确性高；反之，则低。为此，分析理论值与实际值的差距很有意义。为了度量 y 的实际水平和估计值离差的一般水平，可计算估计标准误差。估计标准误差是衡量回归直线代表性大小的统计分析指标，它说明观察值围绕着回归直线的变化程度或分散程度。

（一）估计标准误差的计算

通常用 S_e 代表估计标准误差，其计算公式为：

$$S_e = \sqrt{\frac{\sum (y - y_c)^2}{n - 2}} \tag{8.4}$$

用表 8.3 的资料说明估计平均误差的计算方法。可列出计算表 8.4。

表 8.4　估计平均误差计算表

月份	x	Y	y_c	$y-y_c$	$(y-y_c)^2$
1	36 000	52 500	51 941.76	558.24	311 629.3
2	40 500	54 300	55 331.03	−1 031.03	1 063 023.0
3	42 700	56 400	56 988.01	−588.05	345 750.4
4	45 800	61 500	59 322.83	2 177.17	4 740 050
5	46 000	58 500	59 473.47	−973.47	947 641
6	48 500	61 300	61 356.4	−56.40	3 180.4
7	52 300	63 800	64 218.44	−418.44	175 094.9
8	54 000	66 000	65 498.83	501.17	251 167.9
9	55 800	67 050	66 854.54	195.46	38 204.37
10	59 000	68 900	69 264.69	−364.69	132 996.3

将计算表的有关资料代入公式(8.4)得：

$$S_e=\sqrt{\frac{\sum(y-y_c)^2}{n-2}}=\sqrt{\frac{8\ 008\ 738}{8}}=1\ 000.546$$

结果表明估计标准差是 1 000.546 元。

（二）回归估计标准差与一般标准差

回归估计标准差与第五章介绍的标准差的计算原理是一致的,两者都是反映平均差异程度和表明代表性的指标。一般标准差反映的是各变量值与其平均数的平均差异程度,表明其平均数对各变量值的代表性强弱;回归标准误差反映的是因变量各实际值与其估计值之间的平均差异程度,表明其估计值对各实际值的代表性强弱,其值越小,估计值 y_c（或回归方程）的代表性越强,用回归方程估计或预测的结果越准确。上述的计算结果 1 000.546 元表明,实际成本总额与估计的成本总额之间平均相差 1 000.546 元。

第三节　回归方程的显著性检验

当我们得到一个实际问题的经验回归方程 $y_c=a+bx$ 后,还不能用它去进行经济分析和预测,因为 $y_c=a+bx$ 是否真正描述了变量 y 与 x 之间的统计规律性,还需运用统计方法对回归方程进行检验。下面介绍两种统计方法。

一、F 检验

F 检验是检验回归方程是否真正线性相关的一种方法,它是建立在对总离差平方和分解的基础上进行的。

回归分析表明,因变量 y 的实际值(观察值)有大有小、上下波动,对每一个观察值来说,波动的大小可用离差 $(y-\overline{y})$ 来表示。离差产生的原因有两个方面:一是受自变量 x 变动的影响;二是受其他因素的影响(包括观察或实验中产生的误差的影响)。n 个观察值总的波动大小用总离差平方和 $\sum(y-\overline{y})^2$ 表示。

每个观察点的离差可以分解为两部分,即:

$$y-\overline{y}=(y-y_c)+(y_c-\overline{y})$$

式中:$(y-y_c)$ 为剩余离差;$(y_c-\overline{y})$ 为回归离差。

将上式两边平方,然后对所有的 n 点求和,则有:

$$\sum(y-\overline{y})^2=\sum[(y-y_c)+(y_c-\overline{y})]^2$$
$$=\sum(y-y_c)^2+2\sum(y-y_c)(y_c-\overline{y})+\sum(y_c-\overline{y})^2$$

式中:交错的乘积项等于零,因而总离差平方和为:

$$\sum(y-\overline{y})^2=\sum(y-y_c)^2+\sum(y_c-\overline{y})^2$$

即　总离差平方和＝剩余平方和＋回归平方和

剩余平方和又称残差平方和,它反映了自变量 x 对因变量 y 的线性影响之外的一切因素(包括 x 对 y 的非线性影响和测量误差等)对因变量 y 的作用。

回归平方和表示在总离差平方和中,由于 x 与 y 的线性关系而引起因变量 y 变化的部分。

上式可写成:$L_{yy}=Q+U$

其中 $L_{yy}=\sum(y-\overline{y})^2=nS_y^2=\sum y^2-(\sum y)^2/n$

$U=L_{yy}-Q=bL_{xy}$

$Q=\sum(y-y_c)^2=L_{yy}-bL_{xy}$

$L_{xy}=\sum(x-\overline{x})(y-\overline{y})=nS_{xy}=\sum xy-(\sum x\sum y)/n$

每个平方和都有一个自由度同它相联系。正如总离差平方和可以分解成剩余平方和 Q 与回归平方和 U 两部分一样,总离差平方和的自由度 f 也等于剩余平方和的自由度 f_Q 与回归平方和的自由度 f_U 之和,即:$f=f_Q+f_U$

式中:$f=n-1$;$f_Q=n-2$;$f_U=f-f_Q=1$。

在总离差平方和 L_{yy} 中,Q 大就意味着 U 小,U 越小表示变量间线性相关性越低,当且仅当 $b=0$ 时,U 是最小的。可见要检验总体两个变量间是否真正线性相关,可以检验总体的回归系数 b 是否等于零。

提出零假设、备择假设:

$H_0:b=0$　　$H_1:b\neq0$

当 x 与 y 有线性关系时,现可以用 F 统计量检验零假设 H_0。

$$F=\frac{U}{Q/(n-2)}\sim F(1,n-2) \tag{8.5}$$

(证明过程从略)

式中，$F(1, n-2)$ 表示第一自由度为 1，第二自由度为 $n-2$ 的 F 分布。对于回归方程的具体检验。可放在方差分析表中。方差分析表的形式如表 8.5 所示。

表 8.5　一元线性回归方差分析

方差来源	平方和	自由度	F 值
回　　归	$U = \sum (y_c - \overline{y})^2 = bL_{xy}$	1	
剩　　余	$Q = \sum (y_c - y)^2 = L_{yy} - bL_{xy}$	$n-2$	$F = \dfrac{U}{Q/n-2}$
总　　和	$L_{yy} = \sum (y - \overline{y})^2 = U + Q$	$n-1$	

这时，若给定显著性水平 α，计算 F 值与查分布表得到的 F 值比较（α 一般取 0.05，0.01 等，$1-\alpha$ 表示检验的可靠度）。如果 $F \leqslant F_\alpha(1, n-2)$ 则称变量 x 与 y 没有明显的线性关系，接受 H_0，说明回归方程不显著；如果 $F > F_\alpha(1, n-2)$，则拒绝 H_0。说明 x 与 y 有显著的线性关系。

仍以例 8.2 的资料，计算见表 8.3，得

$$
\begin{aligned}
L_{yy} &= \sum (y - \overline{y})^2 = nS_y^2 = \sum y^2 - (\sum y)^2/n \\
&= 37\ 517\ 240\ 000 - (610\ 250)^2/12 \\
&= 276\ 733\ 750 \\
L_{xy} &= \sum (x - \overline{x})(y - \overline{y}) = \sum xy - (\sum x \sum y)/n \\
&= 29\ 685\ 410\ 000 - 480\ 600 \times 610\ 250 \div 10 \\
&= 356\ 795\ 000
\end{aligned}
$$

且知回归系数 $b = 0.753\ 71$，$n = 10$，用 F 检验对制造费用与产量之间的线性关系进行检验。

$$
F = \frac{U}{Q/n-2} \sim F(1, 8)
$$

由于 $U = bL_{xy} = 268\ 727\ 646.9$

$$
Q = L_{yy} - bL_{xy} = 8\ 006\ 103.055
$$

故 $F = \dfrac{U}{Q/n-2} = 268.434\ 3$

将结果列入方差分析表（略）。

对于给定的 $\alpha = 0.05$，查 F 分布表得临界值：$F_\alpha(1.8) = 5.32$；由于 $F > F_{0.05}(1, 8)$，所以可以认为总体两个变量间的线性相关关系是显著的，所拟合的线性回归方程具有 95% 的可靠度（置信概率）。

二、样本决定系数 r^2

由回归平方和与剩余平方和的意义可知，在总的离差平方和中，回归平方和所占的比重越大，则线性回归效果越好；如果残差平方和所占的比重大，则回归直线与样本观测值拟合地就不理想。这里把回归平方和与总离差平方和之比定义为样本决定系数，记作 r^2，

且有

$$r^2 = \frac{\sum (y_c - \overline{y})^2}{\sum (y - \overline{y})^2} = \frac{bL_{xy}}{L_{yy}} \tag{8.6}$$

而 $\frac{bL_{xy}}{L_{yy}}$ 正是相关系数 r 的平方（证明略）。决定系数 r^2 是一个回归直线与样本观测值拟合优度判定的指标。r^2 的值总在 0 和 1 之间。一个线性回归模型如果充分利用了 x 的信息，则 r^2 越大，拟合优度就越好；反之，如 r^2 不大，说明模型中给出的 x 对 y 的信息还不够充分，应进行修改，使 x 对 y 的信息得到充分利用。

例 8.2 的决定系数为：$r^2 = 0.971\,06$，这说明在 y 值与 $\overline{y}$ 的偏差的平方和中有 97.1% 可以通过变量 x 来解释。

三、预测及应用

拟合的回归直线方程经检验具有意义，就可以进行预测。预测是回归模型在统计中的重要应用。

（一）点估计

在产量与制造费用（例 8.2）的研究中，估计回归方程为 $y = 24\,827.62 + 0.753\,171x$，提供了产量 x 与制造费用 y 之间关系的一种估计。我们可以用回归方程来对给定某一特定 x 值时 y 的值进行点估计，或者预测某一特定 x 值的 y 值。例如，假定 11 月份产量是 60 000 件，运用回归方程，我们可以得到

$$y_c = 24\,827.62 + 0.753\,171 \times 60\,000 = 70\,017.88 （元）。$$

因此当产量为 60 000 件时，制造费用的点估计值是 70 017.88 元。

（二）区间估计

对于预测问题，除了知道点估计的预测值外，还希望知道预测的精度，因为点估计不能给出与估计有关的任何准确信息。比如研究产量与制造费用的关系，可建立回归方程 $y = a + bx$，当已知产量 $x = x_0$ 时，要预测制造费用，即计算出点估计值 $\hat{y}_0$，而仅知道这一数值意义不大，我们往往更希望能给出一个预测值的变动范围，即进行区间估计。而这一预测值范围比只给 $\hat{y}_0$ 更可信。这个问题也就是对于给定的显著水平 α，找一个区间 (T_1, T_2)，使对应于某特定的 x_0 的实际值 y_0 以 $1 - \alpha$ 的置信概率被区间 (T_1, T_2) 所包含，并且可以证明置信概率为 $(1 - \alpha)$ 的预测区间为

$$(\hat{y}_0 - S_{y_0} \sqrt{F_\alpha(1, n-2)}, \hat{y}_0 + S_{y_0} \sqrt{F_\alpha(1, n-2)})$$

$S_{y_0} = \sqrt{S_e^2 \left[1 + \dfrac{1}{n} + \cdot \dfrac{(x_0 - \overline{x})^2}{\sum (x - \overline{x})^2} \right]}$ 为 $\hat{y}_0$ 的标准差，$F_\alpha(1, n-2)$ 为 F 分布表查得的临界值。

令 $\Delta = S_{y_0} \sqrt{F_\alpha(1, n-2)}$

则预测区间为 $(\hat{y}_0 - \Delta, \hat{y}_0 + \Delta)$

从上式可看到，对于给定的显著性水平 α，为了提高预测精度，样本容量 n 应越大越好，

采集数据 $x_1, x_2, \cdots, x_n$ 不能太集中。在进行预测时,所给的 x_0 不能偏离 $\bar{x}$ 太大,太大时,预测效果肯定不好。统计预测时,当时间序列数据发生了较大变化,即要预测未来太远时,x 的取值 x_0 肯定距当时建模时采集样本的 $\bar{x}$ 相差太大,因此再用原模型去预测肯定不准。

当样本量 n 较大,或 $|x_0 - \bar{x}|$ 较小时,我们可用近似的预测区间。置信水平为 0.95 与 0.99 的近似预测区间分别为:

$$(\hat{y}_0 - 2S_e, \hat{y}_0 + 2S_e)$$

$$(\hat{y}_0 - 3S_e, \hat{y}_0 + 3S_e)$$

对于例 8.3 的资料,和 $x = 60\,000$ 时点估计值的计算结果,现以 $1 - \alpha = 0.95$ 的置信水平进行区间估计,则:

$\hat{y}_0 - 2S_e = 70\,017.88 - 2 \times 1\,000.546 = 68\,016.788$ 元

$\hat{y}_0 + 2S_e = 70\,017.88 - 2 \times 1\,000.546 = 72\,018.972$ 元

即在置信水平为 95% 的条件下,预测区间为 (68 016.788, 72 018.972)。

在统计过程中,有时也会遇到一个变量受多种变量因素的共同作用。如在进行制造费用的分析时,可能受到机器工作小时和直接人工工时的共同影响,这时可根据若干历史时期的产量、成本资料,经分析、计量后,确定变动趋势 $y = a + b_1 x_1 + b_2 x_2$。这就是多元线性回归分析法。本书对此不再介绍,只提醒读者,在进行多元分析时,也要进行各种检验,检验通过后才能进行分析预测。

回归分析方法的应用要特别注意定性分析与定量分析相结合。当现阶段的实际情况与建模时所用数据资料的背景发生较大变化时,不能机械地死套公式,这时要重新收集数据,尽可能用近期数据,以便对模型进行修改。另外,在应用回归方程作预测时,一般适用于内插预测,不大适用于外推预测。如需扩大使用范围,应有充分的理论依据或进一步的试验根据。

四、线性回归的上机实现

作为数据分析工作者,如果统计功底不深厚,可以不必注意这些检验值的手工计算,因为利用现行的许多统计软件包括最普及的 SPSS 软件都能很容易地计算出结果。只要掌握它们的意义进行正确的判断就可以了,我们通过学习下面的例子掌握操作过程和解读方法。

例 8.4 为了估计某地区山上积雪融化后对山下田地灌溉的影响,在山中建立观测点,测得连续十年的雪深数据如表 8.6 所示。借助这些观测数据建立线性回归模型,就可以根据提前测定的山上最大积雪深度预测当年山下的灌溉面积大小。

表 8.6 最大积雪深度和灌溉面积的十年观测数据

年份	最大积雪深度 x/m	灌溉面积 y/千亩	年份	最大积雪深度 x/m	灌溉面积 y/千亩
2005	15.2	286	2011	23.4	45.0
2006	10.4	19.3	2012	13.5	29.2

年份	最大积雪深度 x/m	灌溉面积 y/千亩	年份	最大积雪深度 x/m	灌溉面积 y/千亩
2007	21.2	40.5	2013	16.7	34.1
2008	18.6	35.6	2014	24.0	46.7
2009	26.4	48.9	2015	19.1	37.4

解：首先运用 SPSS 中的画图工具，画出最大积雪深度和灌溉面积的散点图如下，过程见 SPSS 操作步骤 1。

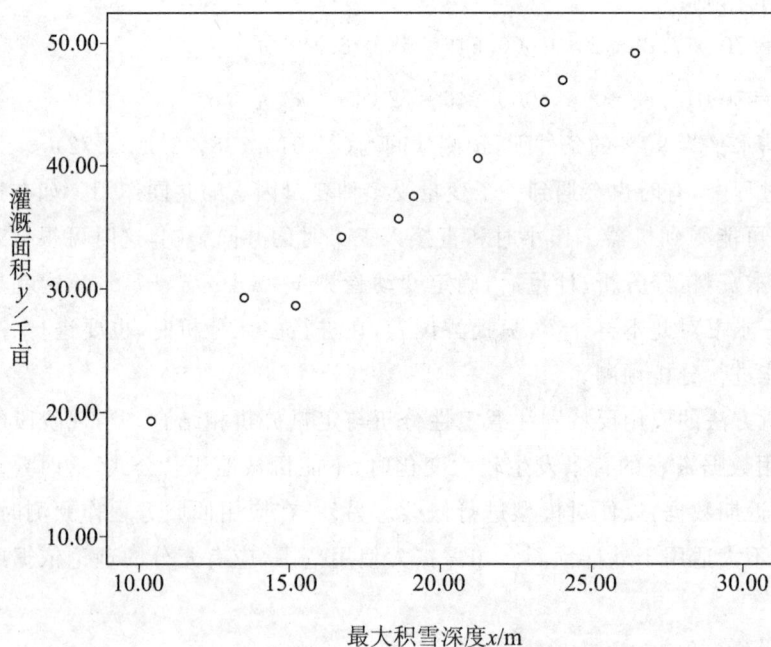

图 8.15　最大积雪深度和灌溉面积的散点图

从图中可初步确定最大积雪深度和灌溉面积这两个变量呈线性关系，可以建立线性回归方程。

运用 SPSS 中的回归分析工具，完成计算任务，过程见 SPSS 操作步骤 2。

根据分析表所提供的数据显示：

一元回归模型为：$y = 2.356 + 1.813x$

$R_a^2 = 0.979$，说明该方程的拟合程度很高。

F 统计量为 371.945，其对应的概率为 0.000，即若 $\sigma = 0.05$ 则拒绝 H_0，方程是有意义的；$t_\beta = 19.286$（对应概率为 0.000），即若 $\alpha = 0.05$，T 检验都拒绝 H_0，也就是说，回归系数 β 有意义的。

SPSS 操作步骤如下：

（1）建立 SPSS 文件，变量 y（灌溉面积），x（最大积雪深度）均定义为数值型。

（2）单击"图形→旧对话框→散点/点状"菜单项，打开"散点/点状"对话框，选择"简单分布"，单击"定义"按钮，打开"简单散点图"对话框。在左侧变量框中选择变量 y（灌溉面积）作为因变量移入"因变量"框，选择变量 x（最大积雪深度）作为自变量复制到"自变量"框中，生成最大积雪深度和灌溉面积的散点图，如图 8.15 所示。

（3）单击"分析→回归→线性"菜单项，打开"线性回归"主对话框。在左侧变量框中选择变量 y（灌溉面积）作为因变量移入"因变量"框，选择变量 x（最大积雪深度）作为自变量复制到"自变量"框中；在"方法"选择框中选择"逐步"作为分析方法。

（4）单击"统计量"按钮，打开"统计量"对话框。在"残差"栏中选择"Durbin-Wastson"复选项，选中"共线性诊断"复选项，单击"继续"按钮，返回主对话框。

（5）单击"绘制"按钮，打开"图"对话框。将 ZPRED 与 SRESID 分别选入 X,Y 框中，选中"正态概率图"复选项，返回主对话框。

（6）单击"确定"按钮，执行 SPSS 命令。输出结果如表 8.7 所示。

表 8.7　一元回归分析结果

模型汇总				
模型	R	R 方	调整 R 方	标准估计的误差
1	0.989	0.979	0.976	1.418 92

Anova						
模型		平方和	df	均方	F	Sig.
1	回归	748.854	1	748.854	371.945	0.000
	残差	16.107	8	2.013		
	总计	764.961	9			

系数						
模型		非标准化系数		标准系数	t	Sig.
		B	标准　误差	试用版		
1	（常量）	2.356	1.828		1.289	0.233
	最大积雪深度 x/m	1.813	0.094	0.989	19.286	0.000
a. 因变量：灌溉面积 $y/$千亩						

第四节   多元线性回归模型

在实际经济和社会问题中,一个因变量往往受到多个自变量的影响。例如,家庭消费支出,除了受家庭可支配收入的影响外,还受诸如家庭所有的财富、物价水平、金融机构存款利息等因素的影响。而多元线性回归就可以根据多个自变量的最优组合建立线性回归方程来估计和预测因变量。

一、多元线性回归模型

多元线性回归模型的一般表达式为:$Y=\beta_0+\beta_1 X_1+\beta_2 X_2+\cdots+\beta_k X_k+\varepsilon$

$$Y=\begin{pmatrix} y_1 \\ y_2 \\ \vdots \\ y_n \end{pmatrix}, \beta=\begin{pmatrix} \beta_0 \\ \beta_1 \\ \vdots \\ \beta_k \end{pmatrix}, X=\begin{pmatrix} 1 & x_{11} & x_{21} & \cdots & x_{k1} \\ 1 & x_{12} & x_{22} & \cdots & x_{k2} \\ \vdots & \vdots & \vdots & \vdots & \vdots \\ 1 & x_{1n} & x_{2n} & \cdots & x_{kn} \end{pmatrix}, \varepsilon=\begin{pmatrix} \varepsilon_1 \\ \varepsilon_2 \\ \vdots \\ \varepsilon_n \end{pmatrix}$$

则 k 元线性回归模型的矩阵表示为:

$$Y=X\beta+\varepsilon \qquad (8.7)$$

对多元线性回归模型的经典假设内容主要有:

(1) $E(\varepsilon_i)=0, i=1,2,\cdots,n$:即随机误差项对被解释变量的影响平均结果为零,此为零均值假设。

(2) $\mathrm{Var}(\varepsilon_i)=\sigma^2, i=1,2,\cdots,n$:即所有随机误差项的方差相等,此为同方差假设。

(3) $\mathrm{Cov}(\varepsilon_i,\varepsilon_j)=0, \forall i\neq j, i,j=1,2,\cdots,n$:即不同随机误差项之间是不相关的,此为不相关假设。

(4) 所有的解释变量是确定性的,因而是非随机的,它和随机误差项 ε 不相关。

(5) 数量矩阵 X 的秩满足不等式 $R(X)=k+1$,也就是解释变量之间不存在多重共线性。

(6) 为了满足假设检验和预测的需要,一般还要进一步假设 $\varepsilon_i \sim N(0,\sigma^2), i=1,2,\cdots,n$,即所有的随机误差项服从正态分布,此为正态分布假设。

二、多元回归模型的参数估计

假设已经得到回归系数 β 的一个估计,记为 $\hat{\beta}$,则被解释变量和随机误差项的估计值分别为:

$$\hat{Y}=X\hat{\beta}, \hat{\varepsilon}=Y-\hat{Y}=Y-X\hat{\beta}$$

残差平方和可以表示为:

$$S=\hat{\varepsilon}'\hat{\varepsilon}=(Y-X\hat{\beta})'(Y-X\hat{\beta})=Y'Y-2\hat{\beta}'X'Y+\hat{\beta}'X'X\hat{\beta}$$

由 OLS 估计得到：

$$\hat{\beta}=(X'X)^{-1}X'Y$$

参数 σ^2 的一个无偏估计为：

$$\hat{\sigma}^2=s^2=\frac{\sum\hat{\varepsilon}_i^2}{n-k-1}$$

三、多元线性回归模型的假设检验

多元线性回归模型的线性检验也是建立在三个离差平方和的基础上，即：总离差平方和 $TSS=\sum_{i=1}^{n}(y_i-\bar{y})^2$，回归平方和 $ESS=\sum_{i=1}^{n}(\hat{y}_i-\bar{y})^2$，残差平方和 $RSS=\sum_{i=1}^{n}(y_i-\hat{y}_i)^2$。$TSS=RSS+ESS$。与一元线性回归一样，定义 $R^2=ESS/TSS$，它衡量各个解释变量对被解释变量变动的解释程度，显然其取值是在 0 与 1 之间，值越接近 1，则解释变量的解释程度越高，值越接近 0，则解释变量的解释能力越弱。一般来说，增加解释变量的个数，会增加回归平方和 ESS，所以 R^2 就会变大，这样容易引起误导，把不显著的解释变量也留在回归方程中，有鉴于此，需要对该指标加以调整，这就是调整的决定系数。

定义为 $\bar{R}^2=1-\dfrac{RSS/n-k-1}{TSS/n-1}=1-(1-R)^2\dfrac{n-1}{n-k-1}$，该指标考虑到加入解释变量对自由度的影响，因而是合理的。

方程线性显著性检验步骤如下：

（1）建立原假设和备择假设。

$H_0:\beta_1=\beta_2=\cdots=\beta_k=0,H_1:\exists\beta_1\neq0,(i=1,2,\cdots,k)$

（2）构造 F 统计量：在原假设成立下，不加证明地指出下列结论是成立的。

$$F=\frac{ESS/k}{\sigma^2}\Big/\frac{(n-k-1)s^2/(n-k-1)}{\sigma^2}=\frac{ESS}{ks^2}\sim F(k,n-k-1)$$

（3）根据估计的结果，计算出统计量值 F。

（4）根据给定显著性水平 α 和自由度，查 F 分布的临界表得到临界值 $F_\alpha(k,n-k-1)$。

（5）比较统计量值 F 和临界值 $F_\alpha(k,n-k-1)$，做出判断，规则如下：

若 $F>F_\alpha(k,n-k-1)$，则拒绝原假设，接受备择假设，从而回归模型变量之间线性关系显著；若 $F\leqslant F_\alpha(k,n-k-1)$，则接受原假设，拒绝备则假设，从而回归模型变量之间线性关系不显著。

四、参数显著性的 t 检验

单参数假设检验的基本步骤如下：

（1）建立假设检验：

$H_0:\beta_i=0\quad H_1:\beta_i\neq0,i=0,1,2,\cdots,k$

（2）构造检验的统计量：在原假设成立的条件下有

$$t_i=\frac{\hat{\beta}_i}{s\sqrt{(X'X)_{ii}^{-1}}}\sim t(n-k-1)$$

（3）计算统计量的值 t_i。

（4）给定显著性水平 α，查 t 分布的临界表，得到临界值 $t_{\alpha/2}(n-k-1)$。

（5）比较计算的统计量值和查表得到的临界值，给出判断，规则如下：

如果 $|t_i|>t_{\alpha/2}(n-k-1)$，则拒绝原假设，接受备择假设，即系数 $\beta_i=0$ 在给定显著性水平下与 0 有显著性差异；如果 $|t_i|\leqslant t_{\alpha/2}(n-k-1)$，则接受原假设，拒绝备择假设，即系数 β_i 在给定显著性水平下与 0 没有显著性差异。

五、多元线性回归的上机实现

下面例子的自变量和因变量都是连续型随机变量。

例 8.5　10 个地区某种商品的需求量与其价格以及消费者收入的资料，见表 8.8，推测如果价格在 38 百元、消费者收入为 1 680 万元时，该商品的需求量。

表 8.8　10 个地区某种商品的需求量与相关资料

地区编号	需求量 y/t	价格 x_1/百元	收入 x_2/万元
1	5 919	23.56	762
2	6 545	24.44	912
3	6 236	32.07	1 067
4	6 470	32.46	1 116
5	6 740	31.15	1 190
6	6 440	34.14	1 292
7	6 800	35.3	1 434
8	7 240	38.7	1 596
9	7 571	39.63	1800
10	7 068	46.68	1 930

解：运用 SPSS 中的回归分析工具，完成计算任务，过程见 SPSS 操作步骤，分析结果见图 8.16，根据分析表所提供的数据显示：

二元回归模型为：$y=6\,265.553-97\,993x_1+2.863x_2$

$$R_a^2=0.874$$

F 统计量为 32.089，其对应的概率为 0.000，即若 $\alpha=0.05$ 则拒绝 H_0，方程是有意义的。

$t_{\beta_1}=-3.054$（对应概率为 0.019）；$t_{\beta_2}=4.888$（对应概率为 0.002），即若 $\alpha=0.05$，两个检验都是拒绝 H_0，也就是说，回归系数 $\hat{\beta_1}$ 和 $\hat{\beta_2}$ 是有意义的。

当 $x_1=38,x_2=1\,680$ 时，代入方程可得：$y=6\,265.533-97.993\times38+2.863\times1\,680$

$=7\,351.629(t)$

SPSS 操作步骤如下：

(1) 建立 SPSS 文件，变量 y(需求量)，x_1(价格)，x_2(收入)均定义为数值型。

(2) 单击"分析→回归→线性"菜单项，打开"线性回归"主对话框。在左侧变量框中选择变量 y(需求量)作为因变量移入"因变量"框，选择变量 x_1(价格)，x_2(收入)作为自变量复制到"自变量"框。在"方法"选择框中选择"进入"作为分析方法。

(3) 单击"统计量"按钮，打开"统计量"对话框。在"残差"栏中选择"Durbin-Wastson"复选项，选中"共线性诊断"复选项，单击"继续"按钮，返回主对话框。

(4) 单击"绘制"按钮，打开"图"对话框。将 ZPRED 与 SRESID 分别选入 X,Y 框中，选中"正态概率图"复选项，返回主对话框。

(5) 单击"确定"按钮，执行 SPSS 命令。输出结果如表 8.9 所示。

表 8.9 二元线性回归分析结果

模型	R 方	R 方	更改统计量					Durbin-Watson
			R 方更改	F 更改	df1	df2	Sig. F	
1	0.902	0.874	0.902	32.089	2	7	0.000	1.652

Anova						
模型		平方和	df	均方	F	Sig.
1	回归	1 953 855.535	2	976 927.767	32.089	0.000
	残差	213 107.365	7	30 443.909		
	总计	2 166 962.900	9			

系数								
模型		非标准化系数		标准系数	t	Sig.	B 的 95.0% 置信区间	
		B	标准 误差	试用版			下限	上限
1	(常量)	6 265.553	402.647		15.561	0.000	5 313.444	7 217.662
	价格	−97.993	32.086	−1.381	−3.054	0.018	−173.863	−22.122
	收入	2.863	0.586	2.211	4.888	0.002	1.478	4.249
a. 因变量:需求量								

下面例子的因变量是连续型随机变量，其中一个自变量是离散型随机变量。

例 8.6 为了研究职员年薪与工龄、性别的关系，课题研究者调查了某 16 名职员的情况,如表 8.10 所示。试预测一名工龄为 10 年、性别为男的职员的年薪。

表 8.10　16 名职员年薪与工龄、性别的调查结果

序	年薪/千美元	工龄/年	性别	序	年薪/千美元	工龄/年	性别
1	23.0	1	男	9	25.0	5	女
2	19.5	1	女	10	28.0	5	男
3	24.0	2	男	11	29.5	6	男
4	21.0	2	女	12	26.0	6	女
5	25.0	3	男	13	27.5	7	女
6	22.0	3	女	14	31.5	7	男
7	26.5	4	男	15	29.0	8	女
8	23.1	4	女	16	35.7	9	男

　　解:由于性别是二分变量,要分析其对职员年薪的影响,可引入因变量,如以女性为基准,其取值为:女性-0,男性-1。

　　运用中的回归分析工具,完成计算任务,过程见 SPSS 操作步骤,分析结果见表 8.11。

表 8.11　二元线性回归分析结果

模型汇总[c]					
模型	R	R 方	调整 R 方	标准估计的误差	Durbin-Watson
1	0.890[a]	0.792	0.778	1.9018	
2	0.996[b]	0.991	0.990	0.4045	1.672

a. 预测变量:(常量),工龄(年)。

b. 预测变量:(常量),工龄(年),性别。

c. 因变量:年薪(千美元)

Anova[a]					
模型	平方和	df	均方	F	Sig.
1　回归	193.217	1	193.217	53.420	0.000[b]
残差	50.637	14	3.617		
总计	243.854	15			

续表

Anova[a]					
模型	平方和	df	均方	F	Sig.
回归	241.727	2	120.864	738.746	0.000[c]
2　残差	2.127	13	0.164		
总计	243.854	15			

a. 因变量:年薪(千美元)

b. 预测变量:(常量),工龄(年)。

c. 预测变量:(常量),工龄(年),性别。

根据分析表所提供的数据显示:二元回归模型为

$$y = 17.699 + 1.431 \times \text{word age} + 3.484 \times \text{sex}$$

SPSS 操作步骤如下:

(1) 建立 SPSS 文件,变量(年薪、工龄、性别)均定义为数值型。

(2) 单击"分析→回归→线性"菜单项,打开"线性回归"主对话框。在左侧变量框中选择变量作为因变量移入"因变量"框,选择变量作为自变量复制到"因变量"框。在"方法"选择框中选择"逐步"作为分析方法。

(3) 单击"统计量"按钮,打开"统计量"对话框。在"残差"栏中选择"Durbin-Wastson"复选项,选中"共线性诊断"复选项,单击"继续"按钮,返回主对话框。

(4) 单击"绘制"按钮,打开"图"对话框。将 ZPRED 与 SRESID 分别选入 X,Y 框中,选中"正态概率图"复选项,返回主对话框。

(5) 单击"确定"按钮,执行 SPSS 命令。输出结果如表 8.11 所示。

第五节　曲线估计

实际问题中,有许多回归模型的因变量 y 与自变量 x 之间的关系都不是线性的,但 y 与未知参数 a,b 之间的关系都是线性的。注意,线性回归是针对参数而言,而不是针对自变量而言。因此,有些因变量 y 对自变量 x 的曲线关系情形可以通过变量代换转换成线性的形式。具体思路是通过作散点图或定性分析认为两个变量之间存在的相关关系为曲线相关时,可先根据变量间不同类型配合一条与其相适应的回归曲线,如指数曲线、双曲线等,然后再确定回归方程中的未知参数。对于那些可线性化的回归方程,对新变量而言,线性化后的方程都为直线方程,故其参数的确定可用线性回归方程求参数的公式计算。下面给出几种常见的非线性模型及其线性化方法。

一、可线性化的常用曲线类型

1. 指数函数(图 8.16)

$$y = ae^{bx} \tag{8.8}$$

对其两边取自然对数,得

$\ln y = \ln a + bx$　令 $y' = \ln y$ 则 $y' = \ln a + bx$

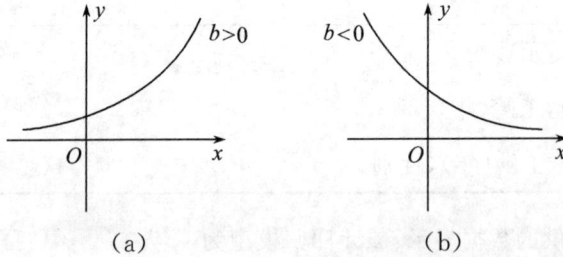

图 8.16　指数函数曲线示意图

2. 幂函数(图 8.17)

$$y = ax^b \tag{8.9}$$

对上式两边取对数,得 $\lg y = \lg a + b\lg x$

令 $y' = \lg y, x' = \lg x$ 则得 $y' = \lg a + bx'$

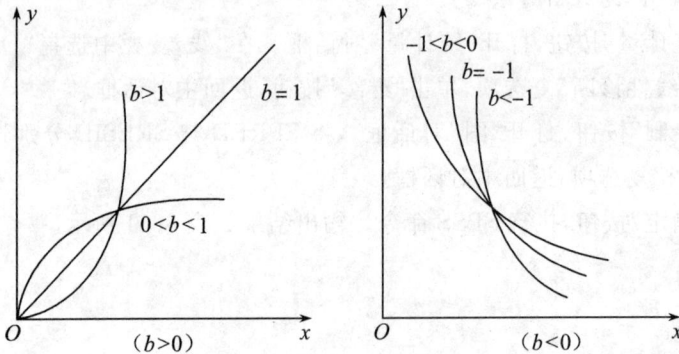

图 8.17　幂函数曲线示意图

3. 双曲线函数(图 8.18)

$$\frac{1}{y} = a + \frac{b}{x} \tag{8.10}$$

令 $y' = \frac{1}{y}, x' = \frac{1}{x}$,则得 $y' = a + bx'$

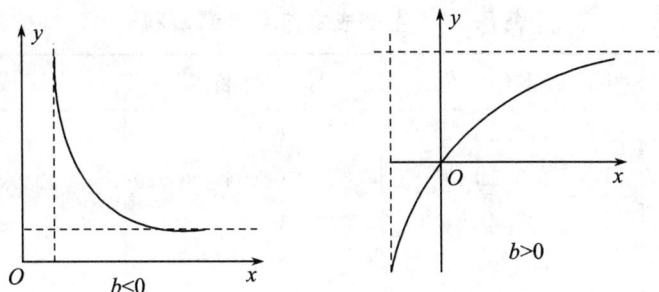

图 8.18 双曲线函数曲线示意图

4. 对数函数(图 8.19)

$$y=a+b\lg x \tag{8.19}$$

令 $x'=\lg x$，则得 $y=a+bx'$

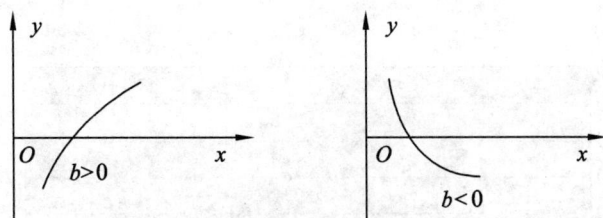

图 8.19 对数函数曲线示意图

5. S 形曲线(图 8.20)

$$y=\frac{1}{a+be^{-x}} \tag{8.12}$$

令 $y'=\dfrac{1}{y}$，$x'=e^{-x}$，则得 $y'=a+bx'$

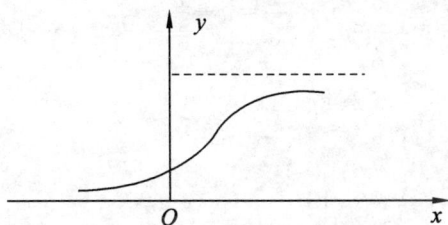

图 8.20 S 形曲线示意图

例 8.5 某电器公司生产某种电器,生产成本与月产量的数据资料如表 8.12 所示。试分析生产成本与月产量之间的关系,并建立成本对产量的回归方程。

解:从生产边际分析,单位成本与产量之间成比例变动。将表 8.12 中数据绘制成散点图,见表 8.21 所示,从图中可以看出,随着产量(x)的增加,最初生产成本(y)增加很快,以后逐渐减慢并趋于稳定,因此两个变量适宜用双曲线拟合。

表 8.12　生产成本与月产量资料

月产量(件)x	生产成本(元/件)y	月产量(件)x	生产成本(元/件)y
4 300	346.23	6 024	310.82
4 004	343.34	6 194	306.83
4 300	327.46	7 558	305.11
5 013	313.27	7 381	300.71
5 511	310.75	6 950	306.84
5 648	307.61	6 471	303.44
5 876	314.56	6 354	298.03
6 651	305.72	8 000	296.21

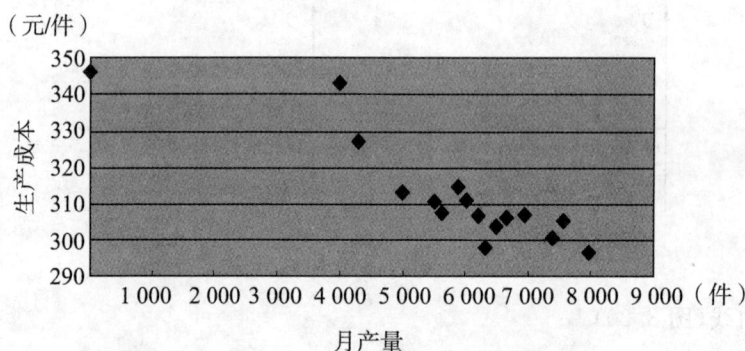

图 8.21　生产成本与月产量的散点图

双曲线回归方程为:

$$\frac{1}{y} = a + \frac{b}{x}$$

令 $x' = \dfrac{1}{x}, y' = \dfrac{1}{y}$

则得 $y' = a + bx'$

为确定参数 a, b,列出计算表 8.13。

表 8.13　回归方程计算

x	y	$x' = \dfrac{1}{x}10^{-6}$	$y' = \dfrac{1}{y}10^{-6}$	x'^2	$x'y'$
4 300	346.23	232.56	288.83	54 083.29	1 488 789
4 004	343.34	249.75	291.26	62 375.19	1 374 733
4 300	327.46	232.56	305.38	54 083.29	1 408 078
5 013	313.27	199.48	319.21	39 792.81	1 570 423

x	y	$x'=\frac{1}{x}10^{-6}$	$y'=\frac{1}{y}10^{-6}$	x'^{2}	$x'y'$
5 511	310.75	181.46	321.80	32 926.02	1 712 543
5 648	307.61	177.05	325.09	31 348.06	1 737 381
5 876	314.56	170.18	317.90	28 962.53	1 848 355
6 651	305.72	150.35	327.10	22 606.12	2 033 344
6 024	310.82	166.00	321.73	27 556.88	1 872 380
6 194	306.83	161.45	325.91	26 064.99	1 900 505
7 558	305.11	132.31	327.75	17 505.97	2 306 021
7 381	300.71	135.48	332.55	18 355.64	2 219 541
6 950	306.84	143.88	325.90	20 702.86	2 132 538
6 471	303.44	154.54	329.55	23 881.26	1 963 560
6 354	298.03	157.38	335.54	24 768.83	1 893 683
8 000	296.21	125.00	337.60	15 625.00	2 369 680
——	——	2 769.44	5 133.10	7 669 787.61	29 831 553

$$b=\frac{n\sum x'y'-\sum x'\sum y'}{n\sum x'^{2}-(\sum x')^{2}}=-0.010\ 56$$

$$a=\overline{y}'-b\,\overline{x}'=375.816\ 6$$

$$y'=375.816\ 6-0.010\ 56x'$$

将 $x'=\frac{1}{x}$，$y'=\frac{1}{y}$ 代入回归方程，即得双曲线回归方程为：

$$\frac{1}{y_c}=375.816\ 6-0.010\ 56\frac{1}{x}$$

二、非线性判定系数 R^2

在非线性回归分析中，可用非线性判定系数 R^2 来度量两个变量之间非线性相关的密切程度。R^2 的变化范围介于 0 与 1 之间，R^2 越接近于 1，表明变量间的非线性相关的程度越强，所拟合的曲线效果越好；反之，R^2 越接近于 0，表明变量间非线性相关程度越弱，所拟合的曲线效果越差。R^2 的计算公式：

$$R^2 = 1 - \sum (y - y_c)^2 / \sum (y - \overline{y})^2 \tag{8.13}$$

由表 8.12 资料列表计算如表 8.14 所示。

表 8.14 R^2 计算表

y_c	$(y - \overline{y})^2$
330.41	250.17
333.54	96.06
330.41	8.72
322.88	92.45
317.63	47.29
316.18	73.44
313.77	0.62
305.59	0.02
312.21	1.93
310.41	12.85
296.01	82.77
297.88	8.00
302.43	19.43
307.49	16.40
308.73	114.39
291.35	23.66

由表 8.12 和表 8.14 中的数字资料,并由公式

$$R^2 = 1 - \sum (y - y_c)^2 / \sum (y - \overline{y})^2$$

得 $R^2 = 0.735\ 5$,另外 $F = 38.938$(计算略)有 $F > F_{0.05}(1,16) = 4.49$,表明两个变量之间有显著的非线性相关关系。

对同一个问题进行模型的确定,在实际应用中,如果变化趋势不是非常明显可采用不同的模型分别进行拟合,然后比较模型各自的残差平方和,残差平方和越小,回归模型越好,另外再结合非判定系数 R^2 的比较。

例 8.6 在一个城市里,居民的火灾损失与居民到消防队的距离有关。一般说来,到消防队的距离越远,消防人员赶来救火的时间差就越大,从而火灾损失也就越大。假定保险公司希望了解居民地理分布与火灾损失的数量关系,从而更加合理地制定火灾保险金额。火灾损失越大,保险公司的赔偿越多,从而客户投保的费用也应当越高。为了揭示火灾损失与居民分布的数学关系,保险公司派人调查了一系列统计数据(表 8.15)。试分析这些数据的变化规律,并帮助保险公司解决他们希望解决的问题。

表 8.15　到消防队的距离 x 与火灾损失 y 数据

距离	5.5	6.5	5.4	6.5	5.5	6.6	6.3	6.7	5.2	6.8
损失	42	54	27	52	47	64	57	58	34	59
距离	6.0	5.3	6.1	6.9	5.3	7.1	5.7	7.2	5.1	7.3
损失	60	28	50	58	39	62	44	60	37	67
距离	7.5	5.2	6.1	8.9	5.8	9.4	7.6	9.5	8.8	5.3
损失	65	25	57	69	52	67	66	67	65	44
距离	7.7	8.5	8.9	5.2	5.8	7.7	7.8	7.8	9.2	8.7
损失	67	66	67	32	44	63	69	69	69	65
距离	7.9	9.8	7.9	5.3	8.0	9.6	8.0	8.1	8.5	5.7
损失	69	69	63	34	65	66	64	63	69	38

解:首先运用 SPSS 中的画图工具,画出到消防队的距离 x 与火灾损失 y 的散点图如图 8.22 所示,过程见 SPSS 操作步骤 1。

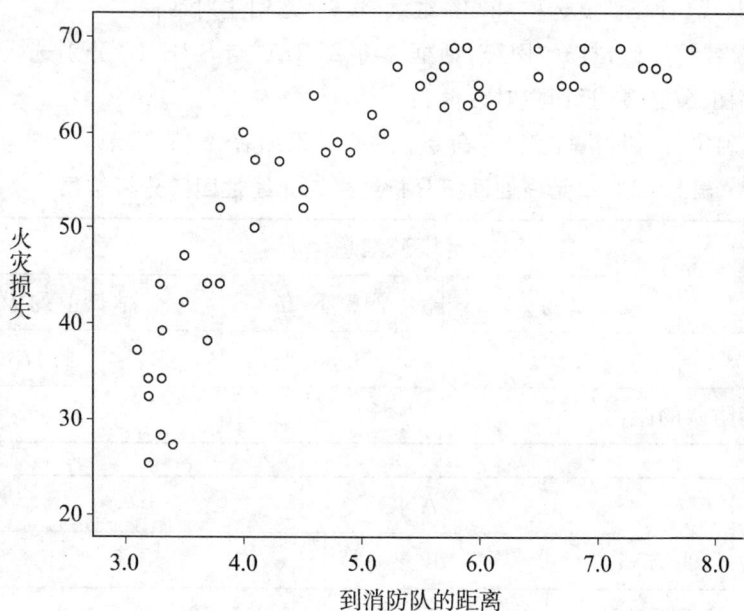

图 8.22　最大积雪深度和灌溉面积的散点图

从图 8.22 中可以看出,确定消防队的距离 x 与火灾损失 y 这两个变量呈现明显的曲线关系,可以建立线性回归方程。运用 SPSS 中的回归分析工具,完成计算任务,过程见 SPSS 操作步骤,分析结果见表 8.16。

根据分析表所提供的数据显示:

二元回归模型为：$y = 6\ 265.553 - 97.993x_1 + 2.863x_2$

$$R_a^2 = 0.874$$

F 统计量为 32.089，其对应的概率为 0.000，即若 $\alpha = 0.05$ 则拒绝 H_0，方程是有意义的。$t_{\beta_1} = -3.054$（对应概率为 0.019）；$t_{\beta_2} = 4.888$（对应概率为 0.002）。即若 $\alpha = 0.05$，两个检验都是拒绝 H_0，也就是说，回归系数 $\hat{\beta}_1$ 和 $\hat{\beta}_2$ 是有意义的。

当 $x_1 = 38$，$x_2 = 1\ 680$ 时，代入方程可得：$y = 6\ 265.553 - 97.993 \times 38 + 2.863 \times 1\ 680 = 7\ 351.629(t)$。

（1）建立 SPSS 文件，变量 y（火灾损失），x（消防队的距离）均定义为数值型。

（2）单击"图形→旧对话框→散点/点状"菜单项，打开"散点/点状"对话框，选择"简单分布"，单击"定义"按钮，打开"简单散点图"对话框。在左侧变量框中选择变量 y（火灾损失）作为因变量移入"因变量"框，选择变量 x（消防队的距离）作为自变量复制到"自变量"框中，生成消防队的距离和火灾损失的散点图，如图 8.25 所示。

（3）单击"分析→回归→曲线估计"菜单项，打开"曲线估计"主对话框。在左侧变量框中选择变量 y（火灾损失）作为因变量移入"因变量"框，选择变量 x（消防队的距离）作为自变量复制到"自变量"框中；在"方法"选择框中选择"逐步"作为分析方法。

（4）单击"统计量"按钮，打开"统计量"对话框。在"残差"栏中选择"Durbin-Wastson"复选项，选中"共线性诊断"复选项，单击"继续"按钮，返回主对话框。

（5）单击"绘制"按钮，打开"图"对话框。将 ZPRED 与 SRESID 分别选入 X，Y 框中，选中"正态概率图"复选项，返回主对话框。

（6）单击"确定"按钮，执行 SPSS 命令。输出结果如表 8.16 所示。

表 8.16　二元线性回归分析结果二元线性回归分析结果

模型汇总			
R	R 方	调整 R 方	估计值的标准误
0.944	0.891	0.887	4.473
自变量为到消防队的距离			

ANOVA					
	平方和	df	均方	F	Sig.
回归	7 715.451	2	3 857.725	192.852	0.000
残差	940.169	47	20.004		
总计	8 655.620	49			
自变量为到消防队的距离					

系数					
	未标准化系数		标准化系数	t	Sig.
	B	标准误	Beta		
到消防队的距离	38.895	3.804	4.161	10.225	0.000
到消防队的距离的平方	−2.951	0.361	−3.326	−8.172	0.000
（常数）	−59.692	9.452		−6.315	0.000

第六节　逻辑回归分析

在前面所讲的线性回归和曲线估计中,因变量都是连续型的随机变量。但实际研究和生活实践中,更多的情况为因变量是离散型随机变量。比如,政治学中经常研究的是否选举某候选人;经济学研究中所涉及的是否销售或购买某种商品、是否签定一个合同等等。这种选择度量通常分为两类,即"是"与"否"。在社会学和人口学研究中,人们的社会行为与生命事件的发生加犯罪、逃学、迁移、结婚、离婚、生育、患病等等都可以按照二分类变量来测量。在研究中,态度与偏好等心理现象经常也是按几个类型进行测量的,如"强烈反对"、"反对"、"中立"、"支持"和"强烈支持"。此外,虽然一些测量在理论上可以是连续变量,比如某事物对于人们生活的重要程度,但是在实际调查中却常常按次序分类(如"不重要""重要""非常重要")进行测量。还有的时候,人们甚至更愿意将连续量度转换为类型划分,一种常见的情况就是当分析学生升学考试成绩的影响因素时,考试分数可以被划分成两类:录取线以上和录取线以下。录取线以下,只要选定一个分界点,连续变量便可以被转换为二分类变量。又如,要研究小学生是否失学与学生的性别、年龄、家庭经济条件、家长教育观念等因素的关系,小学生的失学情况有两种结果:要么失学,要么没失学。再如在一项关于学习方式与学校类型、课程计划关系的研究中,学习方式设置为三种情况:自修、小组合作、传统讲授;在一项有关小学生的数学成绩与智商、学习能力、语文成绩关系的研究中,数学成绩为等级制,取优、良、中、合格、不合格五个水平;等等。此时线性回归分析就不适用了。

可以用于处理离散型因变量的统计分析方法有:判别分析(discriminant analysis)、概率回归分析(probit regression)、逻辑回归分析(logistic regression)和对数线性模型(log linear model)等,在教育与心理研究中常用逻辑回归分析。逻辑回归分析常用于影响因素分析,求出各协变量对因变量的比数比,也可用于判别分析,来估计各种自变量组合条件下因变量各类别的发生概率。逻辑回归分析根据因变量取值情况的不同,可分为二分变量逻辑回归分析(binary logistic regression)、多项逻辑回归分析(multinomial logistic regression)和顺序变量逻辑回归分析(ordinal logistic regression)。

一、二分变量逻辑回归分析

设 p 为某事件发生($y=1$)的概率,取值范围为 $0 \sim 1$,$1-p$ 为该事件不发生($y=0$)的概率,将比数 $p/(1-p)$ 取自然对数得 $\ln(p/(1-p))$,即对 P 做 $logit$ 转换,记为 $logit\ P$,

则 $logit\ P$ 的取值范围在 $-\infty \sim +\infty$ 之间。以 $logit\ P$ 为因变量,建立线性回归方程:

$$logit\ P = \alpha + \beta_1 x_1 + \cdots + \beta_m x_m \tag{8.14}$$

式中 $x_1, x_2, \cdots, x_m$ 为与 y 相关的确定性变量;α 为常数项,表示自变量取值全为 0 时,比数($y=1$ 与 $y=0$ 的概率之比)的自然对数值;β_i 为 Logistic 回归系数,表示当其他自变量取值保持不变时,该自变量取值增加一个单位引起比数比(OR)自然对数值的变化量。

从上述模型可以看出,Logistic 回归模型实际上是普通多元线性回归模型的推广,但它的误差项服从二项分布而不是正态分布,因此在拟合时采用最大似然估计法(maximum likelihood estimation,MLE)进行参数估计。

与多元线性回归一样,Logistic 回归模型对样本量也有着严格的要求,可用以下经验方法来估计:选择因变量中较少的那一类,将该数值除以 10,得到模型中可以分析的自变量数。例如某研究调查了 100 个个案,其因变量分布为考试合格的 70 个,未合格的 30 个,则模型中可分析的自变量数应为 $30/10=3$;如果要分析 4 个自变量,就要相应地增加样本容量。需要注意的是以上经验方法估计的只是样本容量的最低水平,有可能仍然不够。在分析时可能出现的迭代不收敛、增删几个个案后参数估计值出现剧烈波动,或者出现极宽的置信区间等情况也往往和样本容量不足有关,因此一般来说样本容量越大越好。

(一)SPSS 操作过程

(1)建立至少包含一个离散型因变量的 SPSS 数据文件。

(2)鼠标单击"分析回归→二元→Logistic"菜单项,打开"Logistic 回归"主对话框,如图 8.23 所示。

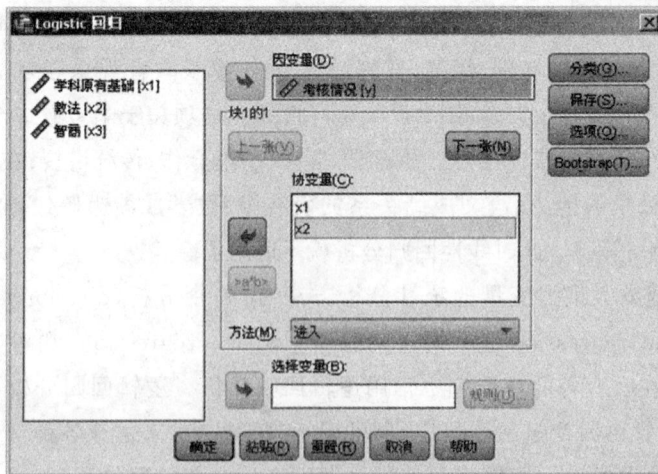

图 8.23 "逻辑回归"主对话框

（3）"因变量"框：可在左侧变量框中将离散型因变量选入此框中，且只能选入一个。

（4）"块1"的"1"栏中的"协变量"框用于选入自变量，左侧的"＞$a*b$＞"按钮用于选入交互作用项，即先在左侧变量框中同时选中两个或多个自变量，然后单击该按钮，相应变量的交互作用就被选入"协变量"框中。"上一张"和"下一张"两个按钮用于将下面"协变量"框中选入的自变量分组。由于多元回归分析中自变量的选入方式有进入法、向前法、向后法等方法，如果对不同的自变量选入的方法不同，则用该按钮组将自变量分组选入即可，具体的使用方法可参见线性回归分析。

（5）"方法"列表框：用于选择变量进入方法，有进入法、向前法和向后法三大类。

① 进入法：所有变量一次全部进入方程。

② 向前法：实际上是逐步法（即逐步向前法），变量一律根据比分检验的概率大小依次进入方程，移出方程所采用的检验方法则共分为条件、LR、Wald 三种。

③ 向后法：根据一定标准将变量依次移出方程，所采用的检验方法共分为条件、LR、Wald 三种。

在上面的向前法和向后法中，变量移出方程所采用的检验方法有：

a. 条件：依据在条件参数估计基础上的似然比检验结果剔除变量。

b. LR：依据在最大局部似然估计的似然比检验结果剔除变量。

c. Wald：依据 Walds 检验结果剔除变量。

与线性回归分析不同，在 Logistic 回归分析中，变量的筛选所用的检验统计量不再是 F 统计量，而是似然比统计量、wald 统计量和比分统计量。

似然比检验（likelihood ratio test）：在 Logistic 回归分析中一般采用最大似然法进行模型估计，即使模型的似然函数 L 达到最大值。$-2\ln L$ 被称为偏差（deviance），记为 D。显然模型预测效果越好，则 L 越大，D 值也越大。似然比检验就是通过比较是否包含某个（或某几个）参数 β 的两个模型的 D 值来进行，即：$G=D_p-D_k\approx x^2_{k-p}$，式中 D_p 为未包含某个（或某几个）参数模型的 D，D_k 为包含了某个（或某几个）参数模型的 D，当样本容量较大时，该统计量接近卡方分布。

比分检验（score test）：以未包含某一个（或某几个）参数的模型为基础，保留模型中参数的估计值，并假设新增加的参数为 O，计算似然函数的一阶偏导数（又称有效比分）及信息矩阵，两者相乘即为比分检验统计量 S。当样本量较大时，S 也服从卡方分布。

Wald 检验：该检验是通过比较 A 值来进行的，它基于值服从正态分布的假设，首先求出值的标准误，然后基于正态分布原理求出 P 值。可以看出，参数置信区间的估计式就是基于 Walds 检验的。在结果输出中，关于 a 值的所有检验都是 Walds 检验。

在这三种检验中，似然比检验是基于整个模型的拟合情况进行的，结果最为可靠；比分检验结果一般与似然比检验一致；而 Walds 检验要考虑各因素的综合作用，当因素之间存在共线性时，其结果不可靠。因而在筛选变量时，用 walds 检验应慎重。

（6）"选择变量"框：可对样本数据进行筛选，挑选符合一定条件的样本数据进行分析，其操作参见线性回归分析。

（7）单击"分类"按钮，打开"定义分类变量"对话框，如图 8.24 所示。

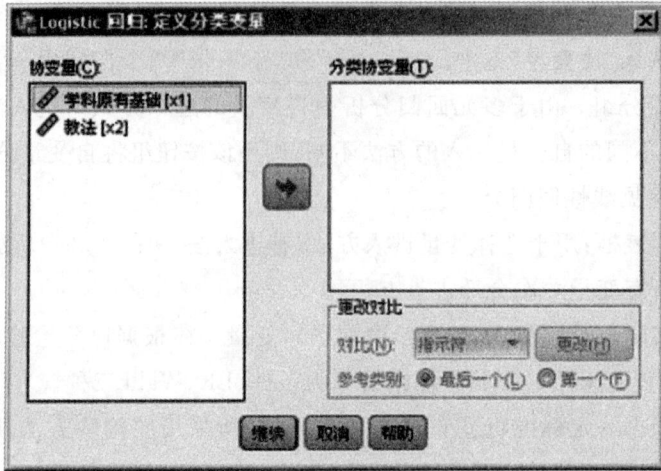

图 8.24 "定义分类变量"对话框

如果自变量为多分类变量（如人的典型气质类型等），由于多分类自变量与因变量之间通常不存在线性关系，须用哑变量的方式来分析，那么就要用该按钮将该变量指定为分类变量，系统将自动产生 $K-1$ 个哑变量（K 为该变量的水平数），"定义分类变量"对话框就是用于设置全哑变量模型中各哑变量的取值方式的。

①"协变量"框：列出所有数值型自变量，它们均可被指定为分类变量。

②"分类协变量"框：用于选入分类变量，系统默认情况下所有的字符串型自变量都已被选入该框。

③"更改对比"栏：用于设置每个变量的哑变量组中的具体取值和对照组。"对比"下拉列表用于选择哑变量取值情况，"参考类别"单选框组用于设置第一水平或最后一个水平为对照。以下以三分类自变量为例（假设其取值为 A、B、C），简述各种方法的运用。

a. "指示符"：系统默认值，也是最常用的比较方法。该法以第一分类或最后一分类为对照（用最下方"参考类别"单选框组来选择），其他每一分类都与对照比较。若以最后一分类为对照，此时系统内为两个哑变量赋值如表 8.13 所示，即当分类变量取值 A 时，第一与第二哑变量赋值分别为 1 和 0，当分类变量取值 B 时，第一与第二哑变量赋值分别为 0 和 1，当分类变量取值 C 时，第一与第二哑变量赋值均为 0。

b. "简单"：同上，以第一分类或最后一分类为对照，其他每一分类都与对照比较，所不同的是，从哑变量赋值可以看出，用该法时，参数仅是分类变量三种取值时比数自然对数值的均数，反映的是三分类的平均效应。而"指示符"法中，参数 a 是指两个哑变量都取 0 时，比数的自然对数值，反映的是对照组的效应。

c. "差值"：除第一类外，各分类与其前各分类的平均效应相比较。哑变量赋值如表 8.17 所示。

表 8.17 哑变量赋值情况

项目	哑变量	分类变量取值		
		A	B	C
指示符	DV_1	1	0	0
	DV_2	0	1	0
简单	DV_1	0.667	−0.333	−0.333
	DV_2	−0.333	0.667	−0.333
差值	DV_1	0.5	−0.5	0
	DV_2	−0.333	−0.333	0.667
Helmert	DV_1	0.667	−0.333	−0.333
	DV_2	0.5	−0.5	0
重复	DV_1	0.667	−0.333	−0.333
	DV_2	0.333	0.333	−0.667
偏差	DV_1	1	0	−1
	DV_2	0	1	−1

d. "多项式": 正交多项式比较, 假设各类之间间隔相等。此比较方法仅适用于数值型分类变量。

e. "偏差": 以第一分类或最后分类为参照。其余各分类与总效应相比较。若以最后一类为参照, 则哑变量赋值如表 8.17 所示。

值得注意的是, 在多数情况下只需将变量选入"分类协变量"框中, 按系统默认的"指示符"方法进行比较即可。

单击"继续"按钮, 返回主对话框。

(8) 单击"保存"按钮, 打开"保存"对话框, 如图 8.25 所示。

利用该对话框可将分析过程中生成的结果存储起来供以后分析, 共有预测值、影响强度因子和残差三大类, 大家会发现许多东西和线性回归中基本一致, 对一致的内容我们不再详细介绍。

① "预测值"栏: 将预测结果作为新变量保存到数据窗口中。

● 概率: 预测概率值。

● 组成员: 根据预测概率值判定所属类别。

② "影响"栏: 反映影响强度的变量。

● Cook 距离: Cook 距离值。

●杠杆值(1everage value)。

●DfBeta(s):剔除某个案后 Beta 系数的变化值,它计算回归方程中包括常数项在内的所有参数的差值。

③"残差"栏:保存各种残差值。

●未标准化:保存未标准化残差,即因变量的实测值与预测值之差值。

$$\text{Logit:} \log it \text{ 残差,其取值} = \frac{\text{未标准化残差}}{\text{预测概率} \times (1 - \text{预测概率})}$$

●学生化:学生氏残差,即采用学生氏变换后的残差。

●标准化:标准化残差,即经标准化后的残差,其均值为 O。

●偏差:Deviance 残差。

单击"继续"按钮,返回主对话框。

(9) 单击"选项"按钮,打开"选项"对话框,如图 8.29 所示。该对话框可以对模型作精确定义,还可以选择模型预测情况的描述方式。

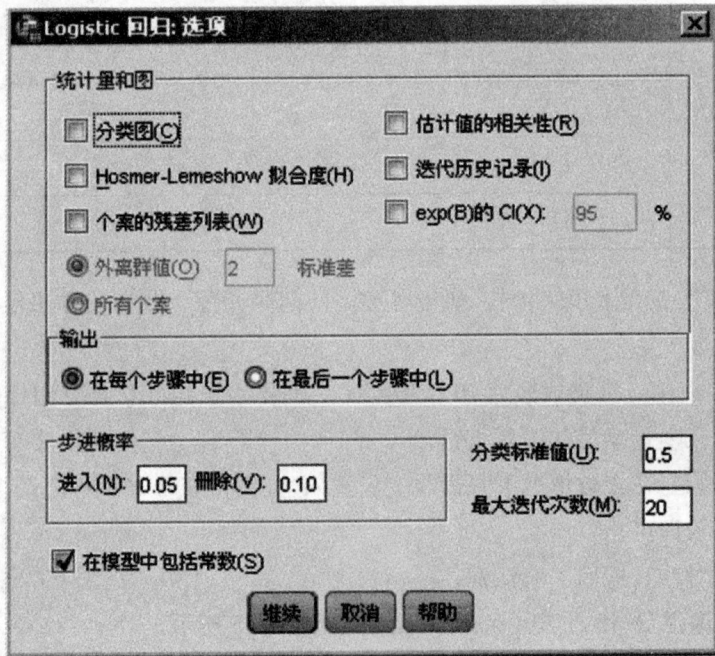

图 8.25 "选项"对话框

① "统计量和图"栏:给出了一系列非常重要的统计量和统计图。

■分类图:绘出因变量实际分类和模型预测分类间关系的分类图,该图在研究模型预测性能时非常重要。

■Hosmer-Lemeshow 拟合度:计算 Hosmer-Lemeshow 拟合优度指标,当自变量较多,或自变量中有连续型变量时,该指标非常有用。

■个案的残差列表:为每个个案列出未标准化的残差值、预测概率,以及因变量的实际分类和模型预测分类情况。在此项下面有两个单选框,若选择"外离群值2标准差",则会选择输出标准化残差值大于2的个案的残差。若选择"所有个案",则会将所有个案的残差值都列出。

■估计值的相关性:列出模型中参数估计值的相关系数阵。

■迭代历史记录:输出模型迭代过程中每一步迭代后的参数估计值和对数似然值,可用于观察模型的迭代过程是否稳定。

■eXp(B)的CI:输出OR值的95%置信区间,该数值实际上是从A的95%置信区间换算而来。

②"输出"栏:选择分析过程中是否详细报告结果。

■在每个步骤中:分析过程中拟合的所有模型都给出详细的分析结果。

■在最后一个步骤中:只显示最后一个模型的详细统计分析结果。

③"步进概率"栏:用于模型选择变量时的进入标准和剔除标准。

④"分类标准值"框:设置模型预测时的概率分界点,模型将按该分界值对因变量进行预测。比如设置为0.3,则概率大于0.3的为阳性,小于等于0.3的为阴性。系统默认的分界点为0.5,即一人一半。

⑤"最大迭代次数"框:设定最大允许迭代次数,如果在迭代这么多次后仍未收敛,则认为模型拟合失败,迭代终止。

⑥"在模型中包含常数"复选框:选中此项要求模型包含常数项,一般不用更改。

单击"继续"按钮,返回主对话框。

(10) 单击"确定"按钮,执行 SPSS 命令。

(二)实例

例8.7 为评价某门课程新教法的效果,某研究者随机抽查了40名中学生,实施一段时间后考核该课程的通过情况,学生原有的学科基础、所接受的教法、智商和考核情况如表8.18所示,试分析学科基础、教法对考核结果的影响。

表 8.18 40 名中学生某门课程考核情况

序号	学科基础	教法	考核结果	智商	序号	学科基础	教法	考核结果	智商
1	好	传统教法	合格	93	21	好	传统教法	未合格	107
2	好	传统教法	合格	96	22	好	传统教法	未合格	103
3	好	传统教法	合格	105	23	好	传统教法	未合格	111
4	好	传统教法	合格	111	24	好	传统教法	未合格	110
5	差	传统教法	合格	98	25	差	传统教法	未合格	97

续表

序号	学科基础	教法	考核结果	智商	序号	学科基础	教法	考核结果	智商
6	好	新教法	合格	93	26	差	传统教法	未合格	98
7	好	新教法	合格	97	27	差	传统教法	未合格	102
8	好	新教法	合格	101	28	差	传统教法	未合格	105
9	好	新教法	合格	103	29	差	传统教法	未合格	107
10	好	新教法	合格	105	30	差	传统教法	未合格	110
11	好	新教法	合格	111	31	差	传统教法	未合格	113
12	差	新教法	合格	99	32	差	传统教法	未合格	113
13	差	新教法	合格	102	33	好	新教法	未合格	106
14	差	新教法	合格	107	34	好	新教法	未合格	109
15	差	新教法	合格	106	35	差	新教法	未合格	97
16	差	新教法	合格	111	36	差	新教法	未合格	107
17	差	新教法	合格	113	37	差	新教法	未合格	105
18	好	传统教法	未合格	95	38	差	新教法	未合格	109
19	好	传统教法	未合格	99	39	差	新教法	未合格	111
20	好	传统教法	未合格	102	40	好	新教法	未合格	112

解:本例欲研究不同教法对课程考核情况的影响有无差别,考虑到学生原有的学科基础可能也是影响因素,将学科基础也作为自变量予以考虑。故因变量考核情况为二分类变量($y=0$ 表示未合格,$y=1$ 表示合格),自变量有两个,均为二分类变量,变量 x_1 为学科基础($x_1=0$ 表示好,$x_1=1$ 表示差),变量 x_2 为教法($x_2=0$ 表示新教法,$x_2=1$ 表示传统教法)。根据研究目的及变量性质,可选用 Logistic 回归进行分析。

SPSS 操作步骤如下:

(1) 建立 SPSS 数据文件,变量 y 为考核情况,变量 x_1 为学科基础,变量 x_2 为教法,均定义为数值型;各变量均按上述说明定义好变量值标签。

(2) 单击"分析→回归→二元 Logistic"菜单项,打开"Logistic"主对话框,如图 8.27 所示。在左侧变量框中选择因变量 y，单击箭头按钮使之移入"因变量"框中，选择自变量 x_1、x_2，单击箭头按钮使之移入"协变量"框中。

（3）单击"确定"按钮，执行 SPSS 命令，输出结果如表 8.19～表 8.26 所示。

表 8.19 为数据处理情况汇总，包括多少个个案纳入分析，多少个个案缺失等。

注意：二元 Logistic 过程默认以因变量较大取值的概率 $P(y=1)$，而不是以 $P(y=0)$ 建立模型。因此，观察分析结果时，有必要检查一下该部分结果，以弄清因变量的赋值情况，确保对分析结果的解释是正确的。

从表 8.20 开始输出模型拟合情况。首先给出的是模型不含任何自变量，而只有常数项（即无效模型）时的输出结果。表 8.17 输出预测分类结果，可见当模型中不包含任何自变量时，所有观察对象皆被预测为未康复，总的预测准确率为 57.5%。

表 8.21 给出的是模型中各参数的检验结果，此处只有常数项，系数为 -0.302。由于是常数项，有无统计学意义关系不大。

表 8.22 的输出结果反映的是如果将现有模型外的各个变量纳入模型，则整个模型的拟合优度改变是否有统计学意义。结果显示若将 x_2 引入（教法），则模型改变有统计意义（$\chi^2=5.013, p<0.05$），而变量 x_1（学科基础）的作用则无统计意义（$\chi^2=0.921, p>0.05$）。因此如果是手工筛选变量的话，下一步应当考虑引入 x_2。

"块 1"开始输出模型中引入自变量后的结果。"方法＝进入"用以说明在该块中自变量筛选的方法采用默认的"进入法"，即强迫所有的自变量同时进入模型。表 8.23 标题的"综合"指的是模型总的全局检验，为似然比检验，共给出三个结果："步骤"统计量为每一步与前一步相比的似然比检验结果；"块"统计量是指若将"块 1"与"块 0"相比的似然比检验结果；而"模型"统计量则是上一个模型与现在方程中变量有变化后模型的似然比检验结果。本例由于选择了默认的"进入法"，三个统计量及假设检验结果完全一致。$\chi^2=6.788$，$p=0.034$，表明 x_1、x_2 两个变量至少有一个的作用是有统计意义的。

表 8.24 为模型情况简报，可见 1 倍的似然对数值为 47.761，可用于上文提及的统计推断及拟合优度检验。后面给出的两个指标类似于线性回归中的判定系数。

表 8.25 为现在模型对应变量的分类预测情况，从预测分类表可以看出，预测准确率由"块 0"的 57.5% 上升到 67.5%，说明新变量的引入对改善模型预测效果的确有意义。

表 8.26 是 Logistic 回归分析结果中最重要的一部分，包括最终引入模型的变量及常数项的系数值（B）、标准误（S.E.）、Wald 卡方值（Wald）、自由度（df）、P 值（Sig.），以及 Exp（β），即 OR 值。由结果可以看出，变量 x_2（教法）的系数为 -1.669，Wald 检验结果 $P=0.022$ 有统计学意义。此处系数为负值，比数比 OR 为 0.188 0，这里的解释方式为自变量高水平和低水平相比，导致因变量向高水平发展的作用强度。结合实际含义，此处说明排除学科基础的混杂作用后，传统教法帮助学生取得好成绩的能力为新教法的 0.188 倍。显然，新教法比传统教法效果好。如果习惯于新/旧，则相应的结果为新教法的效果是传统教法的 $1/0.188=5.319$ 倍。

对变量 x_1（学科基础）的 wald 检验结果 $P=0.209$ 表明，学科基础对考核无影响。另外，常数项也给出了 Exp(β)值 2.529，是指学科基础好且接受新教法的学生比数的自然对数值。

表 8.19　案例处理汇总

未加权的案例[a]		N	百分比
	包括在分析中	40	100.0
选定案例	缺失案例	0	0.0
	总计	40	100.0
未选定的案例		0	0.0
总计		40	100.0

a. 如果权重有效，请参见分类表以获得案例总数

表 8.20　分类表[a,b]

			已预测		
	已观测		考核情况		百分比校正
			未合格	合格	
步骤 0	考核情况	未合格	23	0	100.0
		合格	17	0	0.0
	总计百分比				57.5

a. 模型中包括常量

b. 切割值为.500

表 8.21　方程中的变量

		B	S.E,	Walds	df	Sig.	Exp(B)
步骤 0	常量	−0.302	0.320	0.893	1	0.345	0.739

表 8.22　不在方程中的变量

		得分	df	Sig.
步骤 0	变量 x_1	0.921	1	0.337
	x_2	5.013	1	0.025
	总统计量	6.427	2	0.040

表 8.23　模型系数的综合检验

		卡方	df	Sig.
步骤 1	步骤	6.788	2	0.034
	块	6.788	2	0.034
	模型	6.788	2	0.034

表 8.24　模型汇总

步骤	－2 对数似然值	Cox & Snell R 方	Nagelkerke R 方
1	47.761[a]	0.156	0.210

a. 因为参数估计的更改范围小于 0.001,所以估计在迭代次数 4 处终止

表 8.25　分类表[a]

			已预测		
	已观测		考核情况		百分比校正
			未合格	合格	
步骤 1	考核情况	未合格	15	8	65.2
		合格	5	12	70.6
	总计百分比				67.5

a. 切割值为 0.500

表 8.26　方程中的变量

		B	S. E,	Walds	df	Sig.	Exp(B)
步骤 1[a]	x_1	−0.909	0.724	1.576	1	0.209	0.403
	x_2	−1.669	0.729	5.240	1	0.022	0.188
	常量	0.928	0.639	2.110	1	0.146	2.529
a. 在步骤 1 中输入的变量：x_1，x_2							

二、多项逻辑回归分析

前面讨论了因变量为二分类时 Logistic 回归的应用。如果因变量的水平数大于 2，且水平之间不存在等级递减或等级递增的关系时，对这种多分类因变量所采用的 Logistic 回归模型与一般的 Logistic 回归方法不同，是通过拟合一种叫做广义 Logit 模型（generalized logits model）的方法来进行的。若因变量有 K 个水平，则除一个对照水平外，以每一分类与对照水平做比较，拟合 K 个广义 Logit 模型。例如结果变量有三个水平：a、b、c，如果以 a 为参照水平，就可以得到两个 Logistic 函数，一个是 b 与 a 相比，另一个是 c 与 a 相比，即：

$$logit\, p_a = \ln\left[\frac{p_a}{p_b}\right] = \ln 1 = 0$$

$$logit\, p_b = \ln\left[\frac{p(y=b\,|\,X)}{p(y=a\,|\,X)}\right] = \alpha_b + \beta_{11} X_2 + \cdots + \beta_{1p} X_p \qquad (8.15)$$

$$logit\, p_c = \ln\left[\frac{p(y=c\,|\,X)}{p(y=a\,|\,X)}\right] = \alpha_b + \beta_{21} X_2 + \cdots + \beta_{2p} X_p$$

可以看出，$y=a$ 成为了 b 和 c 的共同参照组，如果希望比较 b 和 c，则直接将 $logit\, p_b$ 和 $logit\, p_c$ 相减即可得到相应函数。

广义 Logit 模型的拟合可以通过 SPSS 中的"多项 Logistic"过程实现。

例 8.8　为了研究学校类型、课程计划对学生学习方式偏好的影响，研究者收集了 328 名中学生的数据如表 8.27 所示，试进行 Logistic 回归。

表 8.27　328 名中学生学习方式偏好的调查结果　（单位：人数）

学校	课程计划	学生偏好的学习方式		
		自修	小组	上课
甲	常规	10	17	26
	附加	5	12	50

续表

学校	课程计划	学生偏好的学习方式		
		自修	小组	上课
乙	常规	21	17	26
	附加	16	12	26
丙	常规	15	15	16
	附加	12	12	20

解：本例有两个自变量：学校和课程计划；一个因变量：学习方式。其中学校变量有三个水平（甲、乙、丙），课程计划变量有两个水平（常规、附加）。常规是指在学校规定的时间内安排的课程计划，附加是指除常规课程外，在放学后增加安排的课程计划；学习方式变量有三个水平（自修、小组、上课）。多项 Logistic 过程将构建两个广义 logit 模型，即

$$logit_{hj1} = \log\left(\frac{\pi_{self}}{\pi_{class}}\right) = \log\left(\frac{\pi_{hj1}}{\pi_{hj3}}\right)$$

$$logit_{hj2} = \log\left(\frac{\pi_{team}}{\pi_{class}}\right) = \log\left(\frac{\pi_{hj2}}{\pi_{hj3}}\right)$$

式中：$h=1、2、3$ 是指学校变量的甲、乙、丙三个水平；$j=1、2$ 是指课程计划变量的常规、附加两个水平；π_{self} 是指各自变量组合选择 self 学习方式的概率；π_{team} 是指各自变量组合选择 team 学习方式的概率；π_{class} 是指各自变量组合选择 class 学习方式的概率。

一般地，以上两个模型可统一用 $logit_{hjk} = \alpha_k + x'_{hj}\beta_k$ 来表示，其中 $k=1、2$ 是指明上述的两个 logit 模型。

其 SPSS 操作过程如下：

（1）利用"加权个案"过程建立 SPSS 数据文件，变量 school，program，style，count 均定义为数值型，其中 count 为频数变量。

（2）单击"分析→回归→多项 Logistic"菜单项，打开"多项 Logistic"主对话框，如表 8.29 所示。

（3）在左侧变量框中选择变量 style，单击箭头按钮，使之移入"因变量"框中：选择变量 school，program，单击箭头按钮，使之移入"因子"框中。

（4）单击"确定"按钮，执行 SPSS 命令，输出结果如表 8.28～表 8.32 所示。

表 8.28 输出数据汇总，包括因变量、自变量的分类情况及每一类的容量，同时也输出数据缺失情况的汇总，从中可见本例无数据缺失。

表 8.29 为模型的似然比检验结果，可见最终模型和只含有常数项的无效模型相比，Deviance 从 78.128 下降到了 51.303，似然比卡方检验结果 $p<0.01$，说明至少有一个自变量系数不为 0，模型有意义。

表 8.30 为伪决定系数的结果，此处因只有分类变量，所以三个决定系数都非常低，不

过在 Logistic 模型分析中它们的用处也不大。

表 8.31 是分别对每个自变量的作用进行的似然比检验。在拟合的两个方程中,自变量 school 的自由度为 4,$P<0.05$ 显示该自变量对模型的作用是有统计意义的。同理,变量 program 的作用也有统计意义。

表 8.32 输出的是参数估计结果。标识为自修的部分为第一个广义 logit 模型的参数估计,标识为小组的部分为第二个广义 Logit 模型的参数估计。其中 school=3 和 program=2 为参照,因此其参数默认为 0,无法估计。

由结果可知,自修与上课两种学习方式相比,学校 1(甲)的学生比学校 3(丙)的学生更容易选择"上课"($\chi^2=11.783,p<0.05$),而学校 2(乙)与学校 3(丙)的学生的选择则没什么差别($\chi^2=0.052,p<0.05$)。常规学习计划的学生比附加学习计划的学生更容易选择自修这一学习方式($\chi^2=11.783,p<0.05$)。

"小组"与"上课"两种学习方式相比,学校 1(甲)与 3(丙),学校 2(乙)与 3(丙)的学生的选择皆无差别(P 值分别为 0.053、0.3567)。同样,常规学习计划的学生比附加学习计划的学生更容易选择"小组"这一学习方式($\chi^2=5.417,p<0.05$)。

由此可写出两个模型为:

$$\log \frac{\pi_{self}}{\pi_{class}}=-0.593-1.134 \times school_1-0.04637 \times school_2+0.618 \times program$$

$$\log \frac{\pi_{self}}{\pi_{class}}=-0.603-0.654 \times school_1-0.321 \times school_2+0.635 \times program$$

表 8.28　案例处理摘要

		N	边际百分比
偏好学习方式	自修	79	24.1%
	小组	85	25.9%
	上课	164	50.0%
学校	甲	120	36.6%
	乙	118	36.0%
	丙	90	27.4%

续表

		N	边际百分比
课程计划	常规	163	49.7％
	附加	165	50.3％
有效		328	100.0％
缺失		0	
总计		328	
子总体		6	

表 8.29　模型拟合信息

模型	模型拟合标准	似然比检验		
	−2 倍对数似然值	卡方	df	显著水平
仅截距	78.128			
最终	51.303	26.825	6	0.000

表 8.30　伪 R 方

Cox 和 Snell	0.079
Nagelkerke	0.090
McFadden	0.039

表 8.31　似然比检验

效应	模型拟合标准	似然比检验		
	简化后的模型的−2 倍对数似然值	卡方	df	显著水平
截距	51.303[a]	0.000	0	
school	69.192	17.888	4	0.001
program	58.916	7.613	2	0.022

卡方统计量是最终模型与简化后模型之间在−2 倍对数似然值中的差值。通过从最终模型中省略效应而形成简化后的模型。零假设就是该效应的所有参数均为 0。

续表

效应	模型拟合标准	似然比检验		
	简化后的模型的−2倍对数似然值	卡方	df	显著水平
因为省略效应不会增加自由度,所以此简化后的模型等同于最终模型				

表 8.32　**参数估计**

偏好学习方式[a]		B	标准误	Wald	df	显著水平	Exp(B)	Exp(B)的置信区间 95%	
								下限	上限
自修	截距	−0.593	0.295	4.040	1	0.044			
	[school=1]	−1.314	0.383	10.783	1	0.001	0.269	0.127	0.569
	[school=2]	−0.076	0.336	0.052	1	0.820	0.926	0.479	1.791
	[school=3]	0[b]			0				
	[program=1]	0.618	0.285	4.702	1	0.030	1.855	1.061	3.244
	[program=2]	0[b]			0				
小组	截距	−0.603	0.292	4.251	1	0.039			
	[school=1]	−0.654	0.338	3.737	1	0.053	0.520	0.268	1.009
	[school=2]	−0.321	0.347	0.852	1	0.356	0.726	0.367	1.434
	[school=3]	0[b]			0				
	[program=1]	0.635	0.273	5.417	1	0.020	1.887	1.105	3.221
	[program=2]	0[b]			0				

a. 参考类别是:上课

b. 因为此参数冗余,所以将其设为零

三、顺序变量逻辑回归分析

在实际研究中常常会遇到多分类有序因变量的情况,这种因变量的分类水平大于 2 且水平之间有等级关系。如等级制的学科成绩分为优、良、中、合格、待合格五个等级,某种心理问题的严重程度评价为轻、中、重三个等级。对这类变量进行 Logistic 回归分析时,如因变量有七个水平,则要拟合 $k-1$ 个 logit 模型,称为累加 logit 模型(cumulative logits model)。例如对一个四分类有序变量,即应当同时拟合以下三个模型:

$$logit_1 = \log\left(\frac{\pi}{1-\pi_1}\right) = \alpha_1 + \beta'X$$

$$logit_2 = \log\left(\frac{\pi_1+\pi_2}{1-\pi_1-\pi_2}\right) = \alpha_2 + \beta'X \tag{8.16}$$

$$logit_3 = \log\left(\frac{\pi_1+\pi_2+\pi_3}{1-\pi_1-\pi_2-\pi_3}\right) = \alpha_3 + \beta'X$$

模型中 π_1,π_2,π_2 分别为因变量取第一类、第二类、第三类时的概率,而第四类则作为用于对比的基础水平。可见,这种模型实际上是依次将因变量划分为两个等级,不管模型中因变量的分割点在什么位置,模型中各自变量的系数都保持不变,所改变的只是常数项。此时求出的 OR 值是自变量每改变一个单位,因变量提高一个及一个以上等级的比数比。

例 8.6　研究性别和两种干预方案对自闭症干预效果的影响,干预效果的评价分为三个等级:显效、有效和无效,结果如表 8.33 所示。试进行 Logistic 回归分析。

表 8.33　84 个自闭症个案调查结果　　　　（单位:人数）

性别	干预方案	干预效果			合计
		显效	有效	无效	
男 (sex=0)	新方案 (treat=1)	5	2	7	14
	传统方案 (treat=0)	1	0	10	11
女 (sex=1)	新方案 (treat=1)	16	5	6	27
	传统方案 (treat=0)	6	7	19	32

解:本例的两个自变量均为二分类变量,因变量为三分类有序变量,根据前述应拟合两个累加 logit 模型。SPSS 操作过程如下。

(1) 建立至少包含一个多分类有序因变量的 SPSS 数据文件。

(2) 单击"分析→回归→有序"菜单项,打开"Ordinal 回归"主对话框。在左侧变量框中选择变量 effect,单击箭头按钮,使之移入"因变量"框内;分别选中变量 sex 和 treat,单击箭头按钮,使之移入"因子"框内。

(3) 单击"确定"按钮,执行 SPSS 命令,输出结果如表 8.34～表 8.39 所示。

表 8.34 给出的是警告:有一个单元格的频数为 0(男、传统疗法、有效),这可能对模型拟合有影响。

表 8.35 和表 8.36 的结果与"多项 Logistic"过程的输出结果相同,分别为数据汇总及对模型进行的似然比检验。从中可见模型是有意义的。

表 8.37 为拟合优度检验结果,Pearson 卡方检验和 Deviance 卡方检验均表明,模型拟合良好(Pearson 检验:$P=0.752$,Deviallce 检验:$P=0.607$)。

表 8.38 给出了伪决定系数的大小。

表 8.39 输出参数估计的结果,共给出 4 个参数,前两个为常数项 $\alpha_1=0.449$,$\alpha_2=1.303$,后两个分别为变量 sex 的参数和变量 treat 的参数。Wald 检验结果表明,两个自变量对疗效的作用都有统计意义(sex:$p=0.013$,treat:$p=0.000$)。女性比男性疗效好,OR 值为 $e^{1.319}=3.798$;新疗法比传统疗法疗效好,OR 值 $e^{1.797}=6.032$。

表 8.34 警告

有 1(8.3%)个频率为零的单元格(即通过合并预测变量值构成的因变量水平)

表 8.35 案例处理摘要

		N	边际百分比
干预效果	显效	28	33.3%
	有效	14	16.7%
	无效	42	50.0%
性别	男	25	29.8%
	女	59	70.2%
干预方案	传统方案	43	51.2%
	新方案	41	48.8%
有效		84	100.0%
缺失		0	
合计		84	

表 8.36　模型拟合信息

模型	−2 对数似然值	卡方	df	显著性
仅截距	43.484			
最终	23.598	19.887	2	0.000

联接函数：Logit

表 8.37　拟合度

	卡方	df	显著性
Pearson	1.910	4	0.752
偏差	2.712	4	0.607

联接函数：Logit

表 8.38　伪 R 方

Cox 和 Snell	0.211
Nagelkerke	0.243
McFadden	0.117

联接函数：Logit

表 8.39　参数估计值

		估计	标准误	Wald	df	显著性	95％置信区间	
							下限	上限
阈值	[effect＝1]	0.449	0.365	1.509	1	0.219	−0.267	1.165
	[effect＝2]	1.303	0.392	11.060	1	0.001	0.535	2.071
位置	[sex＝0]	1.319	0.529	6.210	1	0.013	0.282	2.356
	[sex＝1]	0[a]			0			

续表

		估计	标准误	Wald	df	显著性	95%置信区间	
							下限	上限
位置	[treat＝0]	1.797	0.473	14.449	1	0.000	0.871	2.724
	[treat＝1]	0ᵃ			0			

联接函数：Logit

a. 因为该参数为冗余的，所以将其置为零

第七节　EXCEL 在相关与回归分析中的应用

除了回归分析宏外，EXCEL 虽然提供了 9 个函数用于建立回归模型和回归预测。这 9 个函数列于表 8.40 中。但 EXCEL 提供的回归分析宏仍然具有更方便的特点。仍以表 8.1 中广告投入与销售额的关系资料为例，利用一元线性回归方程确定两个变量之间的定量关系。

表 8.40　用于回归分析的工作表函数

函数名	定　　义
INTERCEPT	一元线性回归模型截距的估计值
SLOPE	一元线性回归模型斜率的估计值
RSQ	一元线性回归模型的判定系数（r^2）
FORECAST	依照一元线性回归模型的预测值
STEYX	依照一元线性回归模型的预测值的标准误差
TREND	依照多元线性回归模型的预测值
GROWTH	依照多元指数回归模型的预测值
LINEST	估计多元线性回归模型的未知参数
LOGEST	估计多元指数回归模型的未知参数

回归宏确定两个变量之间定量关系的过程如下（图 8.26）：

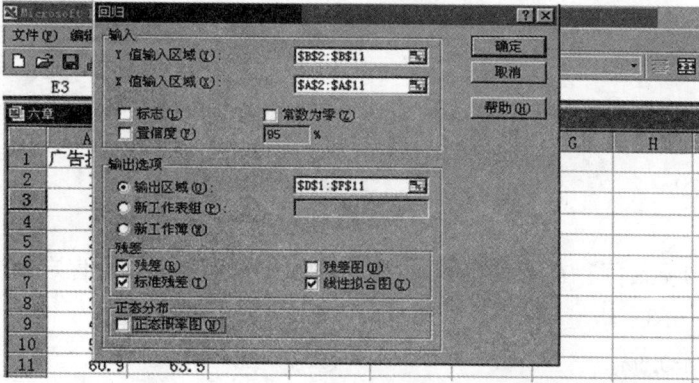

图 8.26 回归分析宏过程

◆在"工具栏"菜单"数据分析"过程中选择"回归"宏过程;

◆在"Y 值输入区域"内输入 B2:B11,在"X 值输入区域"输入 A2:A11,如果是多元线性回归,则 X 值的输入区就是除 Y 变量以外的全部解释变量;

◆选择"标志":置信度水平为 95%,输出结果选择在一张新的工作表中;

◆选择"残差分析",并绘制回归拟合图,点击"确定"即得到图 8.27 所示的回归分析结果和图 8.28 的残差表。

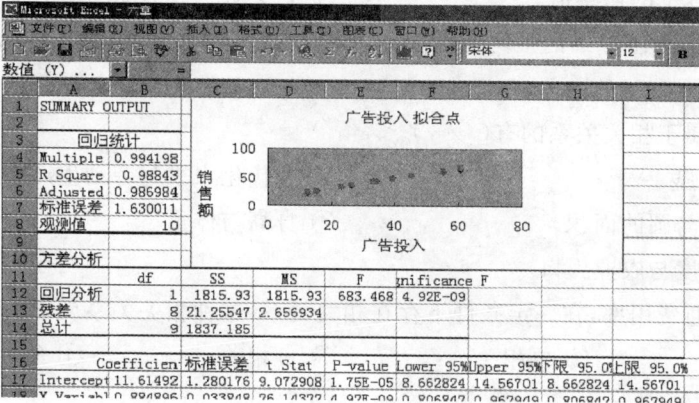

图 8.27 回归分析结果

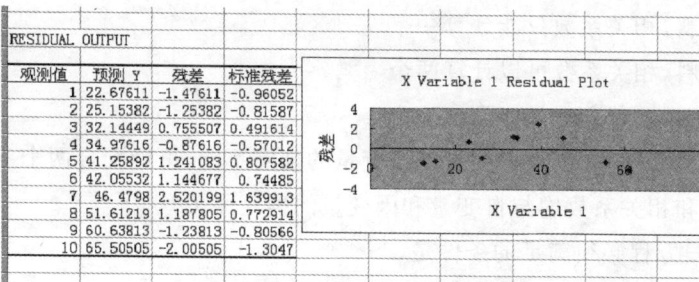

图 8.28 残差分析表

〈 思考题 〉

一、单项选择题

1. 现象之间相互依存关系的程度越高,则相关系数值(　　)

　　① 越接近于∞　　　　　　　　　　② 越接近于−1

　　③ 越接近于 1　　　　　　　　　　④ 越接近于−1 或 1

2. 已知变量 x 与 y 之间存在着负相关,指出下列回归方程中哪一个肯定是错误的(　　)

　　① $\hat{y}=-10-0.8x$　　　　　　　② $\hat{y}=100-1.5x$

　　③ $\hat{y}=-150+0.9x$　　　　　　④ $\hat{y}=25-0.7x$

3. 当所有观察值 y 都落在回归直线 $\hat{y}=a+bx$ 上,则 x 与 y 之间的相关系数(　　)

　　① $r=1$　　　　　　　　　　　② $-1<r<0$

　　③ $r=1$ 或 $r=-1$　　　　　　　④ $0<r<1$

4. 相关系数 $r=0$,说明两个变量之间(　　)

　　① 相关程度很低　　　　　　　　② 不存在任何相关关系

　　③ 完全负相关　　　　　　　　　④ 不存在直线相关关系

5. 在回归方程 $\hat{y}=a+bx$ 中,回归系数 b 表示(　　)

　　① 当 $x=0$ 时 y 的期望值　　　　② x 变动一个单位时 y 的变动总额

　　③ y 变动一个单位时 x 的平均变动量　　④ x 变动一个单位时 y 的平均变动量

二、多项选择题

1. 下列现象中属于相关关系的有(　　)

　　① 压力与压强　　　　　　　　　② 现代化水平与劳动生产率

　　③ 圆的半径与圆的面积　　　　　④ 身高与体重

　　⑤ 机械化程度与农业人口

2. 销售额与流通费用率,在一定条件下存在相关关系,这种相关关系属于(　　)

　　① 正相关　　　　② 单相关　　　　③ 负相关　　　　④ 复相关

　　⑤ 完全相关

3. 在直线相关和回归分析中(　　)

　　① 据同一资料,相关系数只能计算一个

　　② 据同一资料,相关系数可以计算两个

　　③ 据同一资料,回归方程只能配合一个

　　④ 据同一资料,回归方程随自变量与因变量的确定不同,可能配合两个

　　⑤ 回归方程和相关系数均与自变量和因变量的确定无关

4. 确定直线回归方程必须满足的条件是(　　)

　　① 现象间确实存在数量上的相互依存关系

　　② 相关系数 r 必须等于 1

　　③ 相关现象必须均属于随机现象

④ 现象间存在着较密切的直线相关关系

⑤ 相关数列的项数必须足够多

5. 在回归分析中,确定直线回归方程的两个变量必须是(　　)

① 一个自变量,一个因变量　　　　② 均为随机变量

③ 对等关系　　　　　　　　　　　④ 一个是随机变量,一个是可控变量

⑤ 不对等关系

三、简答题

1. 相关分析与回归分析的区别和联系。

2. 相关关系与函数关系的区别与联系。

四、计算题

1. 某地高校教育经费(x)与高校学生人数(y)连续 6 年的统计资料如下表所示:

| 教育经费 x(万元) | 316 | 343 | 373 | 393 | 418 | 455 |
| 在校学生数 y(万人) | 11 | 16 | 18 | 20 | 22 | 25 |

要求:

① 建立回归直线方程;

② 估计教育经费为 500 万元的在校学生数。

2. 在其他条件不变的情况下,某种商品的需求量(y)与该商品的价格(x)有关,现对给定时期内的价格与需求量进行观察,得到如下表所示的一组数据。

价格 x(元)	10	6	8	9	12	11	9	10	12	7
需求量 y(吨)	60	72	70	56	55	57	57	53	54	70

要求：

① 计算价格与需求量之间的简单相关系数。

② 拟合需求量对价格的回归直线。

③ 确定当价格为 15 元时，需求量的估计值。

3. 某公司所属 8 个企业的产品销售资料如下表所示：

企业编号	产品销售额(万元)	销售利润(万元)
1	170	8.1
2	220	12.5
3	390	18.0
4	430	22.0
5	480	26.5
6	650	40.0
7	950	64.0
8	1 000	69.0

要求：

① 计算产品销售额与利润额之间的相关系数。

② 确定利润额对产品销售额的直线回归方程。

③ 确定产品销售额为 1 200 万元时利润额的估计值。

参考答案

一、单项选择题

1. ④　2. ③　3. ③　4. ④　5. ④

二、多项选择题

1. ②④⑤　2. ②③　3. ①④　4. ①③④⑤　5. ①④⑤

三、计算题

1. (1) $b = 0.095\ 5$　$a = -17.91$　$y = -17.91 + 0.095\ 5x$

　(2) 在教育经费为 500 万元时,在校学生数为 $y = -17.91 + 0.095\ 5 \times 500 = 29.84$(万人)

2. (1) $r = -0.853\ 8$

　(2) $b = -3.120\ 9$　$a = 89.74$

　(3) $x = 15$ 时,$y = 89.74 - 3.120\ 9 \times 15 = 42.93$(吨)

3. (1) $r = 0.993\ 4$

　(2) $b = 0.074\ 2$　$a = -7.273$

　(3) $x = 1\ 200$ 时,$y = -7.273 + 0.074\ 2 \times 1\ 200 = 81.77$(万元)

第九章 时间序列分析

通过本章的学习,理解时间序列的概念,理解掌握时间序列水平分析指标的计算,掌握时间序列速度分析指标的计算,理解掌握时间序列的构成因素。

教学案例

美国内华达职业健康诊所(Nevada Occupational Health Clinic)是一家私人医疗诊所,它位于内华达州的 Sparks 市。这个诊所专攻工业医疗,并且在该地区经营已经超过 15年。1991 年年初,该诊所进入了增长的阶段。在其后的 26 个月里,该诊所每个月的账单收入从 57 000 美元增长到超过 300 000 美元。直至 1993 年 4 月 6 日,当诊所的主建筑物被烧毁时,诊所一直经历着戏剧性的增长。诊所的保险单包括实物财产和设备,也包括出于正常商业经营的中断而引起的收入损失。确定实物财产和设备在火灾中的损失额,受理财产的保险索赔要求是一个相对简单的事情。但是确定在进行重建诊所的 7 个月中,收入的损失额是很复杂的,它涉及业主和保险公司之间的讨价还价。对如果没有发生火灾,诊所的账单收入"将会有什么变化"的计算,没有预先制定的规则。为了估计失去的收入,诊所用一种预测方法,来测算在 7 个月的停业期间将要实现的营业增长。在火灾前的账单收入的实际历史资料,将为拥有线性趋势和季节成分的预测模型提供基础资料。这个预测模型使诊所得到损失收入的一个准确的估计值,这个估计值最终被保险公司所接受。

这是一个时间序列分析方法在保险业务中的成功案例。这个案例中的时间序列分析方法的统计思想对现代经济管理同样具有重要的启迪和现实意义。例如对于企业销售收入和销售成本的预测,我们当然要观察过去的实际资料,根据这些历史资料,我们可以对其发展水平、发展速度进行分析,也可能得到销售的一般水平或趋势,如销售收入随时间增长或下降的趋势;对这些资料的进一步观察,还可能显示一种季节轨迹,如每年的销售高峰出现在第三季度,而销售低谷出现在第一季度以后。通过观察历史资料,可以对过去的销售轨迹有较好的了解,因此对产品的未来销售情况,可以做出较为准确、公正的判断。时间序列分析,能反映客观事物的发展变化,能揭示客观事物随时间演变的趋势和规律。

第一节　时间序列及分析方法概述

一、时间序列的意义及分类

任何现象随着时间的推移,都会呈现出一种在时间上的发展和运动过程;时间序列分析,是指从时间的发展变化角度,研究客观事物在不同时间的发展状况,探索其随时间推移的演变趋势和规律,揭示其序列量变化和时间的关系,预测客观事物在未来时间上可能达到的序列量和规模。时间序列分析的依据是时间序列(又称动态序列)。我们把同一现象在不同时间上的相继观察值排列而成的序列称为时间序列。从表9.1可以看出,时间序列形式上包含两部分:一是现象所属的时间;二是现象在不同时间上的观察值。这两部分是任何一个时间序列所应具备的两个基本要素。现象所属的时间可以是年份、季度、月份或其他任何时间形式。现象的观察值根据表现形式不同有绝对序列、相对序列和平均序列,因此,从观察表现形式上看,时间序列可分为绝对序列时间序列、相对序列时间序列和平均序列时间序列。

表 9.1　中国国内生产总值等时间序列表

年份	国内生产总值(亿元)	城市人口比重(%)	年底总人口(万人)	职工平均货币工资(元)
1990	18 547.9	26.41	114 333	2 140
1991	21 617.9	26.94	115 823	2 340
1992	26 638.1	27.46	117 171	2 711
1993	34 634.4	29.51	118 517	3 371
1994	46 759.4	29.62	119 850	4 538
1995	58 478.1	29.04	121 121	5 500
1996	67 884.6	30.48	122 389	6 210
1997	74 462.6	31.91	123 626	6 470
1998	78 345.2	33.35	124 761	7 479
1999	81 910.9	34.78	125 786	8 346
2000	99 214.6	36.22	126 743	9 371
2001	109 655.2	37.66	127 627	10 870
2002	120 332.7	39.09	128 453	12 422
2003	135 822.8	40.53	129 227	14 040
2004	159 879.3	41.76	129 988	16 024

续表

年份	国内生产总值（亿元）	城市人口比重（％）	年底总人口（万人）	职工平均货币工资（元）
2005	183 217.4	42.99	130 756	18 364
2006	211 923.5	43.90	131 448	21 001
2007	257 305.6	44.94	132 129	24 932
2008	300 670.0	45.68	132 802	29 229

资料来源：《中国统计年鉴》，中国统计出版社，2009 年。

（一）绝对序列时间序列

绝对序列时间序列又称总量指标序列，是指将反映现象总规模、总水平的某一总量指标在不同时间上的观察序列值按时间先后顺序排列起来所形成的序列。总量指标序列是计算相对指标和平均指标、进行各种时间序列分析的基础。

按其指标所反映时间状况的不同，总量指标序列又分为时期序列（表 9.1 第 2 栏）和时点序列（表 9.1 第 4 栏）。时期序列中所排列的指标为时期指标，各时期上的序列值分别反映现象在这一段时期内所达到的总规模、总水平，是现象在这段时期内发展过程的累积总量。观察值具有可加性及序列值大小与所属时期长短有密切联系的特点。时点序列中所排列的指标为时点指标，各时点上的序列值分别反映现象在各该时点上所达到的总规模、总水平，是现象在某一时点上的序列量表现。观察值具有时间上的不可加性及各时点上观察值大小与相邻两时点间间隔长短无密切联系的特点。

（二）相对序列和平均序列时间序列

相对序列和平均序列时间序列又称为相对指标和平均指标序列。指将反映现象相对水平、平均水平的某一相对指标或平均指标在不同时间上的观察值按时间先后顺序排列起来所形成的序列，分别见表 9.1 的第 3 栏和第 5 栏。不论是相对指标还是平均指标，其共同点都是由总量指标派生而来，反映一种对比或平均的概念；不同时间上的相对序列或平均序列不能相加，即相加后没有意义。

二、编制时间序列应注意的问题

编制时间序列的目的，是为了进行时间序列分析，因而，保证序列中各项观察值具有可比性，是编制时间序列的基本原则。所谓可比性，是要求各观察值所属时间、总体范围、经济内容、计算方法、计算价格、计量单位等可比。具体含义如下。

（一）各项观察值所属时间可比

即要求各观察值所属时间的一致性。对时期序列而言，由于各观察值的大小与所属时期的长短直接相关，因此各观察值所属时间的长短应该一致，否则不便于对比分析。对于时点序列,虽然两时点间间隔长短与观察值无明显关系,但为了更好地反映现象的发展变化状况,两时点间的间隔也应尽可能相等。

（二）各项观察值总体范围可比

这是就所属空间范围而言,如地区范围、隶属范围、分组范围等。当时间序列中某些观察值总体范围不一致时,必须进行适当调整使其一致,否则前后期指标序列值不能直接对比。

（三）各项观察值经济内容可比

指标的经济内容是由其理论内涵所决定的,随着社会经济条件的变化,有些指标的经济内容发生了变化。对于名称相同而经济内涵不一致的指标,尤其要注意这一点,务必使各时间上的观察值内涵一致,否则也不具备可比性。例如:我国的工业总产值指标,有的年份包括了乡村企业的工业产值,有的年份则不包括。

（四）各项观察值的计算方法可比

对于指标名称总体范围和经济内容都相同的指标计算方法不同也会导致序列值差异,有时甚至是极大的差异。例如国内生产总值(GDP),按照生产法、支出法、分配法计算的结果就有差异。因此,同一时间序列中,各个时期(时点)指标值的计算方法要统一。如果从某一时期,计算方法做了重大改变,那么发布资料必须注明,以便动态比较时进行调整。

（五）计算价格和计量单位可比

统计指标的计算价格种类很多,有现行价格和不变价格之分。不变价格为了适应客观经济条件的变化也在不断调整,形成了多个时期的不变价格,编制时间序列遇到前后时期所用的计算价格不同,就需要进行调整,使其统一。对于实物指标的时间序列,则要求计量单位保持一致,否则也要进行调整。

三、时间序列常用分析方法

时间序列分析最常用的方法有两种,一是指标分析法,二是构成因素分析法。

（一）时间序列指标分析法

所谓指标分析法,是指通过计算一系列时间序列分析指标,包括发展水平、平均发展水平、增减量、平均增减量、发展速度、平均发展速度、增减速度、平均增减速度等来揭示现象的发展状况和发展变化程度。

（二）时间序列构成因素分析法

这种方法是将时间序列看作是由长期趋势、季节变动、循环变动和不规则变动几种因素所构成,通过对这些因素的分解分析,揭示现象随时间变化而演变的规律,并在揭示这些规律的基础上,假定事物今后的发展趋势遵循这些规律,从而对事物的未来发展做出预测。

时间序列的这两种基本分析方法,各有不同的特点和作用,各揭示不同的问题和状况,分析问题时应视研究的目的和任务,分别采用或综合应用。

第二节 时间序列的水平指标分析

时间序列水平分析指标有发展水平、平均发展水平、增减量、平均增减量四种。

一、发展水平

在时间序列中,用 $t_i(i=1,\cdots,n)$ 表示现象所属的时间,a_i 表示现象在不同时间上的观察值。$a_i(i=1,\cdots,n)$ 也称为现象在时间 t_i 上的发展水平,它表示现象在某一时间上所达到的一种序列量状态。若观察的时间范围为 $t_1,t_2,\cdots,t_n$,相应的观察值表示为 $a_1,a_2,\cdots,a_n$,其中 a_1 称为最初发展水平,a_n 称为最末发展水平。若将整个观察时期内的各观察值与某个特定时期 t_0 作比较时,时间 t 可表示为 $t_0,t_1,\cdots,t_n$,相应的观察值表示为 $a_0,a_1,\cdots,a_n$,其中 a_0 称为基期水平,a_n 称为报告期水平。

二、平均发展水平

平均发展水平是现象在时间 $t_i(i=1,\cdots,n)$ 上取值的平均序列,又称为序时平均序列或动态平均序列。它可以概括性地描述出现象在一段时期内所达到的一般水平。序时平均序列作为一种平均序列,与静态平均序列有相同点,即它们都抽象了现象的个别差异,以反映现象总体的一般水平。但二者又有明显的区别,主要表现在:序时平均序列抽象的是现象在不同时间上的序列量差异,因而它能够从动态上说明现象在一定时期内发展变化的一般趋势;静态平均序列抽象的是总体各单位某一序列量标志值在同一时间上的差异,因此,它是从静态上说明现象总体各单位的一般水平。由于不同时间序列中观察值的表现形式不同,序时平均序列有不同的计算方法。

(一)绝对序列时间序列的序时平均序列

绝对序列时间序列的序时平均序列的计算方法是最基本的,它是计算相对序列或平均序列时间序列的序时平均序列的基础。绝对序列时间序列有时期序列和时点序列之分,序时平均序列的计算方法也有所区别。

1. 时期序列的序时平均序列。其计算公式为:

$$\bar{a}=\frac{a_1+a_2+\cdots+a_n}{n}=\frac{\sum a}{n} \tag{9.1}$$

式中:$\bar{a}$ 为序时平均序列,n 为观察值的个序列。

例 9.1 对表 9.1 中的国内生产总值序列,计算年度平均国内生产总值。

解:根据时期序列的序时平均序列公式有:

$$\bar{a}=\frac{\sum a}{n}=\frac{18\ 547.9+21\ 617.9+\cdots+300\ 670.0}{19}=109\ 857.91(亿元)$$

2. 由时点序列计算序时平均序列。在社会经济统计中一般是将一天看作一个时点,即以"一天"作为最小时间单位。这样时点序列可认为有连续时点和间断时点序列之分；而间断时点序列又有间隔相等与间隔不等之别。其序时平均序列的计算方法略有不同，分述如下：

（1）连续时点序列计算序时平均序列。在统计中，对于逐日排列的时点资料，视其为连续时点资料。这样的连续时点序列，其序时平均序列公式可按 9.1 计算，即

$$\bar{a}=\frac{\sum a}{n} \tag{9.2}$$

例如，存款（贷款）平均余额指标，通常就是由报告期内每日存款（贷款）余额之和除以报告期日历序列而求得。

另一种情形是，资料登记的时间单位仍然是 1 天，但实际上只在指标值发生变动时才记录一次。此时需采用加权算术平均序列的方法计算序时平均序列，权序列是每一指标值的持续天序列。

计算公式如下：

$$\bar{a}=\frac{\sum af}{\sum f} \tag{9.3}$$

例 9.2　某种商品 5 月份的库存量记录如表 9.2 所示，计算 5 月份平均日库存量。

表 9.2　某种商品 5 月份库存资料

日期	1～4	5～10	11～20	21～26	27～31
库存量（台）	50	55	40	35	30

解：该商品 5 月份平均日库存量为

$$\bar{a}=\frac{\sum af}{\sum f}=\frac{50\times4+55\times6+40\times10+35\times6+30\times5}{4+6+10+6+5}$$
$$=42（台）$$

（2）间断时点序列计算序时平均序列。实际统计工作中，很多现象并不是逐日对其时点序列据进行统计，而是隔一段时间（如一月、一季度、一年等）对其期末时点序列据进行登记。这样得到的时点序列称为间断时点序列。如果每隔相同的时间登记一次，所得序列称为间隔相等的间断时点序列；如果每两次登记时间的间隔不尽相同，所得序列称为间隔不等的间断时点序列。

当其时点资料是以月度、季度、年度为时间间隔单位，我们已不可能像连续时点资料那样求得准确的时点平均序列。这种情况下，我们可以根据资料所属时间的间隔特点，选用不同的计算公式。对于间隔相等的资料，采用"首末折半"；对于间隔不等的资料，采用"间隔加权"的方法计算序时平均序列。

例 9.3　某商业企业 2015 年第二季度某种商品的库存量如表 9.3 所示，试求该商品第二季度月平均库存量。

表 9.3 某商业企业 2015 年第二季度某商品库存量

	3 月末	4 月末	5 月末	6 月末
库存量（吨）	66	72	64	68

解：

4 月份平均库存量 $=\dfrac{66+72}{2}=69$（吨）

5 月份平均库存量 $=\dfrac{72+64}{2}=68$（吨）

6 月份平均库存量 $=\dfrac{64+68}{2}=66$（吨）

第二季度平均库存量 $=\dfrac{69+68+66}{3}=67.67$（吨）

为简化计算过程，上述计算步骤可表示为：

第二季度平均库存量 $=\dfrac{\frac{66+72}{2}+\frac{72+64}{2}+\frac{64+68}{2}}{3}=\dfrac{\frac{66}{2}+72+64+\frac{68}{2}}{3}=67.67$（吨）

根据上述计算过程可推导出计算公式为：

$$\bar a=\frac{\frac{a_1+a_2}{2}+\frac{a_2+a_3}{2}+\cdots+\frac{a_{n-1}+a_n}{2}}{n-1}$$

$$=\frac{\frac{a_1}{2}+a_2+\cdots+a_{n-1}+\frac{a_n}{2}}{n-1} \tag{9.4}$$

该公式形式上表现为首末两项观察值折半，故称为"首末折半法"。这种方法适用于间隔相等的间断时点序列求序时平均序列。

例 9.4 表 9.4 列出了某市 2010～2014 年财政收入资料，计算年财政收入序列的序时平均序列。

表 9.4 某市 2010～2014 年财政收入资料

年份	2010	2011	2012	2013	2014
财政收入（万元）	114 333	117 171	121 121	124 810	125 909

解：对资料进行观察分析，属间隔不等的间断时点资料，采用"间隔加权"方法，可得年财政收入序列的序时平均序列。

$$\bar a=\frac{\frac{(a_1+a_2)}{2}f_1+\frac{(a_2+a_3)}{2}f_2+\cdots+\frac{(a_{n-1}+a_n)}{2}f_{n-1}}{f_1+f_2+\cdots+f_{n-1}} \tag{9.5}$$

$$=\frac{\frac{114\ 333+117\ 171}{2}\times2+\frac{117\ 171+121\ 121}{2}\times3+\frac{121\ 121+124\ 810}{2}\times3+\frac{124\ 810+125\ 989}{2}\times1}{9}$$

$=120\ 355.33$（万元）

（二）相对序列或平均序列时间序列的序时平均序列

相对序列和平均序列是两个有联系的相对序列对比求得，用符号表示即 $c=\dfrac{a}{b}$。因此，由相对序列或平均序列计算序时平均序列，不能直接根据该相对序列或平均序列中各项观察值简单平均计算（即不应当用 $\bar{c}=\sum c/n$ 的公式），而应当先分别计算构成该相对序列或平均序列的分子序列和分母序列的序时平均序列，再对比求得。用公式表示为：

$$\bar{c}=\frac{\bar{a}}{\bar{b}} \tag{9.6}$$

例 9.5 某企业 2015 年第四季度职工和工人序列资料如表 9.5 所示，计算工人占职工人序列的平均比重。

表 9.5 某企业 2015 年四季度职工和工人人序列资料

	9 月末	10 月末	11 月末	12 月末
工人人序列/人	342	355	358	364
职工人序列/人	448	456	469	474
工人占职工比重/%	76.34	77.85	76.33	76.79

解：$\bar{c}=\dfrac{\bar{a}}{\bar{b}}=\dfrac{a_1/2+a_2+a_3+\cdots+a_n/2}{b_1/2+b_2+b_3+\cdots+b_n/2}$

$\qquad =\dfrac{342/2+355+358+364/2}{448/2+456+469+474/2}=76.91\%$

例 9.6 某企业下半年劳动生产率资料如表 9.6 所示，计算平均月劳动生产率和下半年平均职工劳动生产率。

表 9.6 某企业下半年劳动生产率资料

	6 月	7 月	8 月	9 月	10 月	11 月	12 月
（a）总产值/万元	87	91	94	96	102	98	91
（b）月末职工人序列/人	460	470	480	480	490	480	450
（c）劳动生产率/（元/人）	1 948	1 957	1 979	2 000	2 103	2 021	1 957

解：从表 9.6 中可以看到，劳动生产率的分子总产值是时期指标，分母职工人序列是时点指标，计算平均月劳动生产率应用下列公式：

$$\bar{c}=\frac{\bar{a}}{\bar{b}}=\frac{(\sum a)/n}{(b_1/2+b_2+b_3+\cdots+b_n/2)/(n-1)}$$

代入表中资料：

$$\bar{c}=\frac{(91+94+96+102+98+91)/6}{(460/2+470+480+480+490+480+450/2)/(7-1)}=2\ 003.5（元/人）$$

若计算下半年平均职工劳动生产率,则有两种形式:一是用下半年平均月劳动生产率乘月份个序列 n,即 $n\overline{c}=2\,003.5\times6=12\,021$(元/人)得出;二是采用下列公式计算:

$$\overline{c}=\frac{\sum a}{(b_1/2+b_2+b_3+\cdots+b_n/2)/(n-1)}$$

代入表中资料:

$$\overline{c}=\frac{91+94+96+102+98+91}{(460/2+470+480+480+490+480+450/2)/(7-1)}=12\,021(元/人)$$

三、增减量

增减量是报告期水平与基期水平之差,用以说明现象在一定时期内增减的绝对序列量。由于所选择基期的不同,增减量可分为逐期增减量和累积增减量。

逐期增减量是报告期水平与其前一期水平之差,说明本期较上期增减的绝对序列量,用公式表示为:

$$a_i-a_{i-1}(i=1,2,\cdots,n) \tag{9.7}$$

累积增减量是报告期水平与某一固定基期水平之差,说明报告期与某一固定时期相比增减的绝对序列量。用公式表示为:

$$a_i-a_0(i=1,2,\cdots,n) \tag{9.8}$$

逐期增减量与累积增减量之间存在一定的关系:各逐期增减量的和等于相应时期的累积增减量;两相邻时期累积增减量之差等于相应时期的逐期增减量。用公式分别表示为:

$$\sum_{i=1}^{n}(a_i-a_{i-1})=a_n-a_0 \tag{9.9}$$

$$a_i-a_0-(a_{i-1}-a_0)=a_i-a_{i-1}(i=1,2,\cdots,n)$$

具体计算实例见表 9.7。

表 9.7　某旅游企业 2006～2015 年总收入　　　　　　　(单位:万元)

年　份	2006	2007	2008	2009	2010	2011	2012	2013	2014	2015
总收入	18 547.9	21 617.9	26 638.1	34 634.4	46 759.4	58 478.1	67 884.6	74 462.6	78 345.2	81 910.9
逐期增长量	—	3 070	5 020.2	7 996.3	12 125	11 718.7	9 406.5	6 578	3 882.6	3 565.7
累积增长量	—	3 070	8 090.2	16 086.5	28 211.5	39 930.2	49 336.7	55 914.7	5 979.7	63 363

四、平均增减量

平均增减量是观察期各逐期增减量的序时平均序列,用于描述现象在观察期内平均每期增减的序列量。它可以根据逐期增减量求得,也可以根据累积增减量求得。计算公式为:

$$平均增减量=\frac{\sum_{i=1}^{n}(a_i-a_{i-1})}{n}=\frac{a_n-a_0}{n} \tag{9.10}$$

式中,n 为逐期增减量个序列。

例 9.7　使用表 9.7 资料,计算年总收入平均增长量。

解:

$$年总收入平均增长量=\frac{3\ 070+\cdots+3\ 565.7}{9}=\frac{63\ 363}{9}\approx7\ 040.3(万元)$$

第三节　时间序列的速度指标分析

时间序列的速度指标有:发展速度、增减速度、平均发展速度、平均增减速度。

一、发展速度

发展速度是报告期发展水平与基期发展水平之比,用于描述现象在观察期内相对的发展变化程度。

由于采用的基期不同,发展速度可以分为环比发展速度和定基发展速度。环比发展速度是报告期水平与前一时期水平之比,说明现象逐期发展变化的程度;定基发展速度是报告期水平与某一固定时期水平之比,说明现象在整个观察期内总的发展变化程度。

设时间序列的观察值为 $a_1,(i=1,2,\cdots,n)$,发展速度为 R,环比发展速度和定基发展速度的一般形式可以写为:

$$环比发展速度:R_i=\frac{a_i}{a_{i-1}}(i=1,\cdots,n) \tag{9.11}$$

$$定基发展速度:R_i=\frac{a_i}{a_0}(i=1,\cdots,n) \tag{9.12}$$

环比发展速度与定基发展速度之间存在着重要的序列量关系:观察期内各个环比发展速度的连乘积等于相应时期的定基发展速度;两个相邻的定基发展速度,用后者除以前者,等于相应时期的环比发展速度。即

$$\Pi\frac{a_i}{a_{i-1}}=\frac{a_n}{a_0}(\Pi 为连乘符号) \tag{9.13}$$

$$\frac{a_i}{a_0}\div\frac{a_{i-1}}{a_0}=\frac{a_i}{a_{i-1}} \tag{9.14}$$

利用上述关系,可以根据一种发展速度去推算另一种发展速度。

二、增减速度

增减速度也称增减率,是增减量与基期水平之比,用于说明报告期水平较基期水平的相对增减程度。它可以根据增减量求得,也可以根据发展速度求得。其基本计算公式为:

$$增减速度=\frac{增减量}{基期水平}=\frac{报告期水平-基期水平}{基期水平}=发展速度-1 \tag{9.15}$$

从上式可以看出,增减速度等于发展速度减1,但各自说明的问题是不同的。发展速度说明报告期水平较基期发展到多少;而增减速度说明报告期水平较基期增减多少(扣除了基序列)。当发展速度大于1时,增减速度为正值,表示现象的增长程度;当发展速度小于1时,增减速度为负值,表示现象的降低程度。

由于采用的基期不同,增减速度也可分为环比增减速度和定基增减速度。前者是逐期增减量与前一时期水平之比,用于描述现象逐期增减的程度,后者是累积增减量与某一固定时期水平之比,用于描述现象在观察期内总的增减程度。

设增减速度为G,环比增减速度和定基增减速度的公式可写为:

$$环比增减速度:G_i = \frac{a_i - a_{i-1}}{a_{i-1}} = \frac{a_i}{a_{i-1}} - 1 \quad (i=1,\cdots,n) \tag{9.16}$$

$$定基增减速度:G_i = \frac{a_i - a_0}{a_0} = \frac{a_i}{a_0} - 1 \quad (i=1,\cdots,n) \tag{9.17}$$

需要指出,环比增减速度与定基增减速度之间没有直接的换算关系。在由环比增减速度推算定基增长速度时,可先将各环比增长速度加1后连乘,再将结果减1,即得定基增减速度。

例9.8 以表9.1中的国内生产总值为例,计算结果见表9.8。

表9.8 国内生产总值计算表

年 份		1990	1991	1992	1993	1994	1995	1996	1997	1998	1999
国内生产总值(亿元)		18 547.9	21 617.9	26 638.1	34 634.4	46 759.4	58 478.1	67 884.6	74 462.6	78 345.2	81 910.9
增减量(亿元)	逐期	—	3 070	5 020.2	7 996.3	12 125	11 718.7	9 406.5	6 578	3 882.6	3 565.7
	累积	—	3 070	8 090.2	1 6086.5	28 211.5	39 930.2	49 336.7	55 914.7	59 797.3	63 363.0
发展速度(%)	环比	—	116.6	123.2	130.0	135.0	125.1	116.1	109.7	105.2	104.6
	定基	—	116.6	143.6	186.7	252.1	315.3	366.0	401.5	422.4	441.6
增减速度(%)	环比	—	16.6	23.2	30.0	35.0	25.1	16.1	9.7	5.2	4.6
	定基	—	16.6	43.6	86.7	152.1	215.3	266.0	301.5	322.4	341.6

三、平均发展速度

平均发展速度是各个时期环比发展速度的平均序列,用于描述现象在整个观察期内平均发展变化的程度。

计算平均发展速度的常用方法是水平法。水平法又称几何平均法,它是根据各期的环比发展速度采用几何平均法计算出来的。计算公式

$$\overline{R} = \sqrt[n]{\frac{a_1}{a_0} \times \frac{a_2}{a_1} \times \cdots \times \frac{a_n}{a_{n-1}}} = \sqrt[n]{\frac{a_n}{a_0}} \tag{9.18}$$

式中,$\overline{R}$ 为平均发展速度;n 为环比发展速度的个序列,它等于观察序列据的个序列减 1。

例 9.9 已知国内生产总值 1990～1999 年环比发展速度见表 9.8,计算平均发展速度。

解:

$$\overline{R} = \sqrt[9]{116.6\% \times 123.2\% \times \cdots \times 104.6\%}$$

$$= \sqrt[9]{441.6\%}$$

$$= 117.9\%$$

从水平法计算平均发展速度的公式中可以看出,$\overline{R}$ 实际上只与序列的最初观察值 a_0 和最末观察值 a_n 有关,而与其他各观察值无关,这一特点表明,水平法旨在考察现象在最后一期所达到的发展水平。因此,如果我们所关心的是现象在最后一期应达到的水平,采用水平法计算平均发展速度比较合适。

四、平均增减速度

平均增减速度说明现象逐期增减的平均程度。平均增减速度($\overline{G}$)与平均发展速度仅相差一个基序列,即:

$$\overline{G} = \overline{R} - 1 \tag{9.19}$$

平均增减速度为正值,表明现象在某段时期内逐期平均递增的程度,也称为平均递增率;若为负值,表明现象在某段时间内逐期平均递减的程度,也称为平均递减率。

五、速度指标的分析与应用

对于大多序列时间序列,特别是有关社会经济现象的时间序列,我们经常利用速度来描述其发展的序列量特征。尽管速度在计算与分析上都比较简单,但实际应用中,有时也会出现误用乃至滥用速度的现象。因此,在应用速度分析实际问题时,应注意以下几方面的问题。

1. 当时间序列中的观察值出现 0 或负序列时,不宜计算速度。比如,假如某企业连续五年的利润额分别为 5 万元、2 万元、0 万元、-3 万元、2 万元,对这一序列计算速度,要么不符合序列学公理,要么无法解释其实际意义。在这种情况下,适宜直接用绝对序列进行分析。

2. 在有些情况下,不能单纯就速度论速度,要注意速度与基期绝对水平的结合分析。我们先看一个例子。

例 9.10　假定有两个生产条件基本相同的企业甲和乙,各年的利润额及有关的速度值如表 9.9 所示。

表 9.9　甲、乙两个企业的有关资料

年份	甲企业		乙企业	
	利润额(万元)	增长率(%)	利润额(万元)	增长率(%)
1996	500	—	60	—
1997	600	20	84	40

解:如果不看利润额的绝对值,仅就速度对甲、乙两个企业进行分析评价,可以看出乙企业的利润增长速度比甲企业高出 1 倍。如果就此得出乙企业的生产经营业绩比甲企业要好得多,这样的结论就是不切实际的。因为速度是一个相对值,它与对比的基期值的大小有很大关系。大的速度背后,其隐含的增长绝对值可能很小;小的速度背后,其隐含的增长绝对值可能很大。也就是说,由于对比的基点不同,可能会造成速度序列值上的较大的差异,进而造成速度上的虚假现象。上述例子表明,由于两个企业的生产起点不同,基期的利润额不同,才造成了二者速度上的较大差异。从利润的绝对额来看,两个企业的速度每增长 1% 所增加的利润绝对额是不同的。在这种情况下,我们需要将速度与绝对水平结合起来进行分析,通常要计算增长 1% 的绝对值来弥补速度分析中的局限性。

增长 1% 绝对值表示速度每增长 1% 而增加的绝对序列量,其计算公式为:

$$增长 1\% 绝对值 = \frac{逐期增长量}{环比增长速度 \times 100} = \frac{前期水平}{100} \tag{9.20}$$

根据表 9.9 的资料计算,甲企业速度每增长 1%,增加的利润额为 5 万元,而乙企业则为 0.6 万元,甲企业远高于乙企业。这说明甲企业的生产经营业绩不是比乙企业差,而是更好。

第四节　时间序列分析(一)

——长期趋势测定

一、时间序列的模型

编制时间序列,进行时间序列分析,除了考察现象发展过程中的水平和速度之外还需要用序列模型来对时间序列做一些在定性认识基础上的定量分析,找出制约现象发展的基本因素或主要原因。时间序列的变动主要受以下四大因素的变动影响:

（1）长期趋势（T）。指社会经济现象按一定方向不断长期发展变化（向上或向下发展）的趋势。

（2）季节变动（S）。指社会经济现象随着季节的更替而发生的有固定规律性的变动。

（3）循环变动（C）。也称波浪式变动，指反复高低变化的一种变动。

（4）偶然变动（I）。也称不规则变动，指由于自然或社会的偶然因素引起的社会经济现象的变动。

若设 Y 代表时间序列的各项序列值，则上述因素对时间序列的影响可用下面两个序列学模型来表示：

$$Y=T+S+C+I \quad Y=T \cdot S \cdot C \cdot I$$

其中最常用的是乘法模型。乘法模型的基本假设是，四个因素是由不同的原因形成的，但相互之间存在一定的关系，它们对事物的影响是相互的，因此时间序列中各观察值表现为各种因素的乘积。利用乘法模型可以将四个因素很容易地从时间序列中分离出来，因而乘法模型在时间序列分析中被广泛应用。本节及以后各节介绍的时间序列构成分析方法，也均以乘法模型为例。

本节主要讨论长期趋势变动的分析方法。长期趋势是时间序列的主要构成要素，它是指现象在较长时期内持续发展变化的一种趋向或状态。通过对时间序列长期趋势变动的分析，可以掌握现象活动的规律性，并对其未来的发展趋势做出判断或预测。测定长期趋势的分析方法有许多，如时距扩大法、半序列平均法、部分平均法、移动平均法、最小二乘法等。由于后两种方法较常用，故主要介绍移动平均法和最小二乘法。通过这两种方法的介绍，以熟悉测定长期趋势的基本方法及各自的特点。

二、移动平均法

移动平均法是趋势变动分析的一种较简单的常用方法。该方法的基本思想和原理是，通过扩大原时间序列的时间间隔，并按一定的间隔长度逐期移动，分别计算出一系列移动平均序列，这些平均序列形成的新的时间序列对原时间序列的波动起到一定的修匀作用，削弱了原序列中短期偶然因素的影响，从而呈现出现象发展的变动趋势。该方法可以用来分析预测销售情况、库存、股价或其他趋势。该方法又可分为简单移动平均法和加权移动平均法两种。

（一）简单移动平均法

简单移动平均法是直接用简单算术平均序列作为移动平均趋势值的一种方法。

设移动间隔长度为 K，则移动平均序列趋势值可以写为：

$$\overline{Y}_i = \frac{Y_i + Y_{i+1} + \cdots + Y_{i+k-1}}{K} \tag{9.21}$$

式中，$\overline{Y}_i$ 为移动平均趋势值；K 为大于 1 小于 n 的正整序列。

例 9.11　某公司 2010 年前各月的销售额资料见表 9.10，分别计算 3 个月、5 个月的移动平均趋势值并进行比较。

表 9.10　某公司 2010 年各月销售额　　　　　　　　　（单位：万元）

月份	实际销售额	趋势值($k=3$)	趋势值($k=5$)
1	28	—	—
2	30	31	—
3	35	34	34.4
4	37	38	37.6
5	42	41	41.4
6	44	45	44.0
7	49	47	46.6
8	48	49	48.6
9	50	50	52.4
10	52	55	58.0
11	63	64	
12	77	—	

解：根据简单移动平均公式，当 $k=3$ 时，移动平均趋势值 $Y_1=31$；$k=5$ 时，$Y_1=34.4$，其余各期同理，结果见表 9.10。

（二）加权移动平均预测法

这是在简单移动平均法的基础上给近期序列据以较大的权序列，给远期的序列据以较小的权序列，计算加权移动平均序列作为下一期的移动平均趋势值的一种方法。公式为：

$$\overline{Y}_i = \frac{Y_i f_i + Y_{i+1} f_{i+1} + \cdots + Y_{i+k-1} f_{i+k-1}}{f_i + f_{i+1} + \cdots + f_{i+k-1}} \qquad (9.22)$$

仍以表 9.10 中的已知序列据为例，设 $k=3$

则 $Y_1 = \dfrac{28 \times 1 + 30 \times 2 + 35 \times 3}{6} = 32.17$

其余类推。

利用移动平均法分析趋势变动时应注意以下几个问题。

(1) 移动间隔的长度应长短适中。分析表 9.10 中各列序列据，不难看出，通过移动平均所得到的移动平均序列的趋势值，要比原始序列据序列匀滑，并且 5 项移动平均的趋势值序列又比 3 项移动平均序列的趋势值序列匀滑，因此，为了更好地消除不规则波动，达到修匀的目的，可以适当增加移动的步长。移动的步长越大，所得趋势值越少，个别观察值影响作用就越弱，移动平均序列所表现的趋势越明显，但移动间隔过长，有时会脱离现象发展的真实趋势；若移动间隔越短，个别观察值的影响作用就越大，有时又不能完全消除序列中短期偶然因素的影响，从而看不出现象发展的变动趋势。一般来说，如果现象的发展具有一定的周期性，应以周期长度为移动间隔的长度；若时间序列是季度资料，应采用 4 项移动平均。

（2）在利用移动平均法分析趋势变动时，要注意应把移动平均后的趋势值放在各移动项的中间位置。比如3项移动平均的趋势值应放在第2项对应的位置上，5项移动平均的趋势值应放在第3项对应的位置上，其余类推。因此，若移动间隔长度 k 为奇数时，一次移动即得趋势值；若 k 为偶数时，需将第一次得到的移动平均值再作一次2项移动平均，才能得到最后的趋势值。因此，该趋势值也可以叫移正趋势值。

例如，若 $k=4$ 时，$\overline{Y}_1 = \dfrac{28+30+35+37}{4} = 32.5$ $\overline{Y}_2 = \dfrac{30+35+37+42}{4} = 36$

故 $\overline{Y} = \dfrac{32.5+36}{2} = 34.25$

需要说明的是，对于只包含趋势和不规则变动的序列，如果移动平均的目的只是为了得到序列的趋势估计值，也可以将移动平均值直接对准第 N 期的后一期，例如，三项移动平均时，第一个移动平均值对准第三期，第二个移动平均值对准第四期，以此类推；四项移动平均时，第一个移动平均值对准第四期，第二个移动平均值对准第五期，以此类推。EXCEL中移动平均法程序即是这样处理的。

三、指序列平滑法

指序列平滑法是用过去时间序列值的加权平均序列作为趋势值，它是加权移动平均法的一种特殊情形。其基本形式是根据本期的实际值 Y_t 和本期的趋势值 $\hat{Y}_t$，分别给以不同权序列 α 和 $1-\alpha$，计算加权平均序列作为下期的趋势值 $\hat{Y}_{t+1}$。基本指序列平滑法模型如下：

$$\hat{Y}_{t+1} = \alpha Y_t + (1-\alpha)\hat{Y}_t \tag{9.23}$$

式中：$\hat{Y}_{t+1}$ 表示时间序列 $t+1$ 期趋势值，Y_t 表示时间序列 t 期的实际值，$\hat{Y}_t$ 表示时间序列 t 期的趋势值，α 为平滑常序列（$0<\alpha<1$）。

若利用指序列平滑法模型进行预测，从基本模型中可以看出，只需一个 t 期的实际值 Y_t，一个 t 期的趋势值 $\hat{Y}_t$ 和一个 α 值，所用序列据量和计算量都很少，这是移动平均法所不能及的。

例 9.12 某公司 2011 年前 8 个月销售额资料见表 9.11，用指序列平滑法进行长期趋势分析。已知 1 月份预测值为 150.8 万元，α 分别取 0.2 和 0.8。

解：

表 9.11 某公司 2011 年各月销售额预测　　　　　　（单位：万元）

月份	实际销售额	一次指序列平滑预测序列	
		$\alpha=0.2$	$\alpha=0.8$
1	154	150.80	150.80
2	148	$0.2 \times 154 + (1-0.2) \times 150.8 = 151.44$	153.36
3	142	150.75	149.07

续表

月份	实际销售额	一次指序列平滑预测序列	
		$\alpha=0.2$	$\alpha=0.8$
4	151	149.00	143.41
5	145	149.40	149.48
6	154	148.52	145.90
7	157	149.62	152.38
8	151	151.10	156.08
9	—	151.08	152.02

一次指序列平滑法比较简单,但也有问题,从例 9.12 中也可看出,α 值和初始值的确定是关键,它们直接影响着趋势值误差的大小。通常对于 α 和初始值的确定可按以下方法。

(一) α 值的确定

选择 α,一个总的原则是使预测值与实际观察值之间的误差最小。从理论上讲,α 取 0 ~1 之间的任意数据均可以。具体如何选择,要视时间序列的变化趋势来定。

(1)当时间序列呈较稳定的水平趋势时,应取小一些,如 0.1~0.3,以减小修正幅度,同时各期观察值的权序列差别不大,预测模型能包含更长时间序列的信息。

(2)当时间序列波动较大时,宜选择居中的 α 值,如 0.3~0.5。

(3)当时间序列波动很大,呈现明显且迅速的上升或下降趋势时,α 应取大些,如 0.6~0.8,以使预测模型灵敏度高些,能迅速跟上序列据的变化。

(4)在实际预测中,可取几个 α 值进行试算,比较预测误差,选择误差小的那个 α 值。

(二)初始值的确定

如果资料总项序列 N 大于 50,则经过长期平滑列的推算,初始值的影响变得很小了,为了简便起见,可用第一期水平作为初始值。但是如果 N 小到 15 或 20,则初始值的影响较大,可以选用最初几期的平均序列作为初始值。

指序列平滑法适用于预测呈长期趋势变动和季节变动的评估对象。指序列平滑法可分为一次指序列平滑法和多次指序列平滑法。本节中介绍的是一次指序列平滑法的应用。

四、序列曲线拟合法

假定有一个多年的序列据序列,为了算出逐年的趋势值,可以考虑对原始序列据拟合一条序列学曲线。例如,假如趋势是线性的,就可以用最小平方法拟合直线方程;如果趋势是指序列曲线型的,则可考虑拟合指序列曲线方程。在用序列学曲线拟合法测定趋势值时首先要解决的问题是曲线方程的选择。选择曲线方程有两个途径:一是在以时间 t 为横轴,变量 Y 为纵轴的直角坐标图上作时间序列的序列值的散点图,根据散点的分布形状来确定应拟合的曲线方程;二是对时间序列的序列值作一些分析,根据分析的结果来确定应选择的曲线。选择合适的方程,是评估人员在分析预测时应特别注意的问题。下面我们结合一些典型和常用的趋势曲线来讨论曲线方程的选择和拟合。

（一）直线趋势的拟合

根据线性函序列的特性：

$$\Delta Y_t = Y_{t+1} - Y_t = a + b(t+1) - a - bt = b$$

如果一个多年的序列据序列，其相邻两年序列据的一阶差近似为一常序列，就可以配合一直线：$Y_1 = a + bt$，然后，用最小平方法来求解参序列 a、b。

由于所求的趋势线 $y_c = a + bt$，可求得：

$$\sum(y - y_c)^2 = \sum(y - a - bt)^2 = 最小值$$

式中：t 代表时间；a 代表直线趋势方程的起点值；b 代表直线趋势方程的斜率，即 t 每变动一个单位时，长期趋势值增加（或减少）的序列值。

令 $Q = \sum(y - a - bt)^2$，为使其最小，则对 a 和 b 的偏导序列应等于 0，整理得

$$\begin{cases} \sum y = na + b\sum x \\ \sum xy = a\sum x + b\sum x^2 \end{cases} \quad 解得 \tag{9.24}$$

$$\begin{cases} b = \dfrac{n\sum xy - \sum x\sum y}{n\sum x^2 - (\sum x)^2} \\ a = \bar{y} - b\bar{x} \end{cases}$$

式中，n 代表时间的项序列，$\bar{y} = \sum y/n$，$\bar{x} = \sum x/n$，其他符号所代表的意义不变。

在对时间序列按最小二乘法进行趋势配合的运算时，为使计算更简便些，将各年份（或其他时间单位）简记为 1、2、3、4、…，并用坐标移位方法将原点 O 移到时间序列的中间项，使 $\sum t = 0$。当项序列 n 为奇序列时，中间项为 0，当为偶序列时，中间的两项分别设 -1，1 这样间隔便为 2，各项依次设成：…，-5，-3，-1；1，3，5，…。这样求解公式便可简化为：

$$\begin{cases} \sum y = na \\ \sum xy = b\sum x^2 \end{cases} \rightarrow \begin{cases} a = \sum y/n = \bar{y} \\ b = \sum xy/\sum x^2 \end{cases} \tag{9.25}$$

例 9.13　某游览点历年观光游客资料如表 9.12 所示，用最小平方法进行长期趋势分析。

表 9.12　某游览点历年观光游客的最小二乘法计算结果

年份	时间 t	游客（百人）y	t^2	ty	y_c
2009	1	100	1	100	99.08
2010	2	112	4	224	112.72
2011	3	125	9	375	126.36
2012	4	140	16	560	140.00
2013	5	155	25	775	153.64
2014	6	168	36	1 008	167.28
2015	7	180	49	1 260	180.92
合　计	28	980	140	4 302	980.00

解：由表 9.12 得，$\sum t=28$，$\sum y=980$，$\sum t^2=140$，$\sum ty=4\,302$，代入公式（9.24）得：

$$\begin{cases} b=\dfrac{7\times4\,302-28\times980}{7\times140-28\times28}=\dfrac{2\,674}{196}=13.64 \\ a=980/7-13.64\times4=140-54.56=85.44 \end{cases}$$

从而求得直线趋势方程：$y_c=85.44+13.64t$

把各 t 值代入上式，便求得相对应的趋势值 y_c，见表 9.12 的右栏。这里需要指出的是：对表 9.12 的游客历年序列用直线趋势配合，是因为各年的逐期增长量大体相当，具备了直线型时间序列的特征。

表 9.13　某游览点历年观光游客的简便最小二乘法计算结果

年份	时间 t	游客（百人）y	t^2	ty	y_c
2009	-3	100	9	-300	99.08
2010	-2	112	4	-224	112.72
2011	-1	125	1	-125	126.36
2012	0	140	0	0	140.00
2013	1	155	1	155	153.64
2014	2	168	4	336	167.28
2015	3	180	9	540	180.92
合　计	0	980	28	382	980.00

表 9.13 是同一资料按简捷公式（9.25）的计算。

由简捷公式得 $\begin{cases} a=\dfrac{980}{7}=140 \\ b=\dfrac{382}{28}=13.64 \end{cases}$

即 $y_c=140+13.64t$

将各 t 值代入上式，便求得各年的趋势值 y_c（表 9.13）。

最小二乘法在对原序列作长期趋势的测定时，通过趋势值 y_c 来修匀原序列，得到比较接近原值的趋势值。利用所求的直线趋势方程还能对近期的序列做出预测，例如，根据表 9.13 求出直线趋势方程，代入 $t=4$，便能预测 2001 年的游客人序列，即

$y_c=140+13.64\times4=194.56$（百人）

特别要注意的是，这里的直线方程 $Y=a+bt$，不涉及变量 t 与变量 Y 之间的任何因果关系，也没有考虑误差的任何性质，因此它仅仅是一个直线拟合公式，并不是什么回归模型。还需要指出的是，作为较长期的一种趋势，利用所拟合的序列学方程式进行预测时，必须假定趋势变化的因素到预测年份仍然起作用。注意，由于例题只是为了说明分析计算的方法，所以为简便起见，一般选用的序列据都比较少，实际应用时，序列据应丰富些，方能更好地反映长期趋势。

（二）指序列趋势线的拟合

由于指序列曲线具有如下特性：

$$Y=Y_t=ab^t, Y_{t+1}=ab^{t+1}, \frac{Y_{t+1}}{Y_t}=\frac{ab^{t+1}}{ab^t}=b$$

所以，当时间序列的各期序列值大致按某一相同比率增长时，可以考虑拟合指序列方程。联系常用的复利公式：$P_n=P_0(1+r)^n$，令 $Y_t=P_t, a=P_0, b=1+r, n=t$，则复利公式与指序列方程完全一致，可见指序列曲线是一种常用的典型趋势线。

例 9.14　现有某企业 2009～2015 年的销售量依次为 53,72,96,129,171,232 万件，试求该企业销售量的长期趋势。

解：由于这个时间序列的环比序列为

$Y_2/Y_1=72/53=1.358, Y_3/Y_2=96/72=1.333$

$Y_4/Y_3=129/96=1.344, Y_5/Y_4=171/129=1.326$

$Y_6/Y_5=232/171=1.357$

即各年产量几乎按同一比例增长，所以可考虑拟合指序列曲线 $Y=ae^{bt}$。

首先将上式转换为直线方程，取对序列 $\ln Y=\ln a+bt$，令 $Y'=\ln Y, a'=\ln a$，然后利用最小平方法求解参序列。具体计算见表 9.14。

表 9.14　指序列趋势函序列计算结果

年份	序号 t	t^2	Y	$Y'=\ln Y$	tY'	趋势值 Y_t
2009	1	1	53	3.97	3.97	53.79
2010	2	4	72	4.23	8.55	71.89
2011	3	9	96	4.56	13.69	96.07
2012	4	16	129	4.86	19.44	128.39
2013	5	25	171	5.14	25.71	171.59
2014	6	36	232	5.45	32.68	229.32
2015						
合计	21	91	—	28.26	104.04	—

根据上面的结果，有：

$b=\frac{n\sum ty'-\sum t\sum y'}{n\sum t^2-(\sum t)^2}=0.29$

$a'=\bar{Y}-b\bar{t}=3.695$

$a=e^{a'}=40.25$

因此得到产量的长期趋势函序列为 $Y=40.25e^{0.29t}$。将 t 代入方程即得 2009～2015 年销售量的趋势值（表 9.14）。若要预测 2016 年产量，则有：

$$Y_{2016}=40.25e^{0.29 \times 7}=306.47（万件）$$

（三）修正指序列曲线的拟合

在指序列方程右边增加一个常序列 k，即可得到修正指序列方程：$Y=k+ab^t$，取 $a<0$，$0<b<1$ 时，随着 t 的增加，Y 趋于 k，若 k 大于零，该曲线可描述一种常见的成长现象。如某种产品投入市场，初期迅速增长，随后增长率逐渐降低，最后接近最高限 k。该曲线如图 9.1 所示。

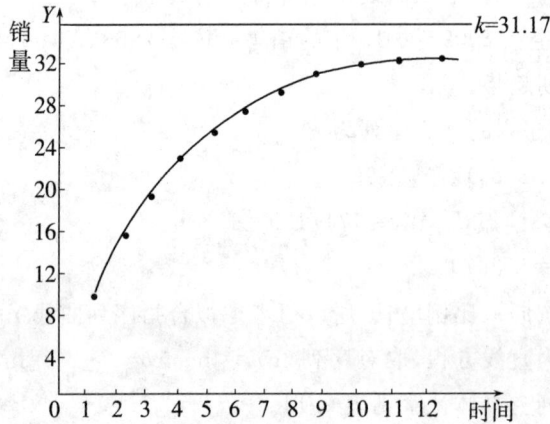

图 9.1　销售量的修正指序列曲线

根据修正指序列曲线的性质，若时间序列中相邻两个时期的序列值的一阶差之比 (Δ_t/Δ_{t-1}) 接近于一常序列，则可对其拟合修正的指序列曲线。

由于修正指序列曲线不易转变为线性形式，所以不能用最小二乘方法估计参序列。可以考虑用下述方法。

第一步，将时间序列分成 3 个相等的部分，每部分包括 n 个序列据。

第二步，求出每部分的和，得到 S_1,S_2,S_3：

$$S_1=\sum_{t=1}^{m}Y_t, S_2=\sum_{m+1}^{2m}Y_t, S_3=\sum_{2m+1}^{3m}Y_t$$

第三步，根据 S_1,S_2,S_3 的 3 个等式，就可以联立求出 3 个未知序列 k,a 和 b。

$$\begin{cases} b=\left(\dfrac{S_3-S_2}{S_2-S_1}\right)^{\frac{1}{m}} \\ a=(S_2-S_1)\dfrac{b-1}{(b^m-1)^2} \\ k=\dfrac{1}{m}\left(S_1-a\dfrac{b_{m-1}}{b-1}\right) \end{cases} \tag{9.26}$$

需要指出，这种方法是基于趋势值的 3 个局部总序列分别等于原资料的 3 个局部总序列而得到的。

例 9.15　表 9.15 中序列据是某大型机械企业的某种型号的机械产品 2004 年至 2015 年销售量，试据此资料拟合趋势线。

表 9.15　某企业产品销售量　　　　　　　　（单位:百台）

年度	2004	2005	2006	2007	2008	2009	2010	2011	2012	2013	2014	2015
销量	9.0	15.0	17.0	20.0	22.0	23.5	24.0	26.8	27.6	27.0	29.0	28.4

解:根据对表中序列据的分析,其一阶差之比大致相似,可以考虑拟合修正的指序列曲线。设所求趋势方程为

$Y_t = k + ab^t$

原始序列据共 12 项,可以分成 3 段,每段为 4 年。

有关计算过程见表 9.16。

表 9.16　某企业产品销售量修正曲线计算表

年度	T	销售量 Y_t	趋势值 Y_t
2004	1	9.0	10.16
2005	2	15.0	14.21
2006	3	17.0	17.15
2007	4	20.0	19.71
S_1	—	61.0	61.23
2008	5	22.0	21.81
2009	6	23.5	23.52
2010	7	24.0	24.92
2011	8	26.8	26.07
S_2	—	96.3	96.32
2012	9	27.6	27.0
2013	10	27.0	27.76
2014	11	29.0	28.39
2015	12	28.4	28.90
S_3	—	112.0	112.05

故有:

$$b = \left(\frac{S_3 - S_2}{S_2 - S_1}\right)^{\frac{1}{4}} = \left(\frac{112.0 - 96.3}{96.3 - 61.0}\right)^{\frac{1}{4}} = 0.817$$

$$a = (S_2 - S_1)\frac{b-1}{(b^4-1)^2} = (96.3 - 61.0)\frac{0.817-1}{(0.817^4-1)^2} = -21.01$$

$$k = \frac{1}{4}\left(S_1 - a \cdot \frac{b^4-1}{b-1}\right) = \frac{1}{4}\left[61 - (-21.01) \cdot \frac{0.817^4-1}{0.817-1}\right] = 31.17$$

于是得到趋势方程为：$Y_t = 31.17 - 21.01(0.817)^t$。

将 t 代入方程即得各年该企业产品销售量的趋势值，见表 9.16。将 $t = 14$ 代入方程，得 2016 年该企业产品销售量为：

$$\hat{Y}_{2016} = 31.17 - 21.01(0.817)^{14} = 29.93(百台)$$

这一方程也说明，从 2004～2015 年这一时期的统计序列据来看，该企业产品销售量最终将以 31.17 百台作为极限。从图 9.1 可以看出，产品销售量在经过前几年的迅速增长后，逐渐接近于增长上限 k。

（四）龚柏兹曲线的拟合

龚柏兹曲线，是美国统计学家和序列学家龚柏兹首先提出用作控制人口增长率的一种序列学模型。它的模型为：

$$\hat{Y}_t = k \cdot a^{bt}$$

式中：k, a, b——参序列；t——时间。

它的图形是一条 S 形曲线。这条曲线反映了某些经济变量由开始增长缓慢，随后增长加快，达到一定程度后，增长率逐渐减慢，最后达到饱和状态的过程。因此，对于具有这种发展趋势的预测目标，可考虑用龚柏兹曲线来描述。

为了确定模型中的参序列，通常把模型改写为对序列形式：

$$\lg \hat{Y}_t = \lg k + (\lg a) b^t$$

若令 $\hat{Y}_t = \lg \hat{Y}_t$，$K = \lg k$，$A = \lg a$，则上式变为：

$$\hat{Y}_t = K + A b^t$$

这正是修正指序列曲线模型。依照修正指序列曲线估计参序列的方法，可得 $b, \lg a$ 和 $\lg k$ 的计算公式：

$$\hat{b} = \sqrt[n]{\frac{\sum_3 \lg Y_t - \sum_2 \lg Y_t}{\sum_2 \lg Y_t - \sum_1 \lg Y_t}}$$

$$\lg \hat{a} = \left(\sum_2 \lg Y_t - \sum_1 \lg Y_t\right) \frac{\hat{b}}{(\hat{b}^n - 1)^2} \qquad (9.27)$$

$$\lg \hat{k} = \frac{1}{n}\left[\sum_1 \lg Y_t - \left(\frac{\hat{b}^n - 1}{\hat{b} - 1}\right) \lg \hat{a}\right]$$

这里 n 为总序列据的 $1/3$。$\sum_1 \lg Y_t$、$\sum_2 \lg Y_t$ 和 $\sum_3 \lg Y_t$ 分别为总序列据三等分后的各部分和。

由于龚柏兹曲线的对序列形式为修正指序列曲线，因而根据修正指序列曲线模型的特点，可知龚柏兹曲线模型的特点是，其对序列一阶差分的环比为一常序列。因此，当时间序列 $\{Y_t\}$ 的对序列一阶差分的环比近似一常序列时，可配合龚柏兹曲线模型来预测。

例 9.17 某一新建产品生产线工程项目于 2006 年底正式投产，构成一个独立的企业（运行十年来的有关财务资料见表 9.17）。以净现金流量作为收益值（净现金流量＝利润总额＋折旧－税金－每年增加投资），拟合曲线模型。

表 9.17　某一工程项目财务资料　　　　（单位：万元）

t	年度	利润总额	折旧	税款	每年增加投资	净现金流量 Y_t
1	2007	89.05	17.81	26.7	22.25	57.89
2	2008	91.02	22.75	27.31	20.93	65.53
3	2009	90.58	20.83	27.17	23.53	60.71
4	2010	110.04	31.40	33.01	26.40	82.03
5	2011	112.06	26.88	33.62	24.64	80.68
6	2012	105.73	27.48	31.72	22.19	79.30
7	2013	113.07	28.25	33.92	25.96	81.44
8	2014	107.05	31.59	25.12	29.25	84.27
9	2015	119.05	32.13	35.73	28.52	86.93
合计		937.6	239.12	274.32	223.67	678.78

解：

（1）对净现金流量实际值 Y 的对序列分为三组，并分别求出：

$\sum_1 \lg Y_t = \lg Y_1 + \lg Y_2 + \lg Y_3 = 5.362\,3$

$\sum_2 \lg Y_t = \lg Y_4 + \lg Y_5 + \lg Y_6 = 5.720\,1$

$\sum_3 \lg Y_t = \lg Y_7 + \lg Y_8 + \lg Y_9 = 5.775\,7$

（2）将计算出的三组对序列和代入 $\hat{b}$ 计算公式，求 $\hat{b}$ 值：

$$\hat{b} = \sqrt[3]{\frac{5.775\,7 - 5.720\,1}{5.720\,1 - 5.362\,3}} = 0.537\,62$$

（3）计算参序列 a。首先根据公式计算 $\lg \hat{a}$，然后求反对序列即参序列 a 的值。

$$\lg \hat{a} = (\sum_2 \lg Y_t - \sum_1 \lg Y_t) \cdot \frac{\hat{b}-1}{(\hat{b}^n-1)^2} = -0.231\,92$$

$\hat{a} = 0.586\,25$

（4）利用上述对序列，反对序列理论根据 $\lg \hat{k}$ 的公式计算参序列 k：

$$\lg \hat{k} = \frac{1}{n}\left[\sum_1 \lg Y_t - \left(\frac{\hat{b}^n-1}{\hat{b}-1}\right)\lg \hat{a}\right] = 1.928\,65$$

$k = 84.85$

因此，龚柏兹曲线模型为：

$\hat{Y}_t = 84.85 \times 0.586\,25^{(0.537\,62^t)}$

第五节　时间序列分析(二)

——季节变动、循环变动的测定

一、季节变动分析

季节变动是指一些现象由于受自然条件或经济条件的影响在一个年度内随着季节的更替而发生比较有规律的变动,例如,农产品的生产量、某些商品的销售量等,都会因时间的变化而分为农忙农闲、淡季旺季。季节变动往往会给社会生产和人们的经济生活带来一定影响。研究季节变动,就是为了认识这些变动的规律性,以便更好地安排、组织社会生产与生活。

测定季节变动的方法从是否排除长期趋势的影响看,可分为两种:一是不排除长期趋势的影响,直接根据原时间序列来测定;二是依据消除长期趋势后的时间序列来测定;前者常用简单平均法,后者常用移动平均趋势剔除法。但是,不管采用哪种方法,都需具备连续多年的各月(季)资料,以保证所求的季节比率具有代表性,从而能比较客观地描述现象的季节变动。现将两种测定方法介绍如下。

(一)简单平均法

根据月(季)的时间序列,用简单平均法测定季节变动的计算步骤如下:

(1) 分别就每年各月、(季)的序列值加总后,计算各年的月(季)的平均序列;

(2) 将各年同月(季)的序列值加总,计算若干年内同月(季)的平均序列;

(3) 根据若干年内每个月的序列值总计,计算若干年总的月(季)平均序列;

(4) 将若干年内同月(季)的平均序列与总的月(季)平均序列相比,即求得用百分序列表示的各月(季)的季节比率,又可以称为季节指序列。

表 9.18　某商店某商品销售量的季节变动分析　　(单位:百件)

	1月	2月	3月	4月	5月	6月	7月	8月	9月	10月	11月	12月	平均
2012	40	34	36	34	35	32	28	34	34	37	38	40	35.17
2013	38	32	40	32	32	30	30	33	36	36	36	42	34.75
2014	32	36	37	31	31	29	31	33	32	35	37	52	34.67
2015	30	26	35	29	30	28	28	33	32	32	35	36	31.17
合计	140	128	128	126	128	119	119	133	134	140	146	170	1629[①]
月平均	35	32	37	31.5	32	29.75	29.75	33.25	33.5	35	36.5	42.5	33.937 5
季节比率%	103.13	94.29	109.02	92.82	94.29	87.66	86.19	97.97	98.71	103.13	107.55	125.23	100.00

注:① 1629 是 4 年 48 个月的累计商品销售量。

由表 9.18 的资料可知，某商店某商品销售的季节比率以 12 月份的 125.23％为最高，2月份的 109.02％为其次；而以 7 月份的 86.19％为最低，6 月份的 87.66％为次低。

$$月份季节比率 = \frac{一月份某商品销售平均数}{各月平均商品销售平均数}$$

$$= \frac{35}{33.937\ 5} \times 100\% = 103.13\%$$

其余各月的季节比率依次类推。至于表 9.18 右下角的 100％是将各月的季节比率加总后除一年的 12 个月份序列求得的。

（二）移动平均趋势剔除法

移动平均趋势剔除法是利用移动平均法消除原时间序列中的长期趋势的影响，然后再来测定它的季节变动，其计算步骤及方法如下：

（1）根据时间序列中各年按月（季）的序列值（计算其 12 个月的，若是季资料则为 4 个季的）移动平均序列。

由于是偶序列项移动平均，趋势值 y_c 要分两步求得。

（2）用时间序列中各月（季）的序列值（y）与其相对应的趋势值（y_c）对比，计算 y/y_c 的百分比序列值。

（3）把 y/y_c 的百分比序列值按月（季）排列，计算出各年同月（季）的总平均序列，这个平均序列就是各月（季）的季节比率。

（4）把各月（季）的季节比率加起来，其总计序列应等于 1 200％（若为季资料其总计序列应等于 400％）。如果不符，还应把 1 200％与实际加总的各月季节比率相比求出校正系序列，把校正系序列分别乘上各月的季节比率。这样求得的季节比率就是一个剔除了长期趋势影响后的季节比率。

显然，季节变动分析中的两种方法各有特点，前者计算简便，但所求出的季节比率包含长期趋势的影响。后者计算较繁，但得到了一个反映现象发展过程中的季节变动的缩影——剔除长期趋势后的季节比率。

二、循环变动的测定

循环变动各个时期有不同的原因，变动的程度也有自己的特点，这和季节变动基于大体相同的原因和相对稳定的周期形成对照，所以不能用测定季节变动的方法来研究循环变动。通常用剩余法测定循环变动的程度。基本思想是：对各期时间序列资料用长期趋势和季节比率消除趋势变动和季节变动，而得反映循环变动与不规则变动的序列，然后再采用移动平均法消除不规则变动，便可得出反映循环变动程度的各期循环变动系序列。

$$Y = T \cdot X \cdot C \cdot I$$

$$\frac{Y}{T \cdot S} = \frac{T \cdot S \cdot C \cdot I}{T \cdot S} = C \cdot I$$

将 $C \cdot I$ 序列进行移动平均修匀，则修匀后的序列即为各期循环变动的系序列。

测定循环变动的程度,认识经济波动的某些规律,预测下一个循环变动可能产生的各种影响,以便充分利用有利因素,避免不利因素,对于保持国民经济持续稳定的发展有重要的意义。但是循环变动预测和长期趋势预测不同,循环变动主要属于景气预测,在很大程度上要依靠经济分析,仅仅对历史资料的统计处理是不够的。

第六节　EXCEL 时间序列分析

EXCEL 在"序列据分析"宏中提供了三种时间序列计算方法,即常用的移动平均法、指序列平滑法和回归法,利用这些宏可以计算出估计值、标准差、残差和拟合图。同时,如果配合使用 EXCEL 的"序列据分析"某些宏与某些函序列可以完成序列学曲线拟合法。

一、移动平均

以本章例 9-11 中表 9-10 的资料为例,相关移动平均宏计算移动平均趋势的过程如下:

(1) 在 EXCEL 工作表中 B2:B13 区域中输入"某公司 2000 年各月销售额"资料。

(2) 在 EXCEL"工具栏"中选择"序列据分析宏",并点击"移动平均"过程。

(3) 在移动平均宏菜单的"输入区域"中输入"B1:B13",在"间隔"中输入"3"表示进行 3 项移动平均,选择"输出区域",并选择输出"图表输出"和"标准差"输出如图 9.2 所示,点击确定,移动平均宏的计算结果如图 9.3 所示。

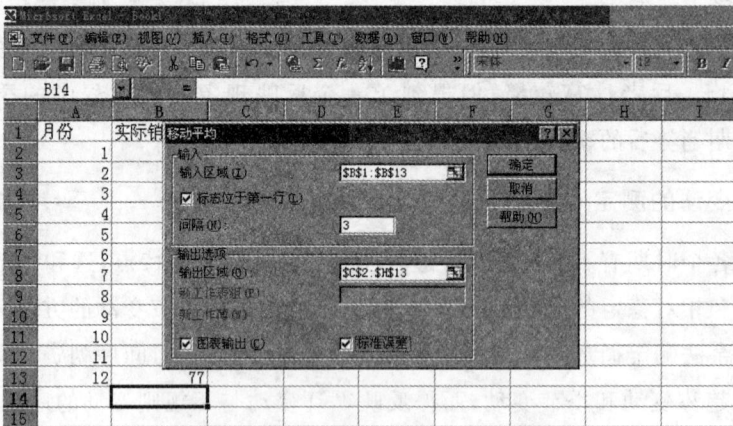

图 9.2　移动平均宏

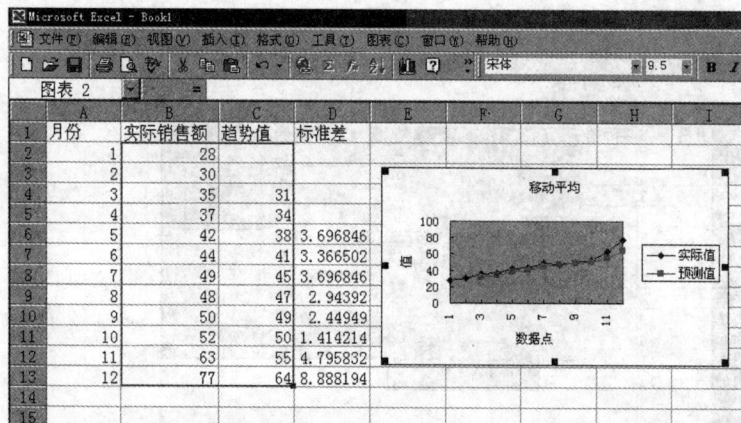

图 9.3　利用移动平均宏计算的结果

在图 9.2 中,分别产生了 3 项移动平均的估计值 C4:C13 和估计的标准差 D6:D12。正如图中 C4 单元格的表达式所示,C4 中的表达式＝AVERAGE(B2:B4)是对 B2:B4 单元计算算术平均序列,而 D6 单元格中的表达式"＝SQRT(SUMXMY2(B4:B6,C4:C6)/3)"相当于标准差公式:

$$S=\sqrt{\frac{\sum(X-\overline{X})^2}{n}}$$

关于 EXCEL 中的"移动平均"的计算,需要说明两点:一是图 9.3 图例说明中的"趋势值",即移动平均值,由于移动平均法是以移动平均值作为趋势估计值,所以也将其称为"趋势值"的;二是移动平均值的位置不是在被平均的 N 项序列值的中间位置,而是直接排放在这 N 个时期的最后一期,这一点与通常意义上移动平均值应排放在 N 时期的中间时期有所不同。

图 9.3 还绘制出实际观察值与 3 项移动平均估计值之间的拟合曲线,可以看出,移动平均值削弱了上下波动,如果这种波动不是季节波动而是不规则变动的话,显然,移动平均可以削弱不规则变动。对于该例进行 4 项移动平均的结果与 3 项移动结果明显不同。也就是说,当序列有季节周期时,只要移动平均的项序列和季节波动的周期长度一致,则移动平均值可以消除季节周期,并在一定程度上消除不规则变动,从而揭示出序列的长期趋势。这一点我们将在季节摆动分析中具体讨论。

二、指序列平滑法

仍以表 9.11 中的序列据为例,相关指序列平滑法宏计算过程如下:

(1) 在 EXCEL"工具栏"中选择"序列据分析宏",并点击"指序列平滑"过程。

(2) 在指序列平滑宏菜单的"输入区域"中输入"B2:B13",在阻尼(平滑)系序列输入 0.35。选择"输出区域",并选择输出"图表输出"和"标准差"输出(图 9.4),点击确定,指序列平滑宏的计算结果如图 9.5 所示。

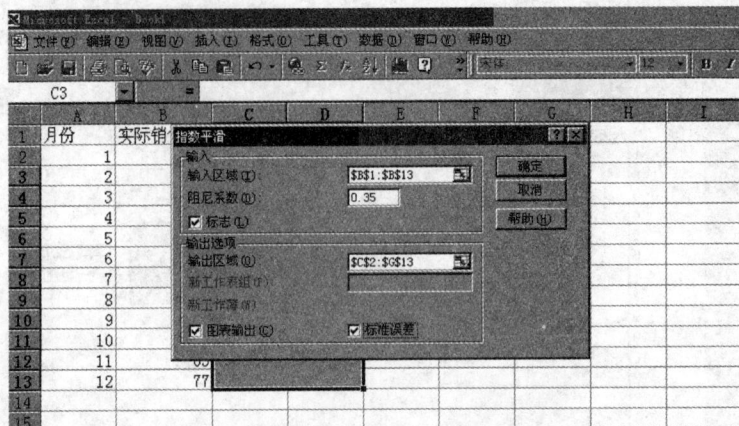

图 9.4 指序列平滑宏

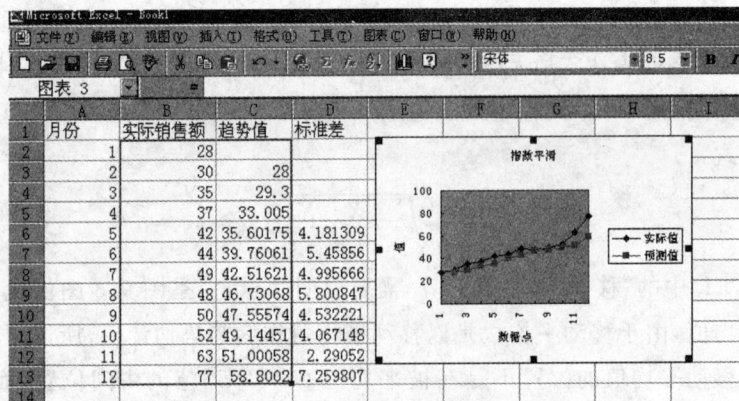

图 9.5 指序列平滑宏输出结果

三、序列曲线拟合法

在 EXCEL 中虽没有提供序列曲线拟合法的直接计算工具,但是通过配合使用某些宏与函序列可以完成直线或曲线趋势的序列学拟合。下面将以例 9.12 和例 9.14 的序列据为例介绍直线趋势的拟合和指序列趋势线的拟合。

(一) 直线趋势的拟合

利用图形向导和添加趋势线可以完成直线趋势的序列学拟合。其具体过程如下:

首先,利用图形向导生成折线图或利用移动平均宏生成折线图。

其次,在对生成的草图进行必要的修饰后,得到时序图。用鼠标左键选择折线,然后扫鼠标右键,选择"添加趋势线"操作,如图 9.6 所示。

最后,在"添加趋势线"操作中,选择"线性"趋势线(图 9.7),然后点击"选项",在"选项"菜单选择输出"显式公式"和"显示 R 平方值"两项,如图 9.8 所示。然后按"确定",得到如图 9.9 所示趋势线和直线趋势方程及 R 平方值。

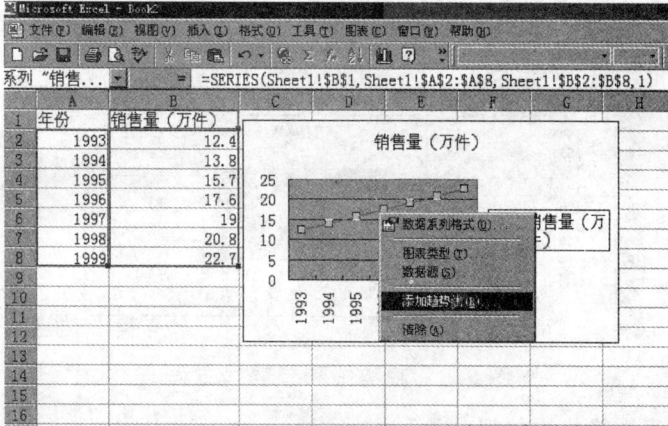

图 9.6 添加趋势线

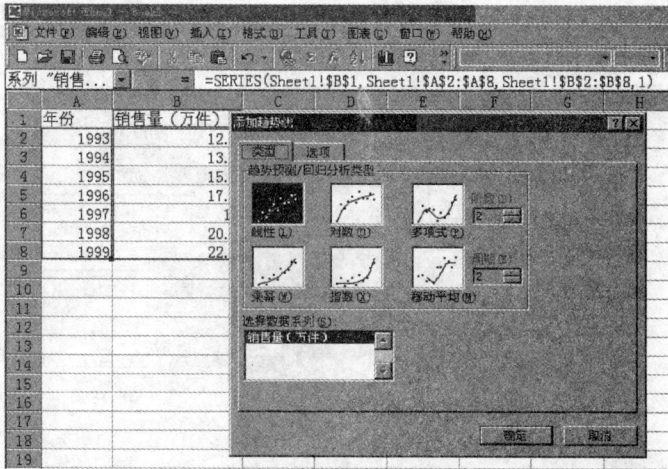

图 9.7 趋势线类型

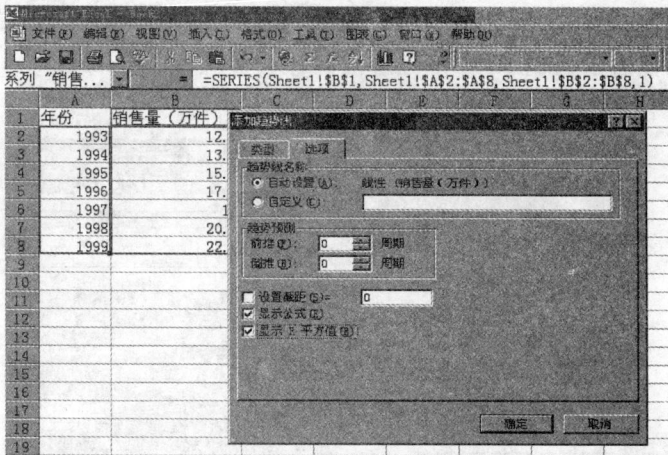

图 9.8 趋势线选项

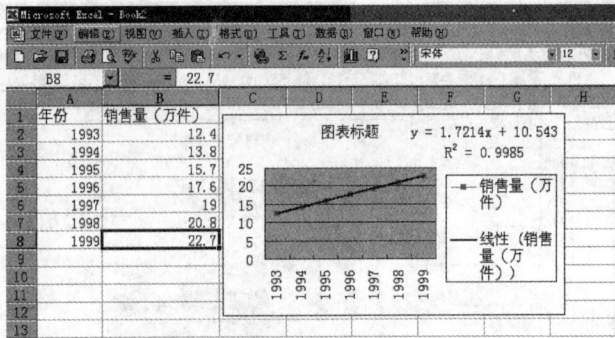

图 9.9　趋势线和趋势线方程

(二) 修正指序列趋势线的拟合

利用图形向导、添加趋势线与某些函序列可以完成书上的操作过程。如果只利用图形向导与添加趋势线可以得到一个对序列方程,其具体计算过程与直线趋势的拟合大体相同。结果如图 9.10 所示。

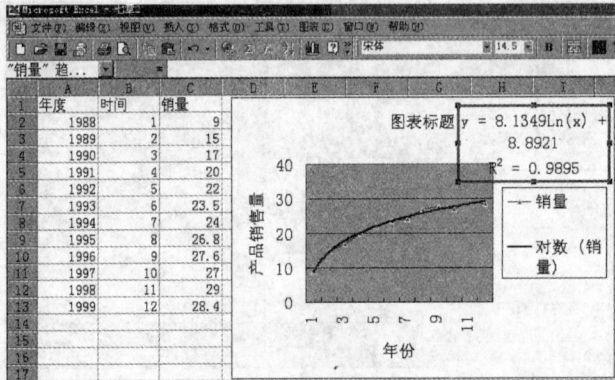

图 9.10　指序列趋势拟合的趋势线和趋势方程

如果要得到和前面例 9.14 题中一样的结果,需在 1 的第三步中只选择趋势线类型,不选选项中的内容,然后依据例 9.15 得分阶段的计算过程,利用 sum( ),power( )求得 S1,S2,S3,b,a,k 和方程式。其结果如图 9.11 所示。

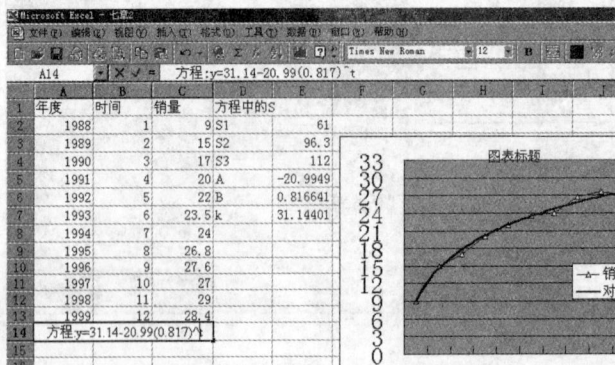

图 9.11　EXCEL 计算的结果

思考题

一、单项选择题

1. 已知环比增长速度为 9.2%、8.6%、7.1%、7.5%，则定基增长速度为（　　）

   ① 9.2%×8.6%×7.1%×7.5%

   ② (9.2%×8.6%×7.1%×7.5%)－100%

   ③ 109.2%×108.6%×107.1%×107.5%

   ④ (109.2%×108.6%×107.1%×107.5%)－100%

2. 下列等式中，不正确的是（　　）

   ① 发展速度＝增长速度＋1

   ② 定基发展速度＝相应各环比发展速度的连乘积

   ③ 定基增长速度＝相应各环比增长速度的连乘积

   ④ 平均增长速度＝平均发展速度－1

3. 累计增长量与其相应的各个逐期增长量的关系表现为（　　）

   ① 累计增长量等于相应的各个逐期增长量之积

   ② 累计增长量等于相应的各个逐期增长量之和

   ③ 累计增长量等于相应的各个逐期增长量之差

   ④ 以上都不对

4. 编制动态序列的基本原则是要使动态序列中各项指标序列值具有（　　）

   ① 可加性　　　　　　　　　　② 可比性

   ③ 一致性　　　　　　　　　　④ 同质性

5. 某地区 2010～2015 年排列的每年年终人口序列动态序列是（　　）

   ① 绝对序列动态序列　　　　　② 绝对序列时点序列

   ③ 相对序列动态序列　　　　　④ 平均序列动态序列

二、多项选择题

1. 长期趋势的测定方法有（　　）

   ① 季节比率法　　② 移动平均法　　③ 分段平均法　　④ 最小平方法

   ⑤ 时距扩大法

2. 构成动态序列的两个基本要素是（　　）

   ① 指标名称　　　② 指标序列值　　③ 指标单位　　　④ 现象所属的时间

   ⑤ 现象的处理地点

3. 根据动态序列中不同时期的发展水平所求的平均序列称为（　　）

   ① 序时平均序列　② 算术平均序列　③ 几何平均序列　④ 平均发展水平

   ⑤ 平均发展速度

4. 动态序列中的发展水平具体包括（　　）

   ① 期初水平和期末水平　　　　　　　② 报告期水平和基期水平

　　③ 平均发展水平　　　　　　　　④ 中间水平

　　⑤ 增长量

5. 动态序列中的派生序列是(　　)

　　① 时期序列　　　　　　　　　　② 时点序列

　　③ 绝对序列动态序列　　　　　　④ 相对序列动态序列

　　⑤ 平均序列动态序列

三、简答题

1. 简述时间序列的概念和种类。

2. 时期序列和时点序列有什么区别?

3. 什么是发展水平、增减量、平均增减量、发展速度和增减速度? 定基发展速度和环比发展速度、发展速度与增减速度的关系如何?

4. 什么是平均发展水平? 它的计算可以分成几种情况?

5. 时间序列可以分解为哪几种因素? 各种因素的基本概念是什么?

四、计算题

1. 某种股票 2015 年各统计时点的收盘价如表 1 所示,计算该股票 2015 年的年平均价格。

表 1

统计时点	1 月 1 日	3 月 1 日	7 月 1 日	10 月 1 日	12 月 31 日
收盘价(元)	15.2	14.2	17.6	16.3	15.8

2. 某企业 2015 年 9~12 月月末职工人序列资料如表 2 所示。

表 2

日　　期	9 月 30 日	10 月 31 日	11 月 30 日	12 月 31 日
月末人序列(人序列)	1 400	1 510	1 460	1 420

计算该企业第四季度的平均职工人序列。

3. 2010~2015 年各年底某企业职工人序列和工程技术人员序列资料如表 3 所示。

表 3

年　　份	2010	2011	2012	2013	2014	2015
职工人序列	1 000	1 020	1 085	1 120	1 218	1 425
工程技术人员	50	50	52	60	78	82

试计算工程技术人员占全部职工人序列的平均比重。

4. 某机械厂 2015 年第四季度各月产值和职工人序列资料如表 4 所示，试计算该季度平均劳动生产率。

表 4

月份	10 月	11 月	12 月
产值(元)	400 000	46 200	494 500
平均职工人序列(人)	400	420	430
月平均劳动生产率(元)	1 000	1 100	1 150

5. 某化工企业 2011～2015 年的化肥产量资料如表 5 所示。

表 5

年份	2011	2012	2013	2014	2015
化肥产量(万吨)	400			484	
环比增长速度(%)	—	5			12.5
定基发展速度(%)	—		111.3		

利用指标间关系将表中所缺序列字补充。

6. 某地区粮食总产量如表 6 所示。

表 6

年 份	2006	2007	2008	2009	2010	2011	2012	2013	2014	2015
产量(万吨)	230	236	241	246	252	257	262	276	281	286

要求：

(1) 试检查该地区粮食生产发展趋势是否接近于直线型？

(2) 如果是直线型，用最小平方法配合直线趋势方程。

(3) 预测 2016 年的粮食产量。

7. 某产品专卖店 2013～2015 年各季度销售额资料如表 7 所示。

表 7

年份	一季度	二季度	三季度	四季度
2013	51	75	87	54
2014	65	67	82	62
2015	76	77	89	73

要求：

(1) 采用按季平均法和移动平均趋势剔除法计算季节指序列；

(2) 计算 2015 年无季节变动情况下的销售额。

参考答案

一、单项选择题

1. ④   2. ③   3. ②   4. ②   5. ②

二、多项选择题

1. ②③④⑤   2. ②④   3. ①④   4. ①②③④⑤   5. ④⑤

三、计算题

1. 16.0(元)

2. 1 460 人

3. 5.4%

4. 1 084.3(元)

5.

年　份	1996	1997	1998	1999	2000
化肥产量(万吨)	400	420	445.2	484	544.5
环比增长速度(%)	—	5	6	8.7	12.5
定基发展速度(%)	—	105	111.3	121.0	136.1

6. (1) 接近于直线型

(2) $\hat{Y}_t = a + bt = 256.7 + 3.17t$

(3) $\hat{Y}_{2001} = 291.57$(万吨)

7. （1）结果见下表

季节指序列(%)	一季度	二季度	三季度	四季度
按季平均法	89.5	102.1	120.3	88.1
趋势剔除法	98.4	98.8	121.5	81.3

（2）消除季节变动后各季销售额

一季度：76/98.4%＝77.2(万元)

二季度：77/98.8%＝77.9(万元)

三季度：89/121.5%＝77.3(万元)

四季度：73/81.3%＝89.8(万元)

第十章 统计指数

通过本章的学习,理解统计指数的概念、种类和作用,理解掌握综合指数的编制方法和编制特点,掌握平均指数的编制方法和编制特点,掌握指数体系与因素分析。

教学案例

国家统计局会定期公布一些常用的价格指数,如居民消费价格指数、零售价格指数等。也有一些指数不是统计部门发布的,如股票价格指数。还有一些专门研究某类指数的专业机构,它们研究并发布一些更专业的指数,如房地产价格指数。中国指数研究院就是一家专门研究并发布房地产价格指数的机构,该机构研究开发出一套"中国房地产价格指数系统",该系统由中国房地产总指数和中国房地产城市指数组成。指数的编制以拉氏指数为主,并结合了特征价格指数理论。20世纪末我国开始发布中国房地产北京价格指数,目前已经覆盖上海、天津、广州、深圳、重庆、武汉、杭州等30余个重要城市。它以价格指数形式反映全国及各主要城市房地产市场发展变化轨迹和当前市场,被称为中国房地产市场的"晴雨表"和引导投资置业的"风向标"。

第一节 统计指数的概念和分类

一、指数的概念和性质

(一)指数的概念

指数的编制是从物价的变动产生的。18世纪中叶,由于金银大量流入欧洲,欧洲的物价飞涨,引起社会不安,于是产生了反映物价变动的要求,这就是物价指数产生的根源。有些指数,如消费品价格指数,生活费用价格指数,同人们的日常生活休戚相关;有些指数,如生产资料价格指数、股票价格指数等,则直接影响人们的投资活动,成为社会经济的晴雨表。

指数作为一种对比性的统计指标具有相对数的形式,通常表现为百分数。它表明:若把作为对比基准的水平(基数)视为100,则所要考察的现象水平相当于基数的多少。譬如,已知某年全国的零售物价指数为105%,这就表示:若将基期年份(通常为上年)的一般价格水平看成是100%,则当年全国的价格水平就相当于基年的105%,或者说,当年的价格上涨了5%。

从对比性质来看,指数通常是不同时间的现象水平的对比,它表明现象在时间上的变动情况(动态)。此外,指数还可以是不同空间(如不同国家、地区、部门、企业等)的现象水平的对比,或者,是现象的实际水平与计划(规划或目标)水平的对比,这些可以看成是动态对比指数方法的拓展。可见,指数在经济分析上具有十分广阔的应用领域。

迄今为止,统计界认为,统计指数的概念有广义和狭义两种理解。广义指数是泛指社会经济现象数量变动的比较指标,即用来表明同类现象在不同空间、不同时间、实际与计划对比变动情况的相对数。狭义指数仅指反映不能直接相加的复杂社会经济现象在数量上综合变动情况的相对数。例如,要说明一个国家或一个地区商品价格综合变动情况,由于各种商品的经济用途、规格、型号、计量单位等不同,不能直接将各种商品的价格简单对比,而要解决这种复杂经济总体各要素相加问题,就要编制统计指数综合反映它们的变动情况。

本章主要基于统计指数的狭义的概念探讨指数的作用、编制方法及其在统计分析中的运用。

(二) 指数的性质

正确应用指数的统计方法,必须要对指数性质有深刻的了解,概括地讲,指数具有以下性质。

第一,相对性。指数是总体各变量在不同场合下对比形成的相对数,它可以度量一个变量在不同时间或不同空间的相对变化,如一种商品的价格指数或数量指数,这种指数称为个体指数;它也可用于反映一组变量的综合变动,如消费价格指数反映一组指定商品和服务的价格变动水平,这种指数称为综合指数。总体变量在不同时间上对比形成的指数称为时间性指数,在不同空间上对比形成的指数称为区域性指数。

第二,综合性。指数是反映一组变量在不同场合下的综合变动水平,这是就狭义的指数而言的,它也是指数理论和方法的核心问题。实际中所计算的主要是这种指数。没有综合性,指数就不可能发展成为一种独立的理论和方法论体系。综合性说明指数是一种特殊的相对数,它是由一组变量或项目综合对比形成的。比如,由若干种商品和服务构成的一组消费项目,通过综合后计算价格指数,以反映消费价格的综合变动水平。

第三,平均性。指数是总体水平的一个代表性数值。平均性的含义有二:一是指数进行比较的综合数量是作为个别量的一个代表,这本身就具有平均的性质;二是两个综合量对比形成的指数反映了个别量的平均变动水平,比如物价指数反映了多种商品和服务项目价格的平均变动水平。

二、统计指数的作用

1. 综合反映社会经济现象总变动方向及变动幅度。在统计实践中,经常要研究多种商品或产品的价格综合变动情况,多种商品的销售量或产品产量的总变动,多种产品的成本总变动,多种股票价格综合变动等。这类问题由于各种商品或产品的使用价值不同、各种股票价格涨跌幅度和成交量不同,所研究总体中的各个个体不能直接相加。指数法的首要任务,就是把不能直接相加总的现象过渡到可以加总对比,从而反映复杂经济现象的总变动方向及变动幅度。

2. 分析现象总变动中各因素变动的影响方向及影响程度。利用指数体系理论可以测定复杂社会经济现象总变动中,各构成因素的变动对现象总变动的影响情况,并对经济现象变化作综合评价。任何一个复杂现象都是由多个因子构成的,如:销售额＝价格×销售量。又如影响利润总额变化的各种因素有产品产量、产品销售量、产品成本、产品销售价格等。运用指数法编制商品零售价格指数和零售量指数,可分析它们的变动对商品零售总额变动的影响。编制产品产量指数、产品销售量指数、产品成本指数和产品销售价格指数等并分别对它们进行测定,根据各因素变动影响,可综合评价利润总额变动的情况。

3. 反映同类现象变动趋势。编制一系列反映同类现象变动情况的指数形成指数数列,可以反映被研究现象的变动趋势。例如,根据 2000～2015 年共 16 年的零售商品价格资料,编制 16 个环比价格指数,从而构成价格指数数列。这样,就可以揭示价格的变动趋势,研究物价变动对经济建设和人民生活水平的影响程度。

此外,利用统计指数还可以进行地区经济综合评价、对比,研究计划执行情况。

三、统计指数的分类

统计指数的种类很多,可以按不同的标志作不同的分类。

1. 按其反映对象范围的不同分为个体指数、总指数

个体指数——说明个别事物(例如某种商品或产品等)数量变动的相对数叫作个体指数。个体指数通常记作 K,例如:

$$个体产品产量指数\ K_q = \frac{Q_1}{Q_0}$$

$$个体产品成本指数\ K_z = \frac{Z_1}{Z_0}$$

$$个体物价指数\ K_p = \frac{P_1}{P_0}$$

式中:Q 代表产量,Z 代表单位产品成本,P 代表商品或产品的单价;下标 1 代表报告期,下标 0 代表基期。

可见,个体指数就是同一种现象的报告期指标数值与基期指标数值对比而得的发展速度指标。

总指数——说明度量单位不相同的多种事物数量综合变动的相对指数,例如工业总产

量指数、零售物价总指数等。总指数与个体指数有一定的联系，可以用个体指数计算相应的总指数。用个体指数简单平均求得的总指数，称为简单指数；用个体指数加权平均求得的总指数，称为加权指数。

2. 按其所反映的社会经济现象特征不同分为数量指标指数、质量指标指数

数量指标指数——简称数量指数，主要是指反映现象的规模、水平变化的指数，例如商品销售量指数、工业产品产量指数等。

质量指标指数——简称质量指数，是指综合反映生产经营工作质量变动情况的指数，例如物价指数、产品成本指数等。

3. 指数按其采用基期的不同分为定基指数、环比指数

定基指数——将不同时期的某种指数按时间先后顺序排列，形成指数数列。在同一个指数数列中，如果各个指数都以某一个固定时期作为基期，就称为定基指数。

环比指数——如果各个指数都是以报告期的前一期作为基期，则称之为环比指数。

4. 指数按其对比内容的不同分为动态指数、静态指数

动态指数——由两个不同时期的同类经济变量值对比形成的指数，说明现象在不同时间上发展变化的过程和程度。

静态指数——包括空间指数和计划完成情况指数两种。空间指数（地域指数）是将不同空间（如不同国家、地区、部门、企业等）的同类现象进行比较的结果，反映现象在不同空间的差异程度。计划完成程度指数是由同一地区、单位的实际指标值与计划指标值对比而形成的指数，反映计划的执行情况或完成与未完成的程度。

指数方法论主要论述动态指数，动态指数是出现最早、应用最多的指数，也是理论上最为重要的统计指数。静态指数则是动态指数在实际应用中的扩展。

5. 按照常用的计算总指数的方法或形式可以分为综合指数、平均指数

综合指数——从数量上表明不能直接相加的社会经济现象的总指数。

平均指数——以个体指数为基础，采取平均形式编制的总指数。

四、指数基本问题

编制总指数可以考虑两种方式：一是先综合后对比；二是先对比后平均。

（一）先综合后对比的方式

如果我们知道某几种商品价格和销售量资料，研究全部商品的价格和销售量变动情况。首先将各种商品的价格或销售量资料加总起来，然后通过对比得到相应的总指数，这种方法通常称为综合（总和）指数法。此时我们会遇到这样两个问题：一是不同商品的数量和价格不能直接加总，或者说，直接加总的结果没有实际经济含义；二是简单综合法编制的指数明显地受到商品计量单位的影响。因此，简单综合指数难以成为现象变动程度的一种客观测度，因为不同商品的价格或销售量都是"不同度量"的现象，它们构成了不能直接加总的"复杂现象总体"，倘若不解决有关现象的同度量问题就将其直接加总，显然难以得到适当的指数计算结果。

(二) 先对比后平均的方式

首先将各种商品的价格或销售量资料进行对比(计算个体指数),然后通过个体指数的平均得到相应的总指数,这种方法通常称为"平均指数法"。这样当我们将各种商品的个体指数作简单平均时,没有适当地考虑不同商品的重要性程度。从经济分析的角度看,各种商品的重要性程度是有差异的,简单平均指数不能反映这种差异,因而难以满足分析的要求。

归纳起来,简单综合指数与简单平均指数都存在方法上的缺陷。但是,迄今为止,综合指数法与平均指数法仍然是编制统计指数的两个基本方法。为了运用综合法编制总指数,必须首先考虑被比较的诸现象是否同度量、怎样同度量的问题;因此说:编制综合指数的基本问题是"同度量"的问题,解决这一问题的方法就是编制加权综合指数。而为了运用平均法编制总指数,又必须首先考虑被比较诸现象的重要性程度是否相同、怎样衡量的问题(此外,还有选择何种平均数形式的问题)。因此,编制平均指数的基本问题之一是合理加权的问题,解决这一问题的方法就是编制加权平均数。

第二节 加权指数

一、加权综合指数

加权综合指数(weighted aggregative index number)是通过加权来测定一组项目的综合变动状况。若所测定的是一组项目的数量变动状况,称为数量指数,如产品产量指数、商品销售量指数等;若所测定的是一组项目的质量变动状况,则称为质量指数,如价格指数、产品成本指数等。但由于权数可以固定在不同时期,因而加权综合指数有不同的计算公式。

(一) 基期变量值加权

基期变量值加权是指在计算一组项目的综合指数时,把作为权数的各变量值固定在基期来计算指数。早在 1864 年,德国学者拉斯贝尔斯(Laspeyres)就曾提出用基期消费量加权来计算价格指数,这一指数被称为拉氏指数或 L 式指数。拉氏加权法可推广到其他指数的计算。基期变量值加权的拉氏质量指数和数量指数的一般计算公式为:

$$p_{1/0} = \frac{\sum p_1 q_0}{\sum p_0 q_0} \tag{10.1}$$

$$q_{1/0} = \frac{\sum p_0 q_1}{\sum p_0 q_0} \tag{10.2}$$

式中:$p_{1/0}$ 为质量指数;$q_{1/0}$ 为数量指数;p_0 和 p_1 分别为一组项目基期和报告期的质量数值;q_0 和 q_1 分别为一组项目基期和报告期的物量数值。

例 10.1 设热带水果加盟店 2014 年和 2015 年三种水果的零售价格和销售量资料如表 10-1 所示。试分别以基期销售量和零售价格为权数，计算三种水果的价格综合指数和销售量综合指数。

表 10.1 某粮油连锁店三种商品的价格和销售量

商品名称	计量单位	销售量		单价（元）	
		2014 年	2015 年	2014 年	2015 年
荔枝	kg	1 200	1 500	12	13
芒果	kg	1 500	2 000	10	11
榴莲	kg	500	600	32	35

解：设销售量为 q，零售价格为 p，计算过程见表 10.2。

表 10.2 加权综合指数计算

商品名称	计量单位	销售量		单价（元）		销售额（元）			
		2014 年 q_0	2015 年 q_1	2014 年 p_0	2015 年 p_1	2014 年 $p_0 q_0$	2015 年 $p_1 q_1$	$p_0 q_1$	$p_1 q_0$
荔枝	kg	1 200	1 500	12	13	14 400	19 500	18 000	15 600
芒果	kg	1 500	2 000	10	11	15 000	22 000	20 000	16 500
榴莲	kg	500	600	32	35	16 000	21 000	19 200	17 500
合计	—	—	—	—	—	45 400	62 500	57 200	49 600

根据（10.1）式，得价格综合指数为：

$$p_{1/0} = \frac{\sum p_1 q_0}{\sum p_0 q_0} = \frac{49\ 600}{45\ 400} = 109.25\%$$

根据（10.2）式，得销售量综合指数为：

$$q_{1/0} = \frac{\sum p_0 q_1}{\sum p_0 q_0} = \frac{57\ 200}{45\ 400} = 125.99\%$$

计算结果表明，与 2014 年相比，该热带水果加盟店三种水果的零售价格平均上涨了 9.25%，销售量平均上涨了 25.99%。

拉氏指数由于以基期变量值为权数，可以消除权数变动对指数的影响，从而使不同时期的指数具有可比性。但拉氏指数也存在一定的缺陷。比如，物价指数是在假定销售量不变的情况下报告期价格的变动水平，这一指数尽管可以单纯反映价格的变动水平，但不能反映出消费量的变化。从实际生活角度看,人们更关心在报告期销售量条件下价格变动对实际生活的影响。因此,拉氏价格指数在实际中应用得很少。而拉氏数量指数是假定价格不变的条件下报告期销售量的综合变动,它不仅可以单纯反映出销售量的综合变动水平,也符合计算销售量指数的实际要求。因此,拉氏数量指数在实际中应用得较多。

(二) 报告期变量值加权

报告期变量值加权是指在计算一组项目的综合指数时,把作为权数的变量值固定在报告期来计算指数。1874 年德国学者帕煦(Paasche)曾提出用报告期物量加权来计算物价指数,这一指数被称为帕氏指数,或简称为 P 式指数。帕氏加权法可推广到其他指数的计算。报告期变量值加权的帕氏质量指数和数量指数的一般计算公式为:

$$p_{1/0} = \frac{\sum p_1 q_1}{\sum p_0 q_1} \tag{10.3}$$

$$q_{1/0} = \frac{\sum p_1 q_1}{\sum p_1 q_0} \tag{10.4}$$

例 10.2　根据表 10.1 中的数据资料,分别以报告期销售量和零售价格为权数计算三种商品的价格综合指数和销售量综合指数。

$$p_{1/0} = \frac{\sum p_1 q_1}{\sum p_0 q_1} = \frac{62\ 500}{57\ 200} = 109.27\%$$

$$q_{1/0} = \frac{\sum p_1 q_1}{\sum p_1 q_0} = \frac{62\ 500}{49\ 600} = 126.01\%$$

计算结果表明,与 2014 年相比,该热带水果加盟店三种水果的零售价格平均上涨了 9.27%。销售量平均上涨了 26.01%。

帕氏指数因以报告期变量值为权数,不能消除权数变动对指数的影响,因而不同时期的指数缺乏可比性。但帕氏指数可以同时反映出价格和消费结构的变化,具有比较明确的经济意义。在实际应用中,常采用帕氏公式计算价格、成本等质量指数。而帕氏数量指数由于包含了价格的变动,意味着按调整后的价格来测定物量的综合变动,这本身不符合计算物量指数的目的,因此帕氏数量指数在实际中应用得较少。

从上面的计算和分析中可以看到,采用不同时期的权数所计算的结果是有一定差别的。但从实际应用的角度看;计算数量指数时大多采用(10.2)式,而计算质量指数时大多采用(10.3)式。

此外,在实际应用中,有时权数既不是固定在基期,也不是固定在报告期,而是固定在某个具有代表性的特定时期。这一加权方法的特点是,权数不受基期和报告期的限制,使指数的编制具有较大的灵活性。特别是在编制若干个时期的多个指数时,可以消除因权数不同而对指数产生的影响,从而使指数具有可比性。

例 10.3　设某公司生产三种产品的有关资料如表 10.3 所示。试以 2012 年不变价格为权数,计算各年的产品产量指数。

表 10.3　某企业生产三种产品的有关资料

商品名称	计量单位	产量			2012 年不变价格（千元）
		2013 年	2014 年	2015 年	
甲	千件	1 000	900	1 100	50
乙	千台	120	125	140	3 500
丙	千箱	200	220	240	300

解：设 2010 年不变价格为 p_{10}，各年产量分别为 q_{13}，q_{14}，q_{15}，则各年产量指数为：

$$q_{14/13}=\frac{\sum p_{10}q_{14}}{\sum p_{10}q_{13}}=\frac{50\times900+3\,500\times125+300\times220}{50\times1\,000+3\,500\times120+300\times200}=\frac{548\,500}{530\,000}=103.49\%$$

$$q_{15/14}=\frac{\sum p_{10}q_{15}}{\sum p_{10}q_{14}}=\frac{50\times1\,100+3\,500\times140+300\times240}{50\times900+3\,500\times125+300\times200}=\frac{617\,000}{548\,500}=112.49\%$$

$$q_{15/13}=\frac{\sum p_{10}q_{15}}{\sum p_{10}q_{13}}=\frac{617\,000}{530\,000}=116.42\%$$

上述产量指数消除了价格变动对产量的影响，单纯反映出各年产量的综合变动状况。这一结果实际上就是按 2012 年不变价格计算的工业总产值发展速度。

（三）综合指数法的特点

从以上关于用综合指数法编制总指数的方法和原理可知，它具有如下三个特点。

1. 借助于同度量因素进行综合对比

在分析复杂社会经济现象综合变动时，不同度量单位的事物不能直接相加，但有时又需要把它们作为一个总体来研究，必须把它们加总起来，这是运用综合指数法首先要解决的问题。

众所周知，人们从事社会生产活动，创造了各种各样的产品，这些不同的产品具有不同的使用价值、不同外形和不同的计量单位，是不能同度量的事物。马克思在分析商品二重性时指出："作为使用价值，商品首先有质的差别，作为交换价值，商品只能有量的差别，因而不包括任何一种使用价值的原子"。这就是说，作为使用价值不同的产品或商品是不能同度量的，但所有的产品或商品都是人们从事社会劳动的成果，都是人类劳动的结晶，都具有一定的价值，而价值对于任何产品或商品流通来说都是相同的，是能同度量的。价格是价值的货币表现。因此在编制指数时，就可用不同的产品或商品流通的量乘以它们相应的价格，借助价格这一媒介因素，使不能同度量的使用价值转化为能同度量的价值量。这样就可以把两个时期的价值量进行综合对比了。

2. 同度量因素的时期要固定

运用综合指数法编制总指数时，人们只关心一个因素的变动程度。如工业产品产量总指数只反映各种工业产品产量的总变动；零售价格总指数只反映多种商品零售价格的总变动。这就要求编制指数时，把新加入的媒介因素作为同度量因素加以固定，来测定人们所关心的因素的变动。

3. 用综合指数法编制总指数,使用的是全面材料,没有代表性误差

例如,用综合指数法编制产品产量指数,要求使用报告期和基期的全部产品产量资料,即利用全面统计资料。全面统计资料只存在着登记误差,而不存在代表性误差。

二、加权平均指数

加权平均指数(weighted average index number)是以某一时期的总量为权数对个体指数加权平均计算出来的。其中作为权数的总量通常是两个变量的乘积,它可以是价值总量,如商品销售额(销售价格与销售量的乘积)、工业总产值(出厂价格与生产量的乘积),也可以是其他总量,如农产品总产量(单位面积产量与收获面积的乘积)等。而其中的个体指数可以是个体质量指数,也可以是个体数量指数。加权平均指数因权数所属时期的不同,有以下计算形式。

(一)基期总量加权

基期总量加权指数是以基期总量为权数对个体指数加权平均计算出来的。由于这一指数在计算形式上采用了算术平均形式,故也被称为加权算术平均指数。

设基期总量权数为 $p_0 q_0$,个体质量指数为 $\dfrac{p_1}{p_0}$,个体数量指数为 $\dfrac{q_1}{q_0}$,则基期总量加权的质量指数和数量指数的一般公式为:

$$p_{1/0} = \frac{\sum \dfrac{p_1}{p_0} p_0 q_0}{\sum p_0 q_0} \tag{10.5}$$

$$q_{1/0} = \frac{\sum \dfrac{q_1}{q_0} p_0 q_0}{\sum p_0 q_0} \tag{10.6}$$

例 10.4　设某企业生产三种产品的有关资料如表 10.4 所示。试计算三种产品的单位成本总指数和产量总指数。

表 10.4　某企业生产三种产品的有关数据

商品名称	计量单位	总成本(万元)		个体成本指数 (p_1/p_0)	个体产量指数 (q_1/q_0)
		基期($p_0 q_0$)	报告期($p_1 q_1$)		
甲	件	200	220	1.14	1.03
乙	台	50	50	1.05	0.98
丙	箱	120	150	1.20	1.10

解:根据(10.5)式得三种产品的单位成本总指数:

$$p_{1/0} = \frac{\sum \dfrac{p_1}{p_0} p_0 q_0}{\sum p_0 q_0} = \frac{1.14 \times 200 + 1.05 \times 50 + 1.20 \times 120}{200 + 50 + 120} = \frac{524.5}{370} = 114.73\%$$

根据(10.6)式得三种产品的产量总指数为：

$$q_{1/0} = \frac{\sum \frac{q_1}{q_0} p_0 q_0}{\sum p_0 q_0} = \frac{1.03 \times 200 + 0.98 \times 50 + 1.10 \times 120}{200 + 50 + 120} = \frac{387}{370} = 104.59\%$$

计算结果表明，报告期与基期相比，该企业三种产品的单位成本平均提高了 14.73%，三种产品的产量平均提高了 4.59%。

（二）报告期总量加权

报告期总量加权是以报告期总量为权数对个体指数加权平均计算出来的。由于这一指数在计算形式上采取了调和平均形式，故也被称为加权调和平均指数。

设报告期总量权数为 $p_1 q_1$，个体质量指数为 $\frac{p_1}{p_0}$，个体数量指数为 $\frac{q_1}{q_0}$，则报告期总量加权的质量指数和数量指数的一般公式为：

$$p_{1/0} = \frac{\sum p_1 q_1}{\sum \frac{1}{p_1/p_0} p_1 q_1} \tag{10.7}$$

$$q_{1/0} = \frac{\sum p_1 q_1}{\sum \frac{1}{q_1/q_0} p_1 q_1} \tag{10.8}$$

例 10.5 根据表 10.4 有关数据，用报告期总成本为权数计算三种产品的单位成本总指数和产量总指数。

解：根据(10.7)式得三种产品的单位成本总指数为：

$$p_{1/0} = \frac{\sum p_1 q_1}{\sum \frac{1}{p_1/p_0} p_1 q_1} = \frac{220 + 50 + 150}{\frac{220}{1.14} + \frac{50}{1.05} + \frac{150}{1.20}} = \frac{420}{365.60} = 114.88\%$$

根据(10.8)式得三种产品的产量总指数为：

$$q_{1/0} = \frac{\sum p_1 q_1}{\sum \frac{1}{q_1/q_0} p_1 q_1} = \frac{220 + 50 + 150}{\frac{220}{1.03} + \frac{50}{0.98} + \frac{150}{1.10}} = \frac{420}{400.98} = 104.74\%$$

计算结果表明，报告期与基期相比，该企业三种产品的单位成本平均提高了 14.88%，三种产品的产量平均提高了 4.74%。

总量加权指数中的权数除上述介绍的 $p_0 q_0$ 和 $p_1 q_1$ 外，还可以使用 $p_0 q_1$ 和 $p_1 q_0$ 等总量形式。但比较常用的是基期总量和报告期总量加权，而且从指数的实际意义和效果来看，基期总量加权多用于计算数量指数，而报告期总量加权则多用于计算质量指数。另一方面，我们也容易看出，采用上述总量加权的指数公式可以演化成综合指数。因此，当采用 $p_0 q_0$ 和 $p_1 q_1$ 加权时，加权平均指数实际上是加权综合指数的一种变形。但二者所依据的计算资料是不同的。加权综合指数的计算通常需要掌握全面的资料，实际编制中往往具有一定的困难，而加权平均指数则既可以依据全面的资料来编制，也可以依据非全面资料来编制，也更符合实际数据的要求，因此加权平均指数在实际中应用更为广泛。此外。加权平均指数中的权数也可以采取比重形式，其权数（W）可以在一定时期内相对固定下来，连续使用几年，这就是所谓的固定权数加权的平均指数。例如,我国的商品零售价格指数就是采用固定权数加权的算术平均形式计算的,其权数每年根据住户调查资料作相应的调整。

第三节　指数体系和因素分析

一、指数体系

(一) 指数体系的概念

社会经济现象之间的相互联系、相互影响的关系是客观存在的。有些社会经济现象之间的联系可以用经济方程式表现出来,如:

商品销售额=商品销售量×商品销售价格

生产总成本=产品产量×单位产品成本

上述的这种关系,按指数形式表现时,同样也存在这种对等关系。即:

商品销售额指数=商品销售量指数×商品销售价格指数

生产总成本指数=产品产量指数×单位产品成本指数

在统计分析中,将一系列相互联系、彼此间在数量上存在推算关系的统计指数所构成的整体称为指数体系。

上述指数体系,按编制综合指数的一般原理,以符号用公式可写成:

$$\frac{\sum q_1 p_1}{\sum q_0 p_0} = \frac{\sum q_1 p_0}{\sum q_0 p_0} \times \frac{\sum q_1 p_1}{\sum q_1 p_0}$$

从上面所举的例子中可发现,统计指数体系一般具有三个特征:① 具备三个或三个以上的指数。② 体系中的单个指数在数量上能相互推算。如已知销售额指数、销售量指数,则可推算出价格指数;已知价格指数、销售量指数,则可推出销售额指数。③ 现象总变动差额等于各个因素变动差额的和。

(二) 指数体系的作用

指数体系主要有以下三方面的作用:

1. 指数体系是进行因素分析的根据。即利用指数体系可以分析复杂经济现象总变动中各因素变动影响方向和程度。

2. 利用各指数之间的联系进行指数间的相互推算。例如,我国商品销售量总指数往往就是根据商品销售额总指数和价格总指数进行推算的。即

商品的销售量指数=销售额指数÷价格指数

3. 用综合指数法编制总指数时,指数体系也是确定同度量因素时期的根据之一。因为指数体系是进行因素分析的根据,要求各个指数之间在数量上要保持一定的联系。因此,编制产品产量指数时,如用基期价格作同度量因素,那么编制产品价格指数时就必须用

报告期的产品产量作为同度量因素;如果编制产品产量指数用报告期价格作同度量因素,那么编制产品价格指数时就必须用基期的产品产量作为同度量因素。

二、复杂总体的因素分析

对于社会经济现象复杂总体的变动,当确定其是由两个或两个以上因素乘积的函数时,可以开展因素分析。对两个因素进行分析称两因素分析,对两个以上因素进行分析称多因素分析。

(一)复杂总体的两因素分析

对于复杂总体,由于存在不可同度量问题,因而在进行复杂总体的因素分析时,必须严格遵循综合指数计算的一般原则和方法。

复杂总体总量指标的变动(即总指数),可用如下公式表达:

$$\frac{\sum q_1 p_1}{\sum q_0 p_0}$$

总指数可分解为数量指标综合指数和质量指标综合指数两因素的乘积。指数体系如下:

$$\frac{\sum q_1 p_1}{\sum q_0 p_0} = \frac{\sum q_1 p_0}{\sum q_0 p_0} \times \frac{\sum p_1 p_1}{\sum p_0 p_1}$$

绝对额关系如下:

$$\sum q_1 p_1 - \sum q_0 p_0 = (\sum q_1 p_0 - \sum q_0 p_0) + (\sum p_1 p_1 - \sum p_0 q_1)$$

例 10.6 某工业企业生产几种使用价值和计量单位都不同的产品,报告期和基期总产值及有关资料如表 10.5 所示。

表 10.5 某工业企业基期、报告期产值情况

产品名称	计量单位	产品产量		出厂价格(元)		基期总产值(万元)	报告期总产值(万元)	假设总产值(万元)
		基期	报告期	基期	报告期			
甲	乙	q_0	q_1	p_0	p_1	$q_0 p_0$	$q_1 p_1$	$q_1 p_0$
A	吨	6 000	5 000	110	100	66	50	55
B	台	10 000	12 000	50	60	50	72	60
C	件	40 000	41 000	20	20	80	82	82
合计	—	—	—	—	—	196	204	197

解:从表 10.5 资料可以看出,该企业总产值的动态指数为:

$$\frac{\sum q_1 p_1}{\sum q_0 p_0} = \frac{204}{196} = 104.08\%$$

报告期总产值比基期增加:

$$\sum q_1 p_1 - \sum q_0 p_0 = 204 - 196 = 8(万元)$$

这个结果是由于产品产量和价格两个因素变动共同引起的。

其中:

产品产量变动影响为:

$$\frac{\sum q_1 p_0}{\sum q_0 p_0} = \frac{197}{196} = 100.51\%$$

产品产量增加使总产值增加的绝对额为:

$$\sum q_1 p_1 - \sum q_0 p_0 = 197 - 196 = 1(万元)$$

产品出厂价格变动影响为:

$$\frac{\sum p_1 q_1}{\sum p_0 q_1} = \frac{204}{197} = 103.55\%$$

出厂价格提高使总产值增加的绝对额为:

$$\sum p_1 q_1 - \sum p_0 q_1 = 204 - 197 = 7(万元)$$

用相对数表示:$104.08\% = 100.51\% \times 103.55\%$

用绝对额表示:8 万元 = 1 万元 + 7 万元

综上所述,该工业企业报告期的工业总产值比基期增长了 4.08%,增加额为 8 万元,是由于产品产量和出厂价格两因素发生变动共同引起的,其中产品产量增长 0.51%,使总产值增加 1 万元,出厂价格增长 3.55%,使总产值增加 7 万元。

(二)复杂总体的多因素分析

上述某工业企业三种产品总产值的变动,既受产量变动影响,又受出厂价格影响。假如我们把产量因素再分解为职工平均人数和全员劳动生产率,把该企业总产值的变动,分解为三个因素进行分析。

开展复杂总体多因素分析时,要按如下两个原则进行:

首先,把影响复杂总体变动的各个因素,按照数量指标在前,质量指标在后的顺序进行排列。

其次,当分析某一因素对复杂总体变动的影响时,未被分析的后面诸因素要固定在基期水平,而已被分析过的前面诸因素,则要固定在报告期水平。

例 10.7 以表 10.6 资料为例,说明复杂总体的多因素分析方法。

表 10.6 某单位基期、报告期产量及价格情况

产品名称	计量单位	产品产量				出厂价格(元)	
		职工平均人数(人)		全员劳动生产率		基期	报告期
		基期	报告期	基期	报告期		
甲	乙	T_0	T_1	L_0	L_1	p_0	p_1
A	吨	1 200	1 000	5	5	110	100
B	台	1 000	1 000	10	12	50	60
C	件	800	1 000	50	41	20	20

从表 10.6 可以看出,该企业总产值受到职工平均人数(T)、全员劳动生产率(L)和出厂价格(P)三个因素共同影响。指数体系如下:

$$\frac{\sum T_1 L_1 P_1}{\sum T_0 L_0 P_0} = \frac{\sum T_1 L_0 P_0}{\sum T_0 L_0 P_0} \times \frac{\sum T_1 L_1 P_0}{\sum T_1 L_0 P_0} \times \frac{\sum T_1 L_1 P_1}{\sum T_1 L_1 P_0}$$

绝对额关系如下:

$$\sum T_1 L_1 P_1 - \sum T_0 L_0 P_0$$
$$= (\sum T_1 L_0 P_0 - \sum T_0 L_0 P_0) + (\sum T_1 L_1 P_0 - \sum T_1 L_0 P_0) + (\sum T_1 L_1 P_1 - \sum T_1 L_1 P_0)$$

根据表 10.6 整理计算的总产值资料如表 10.7 所示。

表 10.7 某企业基期、报告期产值计算

产品名称	工业总产值(万元)			
	基期	报告期	按报告期平均人数计算的基期总产值	按基期价格计算的报告期总产值
	$T_0\,L_0\,P_0$	$T_1\,L_1\,P_1$	$T_1\,L_0\,P_0$	$T_1\,L_1\,P_0$
A	66	50	55	55
B	50	72	50	60
C	80	82	100	82
合计	196	204	205	197

该企业工业总产值的动态指数为:

$$\frac{\sum T_1 L_1 P_1}{\sum T_0 L_0 P_0} = \frac{204}{196} = 104.08\%$$

报告期工业总产值比基期增加额为:

$$\sum T_1 L_1 P_1 - \sum T_0 L_0 P_0 = 204 - 196 = 8(万元)$$

其中:职工平均人数变动影响为:

$$\frac{\sum T_1 L_0 P_0}{\sum T_0 L_0 P_0} = \frac{205}{196} = 104.59\%$$

影响绝对额为:

$$\sum T_1 L_0 P_0 - \sum T_0 L_0 P_0 = 204 - 196 = 8(万元)$$

全员劳动生产率变动影响为:

$$\frac{\sum T_1 L_1 P_0}{\sum T_1 L_0 P_0} = \frac{197}{205} = 96.10\%$$

影响绝对额为:

$$\sum T_1 L_1 P_0 - \sum T_1 L_0 P_0 = 197 - 205 = -8(万元)$$

出厂价格变动影响为:

$$\frac{\sum T_1 L_1 P_1}{\sum T_1 L_1 P_0} = \frac{204}{197} = 103.55\%$$

影响绝对额为：

$$\sum T_1 L_1 P_1 - \sum T_1 L_1 P_0 = 204 - 197 = 7(万元)$$

用相对数表示：$104.08\% = 104.59\% \times 96.10\% \times 103.55\%$

用绝对额表示：8 万元 $= 9$ 万元 $- 8$ 万元 $+ 7$ 万元

综上所述，该企业工业总产值由基期 196 万元增加到报告期的 204 万元，增加了 8 万元，增长率为 4.08%，这一结果是由于职工平均人数、全员劳动生产率和产品出厂价格三个因素共同引起的。其中，平均人数增长 4.59%，使总产值增加 9 万元；全员劳动生产率下降 3.9%，使总产值减少 8 万元；出厂价格增长 3.55%，使总产值增加 7 万元。

三个因素分析弥补了两因素分析的不足。前面我们对该企业总产值变动情况作产量和价格两因素分析时，看到企业增加的 8 万元总产值中，有 1 万元是由于产量增长所致，另外 7 万元是价格增长引起的，给人的印象是两个因素都是增长的。这就把产量上升的真相掩盖了，容易给决策者以假象，放松对生产的管理和经济核算。通过多因素分析，再把产量进一步分解为职工平均人数和全员劳动生产率，就可看到，全厂职工平均人数报告期比基期是增加的，但劳动生产率却有所下降，产量影响的 1 万元产值是由职工平均人数增加使总产值增加 9 万元和劳动生产率下降使总产值减少 8 万元所致。问题揭示清楚，便于企业加强管理，提高经济效益。

三、平均指标指数的因素分析

（一）平均指标指数的含义

从综合指数的定义上可以看出，当一个总量指标可以分解成两个因素的乘积时，就可以计算每一个因素的变动对总量的影响，这就是综合指数的含义。同样地，对于平均指标来讲，我们也可以用上述方法进行分析，因为平均指标也能够分解成两个影响因素。例如当研究某企业职工工资水平的变动时，可以计算平均工资：

$$\overline{x} = \frac{\sum xf}{\sum f}$$

式中：x 表示每组的工资额；f 表示各组的职工人数。

上式还可以写成如下形式：

$$\overline{x} = \sum x \frac{f}{\sum f}$$

式中：$f / \sum f$ 表示各组职工的比重，即频率。

上式说明，平均工资实际上受两个因素的影响，一个是各组职工的工资水平，另一个是每组职工所占的比重，因此，类似于综合指数的定义，我们按照如下方式定义有关平均指标指数。

$$平均指标指数 = \frac{\overline{x_1}}{\overline{x_0}} \tag{10.9}$$

式中:1 表示报告期;0 表示基期。

这个指数通常称为可变构成指数(简称可变指数),它反映了平均指标的实际变动情况。

$$固定结构指数 = \frac{\sum x_1 \frac{f_1}{\sum f_1}}{\sum x_0 \frac{f_1}{\sum f_1}} \tag{10.10}$$

这个指数也称为固定构成指数,它反映了由于各组标志值的变动对总平均数的影响。

$$结构变动指数 = \frac{\sum x_0 \frac{f_1}{\sum f_1}}{\sum x_0 \frac{f_0}{\sum f_0}} \tag{10.11}$$

这个指数也称为结构影响指数,它反映了总体内各组结构的变动对总平均数的影响。

(二)因素分析方法

由上述方法定义的有关平均指标指数,构成如下的指数体系。

从相对量角度:

$$\frac{\overline{x_1}}{\overline{x_0}} = \frac{\sum x_1 \frac{f_1}{\sum f_1}}{\sum x_0 \frac{f_1}{\sum f_1}} \times \frac{\sum x_0 \frac{f_1}{\sum f_1}}{\sum x_0 \frac{f_0}{\sum f_0}}$$

即:可变指数=固定结构指数×结构变动指数

从绝对量角度:

$$\overline{x_1} - \overline{x_0} = \left(\sum x_1 \frac{f_1}{\sum f_1} - \sum x_0 \frac{f_1}{\sum f_1} \right) + \left(\sum x_0 \frac{f_1}{\sum f_1} - \sum x_0 \frac{f_0}{\sum f_0} \right)$$

即:平均指标的增加额=由于变量水平的变动引起的平均指标的增加额+由于结构的变动引起的平均指标的增加额。

上述公式是对平均指标的变动进行因素分析的基础。

下面通过一个例子来说明平均指标的因素分析方法。

例 10.8 已知某企业基期和报告期职工的月工资情况如表 10.8 所示。

表 10.8 某企业职工月工资情况

工人类别	月工资额(元)		职工人数(人)		工资总额(元)		
	基期(x_0)	报告期(x_1)	基期(f_0)	报告期(f_1)	($x_0 f_0$)	($x_1 f_1$)	($x_0 f_1$)
工种 A	700	780	48	40	33 600	31 200	28 000
工种 B	750	810	50	60	37 500	48 600	45 000
工种 C	800	830	80	80	64 000	66 400	64 000
合 计	—	—	178	180	135 100	146 200	137 000

首先,计算平均工资指数,来说明平均工资的变动情况:

报告期的平均工资 $\overline{x}_1 = \sum x_1 f_1 / \sum f_1 = 146\ 200 / 180 = 812.2$（元）

基期的平均工资 $\overline{x}_0 = \sum x_0 f_0 / \sum f_0 = 135\ 100 / 178 = 759.0$（元）

$$可变指数 = \frac{\overline{x}_1}{\overline{x}_0} = \frac{812.2}{759.0} = 107.0\%$$

$$\overline{x}_1 - \overline{x}_0 = 812.2 - 759.0 = 53.2（元）$$

其次,计算固定结构指数,说明工资水平的变动情况:

$$固定结构指数 = \frac{\sum x_1 f_1 / \sum f_1}{\sum x_0 f_1 / \sum f_1} = \frac{146\ 200 / 180}{137\ 000 / 180} = \frac{812.2}{761.1} = 106.7\%$$

$$\frac{\sum x_1 f_1}{\sum f_1} - \frac{\sum x_0 f_1}{\sum f_1} = 812.2 - 761.1 = 51.1$$

再计算结构变动指数:

$$结构变动指数 = \frac{\sum x_0 f_1 / \sum f_1}{\sum x_0 f_0 / \sum f_0} = \frac{137\ 000 / 180}{135\ 100 / 178} = 100.3\%$$

$$\sum x_0 \frac{f_1}{\sum f_1} - \sum x_0 \frac{f_0}{\sum f_0} = 761.1 - 759.0 = 2.1（元）$$

上述指数之间的关系如下:

相对量角度:

$$107.0\% = 106.7\% \times 100.3\%$$

绝对量角度:

$$53.2 = 51.1 + 2.1$$

上述计算结果表明:从相对量角度来看,报告期职工平均工资比基期上升了 7.0%,是由于工资水平提高了 6.7% 和结构变动使平均工资上升 0.3% 两个因素共同作用的结果;从绝对量角度来看,每组平均工资提高使总的平均工资上升了 51.1 元,每组结构变动使总的平均工资上升了 2.1 元,两个因素共同作用的结果,导致总的平均工资共增加 53.2 元。

第四节　几种常用的经济指数

指数作为一种重要的经济分析指标和方法,在实践中获得了广泛应用。但在不同场合,往往需要运用不同的指数形式。一般而言,选择指数形式的主要标准应该是指数的经济分析意义,除此而外,有时还要考虑实际编制工作的可行性,以及对指数分析性质的某些特殊要求。现以国内外常见的主要经济指数为例,对指数方法的具体应用加以介绍。

一、消费者价格指数和零售物价指数

消费者价格指数（又称生活费用指数）是综合反映各种消费品和生活服务价格的变动

程度的重要经济指数,通常简记为 CPI。该指数可以用于分析市场物价的基本动态,调整货币工资以得到实际工资水平,等等。它是政府制定物价政策和工资政策的重要依据,世界各国都在编制这种指数。

我国的消费者价格指数(居民消费价格指数)是采用固定加权算术平均指数方法来编制的。其主要编制过程和特点是:首先,将各种居民消费划分为八大类,包括食品、衣着、家庭设备及用品、医疗保健、交通和通讯工具、文教娱乐用品、居住项目以及服务项目等,下面再划分为若干个中类和小类;其次,从以上各类中选定 325 种有代表性的商品项目(含服务项目)入编指数,利用有关对比时期的价格资料分别计算个体价格指数;再次,依据有关时期内各种商品的销售额构成确定代表品的比重权数,它不仅包括代表品本身的权数(直接权数),而且包括该代表品所属的那一类商品中其他项目所具有的权数(附加权数),以此提高入编项目对于所有消费品的一般代表性程度;最后,按从低到高的顺序,采用固定加权算术平均公式,依次编制各小类、中类的消费价格指数和消费价格总指数:

$$I_q = \frac{\sum i_q \cdot w}{\sum w} = \frac{\sum i_q \cdot w}{100} \tag{10.12}$$

例 10.9 给出居民消费价格指数计算表(表 10.9)。已知各大类、交通工具和通讯工具中类及其代表商品(代表规格品)的有关资料(有关数据均为假设)。要求据以编制有关的价格指数,并填充表中空缺的数据。

解:利用表中资料和公式,依次计算各类别的消费价格指数和消费价格总指数如下:

(1) 计算交通工具和通讯工具两个中类的价格指数。

交通工具类指数为:

$$I_P = \frac{\sum i_p \cdot w}{100} = \frac{45.693 + 53.570 + 5.111}{100} = 104.37\%$$

通讯工具类指数为:

表 10.9 某市居民消费价格指数计算

类别及品名	规格等级	计量单位	平均价格(元)		指数(%)	权数	指数×权数
			基期	计算期			
总指数	—	—	—	—	102.69	100	—
一、食品类	—	—	—	—	104.15	42	43.743
二、衣着类	—	—	—	—	95.46	15	14.319
三、家庭设备及用品	—	—	—	—	102.70	11	11.297
四、医疗保健	—	—	—	—	110.43	3	3.313
五、交通和通讯工具	—	—	—	—	98.53	4	3.941
1. 交通工具	—	—	—	—	104.37	(60)	62.622
摩托车	100 型	辆	8 450	8 580	101.54	<45>	45.693

续表

类别及品名	规格等级	计量单位	平均价格(元)		指数(%)	权数	指数×权数
			基期	计算期			
自行车	660 m	辆	336	360	107.14	<50>	53.570
三轮车	普遍	辆	540	552	102.22	<5>	5.111
2.通讯工具	—	—	—	—	89.77	(40)	35.908
固话	中档	部	198	176	88.88	<80>	71.104
手机	中档	部	900	840	93.33	<20>	18.666
六、文教娱乐用品			—	—	101.26	5	5.063
七、居住项目	—	—	—	—	103.50	14	14.490
八、服务项目	—	—	—	—	108.74	6	6.524

$$I_q = \frac{\sum i_p \cdot w}{100} = \frac{71.104 + 18.666}{100} = 89.77\%$$

由此可以进一步计算各中类的"指数×权数"资料,这些结果均以斜体数字填充于表10.9中(下同)。

(2)计算交通和通讯工具大类的价格指数。

$$I_q = \frac{\sum i_p \cdot w}{100} = \frac{62.661 + 35.908}{100} = 98.53\%$$

(3)计算居民消费价格总指数。

$$I_q = \frac{\sum i_q \cdot w}{100}$$

$$= \frac{43\ 743 + 14.319 + 11.297 + 3.313 + 3.941 + 5.063 + 14.490 + 6.524}{100} = 102.69\%$$

我国的零售物价指数编制程序与消费者价格指数基本相同,也是采用固定加权算术平均指数公式。目前,零售物价指数的入编商品共计353项,其中不包括服务项目(但以往包含一部分对农村居民销售的农业生产资料,现已取消),对商品的分类方式也与消费者价格指数有所不同。这些都决定了两种价格指数在分析意义上的差别;消费者价格指数综合反映城乡居民所购买的各种消费品和生活服务的价格变动程度,零售物价指数则反映城乡市场各种零售商品(不含服务)的价格变动程度。

二、工业生产指数

工业生产指数概括反映一个国家或地区各种工业产品产量的综合变动程度,它是衡量经济增长水平的重要指标之一。世界各国都非常重视工业生产指数的编制,但采用的编制方法却不完全相同。

在我国,工业生产指数是通过计算各种工业产品的不变价格产值来加以编制的。其基本编制过程是：首先，对各种工业产品分别制定相应的不变价格标准（记为 p_c）；然后，逐项计算各种产品的不变价格产值，加总起来就得到全部工业产品的不变价格总产值；将不同时期的不变价格总产值加以对比，就得到相应时期的工业生产指数。

记 t 时期的不变价格总产值为 $\sum q_t p_c = (t = 0, 1, 2, 3, \cdots)$，则该时期的工业生产指数就是固定加权综合指数的形式：

$$I_q = \frac{\sum q_t p_c}{\sum q_0 p_c} \text{ 或 } I_q = \frac{\sum q_t p_c}{\sum q_{t-1} p_c} \tag{10.13}$$

采用不变价格法编制工业生产指数的特点是，只要具备了完整的不变价格产值资料，就能够很容易地计算出有关的生产指数；而且可以在不同层次上（如各地区、各部门、各企业等）进行编制，满足各方面的分析需要。然而，不变价格的制定和不变价格产值的计算本身却是一项非常浩繁的工作，这项工作又必须连续不断地、全面地展开，其难度可想而知。尤其是在市场经济条件下，要在整个工业生产领域内运用不变价格计算完整的产值资料，面临着很多实际的问题。因此，我国工业生产指数编制方法的改革势在必行。

与我国的情况不同，在国外，较为普遍地采用平均指数形式来编制工业生产指数。计算公式为：

$$I_q = \frac{\sum i_q \cdot p_0 q_0}{\sum p_0 q_0} \tag{10.14}$$

式中：i_q 为各种工业品的个体产量指数，$p_0 q_0$ 则为相应产品的基期增加值。编制这种工业生产指数的目的是为了说明工业增加值中数量因素的综合变动程度，其分析意义与一般的工业总产量指数是有所不同的。

在实践中，为了简化指数的编制工作，常常以各种工业品的增加值比重作为权数，并且将这种比重权数相对固定起来，连续地编制各个时期的工业生产指数：

$$I_q = \frac{\sum i_q \cdot w}{\sum w} \tag{10.15}$$

这里运用了"固定加权算术平均指数"。

三、股票价格指数

股票作为一种特殊的金融商品，也有价格。广义的股票价格包括票面价格、发行价格、账面价格、清算价格、内在价格、市场价格等。狭义的股票价格，即通常所说的市场价格，也称股票行市。它完全随股市供求行情变化而涨落。股票价格指数是根据精心选择的那些具有代表性和敏感性强的样本股票某时点平均市场价格计算的动态相对数，用以反映某一股市股票价格总的变动趋势。股价指数的单位习惯上用"点"表示，即以基期为 100（或 1 000），每上升或下降 1 个单位称为 1 点。股价指数计算的方法很多，但一般以发行量为权数进行加权综合。其公式为：

$$I = \sum p_{1i} q_i / \sum p_{0i} q_i \tag{10.16}$$

式中：p_{1i} 和 p_{0i} 分别为报告期和基期样本股的平均价格；q_i 第 i 种股票的报告期发行量（也

有采用基期的)。

股价指数是反映证券市场行情变化的重要指标,不仅是广大证券投资者进行投资决策分析的依据,而且也被视为一个地区或国家宏观经济态势的"晴雨表"。世界各地的股票市场都有自己的股票价格指数。在一个国家里,同一股市往往有不同的股票价格。下面介绍几种常见的股票价格指数。

(一)道-琼斯股价平均数

道-琼斯股价平均数(Dow-Jones's Average Index)由美国的道-琼斯公司计算并发布。自1884年第一次开始发布,迄今已有近一个半世纪。它是久负盛名、影响最广泛的一种股票价格指数。

道-琼斯股价平均数以在纽约交易所挂牌上市交易的一些著名大公司的股票为编制对象。最初采用简单算术平均方法计算,将采样股票价格总额除以公司数,反映的是每一公司的平均股票价格总额。为了反映每一单位平均股票价格,应将采样股票价格总和除以总股数,但考虑到增资和折股等各种非市场因素对股票总股数的影响,因此,后来采用除数修正法,即将各种采样股票价格总和除以一个修正后的除数来计算道-琼股价平均数。除数修正公式为:

$$修正后的新除数 = \frac{非市场因素影响后的各种采样股票理论价格之和}{非市场因素影响前各种采样股票收盘价之和} \times 原先除数$$

$$道\text{-}琼斯股价平均数 = \frac{采样股票价格总和}{修正后的新除数}$$

人们通常引用的道-琼斯股价指数实际是一组平均数,包括:

(1)道-琼斯工业股价平均数。它由美国30家著名工商业公司股票组成采样股。主要用以反映整个工商业股票的价格水平。在许多场合,也被用作道-琼斯股价平均数的代表。

(2)交通运输业股价平均数。以美国20家著名的交通运输公司的股票为采样,其中有8家铁路公司、8家航空公司和4家公路货运公司。

(3)公用事业股价平均数。以美国15家最大公用事业公司的股票为采样股,反映公用事业类股票的价格水平。

(4)股价综合平均数。以上述三种股价平均数所涉的共65家公司的股票为采样股综合得到的股价平均数,反映整个股票市场价格的变化趋势。

(二)香港恒生指数

1969年11月24日,香港恒生银行编制并首次公开发表香港恒生指数(Heng Seng Index,HSI)。它是香港证券市场上最有代表性的股票价格指数。

香港恒生指数共选择了33种具有代表性的股票(成分股)为指数计算对象。其中,金融业4种,公用事业6种,地产业9种,其他行业14种。

香港恒生指数是以1964年7月31日为基期,基日指数定为100。计算公式为:

$$即时指数 = \frac{现时成分股的总市值}{上日收市时成分股的总市值} \times 上日收市指数$$

成分股的市值是按股价乘以发行股数计算的。因此,香港恒生指数也是以股票发行量为权数的加权综合指数。

(三)上海证券交易所股价指数

上海证券交易所股价指数主要有上证综合指数和上证 30 指数。

1. 上证综合指数

上证综合指数是以 1990 年 12 月 19 日为基日(该日为上证所正式营业之日),基日定为 100,以所有在上海证券交易所上市的股票为编制范围,采用以股票发行量为权数的综合股价指数。计算公式为:

$$上证综合指数=\frac{报告期市价总值}{基日市价总值}\times100\%$$

式中:市价总值是股票市价乘发行股数;基日市价总值也称为除数。

当市价总值出现非交易因素(如增股、配股、汇率等)变动时,原除数需修正,以维持指数的连续可比。修正公式为:

$$修正后的除数=\frac{修正后的市价总值}{修正前的市价总值}\times原除数$$

2. 上证 30 指数

上证 30 指数是以在上海证券交易所上市的 A 股中选取最具市场代表性的 30 种样本股票为计算对象,并以这 30 家流通股数为权数的加权综合股价指数,取 1996 年 1 月至 3 月的平均流通市值为指数的基期,指数以"点"为单位,基期指数定为 1 000 点。

(四)深圳证券交易所股价指数

深圳证券交易所股价指数有深证综合指数和深证成分股指数。

1. 深证综合指数

深证综合指数是以在深圳证券交易所上市的所有股票为对象编制的指数,1991 年 4 月 3 日为指数的基日,1991 年 4 月 4 日公布。深证综合指数是以发行量为权数,纳入指数计算范围的股票称为指数股。指数计算基本公式为:

$$指数=\frac{现时指数总市值}{基日指数股总市值}\times100\%$$

若遇股市结构有所变动,其修正是用"连锁"方法计算得到的指数溯源于原有基期,以维持指数的连续性。每日连锁方法的计算公式为:

$$今日即时指数=\frac{今日即时指数股总市值}{经调整的上日指数股收市总市值}$$

2. 深证成分股指数

深证成分股指数是以 1994 年 7 月 20 日为基日,基日指数定为 1 000,于 1995 年 1 月 23 日开始发布。深证成分股指数采用流通量为权数,计算公式同深证综合指数。深证成分股指数是从上市公司中挑选出 40 家具有代表性的成分股计算,成分股选择的一般原则是:① 有一定上市交易日期;② 有一定上市规模;③ 交易活跃。此外,结合考虑公司股份的市盈率,公司的行业代表性,地区、板块代表性,公司的财务状况、管理素质等。

四、产品成本指数

产品成本指数概括反映生产各种产品的单位成本水平的综合变动程度,它是企业或部门内部进行成本管理的一个有用工具。记各种产品的产量为 q,单位成本为 p。则全部可比产品(即基期实际生产过且计算期仍在生产的产品)的综合成本指数通常采用派氏公式来编制:

$$P_p = \frac{\sum p_1 q_1}{\sum p_0 q_1} \tag{10.17}$$

该指数的分子与分母之差可以表示,由于单位成本水平的降低(或提高),使得计算期所生产的那些产品的成本总额节约(或超支)了多少。

类似地,在对成本水平实施计划管理的场合,还可以编制相应的成本计划完成情况指数,用以检查有关成本计划的执行情况。其编制方法可以采用派氏公式:

$$P_p = \frac{\sum p_1 q_1}{\sum p_n q_1} \tag{10.18}$$

式中: p_n 为计划规定的单位成本水平。该指数的分子与分母之差,可以说明计划执行过程中所节约或超支的成本总额。

不过,在同时制定了产量计划的条件下,则应该采用拉氏公式编制成本计划完成情况指数:

$$L_p = \frac{\sum p_1 q_n}{\sum p_n q_n} \tag{10.19}$$

式中: q_n 为计划规定的产量水平。该指数可以在兼顾产量计划的前提下来检查成本计划执行情况,即避免由于片面追求完成成本计划而破坏了产量计划。但在企业按照市场需求组织生产,没有制定产量计划,或不要求恪守产量计划指标的情况下,上面的拉氏指数就失效了。

五、空间价格指数

空间价格指数又称地域性价格指数,用于比较不同地区或国家各种商品。

价格的综合差异程度。它是进行地区对比和国际对比的一种重要分析工具。与动态指数不同,空间指数的编制和分析有一些特殊的要求。

假定对 A、B 两个地区进行价格比较,如果以 B 地区为对比基准,采用拉氏公式编制价格指数,得到:

$$L_p^{A/B} = \frac{\sum p_A q_B}{\sum p_B q_b} \tag{10.20}$$

反过来;如果以 A 地区为对比基准,同样采用拉氏公式编制价格指数,又得到:

$$L_p^{A/B} = \frac{\sum p_B q_A}{\sum p_A q_A} \tag{10.21}$$

那么,这两个互换对比基准的地区价格指数彼此之间是否能够保持一致呢? 答案一般是否定的。举例说,假如 A 地区的价格水平比 B 地区高出 25%,即 $L_p^{A/B}$ 125%,那么反过来,B 地区的价格水平就应该比 A 地区低 20%,即 $L_p^{B/A} = \dfrac{1}{125\%} = 80\%$。但在实际上,互换对比基准之后的两个拉氏指数之间并不存在上面的联系,即

$$L_p^{B/A} = \frac{\sum p_B q_a}{\sum p_A q_A} \neq \frac{\sum p_B q_B}{\sum p_A q_B} = \frac{1}{L_p^{A/B}} \tag{10.22}$$

派氏价格指数也存在类似的问题。这在空间对比中是非常不利的,因为空间对比的基准往往是人为确定的,如果一种指数公式给出的结果会随着基准地区的改变而改变,那就不适合用于空间对比了。因此,人们在编制空间价格指数时常常采用埃奇沃斯公式:

$$E_p^{A/B} = \frac{\sum p_A (q_A + q_B)}{\sum p_B (q_A + q_B)} \tag{10.23}$$

这样得到的对比结论不会受到对比基准变化的影响,而且,其同度量因素反映了两个对比地区的平均商品结构,具有实际经济意义。在国际经济对比中,该指数也获得了广泛的应用。

〉思考题〈

一、单项选择题

1. 按照指数的性质不同,指数可分为(　　)
    ① 个体指数和总指数　　　　　　　② 简单指数和加权指数
    ③ 数量指标指数和质量指标指数　　④ 动态指数和静态指数

2. 在指数的概念中(　　)
    ① 简单指数是指个体指数,加权指数是指总指数
    ② 简单指数是指总指数,加权指数是指个体指数
    ③ 简单指数和加权指数都是指个体指数
    ④ 简单指数和加权指数都是指总指数

3. 根据指数研究的范围不同,可以把它分为(　　)
    ① 个体指数和总指数　　　　　　　② 简单指数和加权指数
    ③ 综合指数和平均指数　　　　　　④ 动态指数和静态指数

4. 设 p 表示商品的价格,q 表示商品的销售量,$\dfrac{\sum p_1 q_1}{\sum p_0 q_1}$ 说明了(　　)
    ① 在基期销售量条件下,价格综合变动的程度
    ② 在报告期销售量条件下,价格综合变动的程度
    ③ 在基期价格水平下,销售量综合变动的程度
    ④ 在报告期价格水平下,销售量综合变动的程度

5. 按照个体价格指数和报告期销售额计算的价格指数是(　　)
    ① 综合指数　　　　　　　　　　　② 平均指标指数

③ 加权算术平均指数　　　　　　　④ 加权调和平均指数

6. 作为综合指数变形使用的平均指数,下列哪项可以作为加权平均指数的权数(　　)

① p_0q_0　　　　　② p_1q_1　　　　　③ p_0q_1　　　　　④ p_1q_0

7. 用加权平均法求总指数时,所需资料(　　)

① 必须是全面资料

② 必须是非全面资料

③ 既可以是全面资料,也可以是非全面资料

④ 个体指数可以用全面调查资料,权数一定用非全面资料

8. 根据指数所采用的基期不同,指数可分为(　　)

① 数量指标指数和质量指标指数　　② 拉氏指数和派氏指数

③ 环比指数和定基指数　　　　　　④ 时间指数、空间指数和计划完成指数

9. 综合指数一般是(　　)

① 简单指数　　　② 加权指数　　　③ 静态指数　　　④ 平均指数

10. 平均指标指数中的平均指标通常是(　　)

① 简单调和平均数　　　　　　　　② 简单算术平均数

③ 加权调和平均数　　　　　　　　④ 加权算术平均数

11. 在由三个指数所组成的指数体系中,两个因素指数的同度量因素通常(　　)

① 都固定在基期　　　　　　　　　② 都固定在报告期

③ 一个固定在基期,一个固定在报告期　　④ 采用基期和报告期的平均

12. 某商店在价格不变的条件下,报告期销售量比基期增加 10％,那么报告期商品销售额比基期增加(　　)

① 1％　　　　　② 5％　　　　　③ 10％　　　　　④ 3％

13. 在物价上涨后,同样多的人民币少购买商品 3％,则物价指数为(　　)

① 97％　　　② 103.09％　　　③ 3％　　　④ 109.13％

14. 某种产品报告期与基期比较产量增长 26％,单位成本下降 32％,则生产费用支出总额为基期的(　　)

① 166.32％　　　② 85.68％　　　③ 185％　　　④ 54％

15. 若销售量增加,销售额持平,则物价指数(　　)

① 降低　　　　　② 增长　　　　　③ 不变　　　　　④ 趋势无法确定

16. 某商店本年同上年比较,商品销售额没有变化,而各种商品价格上涨了 7％,则商品销售量增(或减)的百分比为(　　)

① −6.54％　　　② −3％　　　③ +6.00％　　　④ +14.29％

二、多项选择题

1. 下列属于指数范畴的指标有(　　)

① 动态相对数　　② 离散系数　　③ 计划完成相对数　　④ 季节比率

⑤ 比较相对指标

2. 报告期数值和基期数值之比可称为(   )

① 动态相对指标　　② 发展速度　　　　③ 增长速度　　　④ 统计指数

⑤ 比例相对数

3. 下列属于质量指标指数的有(   )

① 价格总指数　　　② 个体价格指数　　③ 销售量总指数　　④ 销售总额指数

⑤ 平均指标指数

4. 指数按选择基期的不同可分为(   )

① 静态指数　　　　② 动态指数　　　　③ 定基指数　　　④ 综合指数

⑤ 环比指数

5. 统计指数按其反映的时态状况不同,可分为(   )

① 综合指数　　　　② 平均指数　　　　③ 简单指数　　　④ 动态指数

⑤ 静态指数

6. 综合指数的特点是(   )

① 由两个总量指标对比形成

② 固定一个或一个以上因素,仅观察其中一个因素的变动

③ 分子或分母中有一项假定指标

④ 编制时可按范围逐步扩大

⑤ 编制时需要全面资料

7. 如果用综合指数的形式编制工业产品产量总指数,下列哪些项目可以作为同度量因素(   )

① 报告期价格　　② 基期价格　　　③ 报告期单位成本　④ 基期单位成本

⑤ 工人劳动生产率

8. 派氏的综合指数公式是(   )

① $\dfrac{\sum q_1 p_1}{\sum q_0 p_1}$　　　　② $\dfrac{\sum q_1 p_0}{\sum q_0 p_0}$　　　　③ $\dfrac{\sum p_1 q_1}{\sum p_0 q_1}$　　　　④ $\dfrac{\sum p_1 q_0}{\sum p_0 q_0}$

⑤ $\dfrac{\sum q_1 p_1}{\sum q_0 p_0}$

9. 设 p 为价格,q 为销售量,则总指数 $\dfrac{\sum p_0 q_1}{\sum p_0 q_0}$ 的意义是(   )

① 综合反映多种商品的销售量的变动程度

② 综合反映商品价格和销售量的变动程度

③ 综合反映商品销售额的变动程度

④ 反映商品销售量变动对销售额变动的影响程度

⑤ 综合反映多种商品价格的变动程度

10. 如果用 p 表示商品价格,q 表示商品销售量,则公式 $\sum p_1 q_1 - \sum p_0 q_1$ 的意义是(   )

① 综合反映价格变动和销售量变动的绝对额

② 综合反映销售额变动的绝对额

③ 综合反映多种商品价格变动而增减的销售额

④ 综合反映由于价格变动而使消费者增减的货币支出额

⑤ 综合反映多种商品销售量变动的绝对额

11. 加权算术平均指数是一种（　　　）

① 平均指数　　　　② 综合指数　　　　③ 总指数　　　　④ 个体指数平均数

⑤ 平均指标指数

12. 职工劳动生产率指数为（　　　）

① 拉氏指数　　　　② 派氏指数　　　　③ 总指数　　　　④ 数量指标指数

⑤ 质量指标指数

13. 指数体系中,指数之间的数量关系（　　　）

① 表现在总量指数等于它的因素指数之积

② 不仅表现为总量指数与因素指数之积的对等关系

③ 表现在总量指数等于它的因素指数之和

④ 表现在总量指数等于它的因素指数的代数和

⑤ 表现在总量指数等于它的因素指数之差

14. 某产品的生产总成本 2001 年为 20 万元,比 2000 年多支出 0.4 万元,单位成本 2001 年
比 2000 年降低 2%,则（　　　）

① 生产总成本指数为 102%　　　　　② 单位成本指数为 2%

③ 产品产量指数为 104%　　　　　　④ 单位成本指数为 98%

⑤ 由于单位成本降低而节约的生产总成本为 0.408 万元

15. 某工业局所属企业报告期生产费用总额为 50 万元,比基期多 8 万元,单位成本报告期
比基期上升 7%,于是（　　　）

① 生产费用总额指数为 119.05%

② 成本总指数为 107%

③ 产品产量总指数为 111.26%

④ 由于产量变动而增加的生产费用额为 4.73 万元

⑤ 由于单位成本变动而增加的生产费用额为 3.27 万元

三、计算题

1. 根据已给三种商品资料(表 1),对销售额的变动进行计算和分析。

表 1

商品	计量单位	销售量		价格(元)		销售额(元)	
		基期	报告期	基期	报告期	基期	报告期
—	—	q_0	q_1	p_0	p_1	$q_0 p_0$	$q_1 p_1$

续表

商品	计量单位	销售量		价格(元)		销售额(元)	
		基期	报告期	基期	报告期	基期	报告期
甲	千克	8 000	8 800	10.0	10.5		
乙	件	2 000	2 500	8.0	9.0		
丙	盒	10 000	10 500	6.0	6.5		
合计	—					—	—

2. 某总厂所属两个分厂的某产品成本资料如表 2 所示,试分析总厂该产品平均单位成本变动受分厂成本水平及总厂产量结构变动的影响。

表 2

	单位成本(元)		生产量(件)		总成本(元)
	x_0	x_1	f_0	f_1	
甲分厂	10.0	9.0	300	1 300	
乙分厂	12.0	12.2	700	700	
总 厂	—	—	1 000	2 000	

3. 某单位职工人数和工资总额资料如表 3 所示。

表 3

指标	符号	2000 年	2001 年
工资总额(万元)	E	500	567
职工人数(人)	a	1 000	1 050
平均工资(元/人)	b	5 000	5 400

要求:对该单位工资总额变动进行因素分析。

参考答案

一、单项选择题

1. ③ 2. ④ 3. ① 4. ② 5. ④ 6. ① 7. ③ 8. ③ 9. ② 10. ④ 11. ③ 12. ③
13. ② 14. ② 15. ① 16. ①

二、多项选择题

1. ①③④⑤　2. ①②④　3. ①②⑤　4. ③⑤　5. ④⑤　6. ①②③④⑤　7. ①②③④
8. ①③　9. ①④　10. ③④　11. ①③④　12. ③⑤　13. ①②　14. ①③④⑤　15. ①
②③④⑤

三、计算题

1. 销售额指数＝117.4％

增加销售额＝27 150(元)

(1) 销售量指数＝109.6％

销售量变动影响增加销售额＝15 000(元)

(2) 价格指数＝107.1％

价格变动影响增加销售额＝12 150(元)

(3) 综合影响:117.4％＝109.6％×107.1％

27 150＝15 000＋12 150

2. 总厂平均单位成本＝11.4(元)

可变构成指数＝88.9％

单位成本降低额＝−1.28(元)

(1) 产量结构变动影响:

结构影响指数＝93.9％

结构影响单位成本降低额＝−0.7(元)

(2) 单位成本变动影响

固定构成指数＝94.6％

单位成本影响总厂单位成本降低额＝−0.58(元)

(3) 综合影响

88.9％＝93.9％×94.6％

−1.28＝−0.7＋(−0.58)

3. 工资总额变动＝113.4％

增加总额＝67(万元)

(1) 职工人数变动影响

职工人数指数＝105％

职工人数变动影响工资总额＝25(万元)

(2) 平均工资变动影响

平均工资指数＝108％

平均工资变动影响工资总额＝42(万元)

(3) 综合影响

113.4％＝105％×108％

67＝25＋42

第十一章 多元统计分析

通过本章的学习,掌握主成分分析的基本思想、数学模型和求解步骤,会应用主成分分析去解决一些实际问题;掌握因子分析的基本思想、数学模型和求解方法,并会应用到实际问题中;理解聚类分析的基本思想,能解决一些分类问题;掌握判别分析的基本思想和求解方法,并可以应用到实例中,解决一些归属问题;会使用 EXCEL 编程实现上述四个多元统计分析问题。

多元统计分析(multivariate statistical analysis)是研究多个随机变量之间的相互依赖关系以及内在统计规律性的一门统计学科,是现代统计学应用十分活跃的一个分支。主成分分析可以寻找到少量几个综合变量来代替原来较多的变量,使这几个综合变量能够较全面地反映原来多项变量的信息,同时,相互之间不相关。比如,已知我国 2016 年各地区全部国有及规模以上非国有工业企业主要经济效益指标,可以使用主成分分析找到那些最重要的指标,以便于后续对工业企业经济效益进行分析。因子分析的基本目的就是用少数几个因子去描述许多指标或因素之间的联系,即将关系比较密切的几个变量归在同一类中,每一类变量就成为一个因子(之所以称其为因子,是因为它是不可观测的,即不是具体的变量),以较少的几个因子反映原资料的大部分信息。运用因子分析,我们可以方便地找出影响消费者购买、消费以及满意度的主要因素是哪些,以及它们的影响力(权重);运用因子分析,我们还可以为市场细分做前期分析。聚类分析是通过数据建模简化数据的一种方法,讲究"物以类聚",把性质相近的个体归为一类。聚类分析在电子商务网站建设数据挖掘中也是很重要的一个方面,通过分组聚类出具有相似浏览行为的客户,并分析客户的共同特征,可以更好地帮助电子商务的用户了解自己的客户,向客户提供更合适的服务。判别分析是按照一定的判别准则对某个研究对象的归属作出判断,在气候分类、农业区划、土地类型划分等领域有着广泛的应用。比如,根据劳动生产率、利润总额等指标来判断一个企业属于哪一级别,便可以通过判别分析来解决。

第一节 主成分分析

在许多实际问题中,我们经常用多个变量来研究某一事物,但因为这些变量之间往往具有相关性,很多变量带有重复信息,这样就给分析问题带来了许多不便,同时也使分析结论不具有可靠性和真实性,所以,人们希望寻找到少量几个综合变量来代替原来较多的变量,使这几个综合变量能较全面地反映原来多项变量的信息,同时相互之间不相关。主成分分析正是满足上述要求的一种处理多变量问题的方法。

一、基本思想

主成分分析就是设法将原来的 p 个指标重新组合成一组相互无关的新指标的过程。通常数学上的处理就是讲原来的 p 个指标做线性组合。为了能更清晰地解释主成分的基本思想,我们从用两个指标来衡量 n 个样本点的二维空间入手。

在二维空间,n 个样本点的变量信息若用离差平方和来表示,则变量的信息总量为总方差

$$\frac{1}{n}\sum_{i=1}^{n}(x_{i1}-\overline{x}_1)^2+\frac{1}{n}\sum_{i=1}^{n}(x_{i2}-\overline{x}_2)^2$$

对于每个变量的离差平方和,他们的取值可能出现各种情况:

(1) 如果离差平方和 $\sum_{i=1}^{n}(x_{i1}-\overline{x}_1)^2$ 和 $\sum_{i=1}^{n}(x_{i2}-\overline{x}_2)^2$ 之间相差悬殊,如取值之比为 $10:1$,说明变量 x_1 在方差总信息量中占较重要的地位,可剔除变量 x_2 达到降维的目的。

(2) 如果 $\sum_{i=1}^{n}(x_{i1}-\overline{x}_1)^2$ 和 $\sum_{i=1}^{n}(x_{i2}-\overline{x}_2)^2$ 数值相差不大,说明两个指标在方差总信息量中的比重相当,统计分析时,两个指标都不可放弃,此时可对 x_1、x_2 作适当的变量替换,通过某方法寻找到两个新的变量 y_1、y_2(必须是原变量 x_1、x_2 的线性组合),使新变量满足:

$$\sum_{i=1}^{n}(y_{i1}-\overline{y}_1)^2+\sum_{i=1}^{n}(y_{i2}-\overline{y}_2)^2=\sum_{i=1}^{n}(x_{i1}-\overline{x}_1)^2+\sum_{i=1}^{n}(x_{i2}-\overline{x}_2)^2$$

式中:$\overline{y}_1=\frac{1}{n}\sum_{i=1}^{n}y_{i1},\overline{y}_2=\frac{1}{n}\sum_{i=1}^{n}y_{i2}$。

上式说明新变量 y 继承了原变量 x 的全部信息,并且要求 $\sum_{i=1}^{n}(y_{i1}-\overline{y}_1)^2$ 和 $\sum_{i=1}^{n}(y_{i2}-\overline{y}_2)^2$ 数值比例相差较大,这时仅用 y_1 来分析原问题就可以了,变量的个数从 2 变为了 1。此时的 y_1 方差最大,包含的信息最多。y_1 称为第一主成分,y_2 称为第二主成分。

推而广之,第一主成分 y_1 的方差达到最大,其方差越大,表示其所包含的信息越多,如果第一主成分还不能反映原指标的全部信息,再考虑选取第二主成分 y_2,y_2 在剩余的线性组合中方差最大,并且与 y_1 不相关,如若第一、第二主成分仍然不能反映原变量的全部信息,再考虑选取第三主成分 y_3,y_3 在剩余的线性组合中方差最大,并且与 y_1、y_2 不相关,依

次可求出全部 p 个主成分,它们的方差是依次递减的。在实际工作中,在不损失较多信息的情况下,通常选取前几个主成分来进行分析,达到简化数据结构的目的。

二、数学模型

主成分分析可以针对总体,也可以针对样本,但在许多问题中所涉及的总体都是未知的,所以我们主要讨论样本的主成分。仍从二维空间入手,设有两个变量的信息如图 11.1 所示,大部分的样本点集中在椭圆范围内。

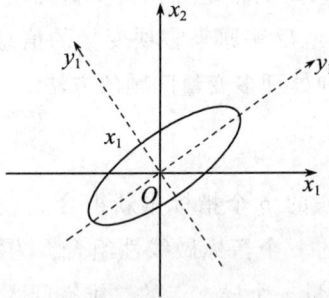

图 11.1 两个变量的信息分布

如果我们取椭圆的长轴 y_1、短轴 y_2 作为样本点新的坐标轴,容易看出 y_1 坐标变化程度大,即 y_1 的方差最大,而 y_2 的变化程度相对较小,即 y_2 的方差较小。于是可以说变量 (x_1, x_2) 的信息大部分集中在新变量 y_1 上,而小部分集中在新变量 y_2 上。上图中的新坐标 y_1, y_2 是 x_1, x_2 经过坐标旋转而得到的,其旋转公式为:

$$y_1 = \cos\theta x_1 + \sin\theta x_2$$
$$y_2 = -\sin\theta x_1 + \cos\theta x_2$$

系数满足的要求是:$(\cos\theta)^2 + (\sin\theta)^2 = 1$;$(-\sin\theta)^2 + (\cos\theta)^2 = 1$;$\cos\theta(-\sin\theta) + \sin\theta\cos\theta = 0$.

我们可以称 y_1 为它们的第一主成分,y_2 为它们的第二主成分,坐标的正交变换为主成分变换。推广开来,设有 n 个样本点,每个样本点都有 p 项变量 $x_1, x_2, \cdots, x_p$,其原始数据矩阵表示为:

$$\begin{bmatrix} x_{11} & x_{12} & \cdots & x_{1p} \\ x_{21} & x_{22} & \cdots & x_{2p} \\ \vdots & \vdots & & \vdots \\ x_{n1} & x_{n2} & \cdots & x_{np} \end{bmatrix}$$

式中:x_{ij} 是第 i 个样本点第 j 个指标的观测值。如前所述,通过主成分变换得到线性组合可以表示为 $x_1, x_2, \cdots, x_p$ 的线性组合:

$$y_1 = u_{11}x_1 + u_{12}x_2 + \cdots + u_{1p}x_p$$
$$y_2 = u_{21}x_1 + u_{22}x_2 + \cdots + u_{2p}x_p$$
$$\cdots \cdots \cdots$$

$$y_p = u_{p1}x_1 + u_{p2}x_2 + \cdots + u_{pp}x_p \tag{11.1}$$

如果系数 u_{ij} 满足 $u_{i1}^2 + u_{i2}^2 + \cdots + u_{ip}^2 = 1, i = 1, 2, \cdots, p$；而且系数 u_{ij} 的确使 y_i 与 $y_j (i \neq j)$ 相互无关，并使 y_1 是 $x_1, x_2, \cdots, x_p$ 的一切线性组合中方差最大者，y_2 是与 y_1 不相关的 $x_1, x_2, \cdots, x_p$ 的所有线性组合中方差最大者$\cdots$，y_p 是与 $y_1, y_2, \cdots, y_{p-1}$ 都不相关的 $x_1, x_2, \cdots, x_p$ 的所有线性组合中方差最大者，则称 $y_1, y_2, \cdots, y_p$ 为原变量的第一，第二，$\cdots$，第 p 主成分。

三、模型的求解

要求原始变量的主成分，关键在于求公式(11.1)的系数值。在应用主成分分析研究问题时，通常先将数据标准化，以消除量纲对结果的影响。标准化的常用公式为：$zx_i = \dfrac{x_i - E(x_i)}{\sqrt{D(x_i)}}$，标准化后的数据均值为 0，方差为 1。可以证明，变量 $x_1, x_2, \cdots, x_p$ 标准化以后，其协方差矩阵 S 与相关系数矩阵 R 相等。为了求出主成分，只需求样本协方差矩阵 S 或相关系数矩阵 R 的特征根和特征向量就可以。设 R 的特征根 $\lambda_1 \geqslant \lambda_2 \geqslant \cdots \lambda_p > 0$，相应的单位特征向量为：$(u_{i1}, u_{i2}, \cdots, u_{ip})^T$，那么相应的主成分就是：$y_i = u_{i1}zx_1 + u_{i2}zx_2 + \cdots + u_{ip}zx_p$。

四、主成分的性质

以下我们不加证明地给出主成分的有关性质。

性质 1：第 k 个主成分 y_k 的系数向量是第 k 个特征根 λ_k 所对应的标准化特征向量 U_k。

性质 2：第 k 个主成分的方差为第 k 个特征根 λ_k，且任意两个主成分都是不相关的，也就是主成分 $y_1, y_2, \cdots, y_p$ 的样本协方差矩阵是对角矩阵。

性质 3：样本主成分的总方差等于原变量样本的总方差。

性质 4：第 k 个样本主成分与第 j 个变量样本之间的相关系数为：

$$r(y_k, x_j) = r(y_k, zx_j) = \sqrt{\lambda_k} u_{kj}$$

该相关系数又称为因子载荷量。

在解决实际问题时，一般不是取 p 个主成分，而是根据累计贡献率取前 k 个，第 k 个主成分的方差贡献率为 $\lambda_k / \sum\limits_{i=1}^{p} \lambda_i$，前 k 个主成分的累计方差贡献率为 $\sum\limits_{i=1}^{k} \lambda_i / \sum\limits_{i=1}^{p} \lambda_i$。通常情况下，如果前 k 个主成分的累计贡献率达到 85%，则表明取前 k 个主成分就能基本包含原指标中的信息了，从而达到减少变量个数的目的。另一种选择主成分个数的方法是选择大于 1 的特征根所对应的主成分。

五、基本步骤与应用实例

1. 基本步骤

(1) 对原变量的样本数据矩阵进行标准化变换；

(2) 求标准化数据矩阵的相关系数矩阵 R；

（3）求 R 的特征根及相应的特征向量和贡献率等；

（4）确定主成分的个数；

（5）解释主成分的实际意义和作用

2. 应用实例

例 11.1　我国 2006 年各地区全部国有及规模以上非国有工业企业主要经济效益指标如表 11.1 所示，对各地区经济效益做出分析。

表 11.1　我国 2006 年各地区全部国有及规模以上非国有工业企业主要经济效益指标

地区	工业增加值率/%	总资产贡献率/%	资产负债率/%	每年流动资产周转次数/%	工业成本费用利润率/%	产品销售率/%
北京	22.41	6.32	38.91	2.06	6.17	99.18
天津	28.66	14.70	57.83	2.57	8.68	99.22
河北	28.76	14.40	61.05	2.94	7.33	98.21
山西	36.40	10.49	67.59	1.81	6.56	97.66
内蒙古	42.95	12.44	61.08	2.40	9.44	97.84
辽宁	29.26	8.22	57.50	2.32	3.38	98.31
吉林	31.86	9.54	54.78	2.37	4.96	95.94
黑龙江	47.14	31.04	54.71	2.47	28.79	98.52
上海	26.03	10.54	50.28	2.21	6.03	99.03
江苏	24.90	11.62	60.58	2.71	4.88	98.53
浙江	20.57	11.08	60.35	2.26	5.07	97.80
安徽	31.88	10.49	62.65	2.42	4.60	98.25
福建	28.46	12.94	53.81	2.51	6.58	96.96
江西	30.34	12.81	60.98	2.79	5.04	98.46
山东	29.64	17.51	57.77	3.40	7.58	98.43
河南	29.64	18.84	60.26	3.18	9.13	98.46
湖北	32.09	10.26	54.86	2.29	6.82	97.96
湖南	34.07	14.24	60.20	2.93	5.27	99.55
广东	26.37	12.24	56.72	2.48	5.48	97.25
广西	32.02	12.44	61.60	2.36	6.51	96.24

续表

地区	工业增加值率/%	总资产贡献率/%	资产负债率/%	每年流动资产周转次数/%	工业成本费用利润率/%	产品销售率/%
海南	29.71	11.71	60.50	1.97	11.49	97.16
重庆	29.12	9.97	59.55	2.08	5.22	98.44
四川	35.12	10.78	60.87	2.10	6.31	98.02
贵州	36.16	10.58	65.80	1.86	6.32	96.98
云南	37.47	17.78	54.86	1.72	10.99	98.38
西藏	56.62	7.84	44.20	1.06	20.24	91.68
陕西	41.21	15.21	59.76	1.90	14.00	98.15
甘肃	28.49	9.34	58.71	2.17	4.56	97.78
青海	40.52	13.18	65.56	1.72	21.41	96.37
宁夏	30.77	6.90	61.54	1.73	3.26	96.85
新疆	43.22	24.77	51.58	2.75	28.44	98.77

解：计算过程如下。

（1）将数据标准化，并求相关矩阵 R。

地区	工业增加值率 ZX_1/%	总资产贡献率 ZX_2/%	资产负债率 ZX_3/%	流动资产周转次数 ZX_4/%	成本费用利润率 ZX_5/%	产品销售率 ZX_6/%
北京	−1.42	−1.31	−3.23	−0.51	−0.43	0.99
天津	−0.59	0.35	−0.02	0.54	−0.06	1.02
河北	−0.57	0.30	0.53	1.31	−0.26	0.31
山西	0.44	−0.48	1.64	−1.03	−0.37	−0.07
内蒙古	1.31	−0.09	0.53	0.19	0.06	0.05
辽宁	−0.51	−0.93	−0.07	0.03	−0.84	0.38
吉林	−0.16	−0.67	−0.54	0.13	−0.61	−1.28
黑龙江	1.87	3.59	−0.55	0.34	2.94	0.53

续表

地区	工业增加值率 $ZX_1/\%$	总资产贡献率 $ZX_2/\%$	资产负债率 $ZX_3/\%$	流动资产周转次数 $ZX_4/\%$	成本费用利润率 $ZX_5/\%$	产品销售率 $ZX_6/\%$
上海	−0.94	−0.47	−1.30	−0.20	−0.45	0.88
江苏	−1.09	−0.26	0.45	0.83	−0.62	0.53
浙江	−1.66	−0.36	0.41	−0.10	−0.59	0.02
安徽	−0.16	−0.48	0.80	0.23	−0.66	0.34
福建	−0.61	0.01	−0.70	0.42	−0.37	−0.56
江西	−0.36	−0.02	0.52	1.00	−0.60	0.48
山东	−0.46	0.91	−0.03	2.26	−0.22	0.46
河南	0.01	1.18	0.40	1.80	0.01	0.48
湖北	−0.13	−0.53	−0.52	−0.04	−0.33	0.13
湖南	0.13	0.26	0.38	1.29	−0.56	1.25
广东	−0.89	−0.13	−0.21	0.36	−0.53	−0.08
广西	−0.14	−0.09	0.54	0.11	−0.38	−1.07
海南	−0.45	−0.24	0.44	−0.70	0.36	−0.42
重庆	−0.53	−0.58	0.27	−0.47	−0.57	0.47
四川	0.27	−0.42	0.50	−0.43	−0.41	0.18
贵州	0.41	−0.46	1.34	−0.93	−0.41	0.18
云南	0.58	0.97	−0.52	−1.21	0.29	0.43
西藏	3.13	−1.00	−2.33	−2.58	1.67	−4.25
陕西	1.08	0.46	0.31	−0.84	0.74	0.27
甘肃	−0.61	−0.71	0.13	−0.28	−0.67	0.01
青海	0.99	0.05	1.30	−1.21	1.84	−0.98
宁夏	−0.31	−1.19	0.61	−1.19	−0.86	−0.64
新疆	1.35	2.35	−1.08	0.91	2.89	0.70

得相关系数矩阵为：

$$\begin{bmatrix} 1 & & & & & \\ 0.390 & 1 & & & & \\ -0.071 & 0.011 & 1 & & & \\ -0.379 & 0.429 & 0.128 & 1 & & \\ 0.745 & 0.706 & -0.237 & -0.154 & 1 & \\ -0.504 & 0.313 & 0.131 & 0.595 & -0.208 & 1 \end{bmatrix}$$

（2）求 R 的特征根及相应的单位正交特征向量和贡献率。

由 R 的特征方程 $|R-\lambda I|=0$ 求得 R 的单位特征根 λ 为：

$\lambda_1=2.424, \lambda_2=1.943, \lambda_3=0.973, \lambda_4=0.405, \lambda_5=0.179, \lambda_6=0.075$

再由齐次线性方程组 $(R-\lambda I)U=0$ 求得特征向量 U，将具体结果整理为下表：

	U_{1j}	0.589	0.039	0.219	-0.079	0.773	-0.014
	U_{2j}	0.256	0.638	0.048	0.010	-0.253	-0.679
对应的 特征向量	U_{3j}	-0.183	0.064	0.965	0.057	-0.129	0.108
	U_{4j}	-0.315	0.527	-0.065	-0.709	0.165	0.300
	U_{5j}	0.556	0.304	0.049	0.163	-0.397	0.643
	U_{6j}	-0.382	0.465	-0.112	-0.680	0.371	0.158
特征根		2.424	1.943	0.973	0.405	0.179	0.075
贡献率 $\lambda_i / \sum\limits_{i=1}^{p} \lambda_i$		40.41%	32.39%	16.21%	6.76%	2.99%	1.25%

（3）确定主成分的个数。

按 $\sum\limits_{i=1}^{k}\lambda_i / \sum\limits_{i=1}^{p}\lambda_i \geqslant 85\%$ 的原则，取三个主成分就能够对工业企业经济效益进行分析，并且这三个主成分的累计方差贡献率达到 89% 主成分的表达式为：

$y_1=0.589zx_1+0.256zx_2-0.183zx_3-0.315zx_4+0.556zx_5-0.382zx_6$

$y_2=0.039zx_1+0.638zx_2-0.064zx_3+0.527zx_4+0.304zx_5+0.465zx_6$

$y_3=0.219zx_1+0.048zx_2+0.965zx_3-0.065zx_4+0.049zx_5-0.112zx_6$

（4）主成分的经济意义。

第一主成分 y_1 中，zx_1（工业增加值率）、zx_5（工业成本费用利润率）系数较大，y_1 的含义是在综合其他变量所反映信息的基础上，突出地反映了企业产出的情况。

第二主成分 y_2 中，zx_2（总资产贡献率）、zx_4（流动资产周转次数）的系数最大，在 0.5

以上,说明在综合其他变量信息的基础上,突出地反映了企业投入的资产情况。

第三主成分 y_3 中,zx_3(资产负债率)的系数最大,为 0.965,说明 y_3 在综合其他变量信息的基础上,突出地反映了工业企业经营风险的大小。

可以尝试使用 EXCEL 中的小插件 XLSTAT,很快得到我们所需要的结果。

EXCEL 解决方案如下:

(1) 将数据输入到 EXCEL 工作表中;

(2) 选择菜单"XLSTAT"—"Analyzing Data",见图 11.2;

(3) 选择"PCA",正确填写相关信息后,见图 11.3,点"OK",可得相关结果。

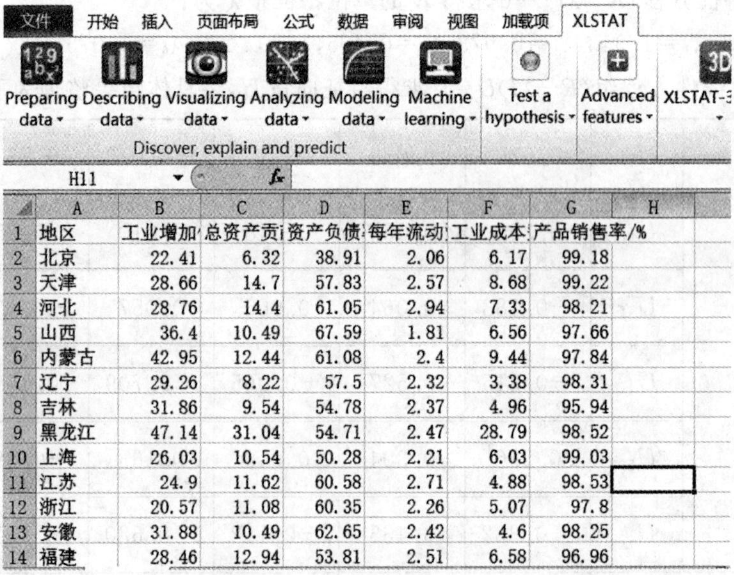

| 文件 | 开始 | 插入 | 页面布局 | 公式 | 数据 | 审阅 | 视图 | 加载项 | XLSTAT |

Preparing data · Describing data · Visualizing data · Analyzing data · Modeling data · Machine learning · Test a hypothesis · Advanced features · XLSTAT-3

Discover, explain and predict

H11

	A	B	C	D	E	F	G	H
1	地区	工业增加	总资产贡	资产负债	每年流动	工业成本	产品销售率/%	
2	北京	22.41	6.32	38.91	2.06	6.17	99.18	
3	天津	28.66	14.7	57.83	2.57	8.68	99.22	
4	河北	28.76	14.4	61.05	2.94	7.33	98.21	
5	山西	36.4	10.49	67.59	1.81	6.56	97.66	
6	内蒙古	42.95	12.44	61.08	2.4	9.44	97.84	
7	辽宁	29.26	8.22	57.5	2.32	3.38	98.31	
8	吉林	31.86	9.54	54.78	2.37	4.96	95.94	
9	黑龙江	47.14	31.04	54.71	2.47	28.79	98.52	
10	上海	26.03	10.54	50.28	2.21	6.03	99.03	
11	江苏	24.9	11.62	60.58	2.71	4.88	98.53	
12	浙江	20.57	11.08	60.35	2.26	5.07	97.8	
13	安徽	31.88	10.49	62.65	2.42	4.6	98.25	
14	福建	28.46	12.94	53.81	2.51	6.58	96.96	

图 11.2　XLSTAT 菜单

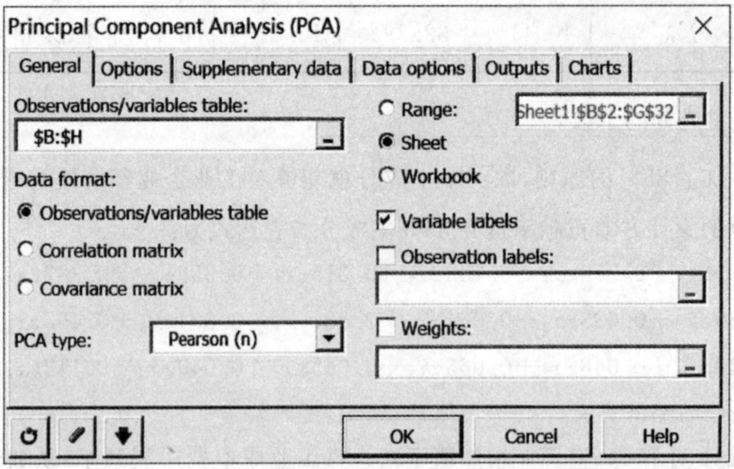

Principal Component Analysis (PCA)

General | Options | Supplementary data | Data options | Outputs | Charts

Observations/variables table:
$B:$H

○ Range: Sheet1!$B$2:$G$32
● Sheet
○ Workbook

Data format:
● Observations/variables table
○ Correlation matrix
○ Covariance matrix

PCA type: Pearson (n)

☑ Variable labels
☐ Observation labels:

☐ Weights:

OK　Cancel　Help

图 11.3　主成分分析对话框

第二节　因子分析

在实际问题的分析中,有时需要对不能观测的潜在因素进行分析,如企业的形象、企业文化、创新能力等都是不可直接观测到的变量(潜在变量),而利税总额、劳动生产率等都是显在变量。因子分析(factor analysis)是利用少数几个潜在变量或公共因子去解释多个显在变量或可观测变量中存在的复杂关系的分析方法。

一、基本思想

因子分析是主成分分析的推广,它也是从研究相关矩阵内部的依赖关系出发,把一些具有错综复杂关系的变量归结为少数几个综合因子的一种多变量统计分析方法。因子分析的概念起源于 20 世纪初 Karl Pearson 和 Charles Spearman 等人关于智力测验的统计分析。近年来,因子分析的理论方法广泛地应用于经济学、医学和心理学等领域。

因子分析的基本思想是通过对变量相关系数矩阵内部结构的研究,找出能够控制所有变量的少数几个潜在随机变量去描述多个显在随机变量之间的相关关系。换句话说,因子分析是把每个可观测的原始变量分解为两部分因素,一部分是由所有变量共同具有少数几个公共因子构成的,另一部分是每个原始变量独自具有的,即特殊因子部分,对于所研究的问题就可试图用最少个数的不可观测的公共因子的线性函数与特殊因子之和来描述原来观测的每一分量。

二、数学模型

1. 符号与假定

设有 n 个样本,每个样本观测 p 个变量,记:

原始变量矩阵为 X:$X=\begin{bmatrix} x_1 \\ x_2 \\ \vdots \\ x_p \end{bmatrix}$,公共因子变量矩阵为 F:$F=\begin{bmatrix} F_1 \\ F_2 \\ \vdots \\ F_p \end{bmatrix}$,特殊因子矩阵为 E:

$E=\begin{bmatrix} x_1 \\ x_2 \\ \vdots \\ x_p \end{bmatrix}$。

假定因子模型具有以下性质:

(1) $E(X)=0$,$\mathrm{cov}(X)=\sum$。

(2) $E(F)=0$,$D(F)=I$。

（3）$E(E)=0, D(E)=diag(\sigma_1^2, \sigma_2^2, \cdots, \sigma_p^2)$。

（4）$cov(F, E)=0$。

2. 因子模型

我们将 p 个变量 $x_i(i=1,2,\cdots,p)$ 表示成公共因子 F 与特殊因子的线性组合：

$$x_1=a_{11}F_1+a_{12}F_2+\cdots+a_{1p}F_p+e_1$$
$$x_1=a_{21}F_1+a_{22}F_2+\cdots+a_{2p}F_p+e_2$$
$$\cdots$$
$$x_1=a_{p1}F_1+a_{p2}F_2+\cdots+a_{pp}F_p+e_p$$

若用矩阵形式表示，则为：

$$X=AF+E$$

式中的 $A=\begin{bmatrix} a_{11} & a_{12} & \cdots & a_{1q} \\ a_{21} & a_{22} & \cdots & a_{2q} \\ \vdots & \vdots & & \vdots \\ a_{p1} & a_{p2} & \cdots & a_{pq} \end{bmatrix}$ $(q\leqslant p)$，称为因子载荷矩阵，并且称 a_{ij} 为第 i 个变量在第 j 个公共因子上的载荷，反映了第 i 个变量在第 j 个公共因子上的相对重要性。

三、因子载荷的统计含义

可以证明因子载荷 a_{ij} 为第 i 个变量 x_i 与第 j 个公共因子 F_j 的相关系数，即反映了变量与公共因子的关系密切程度，a_{ij} 越大，标明公共因子 F_j 与变量 x_i 的线性关系越密切。

因子载荷矩阵中各行元素的平方和：

$$h_1^2=a_{11}^2+a_{12}^2+\cdots a_{1q}^2$$
$$h_2^2=a_{21}^2+a_{22}^2+\cdots a_{2q}^2$$
$$\cdots$$
$$h_p^2=a_{p1}^2+a_{p2}^2+\cdots a_{pq}^2$$

称为变量 $x_1, x_2, \cdots, x_p$ 的共同度。它表示 q 个公共因子 $F_1, F_2, \cdots, F_q$ 对变量 x_i 的方差贡献，变量共同度的最大值为 1，值越接近于 1，说明该变量所包含的原始信息被公共因子所解释的部分越大，用 q 个公共因子描述 x_i 就越有效；而当值接近于 0 时，说明公共因子对变量的影响很小，主要由特殊因子来描述。

因子载荷矩阵中各列元素的平方和：

$$g_1=a_{11}^2+a_{21}^2+\cdots a_{p1}^2$$
$$g_2=a_{12}^2+a_{22}^2+\cdots a_{p2}^2$$
$$\cdots$$
$$g_p=a_{1q}^2+a_{2q}^2+\cdots a_{pq}^2$$

称为公共因子 $F_1, F_2, \cdots, F_q$ 的方差贡献。它与 p 个变量的总方差之比为：F_j 的贡献率 $=\dfrac{g_j}{p}=\dfrac{\sum\limits_{i=1}^{p} a_{ij}^2}{p}$，是衡量各个公共因子相对重要程度的一个指标。方差贡献率越大，该因子就越重要。

四、因子的求解

要建立因子分析模型,关键就在于解出其因子载荷矩阵 A。A 的求法很多,这里仅介绍主成分法。第一节已提及,在对数据进行标准化后,样本的协方差矩阵 S 与相关系数矩阵 R 相等。设相关系数矩阵的特征根为 $\lambda_1 \geqslant \lambda_2 \geqslant \cdots \geqslant \lambda_p$,相应的特征向量为 $U_1, U_2, \cdots,$ U_p,设由列向量 $\sqrt{\lambda_1}U_1, \sqrt{\lambda_2}U_2, \cdots, \sqrt{\lambda_p}U_p$ 构成的矩阵用 A 表示,即

$$A = (\sqrt{\lambda_1}U_1, \sqrt{\lambda_2}U_2, \cdots, \sqrt{\lambda_p}U_p)$$

可以证明 R 的分解式为 $R = AA'$,这个公式是一个精确可行的因子分解式,实际这就是主成分分析法的根据。由相关系数矩阵 R 求出的解 A 即为因子载荷矩阵,A 的估计值为:

$$(\sqrt{\lambda_1}U_1, \sqrt{\lambda_2}U_2, \cdots, \sqrt{\lambda_p}U_p)$$

因子分析的目的是将多个变量简化为数量较少的因子,以便进行下一步的分析,所以一般来说,公共因子的个数 q 要小于等于变量的个数 p,而且 q 越小越好,当 q 与 p 的差异较大时,便能将高维空间的问题降至低维空间进行处理。在实际问题中,q 的数值通常可以采用不同的方法加以确定。如根据累计方差贡献率 $\geqslant 85\%$ 确定,或者根据大于 1 的特征根来确定。

五、因子得分

当获得公共因子和因子载荷后,我们可以进一步考察每一个样本点在每一公共因子上的得分,从而对样本点进行评价、排序比较和分类。

估计因子得分函数的常用方法是回归法,因子的得分估计为:$\hat{F}' = XR^{-1}A$。

六、基本步骤与应用实例

1. 基本步骤

(1) 用公式 $zx = \dfrac{x - E(x)}{\sqrt{D(x)}}$ 对原始数据标准化;

(2) 建立相关系数矩阵 R;

(3) 根据 $|R - \lambda I| = 0$ 及 $(R - \lambda I)U = 0$ 求 R 的单位特征根 λ 与特征向量 U;

(4) 根据 $A = \sqrt{\lambda}U$ 求因子载荷矩阵 A;

(5) 写出因子模型 $X = AF + E$;

(6) 求因子得分。

2. 应用实例

例 11.2　仍以我国 2006 年各地区全部国有及规模以上非国有工业企业主要经济效益指标作为研究对象,试求:

(1) 正交因子模型;

（2）各个变量的共同度以及特殊因子方差；

（3）每个因子的方差贡献率以及三个因子的累计方差贡献率；

（4）说明三个因子的意义。

解：（1）① 将原始数据标准化后求得其相关系数矩阵 R 为

$$\begin{bmatrix} 1 & & & & & \\ 0.390 & 1 & & & & \\ -0.071 & 0.011 & 1 & & & \\ -0.379 & 0.429 & 0.128 & 1 & & \\ 0.745 & 0.706 & -0.237 & -0.154 & 1 & \\ -0.504 & 0.313 & 0.131 & 0.595 & -0.208 & 1 \end{bmatrix}$$

② 特征根与特征向量

根据 $|R-\lambda I|=0$ 及 $(R-\lambda I)U=0$ 求得累计方差贡献率达 85% 以上的单位特征根 λ 与特征向量 U 分别为：

$$\lambda_1=2.424, \lambda_2=1.943, \lambda_3=0.973$$

$$U=\begin{bmatrix} 0.589 & 0.039 & 0.219 \\ 0.256 & 0.638 & 0.048 \\ -0.183 & 0.064 & 0.965 \\ -0.315 & 0.527 & -0.065 \\ 0.556 & 0.304 & -0.049 \\ -0.382 & 0.465 & -0.112 \end{bmatrix}$$

③ 因子载荷矩阵为

$$A=\sqrt{\lambda}U=\begin{bmatrix} 0.917 & 0.055 & 0.216 \\ 0.399 & 0.890 & 0.047 \\ -0.285 & 0.090 & 0.952 \\ -0.491 & 0.735 & -0.064 \\ 0.865 & 0.424 & -0.048 \\ -0.595 & 0.648 & -0.110 \end{bmatrix}$$

④ 因子模型为

$$x_1=0.917F_1+0.055F_2+0.216F_3+e_1$$
$$x_2=0.399F_1+0.890F_2+0.047F_3+e_2$$
$$x_3=-0.285F_1+0.09F_2+0.952F_3+e_3$$
$$x_4=-0.491F_1+0.735F_2-0.064F_3+e_4$$
$$x_5=0.865F_1+0.424F_2-0.048F_3+e_5$$
$$x_6=-0.595F_1+0.648F_2-0.110F_3+e_6$$

(2)（3）结果见下表：

变量	因子载荷			共同度	特殊因子方差
	F_1	F_2	F_3		
X_1	0.917	0.055	0.216	0.890	0.110
X_2	0.399	0.890	0.047	0.954	0.046
X_3	−0.285	0.090	0.952	0.995	0.005
X_4	−0.491	0.735	−0.064	0.785	0215
X_5	0.865	0.424	−0.048	0.930	0.070
X_6	−0.595	0.648	−0.110	0.786	0.214
方差贡献率	40.41%	32.39%	16.21%	—	—
累计方差贡献率	40.41%	72.79%	89.00%		

（4）第一个公共因子的因子载荷中，X_1、X_5 的都很大，因子 F_1 主要反映的是地区企业投入财力后的获利能力，F_2 的载荷 X_2、X_4 中的最大，因此 F_2 主要反映的是企业投入资金的情况；而 F_3 主要反映的是 X_3 的信息。

第三节　聚类分析

在社会、经济、管理和自然科学等众多领域中都存在着大量的分类问题，例如，在经济研究中一国各地区或各国经济发展水平的分类，在市场研究中的抽样方案设计、市场分析、消费者行为分析等。虽然依靠经验和专业知识也可以对事物进行分类，但这种分类不可避免地具有一定的主观性和任意性，往往缺乏足够的说服力。聚类分析是应用最广泛的分类技术，它把性质相近的个体归为一类，是研究"物以类聚"的一种方法。

一、基本思想

聚类分析是建立一种分类方法将一批样本或变量按照它们在性质上的相似、疏远程度进行科学分类的方法。聚类分析可以分为 Q 型聚类和 R 型聚类两种，Q 型聚类是指对样本进行分类，R 型聚类是指对变量进行分类。

聚类分析的基本思想是认为研究的样本或变量之间存在着程度不同的相似性,根据一批样本的多个观测指标,具体找出一些能够度量样本或指标之间相似程度的统计量,以这些统计量为划分类型的依据,把一些相似程度较大的样本(或变量)聚合为一类,把另外一些彼此之间相似程度较大的样本(变量)也聚合为一类,关系密切的聚合到一个小的分类单位,关系疏远的聚合到一个大的分类单位,直到把所有的样本(或变量)都聚合完毕,把不同的类型一一划分出来,形成一个由小到大的分类系统;最后再把整个分类系统画成一张图,将亲疏关系表示出来。

二、统计量

聚类分析中可采用不同类型的统计量,通常 Q 型聚类采用距离统计量,R 型聚类采用相似系数统计量。

1. 距离

设有 n 个样本,每个样本观测有 p 个变量,数据结构为

$$\begin{bmatrix} x_{11} & x_{12} & \cdots & x_{1p} \\ x_{21} & x_{22} & \cdots & x_{2p} \\ \vdots & \vdots & & \vdots \\ x_{n1} & x_{n2} & \cdots & x_{np} \end{bmatrix}$$

式中:x_{ij} 是第 i 个样本点第 j 个指标的观测值。因为每个样本点有 p 个变量,我们可以将每个样本点看作 p 维空间中的一个点,那么各样本点间的接近程度可以用距离来度量。以 d_{ij} 作为第 i 个样本点与第 j 个样本点间的距离长度,距离越短,表明两样本点间相似程度越高。最常见的距离指标有:

绝对距离:$d_{ij} = \sum\limits_{k=1}^{p} |x_{ik} - x_{jk}|$;

欧式距离:$d_{ij} = \sqrt{\sum\limits_{k=1}^{p} (x_{ik} - x_{jk})^2}$;

切比雪夫距离:$d_{ij} = \max\limits_{1 \leqslant k \leqslant p} |x_{ik} - x_{jk}|$;

马氏距离:$d_{ij} = [(X_i - X_j)^T S^{-1} (X_i - X_j)]^{\frac{1}{2}}$;其中 $X_i = (x_{i1}, x_{i2}, \cdots, x_{ip})^T$,$i = 1, 2, \cdots,$ n,S 是样本数据矩阵相应的样本协方差矩阵,即 S 的元素 $s_{ij} = \dfrac{1}{n-1} \sum\limits_{i=1}^{n} (x_{ki} - \overline{x_i})(x_{kj} - \overline{x_j})$。

2. 相似系数

对于 p 维总体,由于它是由 p 个变量构成的,而且变量之间一般都存在联系,因此往往可用相似系数来度量各变量间的相似程度。相似系数介于 $-1 \sim 1$ 之间,绝对值越接近于 1,表明变量间的相似程度越高。常见的相似系数有:

夹角余弦:$\cos\theta_{ij} = \dfrac{\sum\limits_{k=1}^{n} x_{ki} x_{kj}}{\sqrt{\sum\limits_{k=1}^{n} x_{ki}^2 \sum\limits_{k=1}^{n} x_{kj}^2}}$,$i, j = 1, 2, \cdots, p$

相关系数：$r_{ij} = \dfrac{\sum\limits_{k=1}^{n}(x_{ki}-\overline{x}_i)(x_{kj}-\overline{x}_j)}{\sqrt{\sum\limits_{k=1}^{n}(x_{ki}-\overline{x}_i)^2 \sum\limits_{k=1}^{n}(x_{kj}-\overline{x}_j)^2}}, i,j=1,2,\cdots,p$

三、分类方法（系统聚类法）

分系统聚类分析是聚类分析中应用最广泛的一种方法，凡是具有数值特征的变量和样本都可以采用系统聚类法。选择适当的距离和聚类方法，可以获得满意的聚类结果。

1. 分类的形成

先将所有的样本各自算作一类，将最近的两个样本点首先聚类，再将这个类和其他类中最靠近的结合，这样继续合并，直到所有的样本合并为一类为止。若在聚类过程中，距离的最小值不唯一，则将相关的类同时进行合并。

2. 类与类间的距离

系统聚类方法的不同取决于类与类间距离的选择，由于类与类间距离的定义有许多种，例如定义类与类间距离为最近距离、最远距离或两类的重心之间的距离等，所以不同的选择就会产生不同的聚类方法。常见的有最短距离法、最长距离法、重心距离法、类平均法、离差平方和法等。

设两个类 G_l, G_m，分别含有 n_1 和 n_2 个样本点

最短距离法：$d_{lm} = \min\{d_{ij}, X_i \in G_l, X_j \in G_m\}$；

最长距离法：$d_{lm} = \max\{d_{ij}, X_i \in G_l, X_j \in G_m\}$；

重心法：两类的重心分别为 $\overline{x}_l, \overline{x}_m$，则 $d_{lm} = d_{\overline{x}_l \overline{x}_m}$；

类平均法：$d_{lm} = \dfrac{1}{n_1 n_2} \sum\limits_{X_i \in G_i} \sum\limits_{X_j \in G_j} d_{ij}$；

离差平方和法：首先将所有的样本自成为一类，然后每次缩小一类，每缩小一类离差平方和就要增大，选择使整个类内离差平方和增加最小的两类合并，直到所有的样本归为一类为止。

四、基本步骤与应用实例

（一）基本步骤

先对数据进行变换处理，消除量纲对数据的影响；首先认为各样本点自成一类（即 n 个样本点一共有 n 类），然后计算各样本点之间的距离，并将距离最近的两个样本点并成一类；选择并计算类与类之间的距离，并将距离最近的两类合并，重复上面作法直至所有样本点归为所需类数为止。最后绘制聚类图，按不同的分类标准或不同的分类原则，得出不同的分类结果。

（二）应用实例

例 11.3　为了研究 2006 年我国部分地区工业企业经济效益的分布规律，根据调查资料做类型划分。标准化后的数据见下表：

地区	工业增加值率 $ZX_1/\%$	总资产贡献率 $ZX_2/\%$	资产负债率 $ZX_3/\%$	流动资产周转次数 $ZX_4/\%$	成本费用利润率 $ZX_5/\%$	产品销售率 $ZX_6/\%$
北京	−1.42	−1.31	−3.23	−0.51	−0.43	0.99
天津	−0.59	0.35	−0.02	0.54	−0.06	1.02
河北	−0.57	0.30	0.53	1.31	−0.26	0.31
山西	0.44	−0.48	1.64	−1.03	−0.37	−0.07
内蒙古	1.31	−0.09	0.53	0.19	0.06	0.05
辽宁	−0.51	−0.93	−0.07	0.03	−0.84	0.38
吉林	−0.16	−0.67	−0.54	0.13	−0.61	−1.28
黑龙江	1.87	3.59	−0.55	0.34	2.94	0.53
上海	−0.94	−0.47	−1.30	−0.20	−0.45	0.88
江苏	−1.09	−0.26	0.45	0.83	−0.62	0.53
浙江	−1.66	−0.36	0.41	−0.10	−0.59	0.02
安徽	−0.16	−0.48	0.80	0.23	−0.66	0.34
福建	−0.61	0.01	−0.70	0.42	−0.37	−0.56
江西	−0.36	−0.02	0.52	1.00	−0.60	0.48

解：(1) 首先认为每个样本点自成一类，采用欧式距离，先求出各类间的距离矩阵 D(0)如下：

	1	2	3	4	5	6	7	8	9	10	11	12	13	14
1	0.000													
2	3.872	0.000												
3	4.610	10 201	0.000											
4	5.410	2.873	2.914	0.000										
5	4.969	2.277	2.261	1.957	0.000									
6	3.434	1.710	1.964	2.361	20 307	0.000								
7	3.851	2.694	2.509	2.831	2.421	1.797	0.000							

续表

	1	2	3	4	5	6	7	8	9	10	11	12	13	14
8	7.369	5.110	5.401	6.050	4.855	6.382	6.180	0.000						
9	2.184	1.776	2.592	3.485	3.108	1.538	2.455	6.070	0.000					
10	4.098	1.217	0.999	2.773	2.626	1.329	2.404	6.124	2.084	0.000				
11	3.917	1.877	1.954	2.619	3.069	1.445	2.234	6.473	2.055	1.209	0.000			
12	4.420	1.570	1.475	1.705	1.729	1.075 5	2.114	5.960	2.354	1.197	1.623	0.000		
13	3.474	1.785	1.778	3.027	2.412	1.596	1.162	5.580	1.779	1.745	1.768	1.903	0.000	
14	4.407	1.130	0.622	2.566	2.018	1.486	2.333	5.667	2.340	0.792	1.800	0.973	1.739	0.000

（2）因为所有距离中最小值为 0.622，所以有新类 $G_1 = \{3, 14\}$；

（3）以最大距离法求第一次并类后的距离矩阵 $D(1)$ 为

	G_1	1	2	4	5	6	7	8	9	10	11	12	13
G_1	0.000												
1	4.610	0.000											
2	1.201	3.872	0.000										
4	2.914	5.410	2.873	0.000									
5	2.261	4.969	2.277	1.957	0.000								
6	1.964	3.434	1.710	2.361	2.307	0.000							
7	2.509	3.851	2.694	2.831	2.421	1.797	0.000						
8	5.667	7.369	5.110	6.050	4.855	6.382	6.180	0.000					
9	2.592	2.184	1.776	3.485	3.108	1.538	2.455	6.070	0.000				
10	0.999	4.098	1.217	2.773	2.626	1.329	2.404	6.124	2.084	0.000			
11	1.954	3.917	1.877	2.619	3.069	1.445	2.234	6.473	2.055	1.209	0.000		
12	1.475	4.420	1.570	1.705	1.729	1.075	2.114	5.960	2.354	1.197	1.623	0.000	
13	1.778	3.474	1.785	3.027	2.412	1.596	1.162	5.580	1.779	1.745	1.768	1.903	0.000

（4）因为 $D(1)$ 中最小距离值为 0.999，所以有新类 $G_2 = \{G_1, 10\}$；

（5）仍以最大距离法求第二次并类后的距离矩 $D(2)$ 阵为：

	G_2	1	2	4	5	6	7	8	9	11	12	13
G_2	0.000											
1	4.610	0.000										
2	1.217	3.872	0.000									
4	2.914	5.410	2.873	0.000								
5	2.626	4.969	2.277	1.957	0.000							
6	1.964	3.434	1.710	2.361	2.307	0.000						
7	2.509	3.851	2.694	2.831	2.421	1.797	0.000					
8	6.124	7.369	5.110	6.050	4.855	6.382	6.180	0.000				
9	2.592	2.184	1.776	3.485	3.108	1.538	2.455	6.070	0.000			
11	1.954	3.917	1.877	2.619	3.069	1.445	2.234	6.473	2.055	0.000		
12	1.475	4.420	1.570	1.705	1.729	1.075	2.114	5.960	2.354	1.623	0.000	
13	1.778	3.474	1.785	3.027	2.412	1.596	1.162	5.580	1.779	1.768	1.903	0.000

(6) 因为 $D(2)$ 中最小距离值为 1.075，所以有新类 $G_3 = \{6, 12\}$；

(7) 求第三次并类后的距离矩阵 $D(3)$ 为

	G_2	G_3	1	2	4	5	7	8	9	11	13
G_2	0.000										
G_3	1.964	0.000									
1	4.610	4.420	0.000								
2	1.217	1.710	3.872	0.000							
4	2.914	2.361	5.410	2.873	0.000						
5	2.626	2.307	4.969	2.277	1.957	0.000					
7	2.509	2.114	3.851	2.694	2.831	2.421	0.000				
8	6.124	6.382	7.369	5.110	6.050	4.855	6.180	0.000			
9	2.592	2.354	2.184	1.776	3.485	3.108	2.455	6.070	0.000		
11	1.954	1.623	3.917	1.877	2.619	3.069	2.234	6.473	2.055	0.000	
13	1.778	1.903	3.474	1.785	3.027	2.412	1.162	5.580	1.779	1.768	0.000

(8) 因为 $D(3)$ 中距离最小值为 1.162，所以有新类 $G_4 = \{7, 13\}$，并求第四次并类后的

距离矩阵 $D(4)$ 为

	G_2	G_3	G_4	1	2	4	5	8	9	11
G_2	0.000									
G_3	1.964	0.000								
G_4	2.509	2.114	0.000							
1	4.610	4.420	3.851	0.000						
2	1.217	1.710	2.694	3.872	0.000					
4	2.914	2.361	3.027	5.410	2.873	0.000				
5	2.626	2.307	2.421	4.969	2.277	1.957	0.000			
8	6.124	6.382	6.180	7.369	5.110	6.050	4.855	0.000		
9	2.592	2.354	2.455	2.184	1.776	3.485	3.108	6.070	0.000	
11	1.954	1.623	2.234	3.917	1.877	2.619	3.069	6.473	2.055	0.000

(9) 中最小距离值为 1.217，所以有新类 $G_5 = \{G_2, 2\}$，依最大距离法求得第五次并类后的距离矩阵 $D(5)$ 为

	G_3	G_4	G_5	1	4	5	8	9	11
G_3	0.000								
G_4	2.114	0.000							
G_5	1.964	2.694	0.000						
1	4.420	3.851	4.610	0.000					
4	2.361	3.027	2.914	5.410	0.000				
5	2.307	2.421	2.626	4.969	1.957	0.000			
8	6.382	6.180	6.124	7.369	6.050	4.855	0.000		
9	2.354	2.455	2.592	2.184	3.485	3.108	6.070	0.000	
11	1.623	2.234	1.954	3.917	2.619	3.069	6.473	2.055	0.000

依此方法一直做下去，最后全部聚为一大类。

依以上聚类过程画聚类图为：

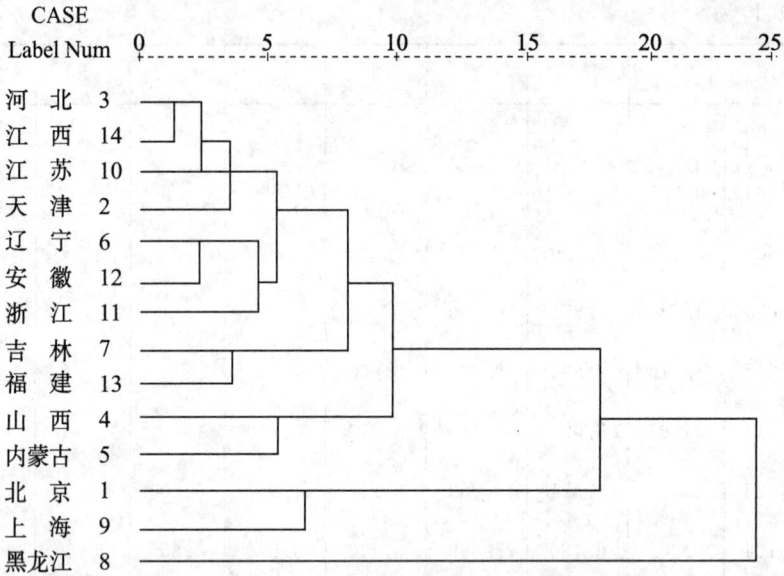

```
     CASE
  Label Num     0        5        10       15       20       25
              +--------+--------+--------+--------+--------+
  河  北  3   ─┐
  江  西  14  ─┤
  江  苏  10  ─┤
  天  津  2   ─┐
  辽  宁  6   ─┤
  安  徽  12  ─┤
  浙  江  11  ─┤
  吉  林  7   ─┤
  福  建  13  ─┤
  山  西  4   ─┤
  内蒙古  5   ─┤
  北  京  1   ─┤
  上  海  9   ─┤
  黑龙江  8   ─┘
```

图 11.4　聚类图

可根据实际经济意义和需要将十四个样本划分为三类或两类。

EXCEL 解决方案如下：

① 将例 11.3 数据输入 EXCEL 工作表中；

② 选择菜单"XLSTAT"—"Analyzing Data"，见图 11.2；

③ 选择"AHC"，正确填写相关信息：采用欧式距离及最长距离法等，见图 11.5，点击"OK"，可得相关结果；

④ 得到聚类图如图 11.4 所示。

Agglomerative hierarchical clustering (AHC)

General | Options | Missing data | Outputs | Charts

Observations/variables table:
$b:$h

Data format:
◉ Observations/variables table
○ Proximity matrix

Proximity type:
○ Similarities ◉ Dissimilarities
Euclidean distance

Agglomeration method:　beta:
Complete linkage　0

○ Range:
◉ Sheet
○ Workbook
☑ Column labels
☐ Row labels:
☐ Column weights:
☐ Row weights:

OK　Cancel　Help

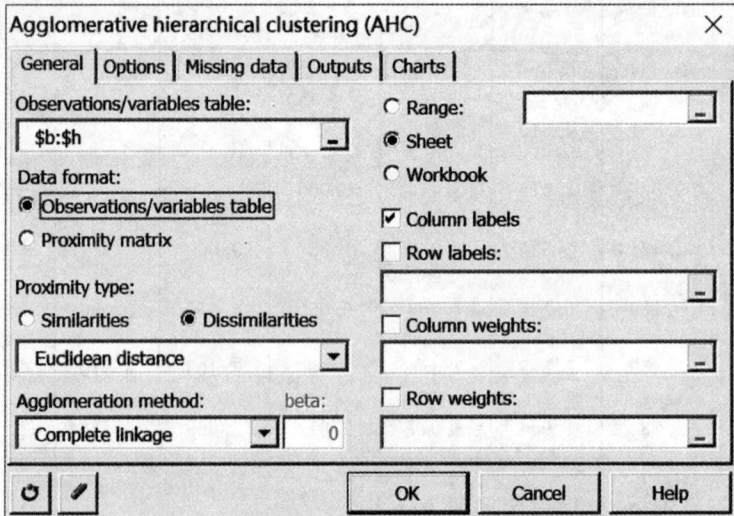

图 11.5　聚类分析对话框

第四节 判别分析

在科学研究中,我们往往需要根据一些指标对某一研究对象的归属作出判断,如根据国民收入、人均工农业产值、人均消费水平等指标来判断一个国家的经济发展程度所属的类型,根据劳动生产率、利润总额等指标来判断一个企业属于哪一级别等等。这些问题可通过判别分析来解决。

一、基本思想

判别分析是在已知研究对象用某种方法已分成若干类的情况下,确定心得观察查数据属于已知类别中的哪一类的分析方法。

判别分析方法在处理问题时,通常给出一个衡量新样本与已知组别接近程度的描述指标,即判别函数,同时也制定一种判别规则,用以判定新样本的归属,判别规则可以是统计性的,决定新样本所属类别时用到数理统计的显著检验,也可以是确定性的,决定样本归属时,只考虑判别函数值的大小。判别分析就是从中筛选出能够提供较多信息的变量并建立判别函数,使得利用推导出来的判别函数对观测量判别其所改类别时的错判率最小。

判别分析按判别的组数来分,有两组判别和多组判别;按区分不同总体所用的数学模型来分有线性判别和非线性判别;按判别对所处理变量方法的不同有逐步判别和序贯判别等。为简便起见,下面主要讨论两组线性的判别分析。

二、基本方法

判别分析用统计模型的语言来描述就是,设有两个类 G_1,G_2,希望建立一个准则,对给定的任意一个样本 x,依据这个准则就能判别它是来自那一类别,而且要求其错判率最小。常见的判别分析方法有距离判别、费希尔判别及贝叶斯判别。

1. 距离判别

距离判别法的基本思想是,先根据已知分类的数据,分别计算各类的中心,然后计算待判别样本与各类的距离,与哪一类距离最近,就判待判别样本 x 属于哪一类。

计算距离时常用的是马氏距离 $D(x,G_1)$、$D(x,G_2)$,根据基本思想,可得距离判别法的判别函数为 $W(x)=D(x,G_2)-D(x,G_1)$。

判别准则为:

$$\begin{cases} x\in G_1, & \text{当 } W(x)>0 \\ x\in G_2, & \text{当 } W(x)>0 \\ \text{待判}, & \text{当 } W(x)=0 \end{cases}$$

2. 费希尔(Fisher)判别

费希尔判别法的基本思想是通过将多维数据投影至某个方向上,投影的原则是将总体与总体之间尽可能分开,然后再选择合适的判别规则,将待判的样本进行分类判别。所谓的投影实际上是利用方差分析的思想构造一个或几个超平面,使得两组间的差别最大,每组间的差别最小。

设有两个总体 G_1 和 G_2,从第一个总体中抽取 n_1 个样本,从第二个总体中抽取 n_2 个样本,每个样本有 p 个指标,G_1 的均值为 $\overline{X}_1$,G_2 的均值为 $\overline{X}_2$,两个总体的协方差矩阵都等于 $\sum$,其估计值为 $\hat{\sum}$,可以证明费希尔判别函数为:$y=(\overline{X}_1-\overline{X}_2)'\hat{\sum}^{-1}X$(证明略),将两类均值及待判样本 x 的各项指标带入判别函数可求得三个函数值 y_1,y_2,y,一般将 y_1,y_2 的加权平均值 $y_0=\dfrac{n_1y_1+n_2y_2}{n_1+n_2}$ 作为判别临界值,其判别准则是:

$$\begin{cases} x\in G_1, & y_1>y_2,y>y_0 \\ x\in G_2, & y_1>y_2,y<y_0 \\ x\in G_2, & y_1<y_2,y>y_0 \\ x\in G_1, & y_1<y_2,y<y_0 \end{cases}$$

3. 贝叶斯(Bayes)判别

贝叶斯判别法的基本思想是,设有两个总体,它们的先验概率分别为 q_1,q_2,各总体的密度函数为 $f_1(x),f_2(x)$,在观测到一个样本 x 的情况下,可用贝叶斯公式计算它来自第 k 个总体的后验概率为

$$P(G_k/x)=\frac{q_kf_k(x)}{\sum\limits_{k=1}^{2}q_kf_k(x)},k=1,2$$

贝叶斯判别法的一种常用判别准则是:对于待判样本 x,如果在所有的 $P(G_k/x)$ 中 $P(G_h/x)$ 是最大的,则判定 x 属于第 h 总体,通常会以样本的概率作为各总体的先验概率。

三、判别效果的评价

在进行判别分析时,总体之间的差异必须显著,如总体之间的差异很小,用判别分析进行判别意义不大,所以在进行判别分析之前,往往需要用方差分析法来检验各总体差异的显著性。然而,及时总体之间的差异是显著的,用我们所介绍的方法进行判别,仍有可能会错判,所以在得到判别函数后,应该先对判别函数进行检验。

进行判别效果检验比较好的方法是,每次从已知类别的样本中提出一个样本点,用剩余的样本建立判别函数,然后用这一判别函数去判别被剔除的样本;依次类推,直到所有已知类别的样本都被判别过。记下所有被错判的样本,计算出每个总体中的错判率和总的错判率,根据错判率的大小来衡量判别效果。

四、基本步骤与应用实例

1. 基本步骤

(1)计算判别函数;

(2)检验判别效果;

（3）根据判别函数对待判样本进行判别所属类别。

2. 应用实例

例 11.4　13 个地区按经济效益已分为两大类，若又取得三个地区的资料，试对其进行判别分析。

地区	工业增加值率/%	总资产贡献率/%	资产负债率/%	每年流动资产周转次数/%	工业成本费用利润率/%	产品销售率/%	类别
北京	22.41	6.32	38.91	2.06	6.17	99.18	1
天津	28.66	14.70	57.83	2.57	8.68	99.22	2
河北	28.76	14.40	61.05	2.94	7.33	98.21	2
山西	36.40	10.49	67.59	1.81	6.56	97.66	2
内蒙古	42.95	12.44	61.08	2.40	9.44	97.84	2
辽宁	29.26	8.22	57.50	2.32	3.38	98.31	2
吉林	31.86	9.54	54.78	2.37	4.96	95.94	2
上海	26.03	10.54	50.28	2.21	6.03	99.03	1
江苏	24.90	11.62	60.58	2.71	4.88	98.53	2
浙江	20.57	11.08	60.35	2.26	5.07	97.80	2
安徽	31.88	10.49	62.65	2.42	4.60	98.25	2
福建	28.46	12.94	53.81	2.51	6.58	96.96	2
江西	30.34	12.81	60.98	2.79	5.04	98.46	2
山东	29.64	17.51	57.77	3.40	7.58	98.43	待判
河南	29.64	18.84	60.26	3.18	9.13	98.46	待判
湖北	32.09	10.26	54.86	2.29	6.82	97.96	待判

解：本例采用距离判别法，第一组样本单位数为 2，第二组样本单位数为 11。

马氏距离的计算公式为：$d_{ij} = [(X_i - X_j)^T S^{-1}(X_i - X_j)]^{\frac{1}{2}}$.

（1）计算各组样本均值

$$\overline{x}_j(1)=\frac{1}{n_1}\sum_{i=1}^{n_1}x_{ij}(1),\overline{x}_j(2)=\frac{1}{n_2}\sum_{i=1}^{n_2}x_{ij}(2)$$

计算结果整理为：

组别	$\overline{x}_1(1)$	$\overline{x}_2(1)$	$\overline{x}_3(1)$	$\overline{x}_4(1)$	$\overline{x}_5(1)$	$\overline{x}_6(1)$
1	24.220	8.430	44.595	2.135	6.100	99.105
2	30.365	11.703	59.836	2.464	6.047	97.926

（2）计算样本总协方差矩阵及其逆矩阵。

样本总协方差矩阵为：

$$\begin{bmatrix} 33.832 & & & & & \\ 3.103 & 5.561 & & & & \\ 20.391 & 8.856 & 50.192 & & & \\ -0.124 & 0.481 & 0.450 & 0.092 & & \\ 4.384 & 2.191 & 0.353 & 0.038 & 2.864 & \\ -1.753 & 0.004 & -1.569 & 0.017 & 0.208 & 0.833 \end{bmatrix}$$

逆矩阵为：

$$\begin{bmatrix} 0.101 & & & & & \\ 0.263 & 1.924 & & & & \\ -0.072 & -0.354 & 0.096 & & & \\ -0.772 & -7.308 & 1.142 & 40.111 & & \\ -0.349 & -1.768 & 0.360 & 6.231 & 2.160 & \\ 0.177 & 0.471 & -0.083 & -1.820 & -0.175 & 1.631 \end{bmatrix}$$

（3）计算待判样本在两个组的马氏距离（判别函数）并按判别准则给予判别。

$$d^2(x,k)=(x-\overline{x}(k))^T S^{-1}(x-\overline{x}(k))$$

待判样本点	$D^2(x,1)$	$D^2(x,2)$	$W(t)=D^2(x,1)-D^2(x,2)$	判别结果
山东	21.726	14.085	<0	2
河南	23.599	16.416	<0	2
河北	3.959	1.376	<0	2

结论：三个待判样本点的工业经济效益全部被判断归属于第二组。

我们也可以将已归类的十三个样本点带入判别函数，计算出函数值 $D^2(x,1)$，$D^2(x,2)$，计算错判率。

EXCEL 解决方案如下：

① 将例 11.4 数据输入 EXCEL 工作表中；

② 选择菜单"XLSTAT"—"Analyzing Data"；

③ 选择"DA"，正确填写相关信息，见图 11.6。点击"OK"，可得相关结果。

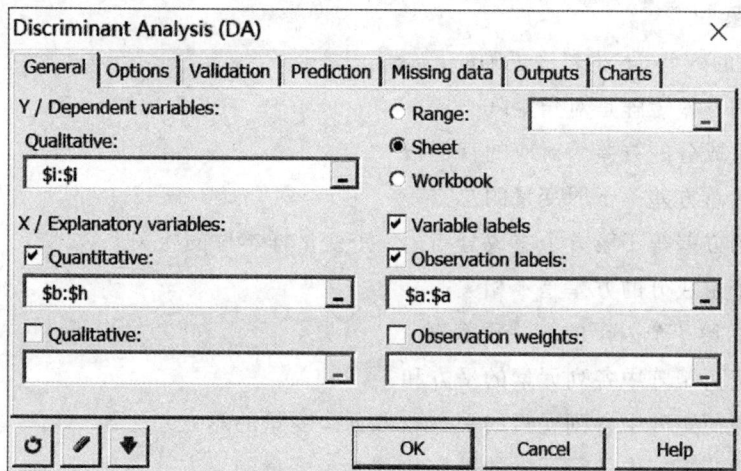

图 11.6　判别分析对话框

〈思 考 题〉

一、单项选择题

1. 第 k 个主成分 y_k 的系数向量是(　　)

　　① 第 k 个特征根　　　　　　　　② 第 k 个特征根所对应的特征向量

　　③ 第 k 个特征根所对应的方差贡献率　　④ 第 k 个特征根所对应的累计方差贡献率

2. p 个变量，其因子载荷矩阵 $A = \begin{bmatrix} a_{11} & a_{12} & \cdots & a_{1q} \\ a_{21} & a_{22} & \cdots & a_{2q} \\ \vdots & \vdots & & \vdots \\ a_{p1} & a_{p2} & \cdots & a_{pq} \end{bmatrix}$，变量共同度是(　　)

　　① 各行元素之和　　　　　　　　　② 各行元素平方和

　　③ 各列元素之和　　　　　　　　　④ 各列元素平方和

3. 已知 ABCD 四个样本点，计算器距离矩阵为：$\begin{bmatrix} 0 & & & \\ 1 & 0 & & \\ 2 & 4 & 0 & \\ 3 & 5 & 2 & 0 \end{bmatrix}$。选择最长距离法作为类与

类间距离的测度方法，首先(　　)聚为一类

　　① A 和 B　　　　② B 和 D　　　　③ A 和 C　　　　④ C 和 D

4. 距离判别时，待判样本 x 是计算出于各类的距离分别为：$D^2(x,1) = 637$，$D^2(x,2) =$

624,则（　　　）

① x 归入第一类　　　　　　　　② x 归入第二类

③ x 还需进一步判断　　　　　　④ 资料不足,无法判断

二、多项选择题

1. 有关主成分的方差,下述表达正确的是（　　　）

① 主成分的方差矩阵是对角矩阵

② 第 k 个主成分的方差为对应的特征根

③ 主成分的总方差等于原变量的总方差

④ 主成分的方差等于第 k 个主成分与第 j 个变量样本件的相关系数

⑤ 任意两个主成分的方差是不相关的

2. 因子分析中,第 j 个因子的方差贡献率（　　　）

① 是因子载荷矩阵中各列元素的平方和

② 是因子载荷矩阵中各列元素的平方和占 p 个变量的总方差之比

③ 是因子载荷矩阵中各行元素的平方和占 p 个变量的总方差之比

④ 是说明变量所包含的原始信息被公共因子所解释的部分大小的

⑤ 是衡量各个公共因子相对重要程度的一个指标。

3. 对样本进行聚类,通常采用的相似性统计量有（　　　）

① 绝对距离　　　② 欧式距离　　　③ 夹角余弦　　　④ 相关系数

⑤ 切比雪夫距离

4. 下列表述正确的为（　　　）

① 在费希尔判别中,计算待判样本与各类的距离,判断待判样本与哪一类最近,就判它属于哪一类

② 在距离判别中,计算待判样本与各类的距离,判断待判样本与哪一类最近,就判它属于哪一类

③ 贝叶斯判别中,对于待判样本 x,如果在所有的 $P(G_k/x)$ 中 $P(G_h/x)$ 是最大的,则判定 x 属于第 h 总体

④ 判别规则只能是统计性的

⑤ 判别规则可以是统计性的,也可以是确定性的。

三、计算题

1. 下面是 8 个学生两门课程的成绩表：

	1	2	3	4	5	6	7	8
英语 x_1	100	90	70	70	85	55	55	45
数学 x_2	65	85	70	90	85	45	55	65

（1）求出两个特征根及其对应的单位特征向量；

（2）求出主成分,并写出表达式；

（3）求出主成分的贡献率,并解释主成分的实际意义；

（4）求出两个主成分的样本协方差矩阵；

（5）第 1 个样本主成分与第 2 个变量样本之间的相关系数为多少。

2. 已知 $x=(x_1,x_2,x_3,x_4,x_5)$ 的样本相关系数矩阵 R 如下,计算出因子载荷矩阵 A 的第一列元素。

$$R=\begin{bmatrix} 1 & & & & \\ 0.810 & 1 & & & \\ 0.451 & 0.642 & 1 & & \\ 0.902 & 0.886 & 0.720 & 1 & \\ 0.725 & 0.522 & 0.882 & 0.934 & 1 \end{bmatrix}$$

3. 某校从高中二年级女生中随机抽取 16 名,测得身高和体重数据如下表所示：

序号	身高/cm	体重/kg	序号	身高/cm	体重/kg
1	160	49	9	160	45
2	159	46	10	160	44
3	160	41	11	157	43
4	169	49	12	163	50
5	162	50	13	161	51
6	165	48	14	158	45
7	165	52	15	159	48
8	154	43	16	161	48

试根据不同的类与类之间距离的测度方法进行聚类(分类统计量采用欧式距离),并画出聚类图。

4. 设两个二维总体有公共协方差,从二总体中分别抽取了容量为 9 和 8 的样本,其数据如下:

		1	2	3	4	5	6	7	8	9
$G1$	$X1$	20.2	28.5	24.6	26.5	29.0	36.7	36.0	27.6	25.0
	$X2$	14.2	8.4	14.8	15.2	11.9	9.6	18.0	9.5	16.0
$G2$	$X1$	21.6	23.2	17.8	14.4	11.0	18.9	15.4	16.1	
	$X2$	7.5	4.5	9.2	7.2	5.5	6.3	8.0	7.8	

(1) 建立直线判别函数,并判定点(23.1,9.2)归属于哪类?

(2) 采用费歇尔判别来确定(23.1,9.2)的归属。

(3) 采用马氏距离判别法则确定点(23.1,9.2)属于哪一类。

参考答案

一、单项选择题

1. ② 2. ② 3. ① 4. ②

二、多项选择题

1. ①②③⑤ 2. ②⑤ 3. ①②⑤ 4. ②③⑤

第十二章　统计决策

学习目标

通过本章的学习,理解有关统计决策的基本概念与基本步骤,能够运用收益矩阵与决策树形图表述所研究的决策问题;了解各种决策类型和方法,能够运用这些决策方法,进行确定型决策、不确定决策和风险型决策;了解贝叶斯决策的基本思想,掌握后验概率的计算方法,并在此基础上进行决策分析。

教学案例

一个以盈利为目的的企业家做出承诺:10 月份要在上海市举办一场乒乓球冠军赛。可是这个举办人一直未能将计划定下来,因为他对下面这件事一直难以决定:将比赛安排在上海市某体育场(拥有 3 万个露天座位)进行,碰碰届时无雨的运气,还是为保险起见将比赛安排在上海市某体育馆(拥有 1 万个室内座位)。如果选择上海市某露天体育场而且比赛时天公作美,预期通过门票收入可获净利润 300 万元(扣除成本、税金等款项后的票房收入);如果比赛当晚下雨,预期大多数乒乓球迷不会来看比赛(因为有 2 万个座位无挡雨设施),结果将损失 36 万元(未售出的门票、价格较低的优惠销售等)。但如果选择上海市某体育馆,则门票销售与天气无关,比赛举办人将获净利润约 120 万元。假定举办人有机会获得上海市地区以往的气象资料,并利用这些资料对比赛当晚自然状态的概率分布做出估计,有雨的概率为 0.15,无雨的概率为 0.85,该比赛的举办人将采取哪种方案呢?

决策思想由来已久,早在 2000 多年前的战国时期就有田忌赛马决策;在现代管理中,各项管理工作更是离不开决策。所谓决策通俗地说就是"做出决定"或"决定对策",是人们为了实现特定的目标,根据客观的可能性,在占有一定信息的经验基础上,借助一定的工具、技巧和方法,对影响目标实现的诸因素进行准确地计算和判断选优后,对未来行动做出决定。不少决策问题需要利用有关的统计信息和相应的统计分析方法,而统计决策是指为了某种既定的目标,在统计分析和统计预测的基础上提出各种行动方案,从中选择最优方案,执行并反馈的工作过程。统计决策是决策科学的组成部分,是统计推断理论的发展。本章主要介绍统计决策的基本方法及其应用。

第一节　统计决策概述

决策是人们生活和工作中普遍存在的一种活动。早在 2000 多年前的战国时期,齐王和他的臣子田忌赛马,他们各有上、中、下三等马,但齐王的同等马均较田忌的好,若用同级马比赛,则齐王必以 3∶0 取胜。为此,田忌采纳了当时著名军事家孙膑提供的对策:以其下等马对齐王的上等马,先输一局,再以其上等马对齐王的中等马,以其中等马对齐王的下等马。结果田忌以 2∶1 获胜。美国著名学者,诺贝尔经济学奖获得者西蒙有一句名言"管理就是决策"。一般来说,决策是对未来行动做出的决定。广义的决策是指发现问题,确定目标,制订、评价和选择方案,实施和验证方案等全过程。狭义的决策则是指决策方案的最后选定。

在现代企业管理中,各项工作都离不开决策。如企业的战略定位以及生产方向的确定,人、财、物的配置等都需要正确的决策。决策是否及时、合理、正确,关系到企业的效益和质量,甚至关系到企业的成败和命运。企业或经济管理部门在制订计划的过程中,通常会碰到未来事物发展出现多种不同情况和问题的情形。对于这些可能出现的情况和问题,就需要运用决策理论和方法提出几个可供选择的解决方案,协助决策者从中选择一个最优方案,以做出正确的决策。

一、统计决策的概念和特点

所谓决策,就是在占有一定信息的基础上,利用各种方法对影响特定目标的因素进行计算和分析,从而选择关于未来行动的"最佳方案"或"满意方案"的过程。广义上说,所有利用统计信息和统计方法进行的决策都叫统计决策。狭义的统计决策研究的是非对抗型和非确定型的定量决策。对抗型决策是由多个不同的决策主体在相互竞争和对抗中进行决策,决策时必有考虑对方可能采取的策略,如两人下棋、两军对垒或代表团谈判。这类决策对象的有关情况,难以利用统计方法进行定量分析与预测,因而不是统计决策研究的对象。非对抗型决策只有一个决策主体,进行决策时,只要考虑可能出现的不同状态,而不必考虑对方可能采取的策略,如根据未来的市场需求量做出产品生产量多少的决策,或根据未来时期的降水量做出如何修理河堤的决策等。它与对抗型决策问题不完全相同,对抗型决策属于运筹学中的博弈论(对策论)所研讨的内容,本章主要介绍狭义的统计决策即非对抗型决策。

统计决策主要有以下三个特点。

(1) 统计决策是非对抗决策。

(2) 统计决策是定量决策。因为统计决策研究的对象是能够用数量描述的对象,在决策过程中方案的制定和选择是通过对决策对象及可能出现的自然状态进行数量分析、计算相关数量指标(参数)并经过一系列数量比较和研究实现的。统计决策建立在统计分析和统计预测的基础上,统计决策过程自始至终离不开定量研究,所以说统计决策是定量决策。

(3) 统计决策研究的是非确定型的决策问题。按照对客观条件的不同把握程度,决策可分为确定型决策和不确定型决策。在有关条件可以完全确定的情况下进行决策,称为确定型决策。求解复杂的确定型决策问题,通常运用运筹学中的数学规划方法。在有关条件不能确定的情况下进行决策,称为不确定型决策,求解不确定型的决策问题,需要应用大量概率统计的方法。这是本章介绍的重点。

由此可见,统计决策是一种应用数理统计原理进行决策的方法,是一门具有通用性方法论科学。凡是能用统计理论和方法作出定性和定量描述的社会系统的决策都是统计决策研究的对象。

二、统计决策的基本步骤

统计决策是一个完整的动态过程。

概括而言,统计决策过程一般包括以下几个基本步骤。

(一) 确定决策目标

所谓决策目标,是在一定条件制约下,决策者希望达到的结果。它是分析和研究决策问题的出发点和归宿。决策目标应根据所研究问题的具体特点确定。合理的统计决策目标应当尽可能简单明确,并且要以具有可测量性的指标来体现其内容与含义。反映决策目标的变量,称为目标变量。

按照决策目标的多少,决策问题可分为单目标决策和多目标决策。当决策所要求达到的目标只有一个时,称为单目标决策。例如,在个人的证券投资决策中,一般以投资收益的最大化作为唯一的目标,这就是典型的单目标决策问题。当决策所要求达到的目标不止一个时,称为多目标决策。例如,对某产业项目进行投资决策,不仅要求其能够获得尽可能大的净收益,而且希望将环境污染控制在尽可能小的程度上,这就属于多目标决策问题。求解多目标决策问题比较复杂,一般需要先利用一定的方法,将多个决策目标加权综合成一个总目标或构造一个新的综合目标函数,然后再利用单目标决策的方法求解,因此本章只讨论单目标决策的问题。

(二) 拟订备选方案

目标确定以后,需要分析实现目标的各种可能途径。一般来说,备选方案应该在两个或两个以上,如果某个问题只有一种可能的解决方案,那就不是所谓的决策问题。备选方案是决策者可以调控的因素,备选方案中所调控的变量称为行动变量。所有备选方案的集合称为行动空间。在此步骤中,人们一般根据确定的决策目标,拟订多个可行的行动方案。所谓可行性就是从整体出发,要求技术上合理,经济上比较合算。对于比较复杂的决策问题,不能简单地对方案定性,还必须广泛收集相关信息,对行动空间中和各个备选方案进行可行性研究和论证。

（三）列出自然状态

所谓自然状态（简称状态），是指实施行动方案时，可能面临的客观条件和外部环境。自然状态的出现虽然不是决策者所能控制的，但是自然状态本身还是存在一定的规律性。具体而言，自然状态就是指那些对实施行动方案有影响而决策者又无法控制和改变的因素所处的状态。这些影响因素非常广泛，如天气情况、物价变动情况、市场供需差误和竞争者行动情况等。统计决策理论认为，所有可能出现的状态的集合称为状态空间；某种状态是否出现，事先一般是无法确定的；对于同一个决策问题，各种状态不会同时出现，也就是说，它们之间是互相排斥的。例如，投资建设某种产品的生产线，该产品未来的市场销售情况可分为好、中、差三种情况；在这里，好、中、差就是关于市场销售的三种状态，三者都有出现的可能，但又不可能同时出现。

对于大多数统计决策问题，这种不以决策者意志为转移的影响因素可能很多，以致难以逐一研讨其可能出现的状态。因此，人们通常都选择那些对行动决策有重大影响的因素加以考虑，以这个因素或这些因素的状态或组合状态作为统计决策问题的可能状态。

（四）估计各可能状态出现的概率

在统计决策理论中，各种可能状态出现的概率的集合称为状态空间的概率分布。虽然各种状态是决策过程中客观存在的，其是否出现并不以决策者的主观意志为转移，但是，为了提高决策的科学性，人们总是尽可能地设法去估计各种状态有可能出现的概率。在实际工作中，决策者通常通过计算历史资料或类似资料的频率直接估算可能状态的概率。

（五）测算收益值或结果

不同的行动方案在各种可能状态下有不同的结果，所有的结果构成了结果空间。根据各个行动方案在不同可能状况下的收益值制作收益矩阵表，是统计决策中的重要工具。其基本形式如表 12.1 所示。

表 12.1 收益矩阵

状态	θ_1	θ_2	$\cdots$	θ_n
概率	P_1	P_2	$\cdots$	P_n
a_1	q_{11}	q_{12}	$\cdots$	q_{1n}
a_2	q_{21}	q_{22}	$\cdots$	q_{2n}
方案 $\vdots$		$\cdots\cdots$		
a_m	q_{m1}	q_{m2}	$\cdots$	q_{mn}

收益矩阵表由以下几部分组成：
（1）行动空间 $A=(a_1,a_2,\cdots,a_m)$；
（2）状态空间 $\Theta=(\theta_1,\theta_2,\cdots,\theta_n)$；

（3）状态空间的概率分布（P_i 是 θ_i 出现的概率）$P=(P_1,P_2,\cdots,P_n),P_i\geqslant 0 \sum\limits_{i=1}^{n}P_i=1$；

（4）收益矩阵

$$收益矩阵\ Q=\begin{bmatrix} q_{11} & q_{12} & \cdots & q_{1n} \\ q_{21} & q_{2} & \cdots & q_{2n} \\ \vdots & \vdots & \cdots & \vdots \\ q_{m1} & q_{m2} & \cdots & q_{mn} \end{bmatrix}$$

收益矩阵的元素 q_{ij} 反映在状态 θ_j 下，采用行动方案 a_i 得到的收益值（结果）。这里所说的收益是广义的，凡是能作为决策目标的指标都可以称为收益。如利润、产量、销售收入等属于正的收益指标，成本、亏损额等属于负的收益指标。收益是行动方案的自然状态的函数，可用下式表示：

$$q_{ij}=Q(a_i,\theta_j) \quad (i=1,2,\cdots,m ; j=1,2,\cdots,n) \tag{12.1}$$

收益矩阵表的作用在于可以将各种备选方案在不同状态下的结果以及产生有关结果的可能性一目了然地列出来，从而便于决策者从中选择最满意的方案。

（六）选择最佳方案

在对各种方案可能产生的结果进行比较分析的基础上，运用统计知识进行定量的决策分析，决策者按照一定的决策标准，选择"最佳"或"满意"的方案。

（七）实施方案

方案确定之后，必须组织人为、物力、财力来实施方案。由于以上决策是根据对未来的预计做出的，因此，所选择的方案是否真正合适，还需要通过实践来检验。同时，还应将实施过程中的信息及时反馈给决策者。如果实施结果出乎意料，或者自然状态发生重大变化，应暂停实施，反馈实施信息，并及时修正方案，重新决策。

三、统计决策的原则

要做出正确的决策，还应遵循下列三条原则。

（1）可行性原则。统计决策是为实现某个目标而采取的行动。决策是手段，实施决策方案并取得预期效果才是目的。因此，统计决策的首要原则是：提供给决策者选择的每一个方案在技术上、资源条件上必须是可行的。对于卫生管理决策来说，提供统计决策的方案都要考虑卫生服务机构在主观、客观、技术、经济等方面是否具备实施的条件。如果某一方面尚不具备，就要考虑能否创造条件使之具备。只有具备条件，或是一时未充分具备，但通过努力确实可行的方案，提供决策选择才是有意义的。

（2）经济性原则。即通过多方案的分析比较，所选定的决策方案应具有较明显的经济性。实施这一方案，比采取其他方案更能获得经济收益，或能免受更大的亏损风险。经济性原则也即最优化原则。

（3）合理性原则。决策方案的确定，需要通过多方案的分析、比较。定量分析有其反映事物本质的可靠性和确定性的一面，但也有其局限性和不足的一面。当遇到决策变量多、约束条件变化大的问题时,要取得定量分析的最优结果往往需要耗费大量的人力、费用和时间。另一方面,有些因素(如对于社会的、政治的、心理的和行为的)虽不能或较难进行定量分析,但对事物的发展却具有举足轻重的影响。因此在进行定量分析的同时,也不能忽略定性分析的作用。

定量分析与定性分析相结合,要求人们在选择决策方案时,不一定费力去寻求经济上"最优"的方案,而是兼顾定量与定性的要求,选择使人们满意的方案。也就是说,在某些情况下,应该以令人满意的合理性准则代替经济上的最优准则。

第二节　统计决策的类型和方法

根据考察的角度不同,可以将统计决策进行多种分类。这里主要介绍按决策目标的数量和自然状态及种类所进行的分类。

一、统计决策的类型

(一) 按照决策目标的数量分为单目标决策和多目标决策

1. 单目标决策

单目标决策是指围绕单一目标而进行的决策。例如是否经销彩电的决策,就是需要考虑是否获利和获利是否达到一定的目标。

2. 多目标决策

当决策所要实现的目标或解决的问题有两个或两个以上时称为多目标决策。例如,现代化城市交通路线的规划决策,同时要考虑运输效率、方便市民、安全可靠、美化市容和经济效益等多方面的问题;再如,某企业要在几种产品中选择一种产品生产,就既要考虑获利大小,又要考虑现有设备能否生产及原材料供应是否充足等因素来选择其中一种,任何一个方案,只有当它能够使得与上述诸方面问题相联系的目标都得到一定程度的满足,才是满意的方案。

(二) 按决策的自然状态分为确定型决策、不确定型决策和风险型决策

1. 确定型决策

确定型决策是指决策的自然状态完全确定,即在未来情况已知的条件下,按照既定目标和决策准则选定方案的决策。例如,某邮局从其所在地向周围五个城市送邮件,其投递路线为 5！=120 条,从中找出最短路线就是一个确定型决策。这类问题一般是围绕决策的全部事实都能准确地列出来(如每个城市到其他城市的距离),每种方案只有一种选择(投递总里程),决策只是从全部可能的方案中(120 种投递路线)挑出最满意的方案(最短路线)。

2. 风险型决策

风险型决策是指决策者对将要出现的各种自然状态不能肯定,但其发生的概率已经掌握或可以计算出来,依据各种自然状态所做出的决策。决策者所采取的任何行动方案都会遇到一个以上自然状态所引起的不同结果,这些结果出现的机会是用各种自然状态出现的概率来表示的。不管选择哪个行动方案都要承担一定的风险,故称为风险型决策。这种决策是以概率或概率密度函数为基础的,具有随机性,因此也称为随机型决策。例如,某商品经销公司采购某种商品,如果市场销路好,可以盈利 8 万元;如果市场销路差,可造成 2 万元的损失。到底市场销路是哪种情况出现,决策者无法知道,只能估计各种情况出现的概率及其损益值。在这种情况下做出的决策,就是风险型决策。

3. 不确定型决策

不确定型决策是指决策者在对未来情况未知,对各种自然状态及其概率也一无所知的情况下所进行的决策。例如,某企业对于一种从未投放过市场,从而也无法预测其销售量的新产品,要决定是改装原有设备小批量生产,投放市场,这样投资获利或损失都比较小,还是投资购进新设备大批量生产,这样投资获利或可能造成的损失都较大,就是一种不确定型决策。因为,在这个决策问题中,虽然新产品的市场前景可以大致估计为"好、一般、差"三种状况,但这三种自然状态出现的概率都无法知道。由于在各种自然状态出现的概率不确定的条件下,决策者往往能够凭借以往的经验或主观判断,对不严情况的发生,给定某一概率,并据以进行决策。从这个意义上讲,不确定型决策也可视为风险型决策,可以说统计决策的核心是风险型决策。

除上述分类之外,还有按决策问题出现的重复程度可分为程序化决策和非程序化决策,按决策所需进行优化的次数可分为单阶段决策和多阶段决策,按照决策过程是否运用数学模型来辅助决策可分为定性决策和定量决策等分类。

二、统计决策的方法

(一)确定型决策的方法

确定型决策的自然状态是确定的,因此不同的行动方案在确定状态下的损益值可以确定地计算出来,通过比较可直接选择出最满意方案的决策。常用的确定型决策方法有:直接择优法和模型选优法。直接择优法就是根据已掌握的数据,通过对比的方法直接选优,一般不需计算或只能简单计算,即可比较选出最优方案的统计决策方法。模型选优法又称模型决策法中,即在事物自然状态完全确定的情况下,通过建立一些符合决策问题的数学模型,进行求解后选择最优的决策方法,如最佳采购批量、生产任务分配、最佳运输路线等。这里主要介绍微分极值法、盈亏平衡分析法和线性规划法。

1. 微分极值法

微分极值法就是根据决策目标和条件建立数学方程,利用微分极值的计算原理求解方程的极大值或极小值,进而做出最满意选择的方法。

2. 盈亏平衡分析法

盈亏平衡分析又称产量－成本－利润分析,简称量本利分析,它是利用代数或图解法来表示企业在一定时期内的产量、成本和收入之间关系的定量分析方法,常被用于企业生产决策、利润决策和成本控制等方面。盈亏平衡分析法的理论依据是:当企业生产或经营某种产品处于不盈不亏时,总收入应当等于总成本,即:

单位售价(P)×产销量(Q)＝固定成本(F)＋单位变动成本(V)×产销量(Q)

$$P \times Q = F + V \times Q$$

因此,$Q = \dfrac{F}{P-V}$,即:盈亏平衡产销量 $= \dfrac{固定成本}{单位售价－单位变动成本}$

企业经营的目的总是要实现一定的盈利,在实现盈亏平衡的基础上,加上目标利润指标(M),我们便得到目标利润产销量计算公式:

$$Q = \frac{F+M}{P-V}$$

即:目标利润产销量 $= \dfrac{固定成本＋目标利润}{单位售价－单位变动成本}$

3. 线性规划法

线性规划法就是将决策问题转化成线性函数问题,利用线性规划方法求解函数的极值,并据此选择最优方案的方法。下面介绍利用单纯形表求解线性规划问题的方法。

用单纯形表求解线性规划的一般步骤是:首先,根据题意建立线性规划数学模型,即列出目标函数和约束条件的数学方程;其次,将所建数学模型标准化;第三,建立初始单纯形表;第四,在单纯形表中经过数论初等变换求目标函数最优解。

(二)不确定型决策的方法

不确定型决策问题由于许多变量及约束条件不能定量化,所以一般不能用数学模型方法解决;又由于非确定型决策问题中的自然状态概率不能确定,所以也不能依据期望值计算的结果按照一定的标准去选择最优方案。因此,实行非确定型决策只能是根据决策损益值的计算结果,并按照决策者个人对损益值的态度不同而相应地采取下列不同的方法。常用的方法有乐观法、悲观法、等可能法、折中决策法和后悔值法等。

1. 乐观法

乐观法又称大中取大决策法,其基本思想是对客观情况的发生总是抱乐观的态度。它修订决策对象未来的情形是最理想的状态占优势,因此,先选出在未来各种自然状态下每种方案的最大收益,再从这些最大收益值中选出最大者,与这个最后选中的最大值相对应的方案就是决策者选定的方案。

2. 悲观法

与乐观法相反,悲观法是决策者在决策时对未来状况持悲观态度,这种决策的主要特点是对现实方案的选择持保守原则。决策者唯恐由于决策失误可能造成较大的经济损失,在进行决策分析时,比较小心谨慎,总是假定未来是最不理想的状态占优势,从最不理想的结果中选择最理想的结局。其决策步骤是:首先在各种自然状态下选出每种方案的最小收益值,然后再从这些最小收益值中选出最大者,与这个最后选出的最大收益值相对应的方案就是决策者选定的方案;所以悲观法又称小中取大决策法。

3. 等可能法

等可能法是指决策者在决策时对客观情况持同等态度。这个方法是 19 世纪数学家拉普拉斯提出来的,故亦称拉普拉斯决策法。他认为决策者面临一个决策问题时,在没有原始资料和数据来估计各个自然状态发生概率的情况下,就只能认为它们发生的机会是相等的。所以,一个决策者应当不偏不倚地去对待所有可能发生的每一个状态。如果有 n 种自然状态,则每一种自然状态发生的概率均应视为 $1/n$,据此可以计算出每种方案的平均收益值,计算公式为

$$E(A_i) = \frac{1}{n} \sum_{j=1}^{n} V_{ij} \tag{12.2}$$

式中: V_{ij} 为采用第 i 种方案时出现第 j 种状态的收益值。

比较各种方案的平均收益值,选择与最大收益值对应的方案为决策方案。

4. 折中决策法

有时决策者在决策时对未来前景即抱悲观保守的态度,也不冒风险持过于乐观的态度,通常采取折中的办法用一个折中系数 $\alpha(0 < \alpha < 1)$ 对每一方案的最大收益值和最小收益值进行加权平均,求得一个折中的收益值 $E(A_i)$,计算公式为:

$$E(A_i) = \alpha \times 方案 A_i 的最大收益值 + (1-\alpha) \times 方案 A_i 的最小收益值 \tag{12.3}$$

折中决策法步骤为:首先确定乐观系数 $\alpha(0 < \alpha < 1)$,接下来选出每一方案的最大收益值和最小收益值,然后按式(12.3)求出折中收益值,最后选出折中收益值中的最大值,这个最大值所对应的方案即为最优方案。

5. 后悔值法

后悔值法是指通过计算各种方案的后悔值来选择决策方案的一种方法。该方法以避免决策者将来对自己的选择感到后悔为原则。在决策时,当某种自然状态可能出现时,决策者必然首先要选择收益最大的方案,如果决策者由于决策失误没取到这一方案,而是选择了其他方案,就会感到后悔,两个方案的收益值之差叫做后悔值。

后悔值法的决策步骤为:决策者先将每种自然状态下最高收益值定为该状态的理想目标值,再将该状态下的其他收益值与之比较,计算其差值作为达到理想目标的后悔值。从各种自然状态下的各种方案的后悔值中找出最大后悔值,再从中选出最小者,与这个最小者相对应的方案就是所选择的决策方案。

(三)风险型决策的方法

风险型决策与不确定型决策都属于随机型决策。但是,风险型决策对各种自然状态可能出现的先验概率(根据过去经验或主观判断而形成的对各自然状态的风险程度的测算值),可能通过统计分析或判断计算出来;而不确定型决策中的各种自然状态只是决策者的

预测,它的概率由于缺乏资料或经验而无法计算和估计。因此风险型决策可以进行期望值的计算,从而解决风险型决策问题,一般采用以概率理论为基础的期望损益分析法、最大可能性决策法、决策树法、贝叶斯决策法等定量方法与技术。

1. 期望损益分析法

应用期望损益分析法决策,首先要利用统计资料确定事件发生的概率;其次利用矩阵表计算并表现出各个行动方案与各种自然状态相结合下的条件收益(或损失);然后进行比较,选择收益最大或损失最小的方案作为决策方案。

(1)最大期望收益值决策法

期望收益分析决策就是首先利用有关资料计算各个方案的条件收益和期望收益,然后选择期望收益最大的方案作为最优方案。

(2)最小期望损失值决策法

最小期望损失值决策就是首先利用有关资料计算各个方案的条件损失和期望损失,然后选择期望损失最小的方案作为最优方案。

2. 最大可能性决策法

根据概率论知识,事件的概率越大,在一次试验中发生的可能性就越大,因此选择概率最大的自然状态进行决策就成为最直观的一种决策方法。在决策中选择概率最大的自然状态,将其他概率较小的自然状态予以忽略,然后比较各备选方案在这种概率最大的自然状态下的收益或损失值,选取收益最大或损失最小的方案作为行动方案。

最大可能性决策的步骤是:

(1)列出决策含先验概率的收益矩阵;

(2)从所有可能的状态中,确定具有最大概率的状态(称为最可能状态),即仅考虑最可能发生的状态(剔除其他状态),取该状态下使收益最大的行动方案作为最佳行动方案。

3. 决策树法

决策树法是指将构成决策方案的有关因素以树状图形的方式表现出来,从而使决策问题显得更为形象、直观,便于管理人员审度决策局面,分析决策过程。一般通过比较不同方案的期望值损益值决定方案的取舍。决策树法不仅适用于单阶段决策问题,而且可以处理多阶段决策中用图表法无法表达的问题。

决策树又称决策图,是指将方案的一连串因素,按照它们的相互关系用树状结构图表示出来,然后再按决策原则和程序进行选优的一种决策方法。它由决策点、方案枝、状态结点和概率枝组成。它以决策点"□"为出发点,从中引出若干直线,每条直线代表一个方案,称为方案枝;在方案枝的末端有一个状态结点"○",用来表示各种行动方案;由状态结点引出的若干直线,每条直线代表一个自然状态及其可能出现的概率,称为概率枝;概率枝末端连接的三角形,称为结果点,用来表示不同状态下的期望值(效益值或损失值)。应用树状图进行决策的过程是自右向左逐步后退,根据右端的期望收益值(或期望损失值)的大小对不同的方案进行选择。方案的舍弃称修枝或剪枝,在删除的方案上画上"\\"。最后决策结点只留下唯一的树枝表示决策的最优方案。最佳方案的期望收益值可标在相应的决策点的上方。决策树的一般结构如图 12.1 所示。

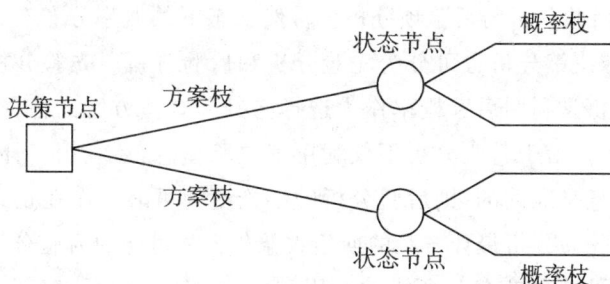

图 12.1 决策树

利用决策树对方案进行比较和选择,一般采用逆向分析法,即从树形结构末端的条件结果开始,从后向前逐步分析。主要步骤如下:

第一,绘制决策树。绘出决策点和方案枝,在方案枝上标出对应的备选方案;绘出状态结点和概率枝,在概率枝上标出对应的自然状态出现的概率值;在概率枝的末端标出对应的损益值,这样就得出一个完整的决策树。

第二,按从右到左的顺序计算各个方案的期望值,并将结果写在相应状态结点上方。期望值的计算是从右到左沿着决策树的反方向进行计算的。

第三,对比各个方案的期望值的大小,进行剪枝优选。在舍去备选方案枝上,用"\\"记号隔断。选择期望收益值最大或损失值最小的方案为最优方案。

4. 贝叶斯决策法

前面已经介绍过,根据历史资料或主观判断所确定的、没有经过试验证实的概率称为先验概率。其中,利用过去历史资料计算得到的先验概率称为客观先验概率;当历史资料无从取得或资料不完全时,凭人们的主观经验来判断而得到的先验概率称为主观先验概率。前面介绍的风险型决策方法是根据预测各种自然状态可能发生的先验概率,然后再采用期望值最理想的为最优决策方案,而先验概率常常是不准确的。如果决策者对各自可能状态了解得越多、越详细,那么决策的效果应该越好。因此为了取得最好的决策方法,不仅需要较准确地掌握和估计这些先验概率,更需要通过科学实验、调查、统计分析等方法获得准确的情报信息,以修正先验概率,得出更为准确的概率,这一概率称为后验概率。由于后验概率的计算方法是著名的贝叶斯定理,所以利用补充信息,根据概率计算中的贝叶斯公式来估计后验概率,并在此基础上对备选方案进行评价和选择决策方法,被称之为贝叶斯决策方法。实质上,它是某自然状态发生的一种条件概率的决策方法。

(1)贝叶斯公式。设某种状态 θ_i 的先验概率为 $P(\theta_j)$,通过调查获得的补充信息为 e_k,θ_j 给定时,e_k 的条件概率(似然度)为 $P(e_k|\theta_j)$,则在给定信息 e_k 的条件下,可用贝叶斯计算 θ_j 的条件概率即后验概率:

$$P(\theta_j|e_k) = \frac{P(e_k|\theta_j) \cdot P(\theta_j)}{\sum\limits_{j=1}^{n} P(e_k|\theta_j) \cdot P(\theta_j)}$$

（2）先验分析、后验分析与后验预分析。自然状态下的概率分布有先验概率和后验概率之分，与之相对应，决策分析也可分为先验分析和后验分析。先验分析是利用先验概率进行决策，而后验分析是利用后验概率作为选择与判断合适方案的依据。在很多场合，这两种结论是不一致的。由于后验分析不仅利用了先验信息，还利用了补充信息。因此，一般来说，只要补充信息是准确的，则后验分析的结论更为可靠。而在正式进行补充信息的调查之前，还需要将先验分析最佳方案的期望收益与各种可能的后验分析最佳方案的期望收益加以比较，了解收集补充信息所需的费用和可能带来的收益，对是否值得进一步收集补充信息的问题做出判断，并选择最佳的收集补充信息的方案，这一环节就称为后验预分析。

后验预分析与后验分析十分相似，只是在后验预分析阶段从未进行调查研究，仅仅分析采集信息和调查研究是不是值得。后验分析是进行调查研究取得新信息以后分析的过程。

（3）贝叶斯决策的优点及局限性。贝叶斯决策能对信息的价值或是否需要采集新的信息做出科学的判断。它能对调查结果的可能性加以数量化的评价，而不是像一般的决策方法那样，对调查结果或者是完全相信，或者是完全不相信。如果说任何调查结果都不可能完全准确，先验知识或先验概率也不是完全可以相信，那么贝叶斯决策巧妙地将这两种信息有机地结合起来了。它可以在决策过程中根据具体情况不断使用，使决策逐步完善和更加科学。但是，贝叶斯决策需要的数据多，分析计算比较复杂，特别是在解决复杂问题时这个矛盾就更为突出。有些数据必须使用先验概率，令有些人质疑，这就妨碍了贝叶斯决策方法的推广使用。

第三节　案例分析

这一节将针对上一节中的决策方法给出一些相应的案例，以便能更好地掌握所介绍的各种决策方法。

一、确定型决策方法案例分析

（一）微分极值法

例 12.1　某企业试制成功某产品，其单位产品变动成本 20 元，固定成本 10 万元。经试销和市场预测，取得如下价格和销售量变动关系资料如表 12.2 所示。现在准备投放市场，问要使利润最大，销售价格应定为多少？

表 12.2　某产品价格与销售量变动资料

销售价格（元）	10	15	20	25	30	35	40
销售量（万件）	60	50	40	30	20	10	0

解:表中资料表明,产品的价格与销售量之间表现为线性依存关系。若 Q 表示销售量,用 P 表示销售价格,据表中资料进行回归分析可得回归方程参数 $a=80,b=-2$;回归方程为:

$$Q=80-2P$$

用 V 表示单位产品变动成本,F 表示固定成本,C 表示总成本,R 表示销售收入,m 表示销售利润,应有

销售量:$Q=a+bP$

总成本:$C=V(a+bP)+F=VbP+Va+F$

销售收入:$R=PQ=P(a+bP)=aP+bP^2$

销售利润:$m=R-C=aP+bP^2-VbP-Va-F=bP^2+(a-Vb)P-(Va+F)$

根据微分极值原理有

$$\frac{dm}{dP}=[bP^2+(a-Vb)P-(Va+F)]'=2bP+a-Vb$$

令 $2bP+a-Vb=0$,使得利润最大的销售价格 $P=\dfrac{Vb-a}{2b}$;

把题目中的数据代入,则

$$P=\frac{Vb-a}{2b}=\frac{20\times(-2)-80}{2\times(-2)}=30(元)$$

这时最优销售量为:$Q=a+bP=80-2P=20(万件)$

最大利润为:$m=PQ-VQ-F=30\times20-20\times20-10=190(万元)$

因此,销售价格定为 30 元时,利润最大为 190 万元。

(二)盈亏平衡分析法案例分析

例 12.2　某工厂产销某种产品,已知固定成本总额为 10 万元,每件产品利润为 15 元,每件变动费用 7 元。经过试销,市场需求旺盛,因而计划扩大生产,实现盈利 50 万元。试求该厂盈亏平衡产销量和目标利润产销量。

解:已知 $F=10$ 万元,$P=15$ 元,$V=7$ 元,$M=50$ 万元,所以

盈亏平衡产销量为:$Q=\dfrac{F}{P-V}=\dfrac{10}{15-7}=1.25(万件)$

目标利润产销量为:$Q=\dfrac{F+M}{P-V}=\dfrac{10+50}{15-7}=7.5(万件)$

(三)线性规划法案例分析

例 12.3　某企业生产甲、乙、丙三种产品都要经过 A、B 两个公司进行加工。产品甲、乙、丙的单位产品边际贡献依次是 4 万元、3 万元和 7 万元。A、B 两个公司的生产能力均

是 100 小时,各产品生产能力消耗水平如表 12.3 所示。

表 12.3　某产品生产能力消耗与边际贡献资料

产　品	单位产品需要生产能力		单位产品边际贡献
	A 公司	B 公司	
甲	1	3	4
乙	2	1	3
丙	2	3	7
生产能力合计	100	100	

问如何安排甲、乙、丙三种产品的产量,才能使企业获得最多的边际贡献?

解:1. 设甲、乙、丙三种产品的产量分别为 x_1、x_2、x_3,根据题意建立数学模型如下:

目标函数:$\max Z = 4x_1 + 3x_2 + 7x_3$

$$x_1 + 2x_2 + 2x_3 \leqslant 100$$

约束条件:$3x_1 + x_2 + 3x_3 \leqslant 100$

$$x_1, x_2, x_3 \geqslant 0$$

2. 引入松弛变量 x_4、x_5 化为线性规划标准形式:

目标函数:$\max Z = 4x_1 + 3x_2 + 7x_3 + 0x_4 + 0x_5$

$$x_1 + 2x_2 + 2x_3 + x_4 = 100$$

约束条件:$3x_1 + x_2 + 3x_3 + x_5 = 100$

$$x_1, x_2, x_3, x_4, x_5 \geqslant 0$$

3. 建立单纯形计算表 1(初始单纯形表),如表 12.4 所示。

表 12.4　单纯形计算表 1(初始单纯形表)

C_B(基变量对应的价值系数)	基变量	常数项(b_i)	决策变量					θ
			x_1	x_2	x_3	x_4	x_5	
0	x_4	100	1	2	2	1	0	100/2
0	x_5	100	3	1	[3]	0	1	100/3
$-Z$		0	4	3	7	0	0	

4. 求主元素

(1)求主元列。检查 Z 项中检验数 σ_j 是否都小于或等于零。如果有 $\sigma_j > 0$,找出 $\sigma_k = \max\{\sigma_j\}$,此例 $\sigma_3 = \max\{4, 3, 7\} = 7$。$\sigma_3$ 所在列为主元列,此例为第 3 列。主元列所对应的决策变量 x_3 为换入变量,或称入基变量。

（2）求主元列。用主元列中大于零 a_{ij} 的去除相对应的常数项 $b_i(i=1,2,\cdots,m)$，取结果最小的所在行为主元行。$\min\{\theta\}=\min\{100/2,100/3\}=100/3$，因此，$x_5$ 所在行为主元行，主元行所对应的基变量 x_5 为换出变量。

（3）确定主元素。主元列与主元行交叉处的元素即为主元素，本例主元素为 $a_{ij}=a_{23}=3$。

经过（1）、（2）两步以后，确定主元素为 $a_{23}=3$。

5. 进行初等变换

将主元素化为1，主元列的其他元素化为零，得出新的单纯形表。其步骤为：① 将第2行除以3；② 将第2行除以3再乘以 -2 加到第1行；③ 将第2行除以3再乘以 -7 加到第3行。结果见单纯形计算表2（表12.5）。

表12.5　单纯形计算表2

| C_B（基变量对应的价值系数） | 基变量 | 常数项(b_i) | 决策变量 | | | | | θ |
			x_1	x_2	x_3	x_4	x_5	
0	x_4	100/3	-1	4/3	0	1	$-2/3$	25
7	x_3	100/3	1	1/3	1	0	1/3	100
$-Z$		$-700/3$	-3	2/3	0	0	$-7/3$	

6. 检查检验数 σ_j 是否还有大于0的数，若有继续进行迭代。本例还有一个检验数2/3大于0，再利用上面的方法确定主元列；确定主元行；确定主元素；而后再进行初等变换。其结果见单纯形计算表3（表12.6）。

表12.6　单纯形计算表3

| C_B（基变量对应的价值系数） | 基变量 | 常数项(b_i) | 决策变量 | | | | | θ |
			x_1	x_2	x_3	x_4	x_5	
3	x_2	5	$-3/4$	1	0	3/4	$-1/2$	25
7	x_3	25	5/4	0	1	$-1/4$	1/2	100
$-Z$		$-700/3$	$-5/2$	0	0	0	$-7/3$	

结果表明企业暂不生产甲产品，分别生产乙、丙产品5和25单位，可获得最大的边际利润。此时边际利润为：$\max Z=4x_1+3x_2+7x_3=4\times0+3\times25+7\times25=250$（万元）。

二、不确定型决策方法案例分析

（一）乐观法

例12.4　某公司拟对是否研究开发一种新产品进行决策。根据新产品价格可能发生的波动情况把自然状态划分为四类：P_1—低现价，P_2—与现价相同，P_3—高于现价，P_4—价格大涨。该公司可能采取的行动方案有三种：A_1—以抓新产品研究开发为主，并维持现有产品生产；A_2—一方面抓新产品研究开发，另一方面扩大现有产品产量和提高质量，保证占有市场一定份额；A_3—不搞新产品研究开发，全力扩大现有产品产量和提高产品质量，扩大市场占有份额。不同方案在不同价格状态下所产生的收益或损失也称益损值（万元），如表12.7所示。那么采取哪种方案的收益最大？

表 12.7　收益统计　　　　　　（单位：万元）

可选方案	自然状态分类			
	P_1	P_2	P_3	P_4
A_1	−36	98	131	160
A_2	−23	64	162	210
A_3	−15	33	73	110

解：(1) 先从各方案中选取一个收益最大的值。

A_1 中最大收益值为：$\max\{-36,98,131,160\}=160$（万元）

A_2 中最大收益值为：$\max\{-23,64,162,210\}=210$（万元）

A_3 中最大收益值为：$\max\{-15,33,73,110\}=110$（万元）

(2) 选出最大值中最大值。

$$\max\{160,210,110\}=210（万元）$$

最大值 210 万元对应的方案为 A_2，即为最优方案。

根据乐观法，该公司应一面抓新产品研究开发，一面扩大现有产品产量和提高质量，保证占有一定市场份额。按照乐观法进行决策，由于决策者认定最理想的状态占优势，并以它必然发生为依据进行决策，通常风险很大，因此必须慎重选用。一般只有在无损失或损失不大或有十分把握的情况下，才可选择使用这一方法；否则会造成决策失误，损失惨重。本例中方案 A_2 在四种自然状态中有两种状态下的收益都高于其他两种方案，并且在第一种状态下造成的损失也不是最大，居三种方案之中，所以采用乐观法进行决策是较为合理的。

（二）悲观法

用例 12.4 中的数据，该公司决策者应采取何种方案？

解：(1) 先选出各种自然状态下每个方案的最小收益值。

A_1 中最小收益值为：$\min\{-36,98,131,160\}=-36$（万元）

A_2 中最小收益值为：$\min\{-23,64,162,210\}=-23$（万元）

A_3 中最小收益值为：$\min\{-15,33,73,110\}=-15$（万元）

(2) 选出最小值中最大值。

$$\max\{-36,23,-15\}=-15（万元）$$

最小值-15 所对应的方案为 A_3,即为最优方案。

根据悲观法进行决策,该公司应全力扩大现有产品产量和提高产品质量,不搞新产品研究开发。由于决策者持悲观态度,以最不理想状态下的收益最好为依据进行决策,通常承担风险较小,虽然比较稳妥保险,但往往也会失去获取更大收益的机会。一般情况下,当各种方案损失差别不大,获利差别较小,或不能承受较大亏损时宜选择使用这一方法。本例中虽然各种方案损失差别不大,若企业已不能再承受亏损时,选用这一方法,即采取一种损失最小的方案。

（三）等可能法

用例 12.4 中的数据,该公司决策者应采取何种方案?

解:由(12.2)式计算得

$$E(A_1) = \frac{1}{4}(-36+98+131+160) = 88.25(万元)$$

$$E(A_2) = \frac{1}{4}(-23+64+162+210) = 103.25(万元)$$

$$E(A_3) = \frac{1}{4}(-15+33+73+110) = 50.25(万元)$$

根据计算结果,方案 A_2 的平均收益最大,所以选择 A_2 方案。

（四）折中决策法

用例 12.4 中的数据,若取 $\alpha=0.6$,该公司决策者应采取何种方案?

解:

根据折中决策法,选出每一方案的最大值与最小值。

$A_1:\max\{-36,98,131,160\} = 160(万元)$

$\min\{-36,98,131,160\} = -36(万元)$

$A_2:\max\{-23,64,162,210\} = 210(万元)$

$\min\{-23,64,162,210\} = -23(万元)$

$A_3:\max\{-15,33,73,110\} = 110(万元)$

$\min\{-15,33,73,110\} = -15(万元)$

$E(A_1) = 0.6\times160+(1-0.6)\times(-36) = 81.6(万元)$

$E(A_2) = 0.6\times210+(1-0.6)\times(-23) = 116.8(万元)$

$E(A_3) = 0.6\times110+(1-0.6)\times(-15) = 60(万元)$

因此该公司应选择行动方案 A_2。

（五）后悔值法

用例 12.4 中的数据,该公司决策者应采取何种方案?

解:

(1) 自行从决策收益表中确定各种自然状态下的最大收益值,得到

$\max(P_1)=\max\{-36,-23,-15\}=-15(万元)$

$\max(P_2)=\max\{98,64,33\}=98(万元)$

$\max(P_3)=\max\{131,162,73\}=162(万元)$

$\max(P_4)=\max\{160,210,110\}=210(万元)$

（2）用每列的最大收益值减该自然状态下各方案的收益值，得到后悔值，如表 12.8 所示。

表 12.8　收益统计　　　　　　　　　　　（单位：万元）

可选方案	后悔值				$\max(P_{ij})$
	P_1	P_2	P_3	P_4	
A_1	21	0	31	50	50
A_2	8	34	0	0	34
A_3	0	65	89	100	100

（3）选出每个方案的最大后悔值，得

$A_1:\max(P_{1j})=\max\{21,0,31,50\}=50(万元)$

$A_2:\max(P_{2j})=\max\{8,34,0,0\}=34(万元)$

$A_3:\max(P_{3j})=\max\{0,65,89,100\}=100(万元)$

（4）从三个最大后悔值中选出一个最小值，得：$\min_t(P_{ij})=\min\{50,34,100\}=34(万元)$。由于最小值 34 对应的方案是 A_2，即为最优方案。

从以上所举的例子可以看出，在不确定型决策中，对于同一个决策问题，由于采用的决策方法不同，获得的决策方案往往会不一样。因此选择一个合适的方法是重要的。在实际应用中，如何选用方法并无明确的标准，它通常与决策时的客观环境、方针政策等有关，也与决策者的性格及其对决策问题所持的态度有关，还与决策问题本身的复杂性及决策后对各方面带来的可能影响有关。因此，对这类决策问题，在选择决策方法前，应深入分析研究与决策有关的各种情形，比较各种方法下的决策结果并权衡利弊，再选出最后的决策方案。不确定决策的这几个方法，在一定程度上都有其局限性，只有在决策过程中，确实无法估计未来各个自然状态发生的可能性时才采用。否则，可以通过以往的经验或主观认识，给定各种自然状态发生的概率，将不确定型决策转化为风险型决策。

三、风险型决策方法案例分析

（一）期望损益分析法

例 12.5　一家酿酒厂就是否推出一种新型啤酒的问题进行决策分析。拟采取的方案有三种：一是进行较大规模的投资，年生产能力为 2 500 万瓶，其每年的固定成本费用为 300 万元；二是进行较小规模的投资，年生产能力为 1 000 万瓶，其每年的固定成本费用为

100万元;三是不推出该种啤酒。假定在未考虑固定费用的前提下,每售出一瓶酒,均可获纯利0.3元。据预测,这种啤酒可能的年销售量为50万瓶、1 000万瓶和2 500万瓶,这三种状况发生的概率分别为0.2、0.3、0.5。

解:利用"最大期望收益值决策法"。

首先分别计算不同状态下采用不同方案可能带来的收益。

(1) 当需求量大时,年销售2 500万瓶。

方案一的收益值为:$0.3 \times 2\,500 - 300 = 450$(万元)

方案二的收益值为:$0.3 \times 1\,000 - 100 = 200$(万元)

方案三的收益值为:0(万元)

(2) 当需求量中时,年销售1 000万瓶。

方案一的收益值为:$0.3 \times 1\,000 - 300 = 0$(万元)

方案二的收益值为:$0.3 \times 1\,000 - 100 = 200$(万元)

方案三的收益值为:0(万元)

(3) 当需求量小时,年销售50万瓶。

方案一的收益值为:$0.3 \times 50 - 300 = -285$(万元)

方案二的收益值为:$0.3 \times 50 - 100 = -85$(万元)

方案三的收益值为:0(万元)。

在以上计算的基础上编制如下收益矩阵表(表12.9)。

表12.9 啤酒投资的收益矩阵 （单位:万元）

状态		需求大	需求中	需求小
概率		0.5	0.3	0.2
方案	方案一	450	0	−285
	方案二	200	200	−85
	方案三	0	0	0

然后,根据期望值方法,解出三种方案的期望收益值,选择最佳的投资方案。

$E(Q(a_1)) = 450 \times 0.5 + 0 \times 0.3 - 285 \times 0.2 = 168$

$E(Q(a_2)) = 200 \times 0.5 + 200 \times 0.3 - 85 \times 0.2 = 143$

$E(Q(a_3)) = 0 \times 0.5 + 0 \times 0.3 - 0 \times 0.2 = 0$

因此,单纯根据收益期望值大小为标准,应选择方案一作为最佳的投资方案。

例12.6 某食品加工厂的门市部自产自销一种夏季清凉饮料,每罐成本1元,售价3元,每罐可获利2元,如果当天没有售完,就得报废。市场销售趋势可根据去年同期(月度)的日销量资料进行分析,要求拟订今年产品生产计划,使获得的利润最大。根据去年同期的日销售量资料进行统计分析,决策者已经确定了不同日销售量的概率,如表 12.10 所示。

表 12.10　不同日销售量的概率

日销售量(罐)	完成日销售量的天数	概率
100	6	6/30＝0.2
110	12	12/30＝0.4
120	9	9/30＝0.3
130	3	3/30＝0.1
合计	30	1

解:根据每天可能销售的数量,编制和计算不同生产方案的决策收益矩阵如表 12.11 所示。

表 12.11　不同生产方案的决策收益矩阵

状态		100 罐	110 罐	120 罐	130 罐
概率		0.2	0.4	0.3	0.1
方案	100 罐	200	200	200	200
	110 罐	190	220	220	220
	120 罐	180	210	240	240
	130 罐	170	200	230	260

其中某些数据是考虑到如何当天饮料没有售完而由报废导致的实际收益,如表中的 180 元就是由于当天只有 100 罐的销量,而如果生产 120 罐,将有 20 罐报废,其成本是 20 元,则在此自然状态下,其实际净收益就是 180 元(即 100 罐×2 元/罐－20 元);其他数据根据题意类推。

根据最小期望损失值法,制作出不同生产方案的损失矩阵表(表 12.12)。表内数字的计算是根据收益矩阵表(表 12.11)每列内的最大收益值减去列内其他各个收益值之差。表内损失值包括两类:以表内损失值为零对角线,左下部为报废损失,右上部为机会损失(若在市场可以销售 110 罐的时候生产 100 罐,则其收益 200 元比正好符合市场需求时的收益 220 元少 20 元)。实际上,我们也可以将非对角线上的数据都看成该自然状态下该方案的机会成本。

表 12.12　不同生产方案的决策损失矩阵

状态		100 罐	110 罐	120 罐	130 罐
概率		0.2	0.4	0.3	0.1
方案	100 罐	0	20	40	60
	110 罐	10	0	20	40
	120 罐	20	10	0	20
	130 罐	30	20	10	0

根据表 12.9 计算出各个方案的期望损失值：

生产 100 罐时的期望损失为：$0 \times 0.2 + 20 \times 0.4 + 40 \times 0.3 + 60 \times 0.1 = 26$（元）

生产 110 罐时的期望损失为：$10 \times 0.2 + 0 \times 0.4 + 20 \times 0.3 + 40 \times 0.1 = 12$（元）

生产 120 罐时的期望损失为：$20 \times 0.2 + 10 \times 0.4 + 0 \times 0.3 + 20 \times 0.1 = 10$（元）

生产 130 罐时的期望损失为：$30 \times 0.2 + 20 \times 0.4 + 10 \times 0.3 + 0 \times 0.1 = 17$（元）

选出期望损失值中的最小值，即生产 100 罐时的期望损失为：$\min\{26, 12, 10, 17\} = 10$。

因此，根据最小期望损失值方法，应选择方案三，即生产 120 罐的夏季清凉饮料作为最佳的行动方案。

（二）最大可能性决策法

例 12.7　利用例 12.5 中给出的收益矩阵表（表 12.9）的数据，根据最大可能性决策法选择最佳的投资方案。

解：该例的各种自然状态中，"市场需求大"的概率最大，因此，该状态为最可能状态。在市场需求大的状态下，方案一可以获得最大的收益。所以，根据最大可能性决策法，应选择方案一，即选择较大规模的投资方案，使年生产能力为 2 500 万瓶。

（三）决策树法

例 12.8　某高新技术集团企业拟生产某种新产品，该企业有两个方案可供选择：方案一是建设大厂，需投资 3 200 万元，建成后，若销路好，每年可得利润 1 200 万元，若销路差，则每年亏损 400 万元；另一个方案是建设小厂，需投资 2 000 万元，如销路好，每年可得利润 600 万元，销路差，每年可得利润 500 万元。两个工厂的使用期限都是 10 年。根据市场预测，这种产品在今后 10 年内销路好的概率是 0.7，销路差的概率为 0.3，该集团企业计划先建小厂，试销 3 年，若销路好再投资 1 000 万元，加以扩建。扩建后可使用 7 年，后 7 年中每年盈利增至 970 万元。应如何决策？

解：这个问题属于多级决策问题，可以分为前三年和后七年两个阶段考虑各种情况下的损益值，相应的决策树如图 12.2 所示。

由图 12.2 所列资料,可计算各点效益期望值如下:

(1)计算决策点 2 的期望值。在决策点 2 处有两个方案分枝,即③、④,一个是扩建,另一个是不扩建。由于这个决策点 2 是从状态点②中的"销路好"概率分枝延伸出来的,所以不论扩建也好,不扩建也好,它们的前提条件都是"销路好",故状态点③、④的概率都是1.0。这时③、④状态点的期望值如下:

状态点③:1.0×970×7−1 000=5 790(万元)

状态点④:1.0×600×7=4 200(万元)

比较点③与④,可剪去点④,留下点③。即点③代表决策点 2 的期望值。

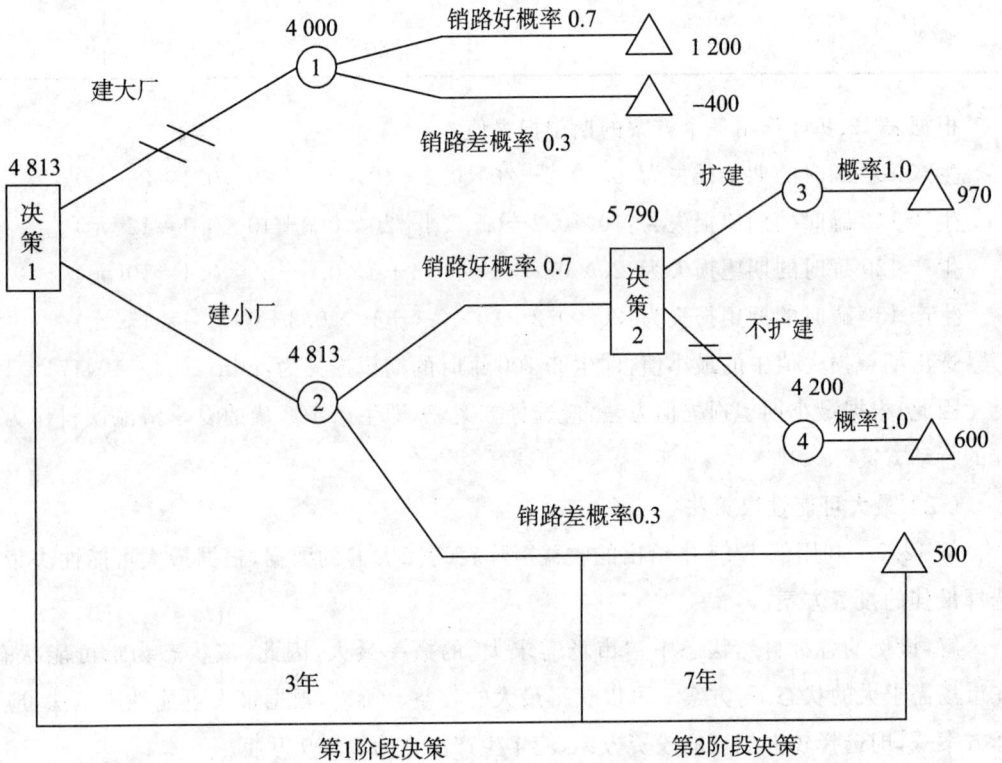

图 12.2　多阶段决策树

(2)状态点②的期望值计算。前 3 年建小厂销路好时的期望值为 0.7×600×3=1 260,后 7 年扩建后的期望值为 0.7×5 790=4 053,7 年后若不扩建,销路差时的期望值为 0.3×500×10=1 500。再考虑收回建小厂的投资,则

状态点②的期望值=(0.7×600×3+0.7×5 790+0.3×500×10)−2 000=4 813(万元)

状态点①的期望值=[0.7×1 200×10+0.3×(−400)×10]−3 200=4 000(万元)

对比①与点②的期望值可以知道,应采取的决策是先建小厂,试销 3 年后,如果销路好时再扩建。

(四)贝叶斯决策法

例 12.9　某水利工程公司拟对大江截流的施工期做出决策。可供选择的方案有两

种:一是在9月份施工;二是在10月份施工。假定其他条件都具备,影响截流的唯一因素是天气与水文状况。10月份的天气与水文状况肯定可以保证截流成功。而9月份的天气水文状况有两种可能。如果天气好,上游没有洪水,9月底前截流成功,可使整个工程的工期提前,从而能比10月施工增加利润1 000万元;如果天气坏,上游出现洪水,截流失败,则比10月施工增加500万元的损失。根据以往经验,9月份天气好的可能性是0.6,天气坏的可能性是0.4。为了帮助决策,公司拟请某气象站对气象作进一步的预测与分析。过去的资料表明,该气象站预报好天气的准确率是0.9,预报坏天气的准确率是0.7。试通过预后验分析,判断水利工程公司是否应购买气象情报?该项气象情报的平均价值是多少?是否应在9月份施工?试为该公司选择合适的行动方案。

解:(1)先验分析。根据题意可列出该问题的收益矩阵(表12.13)。

表12.13 收益矩阵

θ_j:天气状况		天气好	天气坏
先验概率 $P(\theta_j)$		0.6	0.4
方案	9月施工 a_1	1 000	−500
	10月施工 a_2	0	0

$E(Q(a_1))=1\ 000\times0.6-500\times0.4=400(万元)$

$E(Q(a_2))=0(万元)$

根据期望值方法,应选择方案一,即在9月份施工。

(2)后验概率估计。设气象站发出的预报为 θ_j,其结果无非是以下两种:天气好 θ_1,天气坏 θ_2,则预报的准确率就是似然度。按照估计后验概率(即贝叶斯公式)的方法,可分别列出两种预报结果的后验概率计算表(表12.14和表12.15)。

表12.14 气象站发出天气好预报的后验概率的计算

天气状况 θ_j	先验概率 $P(\theta_j)$	似然度 $P(e_1\|\theta_j)$	$P(\theta_j)\cdot P(e_1\|\theta_j)$	后验概率 $P(\theta_j\|e_1)$
天气好 θ_1	0.6	0.9	0.54	0.818
天气坏 θ_2	0.4	0.3	0.12	0.182
	1.0		0.66	

表12.15 气象站发出天气坏预报的后验概率的计算

天气状况 θ_j	先验概率 $P(\theta_j)$	似然度 $P(e_2\|\theta_j)$	$P(\theta_j)\cdot P(e_2\|\theta_j)$	后验概率 $P(\theta_j\|e_2)$
天气好 θ_1	0.6	0.1	0.06	0.176 5
天气坏 θ_2	0.4	0.7	0.28	0.823 5
	1.0		0.34	

由表中还可知,气象站发出天气好预报的概率 $P(e_1)$ 是 0.66,气象站发出天气坏预报的概率是 $P(e_2)$ 是 0.34。

(3) 后验分析。

① 当气象站发出天气好的预报时,应利用后验概率,计算期望收益。

9 月份施工(方案一): $E(Q(a_1)) = 1\,000 \times 0.818 - 500 \times 0.182 = 727$

10 月份施工(方案二): $E(Q(a_2)) = 0 \times 0.818 + 0 \times 0.182 = 0$

因此,该情况根据期望收益值方法应选择方案一。

② 当气象站发出天气坏的预报时,应利用后验概率,计算期望收益。

9 月份施工(方案一): $E(Q(a_1)) = 1\,000 \times 0.176\,5 - 500 \times 0.823\,5 = -235.25$

10 月份施工(方案二): $E(Q(a_2)) = 0 \times 0.818 + 0 \times 0.182 = 0$

因此,该情况根据期望收益值方法应选择方案二。

(4) 预后验分析。为了帮助决策,利用以上分析的结果,画出本例题的决策树图(图 12.3)。

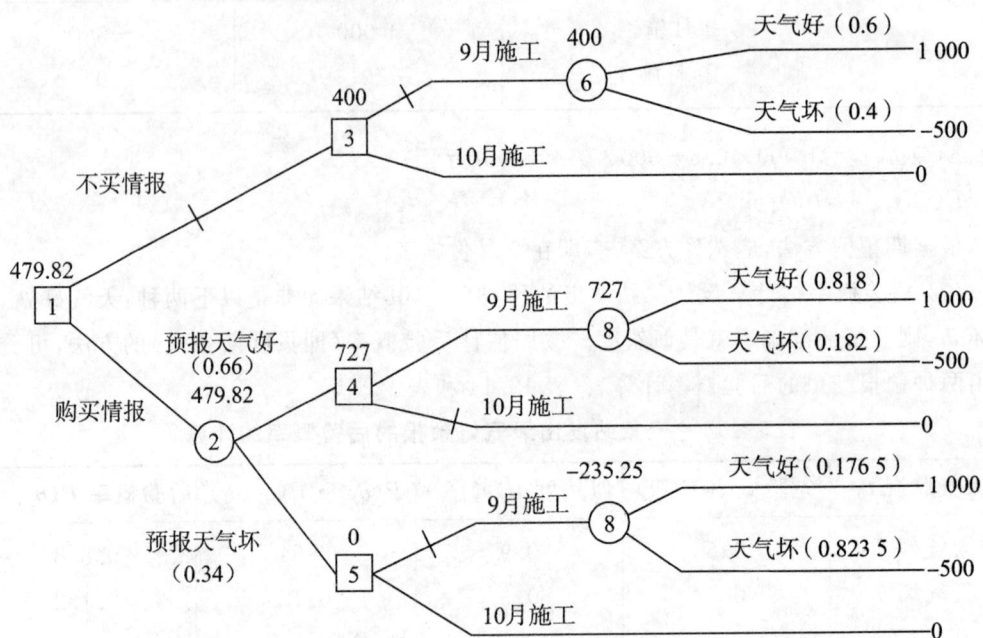

图 12.3 例 12.9 的决策树

由决策树分析可知,该水利工程公司应购买气象情报,以便更准确地把握气象水文状况。如果气象预报天气好,应在 9 月份施工,如果气象预报天气坏,则应在 10 月份施工。从获得的利润期望值看,这一方案比根据先验分析直接选定的方案高出 79.82 万元(479.82−400),这一数值实际上就是购买气象情报价值的上限。只要该项情报要价低于 79.82 万元,平均来看就是有利的。

思 考 题

1. 某洗车配件厂拟安排明年某零部件的生产。该厂有两种方案可供选择。方案一是继续利用现在的设备生产,零部件的单位成本是 0.6 万元。方案二是对现在设备进行更新改造,以提高设备的效率。更新改造需要投资 100 万元(假定其全部摊入明年的成本),成功的概率是 0.7。如果成功,零部件不含上述投资费用的单位成本可降至 0.5 万元;如果不成功,则仍用现有设备生产。另据预测,明年该厂某零部件的市场销售价格为 1 万元,其市场需求有两种可能:一是 2 000 件,二是 3 000 件,其概率分别为 0.45 和 0.55。试问:

(1) 该厂应采用何种方案?

(2) 应选择何种批量组织生产?

2. 某企业在下一年拟生产某种产品,需要确定产品批量。根据预测估计,这种产品市场可能状况的概率:畅销为 0.3,一般为 0.5,滞销为 0.2,产品生产采取大、中、小三种批量的生产方案,其有关数据如下表所示。分别按最大可能性决策方法和决策树法,判断该企业应选择何种生产方案。

某企业产品批量生产的收益矩阵

方案	市场情况		
	畅销(0.3)	一般(0.5)	滞销(0.2)
A_1(大批量)	220	140	100
A_2(中批量)	180	180	120
A_3(小批量)	140	140	140

3. 某地区的农民决定从水稻、小麦、大豆、燕麦中选一种在新开垦的耕地上推广。假设该地区的气候状态(极旱年、旱年、平常年、湿润年、极湿年)发生的概率未知,且无法预先

估计,但估计的收成(单位:元/平方米)如下表所示,则这一决策问题就是不确定型决策问题。试用乐观法对该不确定型决策问题求解。

收益矩阵

气候状况 θ_1		极旱年	旱年	平常年	湿润年	极湿年
概率 $P(\theta_1)$		$P(\theta_1)$	$P(\theta_2)$	$P(\theta_3)$	$P(\theta_4)$	$P(\theta_5)$
方案	水稻 B_1	10	12.6	18	20	22
	小麦 B_2	25	21	17	12	8
	大豆 B_3	12	17	23	17	11
	燕麦 B_4	11.8	13	17	19	21

4. 用悲观法对上题 3 所描述的不确定型决策问题求解。

5. 用折中决策法对上题 3 所描述的不确定型决策问题求解。

6. 利用单纯形法求解下列纯属规划:

$$\max Z = 1\,500x_1 + 2\,500x_2$$

约束条件是
$$3x_1 + 2x_2 + x_3 = 65$$
$$2x_1 + x_2 + x_4 = 40$$
$$3x_2 + x_5 = 75$$
$$x_1, x_2, x_3, x_4, x_5 \geqslant 07$$

7. 某企业生产一种新产品,其单位产品变动成本 30 元,固定成本 100 万元。经试销取得价格 x 和销售量 y 变动关系的回归方程 $y=600-15x$。现在准备投放市场,问要使利润最大,销售价格应定为多少? 在这种价格下最优销售量和最大利润是多少?

8. 某医院对本院医生的服务态度进行评估,以往的评估显示,有 60% 的医生服务态度为良好,有 40% 的医生服务态度为一般。这次评估中,以前评为良好的医生中,有 80% 的人仍然是良好;而在以前评为一般的医生中,这次有 30% 的人达到了良好。现在有一名医生的评估是良好,问他在以前的评估中为良好的概率是多少?

参考答案

1. 利用决策树分析:该汽车配件厂应按方案二对设备进行更新改造,如果能够成功,就采用新生产方法组织生产,其批量安排为 3 000 件;如果失败,则仍采用原生产方法组织生产,其批量安排为 2 000 件。

2. 两种方法的最优选择方案都是 A_2。

3. 种小麦 B_2 为最佳决策方案。

4. 种燕麦 B_4 为最佳决策方案。

5. 种大豆 B_3 为最佳决策方案。

6. 最优解为:$x_1=5, x_2=25, Z=70\ 000$。

7. 最优销售价格 35 元,最优销售量 75 万件,最大利润 275 万元。

8. 0.8。

附　表

$$\alpha = 0.05$$

n_2 \ n_1	1	2	3	4	5	6	7	8	9
1	161.4	199.5	215.7	224.6	230.2	234.0	236.8	238.9	240.5
2	18.51	19.00	19.25	19.25	19.30	19.33	19.35	19.37	19.38
3	10.13	9.55	9.12	9.12	9.90	8.94	8.89	8.85	8.81
4	7.71	6.94	6.39	6.39	6.26	6.16	6.09	6.04	6.00
5	6.61	5.79	5.41	5.19	5.05	4.95	4.88	4.82	4.77
6	5.99	5.14	4.76	4.53	4.39	4.28	4.21	1.15	4.10
7	5.59	4.74	4.35	4.12	3.97	3.87	3.79	3.73	3.68
8	5.32	4.46	4.07	3.84	3.69	3.58	3.50	3.44	3.69
9	5.12	4.26	3.86	3.63	3.48	3.37	3.29	3.23	3.18
10	4.96	4.10	3.71	3.48	3.33	3.22	3.14	3.07	3.02
11	4.84	3.98	3.59	3.36	3.20	3.09	3.01	2.95	2.90
12	4.75	3.89	3.49	3.26	3.11	3.00	2.91	2.85	2.80
13	4.67	3.81	3.41	3.18	3.03	2.92	2.83	2.77	2.71
14	4.60	3.74	3.34	3.11	2.96	2.85	2.76	2.70	2.65
15	4.54	3.68	3.29	3.06	2.90	2.79	2.71	2.64	2.59
16	4.49	3.63	3.24	3.01	2.85	2.74	2.66	2.59	2.54
17	4.45	3.59	3.20	2.96	2.81	2.70	2.61	2.55	2.49
18	4.41	3.55	3.16	2.93	2.77	2.66	2.58	2.51	2.46
19	4.38	3.52	3.13	2.90	2.74	2.63	2.54	2.48	2.42
20	4.35	3.49	3.10	2.87	2.71	2.60	2.51	2.45	2.39
21	4.32	3.47	3.07	2.84	2.68	2.57	2.49	2.42	2.37
22	4.30	3.44	3.05	2.82	2.66	2.55	2.46	2.40	2.34
23	4.28	3.42	3.03	2.80	2.64	2.53	2.44	2.37	2.32
24	4.26	3.40	3.01	2.78	2.62	2.51	2.42	2.36	2.30

续表

n_1 / n_2	1	2	3	4	5	6	7	8	9
25	4.24	3.39	2.99	2.76	2.60	2.49	2.40	2.34	2.28
26	4.23	3.37	2.98	2.74	2.59	2.47	2.39	2.32	2.27
27	4.21	3.35	2.96	2.73	2.57	2.46	2.37	2.31	2.25
28	4.20	3.34	2.95	2.71	2.56	2.45	2.36	2.29	2.24
29	4.18	3.33	2.93	2.70	2.55	2.43	2.35	2.28	2.22
30	4.17	3.32	2.92	2.69	2.53	2.42	2.33	2.27	2.21
40	4.08	3.23	2.84	2.61	2.45	2.34	2.25	2.18	2.12
60	4.00	3.15	2.76	2.53	2.37	2.25	2.17	2.10	2.04
120	3.92	3.07	2.68	2.45	2.29	2.17	2.09	2.02	2.96
∞	3.84	3.00	2.60	2.37	2.21	2.10	2.01	1.94	1.88

续表

n_1 / n_2	10	12	15	20	24	30	40	60	120	∞
1	241.9	243.9	245.9	248.0	249.1	250.1	251.1	252.2	253.3	254.3
2	19.40	19.41	19.43	19.45	19.45	19.46	19.47	19.48	19.49	19.50
3	8.79	8.74	8.70	8.66	8.64	8.62	8.59	8.57	8.55	8.53
4	5.96	5.91	5.86	5.80	5.77	5.75	5.72	5.69	5.66	5.63
5	4.74	4.68	4.62	4.56	4.53	4.50	4.46	4.43	4.40	4.36
6	4.06	4.00	3.94	3.87	3.84	3.81	3.77	3.74	3.70	3.67
7	3.64	3.57	3.51	3.44	3.41	3.38	3.34	3.30	3.27	3.23
8	3.35	3.28	3.22	3.15	3.12	3.08	3.04	3.01	2.97	2.93
9	3.14	3.07	3.01	2.94	2.90	2.86	2.83	2.79	2.95	2.71
10	2.98	2.91	2.85	2.77	2.74	2.70	2.66	2.62	2.58	2.54
11	2.85	2.79	2.72	2.65	2.61	2.57	2.53	2.49	2.45	2.40
12	2.75	2.69	2.62	2.54	2.51	2.47	2.43	2.38	2.34	2.30
13	2.67	2.60	2.53	2.46	2.42	2.38	2.34	2.30	2.25	2.21
14	2.60	2.53	2.46	2.39	2.35	2.31	2.27	2.22	2.18	2.13
15	2.54	2.48	2.40	2.33	2.29	2.25	2.20	2.16	2.11	2.07
16	2.49	2.42	2.35	2.28	2.24	2.19	2.15	2.11	2.06	2.01

续表

n_2 \ n_1	10	12	15	20	24	30	40	60	120	∞
17	2.45	2.38	2.31	2.23	2.19	2.15	2.10	2.06	2.01	1.96
18	2.41	2.34	2.27	2.19	2.15	2.11	2.06	2.02	1.97	1.92
19	2.38	2.31	2.23	2.16	2.11	2.07	2.03	1.98	1.93	1.88
20	2.35	2.28	2.20	2.12	2.08	2.04	1.99	1.95	1.90	1.84
21	2.32	2.25	2.18	2.10	2.05	2.01	1.96	1.92	1.87	1.81
22	2.30	2.23	2.15	2.07	2.03	1.98	1.94	1.89	1.84	1.78
23	2.27	2.20	2.13	2.05	2.01	1.96	1.91	1.86	1.81	1.76
24	2.25	2.18	2.11	2.03	1.98	1.94	1.89	1.84	1.79	1.73
25	2.24	2.16	2.09	2.01	1.96	1.92	1.87	1.82	1.77	1.71
26	2.22	2.15	1.07	1.99	1.95	1.90	1.85	1.80	1.75	1.69
27	2.20	2.13	1.06	1.97	1.93	1.88	1.84	1.79	1.73	1.67
28	2.19	2.12	1.04	1.96	1.91	1.87	1.82	1.77	1.71	1.65
29	2.18	2.10	1.03	1.94	1.90	1.85	1.81	1.75	1.70	1.64
30	2.16	2.09	2.01	1.93	1.89	1.84	1.79	1.74	1.68	1.62
40	2.08	2.00	1.92	1.84	1.79	1.74	1.69	1.64	1.58	1.51
60	1.99	1.92	1.84	1.75	1.70	1.65	1.59	1.53	1.47	1.39
120	1.91	1.83	1.75	1.66	1.61	1.55	1.50	1.43	1.35	1.25
∞	1.83	1.75	1.67	1.57	1.52	1.46	1.39	1.32	1.22	1.00

$\alpha = 0.01$

n_2 \ n_1	1	2	3	4	5	6	7	8	9
1	4 052	4 999.5	5 403	5 626	5 764	5 859	5 928	5 982	6 062
2	98.50	99.00	99.17	99.25	99.30	99.33	99.36	99.37	99.39
3	34.12	30.82	29.46	28.71	28.24	27.91	27.67	27.49	27.35
4	21.20	18.00	16.69	15.98	15.52	15.21	14.98	14.80	14.66
5	16.26	13.27	12.06	11.39	10.97	10.67	10.46	10.29	10.16
6	13.75	10.92	9.78	9.15	8.75	8.47	8.46	8.10	7.98
7	12.25	9.55	8.45	7.85	7.46	7.19	6.99	6.84	6.72

续表

n_1 \ n_2	1	2	3	4	5	6	7	8	9
8	11.26	8.65	7.59	7.01	6.63	6.37	6.18	6.03	5.91
9	10.56	8.02	6.99	6.42	6.06	5.80	5.61	5.47	5.35
10	10.04	7.56	6.55	5.99	5.64	5.39	5.20	5.06	4.94
11	9.65	7.21	6.22	5.67	5.32	5.07	4.49	4.74	4.63
12	9.33	6.93	5.95	5.41	5.06	4.82	4.64	4.50	4.39
13	9.07	6.70	5.74	5.21	4.86	4.62	4.44	4.30	4.19
14	8.86	6.51	5.56	5.04	4.69	4.46	4.28	4.14	4.03
15	8.68	6.36	5.42	4.89	4.56	4.32	4.14	4.00	3.89
16	8.53	6.23	5.29	4.77	4.44	4.20	4.03	3.39	3.78
17	8.40	6.11	5.18	4.67	4.34	4.10	3.93	3.79	3.68
18	8.29	6.01	5.09	4.58	4.25	4.01	3.84	3.71	3.60
19	8.18	5.93	5.01	4.50	4.17	3.94	3.77	3.63	3.52
20	8.10	5.85	4.94	4.43	4.10	3.87	3.70	3.56	3.46
21	8.02	5.78	4.87	4.37	4.04	3.81	3.64	3.51	3.40
22	7.95	5.72	4.82	4.31	3.99	3.76	3.59	3.45	3.35
23	7.88	5.66	4.76	4.26	3.94	3.71	3.54	3.41	3.30
24	7.82	5.61	4.72	4.22	3.90	3.67	3.50	3.36	3.26
25	7.77	5.57	4.68	4.18	3.85	3.63	3.46	3.32	3.22
26	7.72	5.53	4.64	4.14	3.82	3.59	3.42	3.29	3.18
27	7.68	5.49	4.60	4.11	3.78	3.56	3.39	3.26	3.15
28	7.64	5.45	4.57	4.07	3.75	3.53	3.36	3.23	3.12
29	7.60	5.42	4.54	4.04	3.73	3.50	3.33	3.20	3.09
30	7.56	5.39	4.51	4.02	3.70	3.47	3.31	3.17	3.07
40	7.31	5.18	4.31	3.83	3.51	3.29	3.12	2.99	2.89
60	7.08	4.98	4.13	3.65	3.34	3.12	3.95	2.82	2.72
120	6.85	4.79	3.95	3.48	3.17	2.96	2.79	2.96	2.56
∞	6.63	4.61	3.78	3.32	3.02	2.80	2.64	2.51	2.41

n_1 \\ n_2	10	12	15	20	24	30	40	60	120	∞
1	6 056	6 106	6 157	6 209	6 235	6 261	6 287	6 313	6 339	6 366
2	99.40	99.42	99.43	99.45	99.46	99.47	99.47	99.48	99.49	99.50
3	27.33	27.05	26.87	26.69	26.60	26.50	26.41	26.32	26.22	26.13
4	14.55	14.37	14.20	14.02	13.93	13.84	13.75	13.65	13.56	13.46
5	10.05	9.29	9.72	9.55	9.47	9.38	9.29	9.20	9.11	9.02
6	7.87	7.72	7.56	7.40	7.31	7.23	7.14.0	7.06	6.97	6.88
7	6.62	6.47	6.31	6.16	6.07	5.99	15.91	5.82	5.74	5.65
8	5.81	5.67	5.52	5.36	5.28	5.20	5.12	5.03	4.95	4.86
9	5.26	5.11	4.96	4.81	4.73	4.65	4.57	4.48	4.40	4.31
10	4.85	4.71	4.56	4.41	4.33	4.25	4.17	4.08	4.00	3.91
11	4.54	4.40	4.25	4.10	4.02	3.95	3.86	3.78	3.69	3.60
12	4.30	4.16	4.01	3.86	3.78	3.70	3.62	3.54	3.45	3.36
13	4.10	3.96	3.82	3.66	3.59	3.51	3.43	3.34	3.25	3.17
14	3.94	3.80	3.66	3.51	3.43	3.35	4.27	3.18	3.09	3.00
15	3.80	3.67	3.52	3.37	3.29	3.21	3.13	3.05	2.96	2.87
16	3.69	3.55	3.41	3.26	3.18	3.10	3.02	2.93	2.84	2.74
17	3.59	3.46	3.31	3.16	308	3.00	2.92	2.83	2.75	2.65
18	3.51	3.37	3.23	3.08	3.00	2.92	2.84	2.75	2.66	2.57
19	3.34	3.30	3.15	3.00	2.92	2.84	2.76	2.67	2.58	2.49
20	3.37	3.23	3.09	2.94	2.86	2.78	2.69	2.61	2.52	2.42
21	3.31	3.17	3.03	2.88	2.80	2.72	2.64	2.55	2.46	2.36
22	3.26	3.12	2.98	2.83	2.75	2.67	2.58	2.50	2.40	2.31
23	3.21	3.07	2.93	2.78	2.70	2.62	2.54	2.45	2.35	2.26
24	3.17	3.03	2.89	2.74	2.66	2.58	2.49	2.40	2.31	2.21
25	3.13	2.99	2.85	2.70	2.62	2.54	2.45	2.36	2.27	2.17
26	3.09	2.96	2.81	2.66	2.58	2.50	2.42	2.33	2.23	2.13
27	3.06	2.93	2.78	2.63	2.55	2.47	2.38	2.29	2.20	2.10
28	3.03	2.90	2.75	2.60	2.52	2.44	2.35	2.26	2.17	2.06
29	3.00	2.87	2.73	2.57	2.49	2.41	2.33	2.23	2.14	2.03

续表

n_1 / n_2	10	12	15	20	24	30	40	60	120	∞
30	2.98	2.84	2.70	2.55	2.47	2.39	2.30	2.21	2.11	2.01
40	2.80	2.66	2.52	2.37	2.29	2.20	2.11	2.02	1.92	1.80
60	2.63	2.50	2.35	2.20	2.12	2.03	1.94	1.84	1.78	1.60
120	2.47	2.34	2.19	2.03	1.95	1.86	1.76	1.66	1.53	1.38
∞	2.32	2.18	2.04	1.88	1.79	1.70	1.59	1.47	1.32	1.00

参考文献

[1] 贾俊平,谭英平,吴喜之.应用统计学[M].北京:中国人民大学出版社,2008.

[2] 杜家龙.统计学[M].北京:电子工业出版社,2011.

[3] 黄龙生.应用数理统计[M].北京:中国农业出版社,2015.

[4] 辛涛.心理与教育统计学[M].北京:中国人民大学出版社,2010.

[5] 陈国英.心理与教育统计学[M].成都:四川大学出版社,2006.

[6] 卞毓宁.统计学[M].北京:高等教育出版社,2011.

[7] 路建国.统计学原理[M].北京:中国商业出版社,2009.

[8] 朱帮助,张秋菊,姜劲,徐海清.统计学原理、方法与 SPSS 应用[M].北京:科学出版社,2010.

[9] 于义良,罗蕴玲,安建业.概率统计与 SPSS 应用[M].西安:西安交通大学出版社,2009.

[10] 张增臣,王迎春.统计学[M].杭州:浙江大学出版社,2010.

[11] 刘思峰,吴和成,菅得荣.应用统计学[M].2 版.北京:高等教育出版社,2011.

[12] 曾五一,肖红叶.统计学导论[M].北京:科学出版社,2007.

[13] 耿修林.统计学基础[M].北京:科学出版社,2010.

[14] 盛骤,谢式千.概率论与数理统计及其应用[M].2 版.北京:高等教育出版社,2010.